城市交通信号控制

(第2版)

李瑞敏 章立辉 编著

清华大学出版社
北京

内容简介

本书在介绍城市交通信号控制经典理论的基础上,从提高整书的系统性和先进性的角度出发,设置以下主要内容:信号控制设置方法、基础交通流理论、交叉口设计、交通流检测器、信号相位优化、单点配时设计、干线协调配时设计、公交信号优先、城市快速路控制、信号控制系统介绍、交通信号配时优化软件介绍、交通信号控制的实施及应用等方面。

本书定位为较系统的城市交通信号控制参考书,可以作为相关课程的教材,亦可作为高等院校、科研机构、交通管理部门及企业单位中从事交通管理与控制相关工作的各类人员的参考读本。

版权所有,侵权必究。举报:010-62782989,beiqinquan@tup.tsinghua.edu.cn。

图书在版编目(CIP)数据

城市交通信号控制/李瑞敏,章立辉编著. —2版. —北京:清华大学出版社,2021.5(2024.8重印)
ISBN 978-7-302-56271-9

Ⅰ. ①城… Ⅱ. ①李… ②章… Ⅲ. ①市区交通-交通信号-自动控制 Ⅳ. ①U491.5

中国版本图书馆 CIP 数据核字(2020)第 152943 号

责任编辑:秦 娜 王 华
封面设计:陈国熙
责任校对:王淑云
责任印制:刘海龙

出版发行:清华大学出版社
网　　址:https://www.tup.com.cn,https://www.wqxuetang.com
地　　址:北京清华大学学研大厦 A 座　　邮　编:100084
社 总 机:010-83470000　　邮　购:010-62786544
投稿与读者服务:010-62776969,c-service@tup.tsinghua.edu.cn
质量反馈:010-62772015,zhiliang@tup.tsinghua.edu.cn
印 装 者:三河市科茂嘉荣印务有限公司
经　　销:全国新华书店
开　　本:185mm×260mm　　印　张:26.5　　字　数:642 千字
版　　次:2015 年 11 月第 1 版　　2021 年 5 月第 2 版　　印　次:2024 年 8 月第 3 次印刷
定　　价:79.80 元

产品编号:086240-01

第2版前言
FOREWORD

孜孜以求、甘之如饴，本书自第1版出版后，逐渐获得了读者较为广泛的认可。然而时代变迁、不断进步，在出版后的数年间，国内信号控制相关的标准不断更新完善、对信号控制的创新性探索不断涌现、新的技术手段也在推动着信号控制的发展，同时，使用本书作为教材的学校教师和一些读者也有相应的反馈，而出版技术亦在不断发展变化，有鉴于此，遂着手进行第2版的修编工作。

与第1版相比，本版的主要变化体现在如下一些方面：

(1) 出版形式的变化：第1版的书稿全部内容印刷出版，而本版结合了实体书与电子书两种形式，部分内容以扫码阅读的方式呈现，以灵活的方式丰富了本书的内容。

(2) 更新的内容：由于在过去数年内，我国信号控制相关的标准在不断更新，美国的《道路通行能力手册》(HCM)也更新到了第6版，因此，在本书中，结合这些发展，相关内容进行了相应的更新。

(3) 新增的内容：结合当前的一些发展，本书新增了一些内容，包括HCM中的饱和流率估计方法、借道左转控制方法、快速路汇入车道控制、NTCIP相关标准、其他典型信号控制系统等。读者可以扫码阅读。

(4) 调整的内容：结合学习需求、内容优化等，将原来的部分内容调整为扫码阅读的内容，主要包括HCM中的延误估计方法、左转相位设置参考、黄灯及全红时间估计方法、图解法及数解法、各系统中的公交优先方法等。

(5) 修正错误：第1版书稿中因为种种原因，存在一些小错误，在本版中进行了相应的修订。

当然，近年来国内外在信号控制方面还在进行着大量的探索，例如基于互联网数据的信号优化、人工智能＋信号控制等方面，但是目前尚处于发展过程中，相关内容并不在本书考虑范围之内。

在本书更新过程中，得到了高等院校、科研院所、行业企业等多个单位的多位专家的支持和指导，在此一并表示衷心感谢，不再一一具名。

感谢清华大学出版社的秦娜与王华编辑对本书的关注、支持、完善、建议以及辛苦的编校工作，本版的出版也得到了清华大学本科教学改革项目的支持。

因时间、学识所限，虽有更新，但书中难免存有局限，希望本书的读者能够给出完善的建议。

第1版前言

FOREWORD

秦治驰道,汉通西域,历经数千年,道路交通系统已成为"衣食住行"中"行"的最主要方式。近代的工业化发展彻底改变了生产力水平,也极大地推进了城镇化进程,目前中国生活在城市中的人口已经过半,并且城镇化建设规模仍在不断扩大。与此同时,华夏神州车轮滚滚,九州大地之上小汽车已进入寻常百姓家。人口密集、经济发达的"城市",更是聚集了高密度的机动车,机动车在为居民出行带来便利、舒适的同时,也导致了道路运行压力的不断增加,进而产生了困扰全体道路交通出行者的交通拥堵、交通事故、环境恶化等问题。

当前中国城市道路绝大部分为平面道路,由此产生了成千上万个平面交叉口。作为管理平面交叉口的最主要手段,信号控制近年来在中国城市中的应用发展迅猛。据估计,目前全中国年均增设、更新信号控制交叉口的数量已经过万,信号控制的优劣已经成为影响中国城市道路交通系统运行效率的重要因素。

从诞生之日起,城市道路交通信号控制在百余年的发展历程中不断革新,技术水平、控制理念不断进步,并且随着城市道路交通系统的发展仍将不断改革更新,而近年来迅速发展的智能交通系统、多源交通信息采集技术等,也将为城市道路交通信号控制水平的不断提高提供强有力的支撑。

城市道路交通信号控制涉及众多方面的内容,除信号控制本身,信号控制运行的效率与交通组织、道路设计等方面密切相关。就信号控制内部而言也很复杂,既需要考虑基本的交通流模型、检测器设计等内容,也要能够从点、线、面等不同层面去优化相位方案、配时参数等;既需要考虑不断出现的新的控制内容如公交优先、快速路信号控制等,也要兼顾信息通信技术的发展而不断改进交通信号控制系统;更为重要的是交通信号控制运行的效果很大程度上依赖于科学合理的信号控制设计、建设及维护工作等。本书从上述多个方面入手编写,以期能够为信号控制相关人员,如科研人员、在校学生、交通管理人员、企业研发及工程人员等,提供较为全面的知识体系。

本书第1~3、5~8、10、11、13、14章由李瑞敏编写,第4、9、12章由章立辉编写。在本书成稿过程中,编者向国内外领域专家进行了咨询并得到了众多宝贵意见,主要包括北京工业大学李振龙、华南理工大学卢凯、中国城市规划设计研究院交通专业分院戴继锋、北京易华录信息技术股份有限公司栗红强、中国人民公安大学朱茵、合肥工业大学张卫华、同济大学马万经、Precision System,Inc 王建伟等。在此表示诚挚的感谢。

感谢清华大学出版社的秦娜编辑对本书的关注、支持、完善、建议以及辛苦的编校工作。本书的部分成果来自国家自然科学青年基金(50908125、71401025)、国家自然科学基金(71361130015)等项目,本书的出版得到了国家科技支撑计划课题(2014BAG03B03)的部分支持。

信号控制的研究成果用浩如烟海来形容恐怕也不为过,本书的内容只是作者多年来学习、研究、教学、实践中的一些所得,无法涵盖更多的范围。我国的城市交通信号控制所面临的状况又由于不同的发展阶段、不同的机动化程度、不同的城市特性而千差万别,仅期望本书能够为我国城市交通信号控制系统的改善略尽绵薄之力。

考虑到知识点的分布,本书编译了国外的一些研究成果,但由于国内外城市道路交通系统特性方面的差异,一些规则、参数未必能够直接适用于我国的城市道路交通信号控制,仅供学习时参考。

由于时间、学识所限,本书难免存有局限,希望本书的读者能够给出完善的建议。

目 录
CONTENTS

第1章 概述 … 1
  1.1 城市交通信号控制概述 … 1
    1.1.1 交通控制类型 … 1
    1.1.2 城市交通信号控制的目的 … 2
    1.1.3 城市交通信号控制的作用 … 3
    1.1.4 城市交通信号控制的历史与发展 … 4
  1.2 交通信号控制分类 … 5
    1.2.1 按控制范围划分 … 6
    1.2.2 按控制方式划分 … 7
    1.2.3 特殊的信号控制 … 10
  1.3 设置交通信号控制的分析方法 … 11
  1.4 交通控制参数与概念 … 12
    1.4.1 定时控制相关参数 … 12
    1.4.2 感应控制相关参数 … 15
    1.4.3 协调控制相关参数 … 18
    1.4.4 其他相关概念及参数 … 20
  思考题 … 22
  参考文献 … 25

第2章 信号控制交通流基础理论 … 26
  2.1 信号控制交叉口车辆运行基本规律 … 26
    2.1.1 车辆行驶轨迹及排队 … 26
    2.1.2 交通流量图 … 29
    2.1.3 累积车辆图 … 29
    2.1.4 排队累积图 … 31
  2.2 饱和流率 … 31
    2.2.1 饱和流率的测量与分析 … 31
    2.2.2 饱和流率估算方法 … 34
    2.2.3 饱和流率的其他影响因素 … 34
  2.3 通行能力及饱和度 … 38
    2.3.1 车道通行能力及饱和度 … 38

  2.3.2 相位通行能力及饱和度 ………………………………………… 39
  2.3.3 交叉口通行能力及饱和度 ……………………………………… 40
  2.3.4 通行能力分析 …………………………………………………… 41
 2.4 关键车道 ……………………………………………………………… 42
  2.4.1 关键车道的基本概念 …………………………………………… 42
  2.4.2 转弯流量等效因子 ……………………………………………… 43
  2.4.3 关键车道的识别 ………………………………………………… 46
  2.4.4 关键车道流量和最大值 ………………………………………… 50
  2.4.5 确定恰当的周期长 ……………………………………………… 51
  2.4.6 案例 ……………………………………………………………… 53
 2.5 延误 …………………………………………………………………… 55
  2.5.1 延误类型 ………………………………………………………… 55
  2.5.2 基本分析 ………………………………………………………… 56
  2.5.3 信号控制延误的组成要素 ……………………………………… 58
  2.5.4 稳态理论 ………………………………………………………… 59
  2.5.5 定数理论 ………………………………………………………… 62
  2.5.6 过渡函数曲线 …………………………………………………… 64
  2.5.7 HCM 中的延误模型 ……………………………………………… 66
 2.6 停车次数 ……………………………………………………………… 66
  2.6.1 基本分析 ………………………………………………………… 66
  2.6.2 稳态理论 ………………………………………………………… 67
  2.6.3 定数理论 ………………………………………………………… 68
  2.6.4 过渡函数 ………………………………………………………… 68
 2.7 排队长度 ……………………………………………………………… 68
  2.7.1 稳态理论 ………………………………………………………… 68
  2.7.2 定数理论 ………………………………………………………… 69
  2.7.3 过渡函数 ………………………………………………………… 69
  2.7.4 绿灯开始时的平均排队长度 …………………………………… 69
  2.7.5 广义性能指标 …………………………………………………… 70
 2.8 信号控制评价指标 …………………………………………………… 71
  2.8.1 概述 ……………………………………………………………… 71
  2.8.2 典型评价指标 …………………………………………………… 72
  2.8.3 行人评价指标 …………………………………………………… 73
  2.8.4 自行车评价指标 ………………………………………………… 74
  2.8.5 机动车评价指标 ………………………………………………… 75
  2.8.6 交通控制评价方法 ……………………………………………… 76
 2.9 过饱和交通流状态 …………………………………………………… 76
思考题 ……………………………………………………………………… 80
参考文献 …………………………………………………………………… 82

第3章 交叉口渠化设计 ··· 83

3.1 交叉口渠化设计的基本规定 ·· 84
- 3.1.1 交叉口渠化设计的范围与内容 ·· 84
- 3.1.2 交叉口渠化设计的原则与要求 ·· 84

3.2 交叉口形状 ·· 86
- 3.2.1 交叉口进口方向数 ·· 86
- 3.2.2 道路夹角 ··· 86
- 3.2.3 视距 ·· 90
- 3.2.4 路缘石转弯半径 ·· 91
- 3.2.5 Y形交叉口 ·· 92

3.3 机动车交通组织设计 ··· 92
- 3.3.1 机动车道设计总体要求 ·· 92
- 3.3.2 左转交通设计 ··· 95
- 3.3.3 右转车道的设计 ·· 99
- 3.3.4 可变进口道 ·· 100

3.4 自行车交通组织设计 ··· 101
- 3.4.1 基本原则 ·· 101
- 3.4.2 设计方法 ·· 101

3.5 行人交通组织设计 ·· 104
- 3.5.1 设计原则 ·· 104
- 3.5.2 行人过街横道设计 ··· 104
- 3.5.3 交叉口范围内的行人设施处理措施 ······································ 106
- 3.5.4 路缘石坡道设计 ·· 110

3.6 交叉口内部空间交通组织设计 ·· 110

3.7 案例分析 ··· 112
- 3.7.1 典型交叉口案例 ·· 112
- 3.7.2 右转渠化案例 ··· 115
- 3.7.3 交叉口中的特殊情况 ·· 115

思考题 ·· 123

参考文献 ··· 123

第4章 交通流检测器 ·· 125

4.1 检测器类型 ·· 125
- 4.1.1 基本功能分类 ··· 125
- 4.1.2 检测原理分类 ··· 126
- 4.1.3 交通流检测器的性能 ·· 129

4.2 基本概念 ··· 130
- 4.2.1 单交叉口检测器布设 ·· 130

4.2.2 检测器运行模式 …… 131
4.2.3 信号控制机内存模式 …… 132
4.2.4 检测配置及参数 …… 132
4.3 检测器布设 …… 135
4.3.1 布设目标 …… 135
4.3.2 布设内容及基本概念 …… 135
4.3.3 低速交通流的线圈检测器设置 …… 136
4.3.4 为高速直行交通流服务的检测器设置 …… 138
4.4 不同控制方式的检测器设计 …… 141
4.4.1 单点感应信号控制 …… 141
4.4.2 城市干道及路网系统控制 …… 144
4.4.3 路网检测器的典型布设 …… 145
4.5 应用情景设计 …… 148
4.5.1 基本的全感应控制检测器布设 …… 148
4.5.2 流量-密度控制检测设计 …… 148
4.5.3 行人检测 …… 149
思考题 …… 150
参考文献 …… 150

第 5 章 交通信号相位设计 …… 151

5.1 概述 …… 151
5.1.1 基本概念 …… 151
5.1.2 信号相位图 …… 152
5.1.3 "环-隔离线"图 …… 153
5.1.4 相位搭接 …… 155
5.2 基本相位方案设计 …… 156
5.2.1 影响因素 …… 156
5.2.2 相位数量的选择 …… 157
5.2.3 信号相位顺序 …… 158
5.2.4 几种典型相位方案 …… 159
5.3 左转相位设置 …… 161
5.3.1 许可型左转相位 …… 161
5.3.2 保护型左转相位 …… 162
5.3.3 保护型-许可型左转相位 …… 162
5.3.4 单边轮放 …… 167
5.3.5 禁止左转 …… 168
5.3.6 一个周期内两次左转 …… 168
5.3.7 左转相位设置条件 …… 169

5.4 行人相位	172
5.5 右转相位	173
5.6 T形交叉口	174
5.7 五岔或六岔交叉口	175
思考题	176
参考文献	176

第6章 单点信号控制 177

6.1 定时信号控制方案设计概述	177
6.1.1 所需数据	177
6.1.2 设计内容	178
6.1.3 设计流程	178
6.2 定时信号配时参数计算	180
6.2.1 周期长	181
6.2.2 绿信比	184
6.2.3 黄灯时间和全红时间	186
6.2.4 行人相位	190
6.2.5 损失时间计算	193
6.2.6 组合信号配时	194
6.3 感应控制	195
6.3.1 交通感应信号控制的基本原理	196
6.3.2 交通感应信号控制的基本参数	197
6.3.3 检测器位置	207
6.3.4 感应控制类型	207
6.3.5 流量-密度控制	210
6.4 信号交叉口分析	212
思考题	212
参考文献	217

第7章 干线协调控制 218

7.1 干线协调控制目标与类型	219
7.1.1 干线协调控制目标	219
7.1.2 干线协调控制类型	220
7.2 干线协调控制基础	220
7.2.1 时距图	220
7.2.2 左转相位的影响	223
7.2.3 干线控制的主要参数	225
7.2.4 交通流协调联动类型	232
7.3 协调条件	233

7.3.1 影响因素 ………………………………………………………… 233
　　　7.3.2 子区划分方法 …………………………………………………… 235
　7.4 干线协调控制基本类型 …………………………………………………… 236
　　　7.4.1 单向协调 ………………………………………………………… 237
　　　7.4.2 双向协调 ………………………………………………………… 237
　　　7.4.3 配时方案转换模式 ……………………………………………… 242
　7.5 干线协调控制参数计算方法 ……………………………………………… 242
　　　7.5.1 干线协调控制配时所需的数据 ………………………………… 242
　　　7.5.2 干线协调控制配时步骤 ………………………………………… 243
　7.6 影响干线信号协调控制效果的因素 ……………………………………… 245
　7.7 干线协调控制的联结方法 ………………………………………………… 250
　思考题 …………………………………………………………………………… 251
　参考文献 ………………………………………………………………………… 252

第8章 公交优先信号控制 ………………………………………………………… 253

　8.1 概述 ………………………………………………………………………… 253
　　　8.1.1 交通信号优先类型 ……………………………………………… 253
　　　8.1.2 公交信号优先的目标 …………………………………………… 255
　　　8.1.3 公交信号优先的影响因素 ……………………………………… 256
　　　8.1.4 公交信号优先控制所需要的信息 ……………………………… 256
　　　8.1.5 公交信号优先控制可能的局限性 ……………………………… 257
　8.2 公交信号优先方法 ………………………………………………………… 257
　　　8.2.1 被动优先 ………………………………………………………… 257
　　　8.2.2 主动优先 ………………………………………………………… 258
　　　8.2.3 实时自适应优先控制 …………………………………………… 258
　　　8.2.4 信号的恢复与转换 ……………………………………………… 259
　　　8.2.5 无条件/有条件优先 ……………………………………………… 259
　　　8.2.6 基于配时方法 …………………………………………………… 260
　8.3 系统构成与系统类型 ……………………………………………………… 261
　　　8.3.1 系统总体构成 …………………………………………………… 261
　　　8.3.2 系统类型 ………………………………………………………… 265
　8.4 公交信号优先系统结构 …………………………………………………… 267
　　　8.4.1 分布式信号优先系统 …………………………………………… 267
　　　8.4.2 集中式信号优先系统 …………………………………………… 270
　8.5 优先策略 …………………………………………………………………… 272
　　　8.5.1 基于运行时刻表 ………………………………………………… 272
　　　8.5.2 基于车头时距 …………………………………………………… 273
　8.6 公交信号优先项目的实施 ………………………………………………… 274
　　　8.6.1 实施步骤 ………………………………………………………… 274

  8.6.2　实施事项 ············ 275
  8.6.3　辅助措施 ············ 275
 8.7　应用情况 ············ 276
思考题 ············ 278
参考文献 ············ 278

第9章　城市快速路控制 ············ 279

 9.1　匝道控制 ············ 279
  9.1.1　匝道信号控制 ············ 280
  9.1.2　其他匝道控制方法 ············ 287
 9.2　主线控制 ············ 291
  9.2.1　快速路主线的交通流特征 ············ 292
  9.2.2　限速控制方法 ············ 293
思考题 ············ 300
参考文献 ············ 300

第10章　交通信号控制系统基本原理 ············ 301

 10.1　发展历程 ············ 301
 10.2　信号控制系统组成 ············ 305
 10.3　交通信号控制系统结构 ············ 307
  10.3.1　分布式系统 ············ 307
  10.3.2　集中式系统 ············ 308
  10.3.3　多层分布式控制系统 ············ 310
 10.4　交通信号控制系统分类 ············ 312
 10.5　自适应交通控制系统的特性对比 ············ 312
 10.6　信号控制系统的发展方向 ············ 315
  10.6.1　信号控制系统的发展特点 ············ 315
  10.6.2　信号控制系统的发展趋势 ············ 316
  10.6.3　信号控制系统的适应性问题 ············ 318
思考题 ············ 318
参考文献 ············ 318

第11章　典型城市交通控制系统 ············ 320

 11.1　SCOOT系统 ············ 321
  11.1.1　SCOOT基本原理 ············ 322
  11.1.2　系统架构 ············ 322
  11.1.3　SCOOT优化过程 ············ 323
  11.1.4　SCOOT的扩展功能 ············ 327
  11.1.5　SCOOT系统的特点 ············ 327

11.2 SCATS 系统 328
    11.2.1 SCATS 系统的结构 328
    11.2.2 SCATS 的子系统及关键参数 329
    11.2.3 SCATS 的参数优化 330
    11.2.4 SCATS 的特点 331
    11.2.5 SCOOT 系统与 SCATS 系统的分析与比较 332
11.3 SPOT/UTOPIA 系统 333
    11.3.1 SPOT 334
    11.3.2 UTOPIA 335
    11.3.3 中心软件 336
    11.3.4 交互和监视工具 337
    11.3.5 SPOT/UTOPIA 系统特点 338
参考文献 339

第 12 章 交通信号优化软件 340

12.1 Synchro Studio 340
    12.1.1 主要模块 340
    12.1.2 Synchro 的主要功能 341
    12.1.3 SimTraffic 的主要功能及特点 343
12.2 PASSER 344
    12.2.1 概述 344
    12.2.2 PASSER Ⅴ-09 345
12.3 TRANSYT 348
    12.3.1 概述 348
    12.3.2 仿真模型 348
    12.3.3 优化原理与方法 350
    12.3.4 TRANSYT 16 352
    12.3.5 TRANSYT 7F-11 353
12.4 CROSSIG 357
    12.4.1 CROSSIG 的功能与特点 357
    12.4.2 CROSSIG 优化的简要流程 358
    12.4.3 CROSSIG 中信号配时参数的确定方法 358
    12.4.4 CROSSIG 信号配时设计流程 359
12.5 信号控制优化软件选择 359
    12.5.1 各软件对比分析 359
    12.5.2 软件选择 360
12.6 微观交通仿真软件 361
参考文献 362

第 13 章 交通信号控制机 · 363

13.1 交通信号控制机构成及功能 · 364
13.1.1 交通信号控制机的构成 · 364
13.1.2 交通信号控制机的基本功能 · 369

13.2 信号机类型 · 369
13.2.1 基本类型 · 369
13.2.2 国外信号机类型 · 370
13.2.3 ATC 标准 · 372

13.3 我国的交通信号控制机发展及现状 · 375
13.3.1 发展历程 · 375
13.3.2 相关标准 · 376
13.3.3 现状 · 377

思考题 · 378
参考文献 · 378

第 14 章 交通信号控制的实施及应用 · 379

14.1 影响因素 · 379
14.1.1 地点位置 · 379
14.1.2 路网特点 · 379
14.1.3 交叉口几何特征 · 380
14.1.4 出行需求特点 · 380

14.2 信号控制类型的选择 · 381
14.2.1 国内经验 · 381
14.2.2 国外经验 · 381
14.2.3 信号控制系统的选择 · 383

14.3 自适应交通信号控制系统的实施 · 384

14.4 交通信号配时优化的实施 · 386
14.4.1 信号配时优化的宏观思路 · 386
14.4.2 信号配时优化的工作流程 · 388
14.4.3 信号配时优化流程实例 · 389

14.5 交通信号控制的维护 · 399
14.5.1 交通信号运行维护 · 399
14.5.2 日常维护 · 402

思考题 · 405
参考文献 · 405

二维码目录
CONTENTS

第1章拓展阅读1	我国信号控制发展历程简介	5
第1章拓展阅读2	美国、德国及中国的交通信号控制设置判断依据	11
第2章拓展阅读1	各类车道饱和流率估算方法	34
第2章拓展阅读2	饱和流率估计（HCM（第6版））	34
第2章拓展阅读3	信号控制交叉口延误计算方法（HCM（第6版））	66
第3章拓展阅读	借道左转交通组织	100
第4章拓展阅读	广域雷达微波检测技术简介	128
第5章拓展阅读1	相位设计流程	160
第5章拓展阅读2	美国亚拉巴马州左转相位设置条件	172
第6章拓展阅读1	HCM（第6版）中建议的周期长	184
第6章拓展阅读2	黄灯时间及全红时间的推导	190
第7章拓展阅读1	HCM（第6版）中的队列比	219
第7章拓展阅读2	协调配时均衡因素	232
第7章拓展阅读3	子区划分参考指标	235
第7章拓展阅读4	协调控制案例分析	241
第7章拓展阅读5	图解法	244
第7章拓展阅读6	数解法	244
第8章拓展阅读	信号控制系统中公交信号优先模块发展情况	278
第9章拓展阅读	多车道汇入控制	300
第10章拓展阅读	NTCIP中有关信号控制内容的介绍	318
第11章拓展阅读1	VS-PLUS	339
第11章拓展阅读2	MOVA	339
第11章拓展阅读3	MOTION	339
第11章拓展阅读4	CRONOS	339
第11章拓展阅读5	SMART NETS/TUC	339
第11章拓展阅读6	OPAC	339
第11章拓展阅读7	RHODES系统	339
第11章拓展阅读8	PRODYN	339
第12章拓展阅读1	PASSER Ⅱ-02	344
第12章拓展阅读2	PASSER Ⅲ-98	344
第12章拓展阅读3	PASSER Ⅳ-96	345

第12章拓展阅读4	OSCADY	356
第13章拓展阅读1	NEMA 标准	371
第13章拓展阅读2	Model 170 型信号控制机	371
第14章拓展阅读1	道路交通信号控制方式	381
第14章拓展阅读2	交通信号控制审查	386

第1章

概　述

1.1　城市交通信号控制概述

进入21世纪以来,我国的城市化、机动化进程不断加快,城市道路网络迅速扩大,小汽车保有量以每年10%~20%的速度增长,导致城市道路交通拥堵状况逐渐加剧。在城市路网中城市平面交叉口作为道路相交点,往往成为城市道路网络交通流运行的瓶颈,作为城市平面交叉口的主要控制方式,城市交通信号控制在城市道路交通管理中受到越来越多的关注。

交通信号控制是在无法实现道路交通流空间分离的地方(主要为平面交叉口),用来在时间上给相互冲突的交通流分配通行权的一种交通管理措施。根据美国相关研究的估计[1],在典型城市区域,全部机动化出行中,接近2/3的车辆公里数和超过2/3的车辆小时数是在交通信号控制下的交通基础设施上完成的,因此,作为城市交通管理的重要手段,交通信号控制的质量水平在很大程度上决定了城市道路网络机动车交通流的运行质量。

根据2013年美国国家公路交通安全管理局(National Highway Traffic Safety Administration,NHTSA)的统计[2],2012年美国25.2%的碰撞事故和28.1%的伤亡人员与信号控制交叉口的车辆碰撞有关。美国联邦公路管理局(Federal Highway Administration,FHWA)的研究表明在良好的环境下,安装交通信号能够降低交叉口车辆碰撞的次数和严重性,但是设计不良的交通信号控制则会对交通安全产生负面影响,因此交通管理人员需要仔细地设计、安装和运行交通信号控制[3]。

交通信号控制需要同时考虑提高安全、降低延误、停车次数、燃油消耗、尾气排放等目标,因此,交通信号配时需要系统性的优化。美国联邦公路管理局估计美国约有一半的交通信号控制需要改善[4]。然而,人工方式的配时优化比较耗时耗力,故近几十年来的发展重点集中在了各种各样的自适应交通信号控制方法与系统的研究及开发上。

1.1.1　交通控制类型

目前,在众多城市道路网络中,大部分或全部的道路交叉口都为平面交叉口,而当两股不同流向的交通流同时通过交叉口中空间某点时,就会发生交通冲突,该点即为冲突点。城市道路平面交叉口管理的重点是如何在时间和空间上减少交通冲突点或降低冲突等级。

总体而言,目前应用的平面交叉口控制类型可以分为3级:基本规则控制、减速让行与停车让行控制以及交通信号控制[5]。

基本规则控制:在通过没有交通信号灯、交通标志、交通标线或者交通警察指挥的交叉口时,应当减速慢行,并且让行人和优先通行的车辆先行。基本规则控制关键是要满足道路交叉口的视距三角形,在不满足视距三角形的情况下,可以有3种处理方式:①改为其他控制方式;②降低入口车速;③移除影响视距三角形的障碍物。目前实际应用中很少存在没有任何标志、标线的道路交叉口。

减速让行与停车让行控制:减速让行控制是指进入交叉口的次要道路车辆,不一定需要停车等候,但必须放慢车速瞭望观察,让主要道路车辆优先通行,寻找可穿越或汇入主要道路车流的安全"空档"机会通过交叉口,减速让行控制一般用在与交通量不太大的主要道路相交的次要道路交叉口及快速道路入口匝道与主线相交处。减速让行控制的一个比较典型的交叉口类型是环岛,环岛的设计使得驾驶人进入环岛交叉口时必须减速,现代环岛的通行规则为:准备进入环形交叉口的让已在交叉口内的机动车先行,即当驾驶人判断环岛内运行的车流间的车头间距能够让环岛外的车辆安全驶入时才能够进入环岛。环岛将十字交叉口的冲突点转变为合流点与分流点,能够减少十字交叉口经常出现的直角正碰的事故。停车让行控制是指进入交叉口的次要道路车辆必须在停车线以外停车观察,确认安全后,才准许通行,停车让行控制按相交道路条件的不同分为单向停车控制和多向停车控制。

交通信号控制:在道路空间上无法实现分离原则的地方,主要是在平面交叉口上,用来在时间上给相互冲突的交通流分配通行权的一种交通管理措施。

1.1.2 城市交通信号控制的目的

城市交通信号控制的主要目的是通过实施交通信号控制可以把发生冲突的交通流从时间和空间上进行分离,从而改善交通秩序、增加交通安全,同时调整交叉口通行能力以适应交通流的变化。交通基础设施供给的刚性与交通需求的弹性之间的差异是交通信号控制发挥作用的空间。

概括而言,交通信号控制的两个主要目的是:安全和效率。安全有时可能会被牺牲来实现效率的改善和满足更大的交通需求,但是事实上通过完善的交通信号控制可以同时实现这两个目标。

城市交通信号控制的具体目标往往包括:①减少交叉口的交通拥堵;②最大化交叉口通过量;③限制最长红灯时间;④使信号控制容易被交通参与者理解等。在特殊情况下,可以考虑如下一些可选的目标:①公交优先;②自行车优先;③绿波协调;④形成连续通行的车队等。

交通信号控制的目标往往由于地区的不同而有所不同,例如在城市的中央商务区(central business district,CBD),行人和公交车的量比较大,在进行信号控制时必须对此进行充分的考虑。对于城市的一条主要道路而言,可能信号控制的目标是该道路上的运行速度最大、停车次数最少,同时适应公交车及应急响应车辆的需求。因此,城市 CBD 所需要的控制策略与运行速度较高的主干道所需要的控制策略将有所差异。

1.1.3 城市交通信号控制的作用

良好的城市交通信号控制的实施可以产生如下效果:

(1) 通过可控制的路权分配,为道路交叉口的交通流提供顺序通行的指示,可以对交通流进行有效的引导与调度,使城市交通流保持在一种平稳的运行状态;

(2) 增加道路交叉口的通行能力(前提是对交叉口进行了良好的渠化设计并配置了符合交叉口交通流时空需求特点的交通信号控制方案);

(3) 降低交叉口某些类型碰撞事故的发生,尤其是 90°正碰;

(4) 在协调良好的情况下为交通流提供经过多个交叉口的连续通行或近似连续通行的状态,缩短在路车辆的交通延误,提高交通系统的整体效益;

(5) 中断重交通流方向为其他交通流或行人提供通行间隔,方便行人通行;

(6) 摆脱视距限制:当存在不可改变的视距限制时,如交叉口一角的建筑物距离道路太近而遮挡视线,信号控制是唯一可采用的安全的路权分配措施[6]。

当然,设计不良的信号控制将会带来如下问题:

(1) 额外的延误:例如,当交叉口流量很低时,与其他控制方式(如停车控制)相比,不良的定时信号控制会增加机动车的延误;

(2) 交通参与者不遵守信号灯指示;

(3) 增加部分通行能力不足的道路的使用率:部分使用者会绕道而行以避开信号控制交叉口;

(4) 增加追尾碰撞的可能性:主要是由于信号灯的设置使得主线交通流要从原来保持通行的状态变为停车再通过,不过这种追尾碰撞的严重程度要弱于 90°正碰;

(5) 降低交叉口通行能力:例如信号系统处于"假的拥堵",即该信号交叉口/系统具备提供满足需求的通行能力但是由于非优化的信号配时而不能提供充足的通行能力;

(6) 加重交通拥堵。

随着智能交通系统的不断发展,虽然最早进行信号控制优化的目标就是减少延误,但是现在需要信号控制在道路网络管理中发挥更大的作用,例如:

(1) 影响交通出行者的行为,包括方式选择、路径选择、出发时间选择等;

(2) 降低交通对空气质量的影响;

(3) 为公共交通提供优先服务;

(4) 为行人、骑自行车者和其他的道路使用者提供更好、更安全的设施。

相关文献研究表明,交通信号配时的定期优化为道路用户带来的效益与重新配时的成本相比可以达到 40∶1[7]。

美国的《道路安全手册》(*Highway Safety Manual*, HSM)[8] 中给出了将交叉口由停车控制改为信号控制后在安全方面的潜在影响,如表 1-1 所示。

表 1-1　交叉口由停车控制改为信号控制后在安全方面的潜在影响

处理方法	环境 (交叉口类型)	交通流量 AADT[a]/(pcu/d)	事故类型(严重程度)	AMF[b]	标准差
安装交通信号	城市地区(主要道路限速64km/h四岔口)	未定	所有类型(所有严重程度)	0.95[c]	0.09
			直角碰撞(所有严重程度)	0.33	0.06
			追尾(所有严重程度)	2.43	0.4
	乡村地区(三岔口或四岔口)	主要道路流量 3261~29 926；次要道路流量 101~10 300	所有类型(所有严重程度)	0.56	0.03
			直角碰撞(所有严重程度)	0.23	0.02
			左转碰撞(所有严重程度)	0.40	0.06
			追尾(所有严重程度)	1.58	0.20
基准状态(AMF=1.00)：次要道路停车控制的交叉口					

注：表中有下画线的数值是最可靠的AMF，这些AMF的标准差小于0.1；无下画线的数值较为不可靠，其标准差等于或大于0.2。

 a. AADT——annual average daily traffic，年平均日交通量；
 b. AMF——accident modification factors，事故变化系数①；
 c. 实际观测结果波动性很大，改为信号控制交叉口后总事故数可能增加、减少或不变。

1.1.4　城市交通信号控制的历史与发展

  交通信号灯诞生于19世纪，交通信号原本是针对铁路系统应用的。针对马车与行人的交通事故，在1868年12月10日，英国伦敦国会大厦外的乔治(George)街与布里奇(Bridge)街的交叉口安装了交通信号灯，异于现在的三色交通信号灯，是一种红绿两色的臂板式信号灯。由英国机械师约翰·皮克·奈特(John Peake Knight)设计制造的灯柱高7m，挂着一盏红、绿两色的提灯——煤气交通信号灯，由警察控制两块红、绿玻璃交替遮挡。1869年1月2日，该灯爆炸，此后的40多年间没有再出现过类似的信号灯[9]。

  1914年，克利夫兰安装了美国第一个电子交通信号灯[10]，具有红绿两种颜色且有蜂鸣器用来提醒颜色的转换。随后纽约、芝加哥等城市也开始出现。这时的交通信号灯已从煤气进化为电气，这与现代的交通信号灯已经没有多少差距，除了信号灯本身外，美国人还完善了信号控制系统。

  1920年，美国密歇根州底特律市一位名叫威廉·波茨(William Potts)的警官在当时交通信号灯的基础上再次进行了改进，研制出了一种四面三灯的多功能交通信号灯，这种信号灯共分为四面，每面均竖立排列三盏灯，当时它的排列形式与功能已经与现在所熟知的信号灯大同小异，红灯与绿灯表示停止与通过，黄灯则表示"谨慎"。此后，交通信号灯的发展不断完善，形成了今天多种多样的信号灯指示。

  早期的交通信号灯全部由人工控制，随着交通信号灯的大规模使用，人们开始研究自动的交通信号控制系统，直到20世纪50年代，随着计算机软硬件技术的发展，才开始出现计算机控制的交通信号控制系统并不断发展。时至今日，世界上多个城市的众多交通信号灯都处于计算机系统的控制之下。交通信号控制技术的发展历程如表1-2所示[11]。

---

  ① 事故变化系数是用来描述一个地点在两种情形下的事故频率变化的情况。其数值等于一种情形下的事故频率除以基准情形下的事故频率，可以用来表示一些道路改善措施在安全方面的有效性。

表1-2 交通信号控制技术发展历程

方式	年份	国别	应用城市	系统名称	系统特性	交叉口数	周期	检测器
点控	1868	英国	伦敦	—	燃气色灯	1	固定	无
	1914	美国	克利夫兰	—	电灯	1	固定	无
	1926	英国	各城市	—	自动信号机	1	固定	无
	1928	美国	各城市	—	感应信号机	1	可变	气压式
线控	1917	美国	盐湖城	—	手控协调	6	固定	无
	1922	美国	休斯敦	—	电子计时	12	固定	无
	1928	美国	各城市	—	步进式定时	多	可变	无
面控	1952	美国	丹佛	—	模拟计算机动态控制	多	可变	气压式
	1963	加拿大	多伦多	—	数字计算机动态控制	多	可变	电磁式
	1968	英国	格拉斯哥	TRANSYT①	静态控制	多	可变	环形线圈
	1975	美国	华盛顿	CYRANO	动态控制	多	可变	环形线圈
	1980	英国	格拉斯哥	SCOOT②	动态控制	多	可变	环形线圈
	1982	澳大利亚	悉尼	SCATS③	动态控制	多	可变	环形线圈
	1985	意大利	都灵	SPOT/UTOPIA④	动态控制	多	可变	环形线圈
	1989	法国	图卢兹	PRODYN⑤	动态控制	多	可变	环形线圈
	1995	德国	科隆	MOTION⑥	动态控制	多	可变	环形线圈
	1996	美国	新泽西	OPAC⑦	动态控制	多	可变	环形线圈
	1996	美国	凤凰城	RHODES⑧	动态控制	多	可变	环形线圈
	1997	希腊	哈尼亚	TUC⑨	动态控制	多	可变	环形线圈

拓展阅读1
我国信号控制发展历程简介

1.2 交通信号控制分类

城市交通信号控制方法有各种不同的分类。可以按照控制范围、控制方式以及一些特殊的控制模式等标准来进行划分。

---

① traffic network study tool,交通网络分析工具。
② split cycle offset optimization technique,绿信比、周期长、相位差优化技术。
③ Sydney coordinated adaptive traffic system,悉尼协调自适应交通系统。
④ system for priority and optimisation of traffic /urban traffic optimization by integrated automation,交通优先及优化系统/整合自动化的城市交通优化。
⑤ dynamic programming,动态规划。
⑥ method for the optimization of traffic signals in on-line controlled networks,在线控制网络中的交通信号优化方法。
⑦ optimization policies for adaptive control,自适应控制的优化策略。
⑧ real time hierarchical optimized distributed effective system,实时分层优化分布式高效系统。
⑨ traffic-responsive urban control,城市交通响应型控制。

1.2.1 按控制范围划分

根据控制范围的不同可以将交通信号控制分为单点控制(点控)、干线协调控制(线控)和区域协调控制(面控)。

1. 单点控制

单点控制方式就是每个交叉口(匝道口)的交通控制信号只按该交叉口(匝道口)的交通情况独立运行,不考虑与相邻交叉口(匝道口)的协调关系,是交叉口交通信号控制的最基本形式。单点控制的主要目的是使本交叉口车辆的延误和停车次数等指标达到最优,其主要参数是周期长和绿信比。

单点控制适用于相邻交叉口间距较远、线控无多大效果时,或者因各相位交通需求变动显著,其交叉口的周期长和绿信比的独立控制比线控更有效的情况。

2. 干线协调控制(线控)

干线协调控制是将一条干线上的多个相邻交叉口视为一个整体进行协调控制,使各交叉口的信号灯按照协调方案联合运行,以便车辆通过这些交叉口时不致经常遇上红灯。干线协调控制的主要目的是通过减少不必要的停车和排队延误,保持干线上车流的连续通行。干线协调控制的控制参数包括周期长、绿信比、相位差。

虽然在城市路网中对干线上的部分交叉口进行协调控制可以改善干线交通流的运行状况,但并没有必要对所有的交叉口都进行统一的协调控制,当然也不是所有的交叉口都适于信号协调控制。从工程经验来讲,通常需要具有如下几个特征的干线交叉口群才适合考虑进行交通信号的协调控制:

(1) 几何条件:交叉口间距较小(小于600m)且干线道路状况良好;

(2) 交通条件:干线方向交通流量大,从两交叉口间进入路段的交通量比例较小(30%以下),车流离散性不大;

(3) 与干线相交的道路交通量不大;

(4) 通过单点配时确定的周期长度相差不大或者近似成整数比例关系等。

由于城市交通干线的车辆运行有其自身的特性,对城市交通干线进行协调控制往往可以收到良好的效果,干线控制的潜在益处主要体现在如下几点:

(1) 通过提高干线交通流的通行速度和减少停车次数来提高交通服务水平;

(2) 交通流的通畅通常会降低车头时距,从而提高通行能力;

(3) 行车速度将更加统一均匀;

(4) 由于车队是在绿灯期间到达并通过某交叉口,因此将减少红灯期间的违章和追尾,减少事故;

(5) 可以使驾驶人和行人更加遵守交通规则,驾驶人在绿灯期间将尽力保持连续而行人由于车辆间较小的车头间距也将不得不减少随意穿行。

干线协调的一个特例是相距非常近的两个交叉口的协调控制,在相邻的非常近的两个交叉口提供连续通过的交通流,通常由一个信号机来完成,这点与一般而言的干线协调控制有所差异。

3. 区域协调控制(面控)

将一个区域内的多个信号交叉口视为整体进行协调控制的方式称为区域协调控制,这种控制方式原理上可看作是将线控扩大到面上。区域协调控制通常是由若干个子区控制构成，这里的子区是指由相同的周期长（或成整数倍关系）进行控制的区域，对每一个子区给出最佳周期长，在各个子区内得到最优控制的效果。

交通信号控制范围的不同示意如图 1-1 所示[11]。

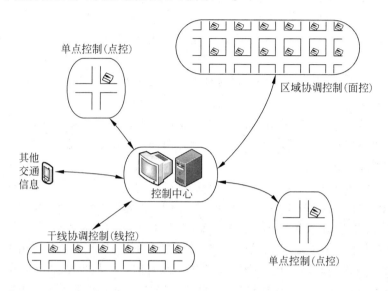

图 1-1　交通信号控制范围示意图

1.2.2　按控制方式划分

1. 定时控制

定时控制（fixed time control）是对应于交通需求的变动，将一天分为几个时间段，相应于不同时段设定不同的周期长、绿信比等信号控制参数，由时钟来控制变换参数的控制方式，即交叉口交通信号控制机按事先设置好的配时方案运行。一天只用一个配时方案的称为单段式定时控制；一天中按不同时段的交通量采用几个配时方案的称为多段式定时控制。

定时控制方式适用于交通量的变化模式基本固定并可以预测的情况，这种情况通常出现在城市中心地区，同时也较适用于三相位及更少相位控制的交叉口。但当交叉口的需求变化模式因某种原因发生改变时就要修改控制参数。定时控制的优点如下[12]：

（1）定时控制因信号起动时间可取得一致而有利于同相邻交通信号的协调控制，从而使得在一个区域或网络中的相邻交通信号能够更准确地进行协调；

（2）通过设置良好的信号灯，更容易实现协调控制及对车速的控制，尤其在低交通流量的情况下；

（3）通过精确的配时能够让两个或多个非常近距离的交叉口实现最高效和安全的运行；

（4）由于定时控制不依赖检测器对车辆的检测，因此不存在路边停车及其他因素影响车辆检测的缺点，同时因为不需要检测器，建设费用也较低；

（5）与感应控制相比，定时控制更适用于大量、均匀行人交通的地方，其设施价格低于感应控制且安装、维护方便。

然而，定时控制最大的问题就是其配时方案是基于历史数据的，因此，针对如下情形将存在一定的局限性[13]：①在一天之内，交通需求也是时变的；②交通需求每天是不同的，例如由于特殊事件等；③交通需求在长期时段内是发生变化的，例如我国城市当前的快速发展导致道路交通流在长时段内将发生很大的变化；④转向比是随时变化的，而且有可能随着控制方案的不同而变化；⑤交通事故等带来不可预测的交通需求变化。针对上述各情形，定时控制将表现出较大的局限性。

在国外，根据研究估计，随着交叉口交通流状况的演化，定时配时方案每年将增加3%～5%的延误。在国内，由于我国城市道路交通流状态更加不稳定，定时配时方案每年的延误增加将更大，因此，国内更需要频繁地修正定时配时方案或实施感应/自适应控制。

2. 感应控制

感应控制方式是对应交通状况的变动进行实时控制的方式。该方式根据使用车辆检测器获得的较短时间的交通需求的变动来改变绿灯时间和周期长。感应控制可进一步分为半感应控制和全感应控制。

半感应控制(semi-actuated control)：只在次要道路进口道上设置检测器的控制方式，一般用于主干路与次干路或支路相交处，即只有次要道路有车辆和行人时才中断主要道路车流。在这种情况下，主要道路的相位是非感应式的，也就是说这些相位是无检测信息的。

半感应控制的特点包括：当其他相位全部是感应相位时，至少有一个相位是每周期都要保证运行的；该相位将被提供一个固定的最小绿灯时间；如果感应相位没有交通需求，保证运行的相位可以保持比固定绿灯时间更长的绿灯时间；如果是协调控制，则主要道路的直行相位通常是保证运行的相位，如果感应相位的绿灯结束较早，因协调控制交叉口的周期长一定，则节约的绿灯时间将被重新分配给保证相位。

半感应控制适用于单点控制交叉口，例如该交叉口主要道路车速较低而次要道路交通流量较小。也适用于协调控制的主干路中的某个交叉口，此时就是协调感应控制方式。通过使用信号机的强制切断的设置来限制用于较小交通流的非协调相位，从而在周期内为协调相位提供恰当的时间，以便保持主要交通流的连续通行。这种控制方式的周期长是固定的。

半感应控制的一个优势是可以用于协调信号控制系统，可以有效减少主要道路交通流的延误，且不需要在主要道路上设置检测器。而半感应控制的最大问题是一旦最大绿灯时间和单位绿灯延长时间参数设置不当，则次要道路上的一股或多股交通流的连续交通需求将导致主要道路交通流的额外延误，另一个问题是次要道路需要安装和维护检测器，相对于定时控制，半感应控制的运行需要进行更多的培训。

全感应控制(full-actuated control)：在交叉口所有进口道上都设置检测器的控制方式，即所有的相位都是感应式的，一般用于交叉口所有进口道车流波动都较大的地方。

全感应控制的特点包括：所有相位都是感应的(使用车辆或行人检测器)；如果没有车辆或行人被检测到，则该相位可以被跳过；如果只检测到了车辆而无行人，则该相位的车辆部分可以运行；根据检测到的交通需求，每个相位的绿灯时间可以在最小绿灯时间和最大绿灯时间之间变化；行人绿灯时间通常是固定的；其他的时间间隔是固定的(如黄灯、全红等)。

全感应控制的优势在于，与定时控制相比，由于全感应控制能够高度适应交通需求及交通模式的变化，因此能够明显降低延误，而完善的检测信息也使控制机能够在每周期内有效地分配时间，最后，当某相位没有交通需求时，可以实现跃相控制，信号控制机可以将时间分配给后续相位。

全感应控制与半感应控制的特点对比如表1-3所示。

表1-3 全感应控制与半感应控制特点对比[4]

类型	特 点
全感应控制	(1) 所有相位都是感应的(例如,使用车辆和行人检测器); (2) 如果只检测到车辆而没有行人,则该相位只有车辆可以通过; (3) 步行时间通常是固定的,但是如果采用协调控制,则允许延长; (4) 其他时间间隔(例如黄灯、全红等)是固定的
半感应控制	(1) 至少有一个相位采用非感应控制; (2) 采用非感应控制的相位确保有一个固定的最小绿灯时间; (3) 如果感应相位没有通行需求,则非感应相位的绿灯时间可以延长; (4) 如果采用协调控制,固定相位通常是主要干道相位。如果感应相位提前结束,剩余的时间可以分配给固定相位,使得它可以获得更多的绿灯时间

定时控制与感应控制的对比分析如表1-4所示[4]。

表1-4 定时控制与感应控制的对比分析

控制类型	定时控制		感应控制		
	单点	协调	半感应	全感应	协调
固定周期	是	是	否	否	是
应用情形	无检测器	交通流比较一致、距离较近的交叉口,以及相交道路交通流比较一致	希望交通信号默认控制某个交通流向,主要道路限速小于60km/h,次要道路交通需求较小	所有的进口方向都安装有检测器,单点交叉口其限速较高	主要道路的交通流较大且相邻交叉口距离较近
应用案例	施工作业区等	CBD、立交桥下	公路	没有紧邻的信号交叉口,乡村地区,高速地带,两条干道相交交叉口	城郊地区的干道
主要的优势	临时性应用	可预测的运行状态,最低的设备及维护成本	较低的维护成本	适应交通流变化,有效分配绿灯时间,降低延误和提高安全水平	较低的主要道路延误,设置得当可以降低整个系统的总延误

总体而言,感应控制的优势主要体现在如下方面[12]:

(1) 当交叉口交通流量变化较大且不规则、难以用定时控制处理时,应用感应控制可以使交叉口运行效率最大化;

(2) 在一个复杂的交叉口,一股或多股交通流是不定时产生的或者难以估计其流量的变化规律,此时应用感应控制可以使交叉口运行效率最大化;

(3) 不适宜处于固定配时协调控制系统中的交叉口,可考虑感应控制;

(4) 感应控制较适用于只在一天的部分时间里需要信号控制的地方;

(5) 感应控制在轻交通交叉口或轻交通量期间有其优越性,不致使主要道路上的交通产生不必要的延误;

(6) 可以减少一些交通问题,例如主要道路上的追尾碰撞事故,这些事故往往是在次要道路没有交通流的情况下主要道路的强制停车造成的[①];

(7) 在每个信号周期内都可以忽略一个或多个没需求的相位,从而减少有需求相位的延误;

(8) 能够实时检测交通流状态,使得交通信号控制机可以适应当前的状态,在将来只需要较少的时间就可以保持配时方案和交通需求的良好适应关系。

3. 自适应控制

自适应控制是在对实时交通流检测基础上,建立实时交通流模型,根据实时模型和预测进行信号最优控制。自适应控制的目的是保持最优的交通流控制,即使在交通流状况发生重大变化时也是如此,也就是说,自适应控制具备根据交通流的短期或长期波动而自动改变配时的能力。例如把交通系统作为一个不确定性系统,连续测量其状态,如流量、停车次数、延误时间、排队长度等,逐渐了解和掌握控制对象,把它们与希望的动态特性进行比较,并利用差值以改变系统的可调参数或产生一个控制,从而保证不论环境如何变化,均可使控制效果达到最优或者次最优。

自适应控制可以分为方案选择式和方案生成式。方案选择式的特点是可以根据网络的特征进行小区划分,针对不同类型的小区,在控制系统的数据库中保存相对应的控制策略和方案,当出现相应的交通流状态时,选择相应的配时策略和方案。方案生成式的特点是根据实时采集的交通流数据,实时计算出最优的交通信号控制参数,形成信号控制配时方案,并立即按照该方案操纵信号控制机运行交通信号灯。

自适应控制虽然相对定时控制而言是一种较为先进的控制方式,但是在实际应用中,自适应控制对设备、检测等方面的要求亦较高。自适应控制功能的发挥离不开如下条件的支持:①系统具备全面实时、准确无误的检测和通信手段;②系统具备实时自适应寻优算法和实时反馈控制能力;③系统具备在条件不理想或错误情况下的自动纠错与容错技术能力。

因此,对于大面积的区域在进行自适应控制之前,必须对整体交通网络进行分析,对主要道路和拥堵区域进行分类,形成不同级别的交通控制策略,对主要道路进行重点联锁优化"双向绿波"控制,打通主要道路交通拥堵是整个网络交通的首要重点。

感应控制和自适应控制作用的良好发挥离不开配时优化软件和检测器设置的完美结合。优秀的配时优化软件如果配上不良的检测器类型选择或设置,或良好的检测器设置配上欠佳的配时优化软件,则都无法发挥良好的控制效果。在进行信号控制设计的时候,配时优化软件和检测器设置都必须进行充分的考虑。

1.2.3 特殊的信号控制

当前,为了适应一些特殊交通流的需求,在实际运行中,还存在一些特殊的信号控制模

---

① 定时控制的结果,即因为是定时控制,次要道路虽然没有车,也需要定时放行绿灯,而此时主要道路的车被迫停车,可能造成追尾事故,如果是感应控制,当次要道路没车时,会保持给主要道路绿灯,则主要道路的部分车辆(这部分车辆在定时控制方案下需要停车)可以不停车地通过交叉口,从而减少追尾事故。

式,主要包括:

(1) 强制优先——为紧急车辆、火车提供信号强制优先;
(2) 公交信号优先——为公交车辆提供优先控制策略;
(3) 方向控制——为不均衡车道交通流和可变车道控制所设计的特殊控制;
(4) 高占有率车辆(high occupancy vehicle,HOV)优先控制——当前在国内个别城市实施有 HOV 车道控制。

1.3 设置交通信号控制的分析方法

交通信号控制的主要作用是在道路交叉口处在时间上分配通行权,解决交通秩序相关的问题,但是如果设计正确、设置合理,亦可以起到提高通行能力、改善交通安全等其他作用。

由于设有停车或减速让行标志的交叉口和采用信号灯控制的交叉口各有其适用的条件,所以,当信号灯设得合理、正确时,就能够发挥信号灯的交通效益;但是设置不当时,非但浪费了设备及安装费用,还会造成不良的后果。例如:当次要道路上的车辆较多时,此时合理地将停车/减速让行控制改为交通信号控制,即可使主要道路与次要道路上的车辆连续紧凑地通过交叉口,从而增大整个交叉口的通行能力,改善次要道路上的通行,减少次要道路上车辆的停车和延误。反之,如果次要道路上的车辆很少,此时不合理地将停车/减速让行控制改为交通信号控制,则会因少量的次要道路车辆而给主要道路车辆增加许多不必要的红灯时间,从而大大增加主要道路上车辆的停车与延误,降低交叉口的利用率,甚至容易在交通量较低的交叉口上(或是交通量较低的时段内)诱发交通事故,这主要是因为主要道路上遇到红灯而停车的驾驶人在相当长的时间内并未看到次要道路上有车通行,就往往会引起故意或无意的闯红灯行为,从而诱发交通事故[14]。

目前,在决定交叉口是否进行信号控制时,主要考虑两个因素:停车标志交叉口的通行能力和延误。当交叉口在实行停车控制的情况下,其交通流量接近或达到其最大可通行量时,将会造成交叉口的严重拥堵,使得各方向车流的延误大增,此时需要考虑设置交通信号控制。

当然,交通量与延误是考察交叉口该用什么控制方式的定量分析的主要依据,但不是唯一依据。在实际工作中还需根据当地的某些具体条件与特殊困难,进行综合分析,才能得到正确的决策。其他需要考虑的因素通常包括交通冲突、行人安全、事故记录以及交叉口所处的位置等多个方面。

交通信号控制的设置虽有理论分析的依据,但尚无公认的有效方法,并且世界各国的交通条件又各有差异,因此各国的依据不尽相同,但原则上大多根据上述基本原则,考虑各自的交通实际情况后制定出各自的依据。

拓展阅读 2
美国、德国及中国的交通信号控制设置判断依据

1.4 交通控制参数与概念

信号控制的基本参数主要包括时间配置、相位划分等方面,在此从定时控制、感应控制、协调控制等几个方面进行介绍。本书未涉及的内容可参阅国家行业标准 GB/T 31418—2015《道路交通信号控制系统术语》。

1.4.1 定时控制相关参数

1. 周期(cycle)

周期是指信号灯各种灯色轮流显示的一个完整的过程。周期时长(cycle length)则是指一个周期内信号灯各种灯色轮流显示一次所需的总时间,即各种灯色显示时间之总和(或者是从某主要相位的绿灯启亮到下次该绿灯再次启亮之间的一段时间),通常用 C 表示,单位通常为 s。一般而言,在一个周期内,每股正常的交通流都可以获得至少一次绿灯时间。

2. 相位(phase)

在一个信号周期内,一股或几股车流在任何时刻都获得完全相同的信号灯色显示,那么就把它们获得不同灯色(绿灯、黄灯、全红)的连续时序称作一个信号相位。

3. 时间间隔(interval)

时间间隔是指信号周期中所有灯色显示保持不变的时间长度。时间间隔是一个周期中最小的时间单位。不同的时间间隔其时间长度不同。常用的时间间隔包括绿灯时间间隔、黄灯时间间隔、红灯时间间隔以及全红清空时间间隔分别如下所述。

4. 绿灯时间(green time)

绿灯时间用于表示车辆可以通行,在平面交叉口,面对绿灯的车辆可以直行、左转或右转,绿灯时间一般用 G 表示,单位通常为 s。绿色箭头灯表示车辆只允许沿箭头所指的方向通行。

5. 黄灯时间(yellow change/time)

黄灯时间是用于警示驾驶人注意前方即将发生路权变化的黄灯的持续时间,其值包括两部分:驾驶人的感知反应时间和安全停车或通过交叉口的时间。黄灯时间一般用 A 表示,单位通常为 s。箭头黄灯表示仅对箭头所指的方向起黄灯的作用。作为绿灯到红灯转换过程中的一部分,黄灯时间内刚刚结束绿灯时间的交通流转向会被显示黄灯,而其他的交通流转向此刻都为红灯。

黄灯时间的设置主要是基于安全的考虑,其长短的确定需要考虑如下因素:

(1) 提醒驾驶人绿灯信号即将结束,使车辆能够在停车线前安全地停下来;

(2) 对于已经通过或部分通过停车线的车辆,能够在下一相位绿灯启亮之前安全驶离交叉口冲突区;

(3) 为滞留在冲突区内的车辆提供清空交叉口的时间(例如停驶待左转的车辆)。

黄灯时间的取值范围一般为 3~6s[15],速度较高的交通转向使用该范围内较大的黄灯时间。黄灯时间不宜过长,一般而言,当黄灯时间大于 6s 时,超出部分用全红时间代替。恰当配置的黄灯时间可以有效降低交叉口的碰撞事故率。

信号黄灯表示即将亮红灯,面对黄灯的车辆应该依次停在各进口道停车线后,当黄灯启亮时,已经进入交叉口(通过或部分通过停车线且无法安全停止在停车线后)的车辆可以继续通行,驶离交叉口。

6. 红灯时间(red time)

红灯时间表示不许车辆通行,面对红灯的车辆不能越过停车线,红灯时间一般用 R 表示,单位通常为 s。箭头红灯表示仅对箭头所指的方向起红灯的作用。

7. 全红时间(all red)

全红时间又称为红灯清空时间(red clearance interval),指发生在一个相位的黄灯结束之后和下一个相位绿灯时间开始之前的时间间隔,此时,任意一个进口道的车辆均不许越过停车线进入交叉口。全红时间用来清空在黄灯时间内进入交叉口的车辆或滞留在冲突区内的车辆,以便不影响下一相位的放行。全红时间一般用 AR 表示,单位通常为 s。全红时间的取值与交叉口的道路条件和交通条件及相位设置等相关,应根据交叉口的具体情况具体确定。全红时间是可选的,有时可以没有全红时间。如果设置全红时间,比较典型的是 1s 或 2s[15]。

8. 绿灯间隔时间(intergreen time)

绿灯间隔时间是指一股交通流的绿灯结束时刻和相互冲突的下一股交通流的绿灯开始时刻之间的时间间隔。一般包括黄灯时间和全红时间(如有)。

9. 损失时间(lost time)

在相位转换时不可避免地会造成时间损失(如全红清场时间、绿灯刚启亮时驾驶人的反应迟钝、绿灯将要结束时驾驶人放缓车速停车等候等),也即在这个时间内虽为绿灯,但实际无车辆通行。因此,称这个时间为损失时间。损失时间分为起动损失和清场损失。

起动损失主要是绿灯时间损失,清场损失可能包括绿灯时间损失、黄灯时间损失及全红时间。

相位损失时间是指一个相位内不能被充分利用的时间,用 l 表示,周期损失时间等于各相位损失时间之和,用 L 表示,单位通常为 s。

$$L = \sum_{i=1}^{n} l_i \tag{1-1}$$

式中:n——总相位数;

l_i——相位 i 的损失时间,s。

注意上式为简化形式,可用于无搭接灯组时的计算,如果存在搭接灯组,则损失时间需考虑的是关键灯组的损失时间。

10. 有效绿灯时间(effective green time)

有效绿灯时间是车辆可以以饱和流率有效通行的时间段。某相位实际显示的绿灯时间与间隔时间之和减去该相位总损失时间后实际用于该相位车辆通行的时间即为该相位的有效绿灯时间。一个周期的有效绿灯时间则为周期时长减去周期内总损失时间。有效绿灯时间用 g_e 表示,单位通常为 s。

信号周期中相位 1 的有效绿灯时间表示如下:

$$g_{e1} = G_1 + A_1 + AR_1 - l_1 \tag{1-2}$$

式中:g_{e1}——相位 1 的有效绿灯时间,s;

G_1——相位1的显示绿灯时间,s;

A_1——相位1的黄灯时间,s;

AR_1——相位1的全红时间,s;

l_1——相位1的总损失时间,s,等于起动损失时间与清场损失时间之和。

11. 有效红灯时间(effective red time)

对于某相位而言,无法为交通流提供服务的时间段称为有效红灯时间,某相位的有效红灯时间为周期长减去该相位的有效绿灯时间。

12. 绿信比(green time ratio)

一个相位的有效绿灯时长与周期时长之比称为该相位的绿信比,一般用 λ 表示。周期绿信比为各相位绿信比之和。

图 1-2 显示了两相位控制方案下的时间间隔、相位、绿信比及各参数之间的关系。

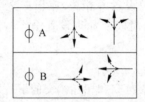 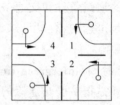

时间间隔	1	2	3	4	5	6
	绿灯	黄灯	全红	红灯		
	红灯			绿灯	黄灯	全红
相位	A			B		
	周期长：50s					
绿灯时间/s	25	3	2	15	3	2
百分比	50	6	4	30	6	4

图 1-2 时间间隔、相位、绿信比及各参数之间的关系(两相位的信号控制方案)[16]

13. 行人绿灯时间(walk interval)

行人绿灯时间指行人离开路缘石进入人行横道的时间,其值包括两部分,即起动反应时间和行人离开路缘石进入人行横道的通过时间。

14. 行人绿闪时间(flashing don't walk,FDW)

行人绿闪时间是保证在冲突机动车获得绿灯显示前,足够行人从一侧路缘石行走到对侧最远车道中线的时间。在行人绿闪时间内,没有进入人行横道的行人不允许再进入人行横道,而已经进入人行横道的行人可以继续通过人行横道或者到达安全岛。行人绿闪时间起到清空行人的作用,使在行人绿灯时间末尾离开路缘石进入人行横道的行人在冲突车流获得绿灯显示以前通过冲突点。

15. 行人相位时间(pedestrian phase time)

行人相位时间等于行人绿灯时间与行人绿闪时间之和,又称行人有效绿灯时间。

16. 行人禁止通行时间(pedestrian don't walk)

在行人禁止通行时间内行人不允许进入交叉口或在交叉口内通行。

简单的两相位信号控制方案中机动车信号控制参数与行人信号控制参数之间的关系如图 1-3 所示。

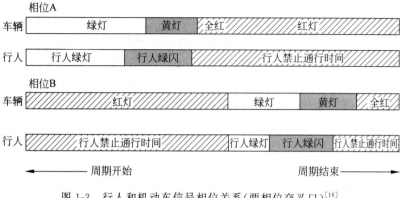

图 1-3 行人和机动车信号相位关系(两相位交叉口)[16]

17. 行人清场时间(pedestrian clearance time)[12]

行人清场时间为一部分在行人绿灯时间内进入人行横道的行人提供的能够通过人行横道到达对面人行道的时间,一般是从行人绿闪时间开始时算起,包括机动车相位的黄灯时间和全红时间。

18. 信号配时图(signal timing diagram)

把一个信号周期内不同相位的灯色及时长用图的形式表示出来就是信号配时图,用信号配时图来描述信号周期比较直观明了。

19. 搭接相位(overlap)[17]

搭接相位是指在某相位结束前提前起动另一个相位的一股或多股车流,或者说在某相位开始前提前结束其前期相位的一股或多股车流。也就是说,两个相位之间存在着部分车流的搭接,这样在信号周期中增加了一种特殊的"小相位"。搭接相位也通俗地称为"信号的迟起与早断"。

20. 环(ring)[12]

环是美国电气制造商协会(National Electrical Manufacturers Association, NEMA)信号控制中常使用的一个概念,是指必须依次给以配时(不能同时放行绿灯)的两个或更多个流向的集合①。

21. 隔离线(barriers)[12]

隔离线是一条用来防止不同环中相互冲突的交通流向被同时给予绿灯的线。例如在 NEMA 标准的 8 流向控制中,流向 1、2、5、6 在隔离线的一侧,流向 3、4、7、8 在另一侧。详见第 5 章内容。

1.4.2 感应控制相关参数

感应控制除需应用定时控制中相关的基本参数外,还有一些与感应控制有关的特定参数。

---

① 这里的"流向"在 NEMA 中用"相位"(phase)表示,具体说明见第 5 章相应部分。

1. 最小绿灯时间（minimum green）

最小绿灯时间或称初始绿灯时间（initial time），是给每个感应相位预先设置的最短绿灯时间，在此时间内不管是否有车辆到达，本相位必须为绿灯。初始绿灯时间的长短取决于检测器的位置及检测器到停车线可停放的车辆数。

2. 单位绿灯延长时间（vehicle extension/passage time/unit extension）

单位绿灯延长时间指在初始绿灯时间结束前一段时间内，测得有后续车辆到达时绿灯延长的单位时间，即车辆以指定的车速从检测器到停车线的时间。该时间有3个不同的目的[18]：①表示一个检测器用于保持绿灯时间的两次连续车辆感应之间的最大间隙；②当在单位绿灯延长时间内接收到一个新的车辆感应时所需要在绿灯相位延长的时间；③其时间必须足够长以使车辆能够从检测器行驶至停车线。

3. 最大绿灯时间（maximum green）

最大绿灯时间是指为了保持最佳绿信比而对各相位规定的绿灯时间的最长限度。某相位达到最大绿灯时间时，将强制本相位绿灯结束并改换相位。最大绿灯时间是为了保持交叉口信号灯具有较佳的绿信比、考虑到行人等待时间等因素而设置的。最大绿灯时间的起始时刻是竞争性的相位检测到有车辆到达的时刻。

4. 呼叫请求（call）

呼叫请求是指交通单元（车辆或行人）通过检测器传送给控制器单元的路权分配请求。

5. 延时（extend）

延时是为检测器配置的一个参数，指以一个固定的数值来增加检测器感应时间的一个检测器参数。

6. 延续输出（extension output）

延续输出指车辆离开检测区时，检测器仍认为车辆没有离开而继续输出一个设定的单位绿灯延长时间的状态。

7. 延迟输出（delayed output）

延迟输出指车辆到达检测区时，检测器仍认为车辆没有到达而滞后输出一个设定的单位绿灯延长时间的状态。

8. 间隔信号切换（gap out）

间隔信号切换指在感应控制模式下，单位绿灯延长时间内没有车辆到达时停止此相位绿灯时间，切换到下一相位的一种操作方式[17]。

9. 临界信号切换（max out）

临界信号切换指在感应控制模式下，绿灯延长时间达到最大绿灯延长时间时，不管是否有车辆到达，停止此相位绿灯时间，切换到下一相位的一种操作方式。

10. 路段行人半感应信号控制[17]

路段人行横道采用的半感应控制包括行人检测半感应信号控制与机动车检测半感应控制两种形式。

行人检测半感应信号控制需要设置按钮信号灯，行人过街时只需按灯杆上的按钮，过街方向的信号灯就会变成绿灯；如果没有行人过街请求，信号灯将把更多的通行时间留给机动车，以提高其通行效率。

机动车检测半感应控制是在人行横道前一定距离内设置车辆检测器，机动车相位开始时,预设一个"初始绿灯时间",到初始绿灯结束时,如果在一个预置的时间内(可用行人过街最小绿灯时间)无后续车辆到达,则可更换行人相位;如果检测器检测到后续车辆到达,则每测得一辆车,绿灯延长一个预置的"单位绿灯延长时间"。如果在单位绿灯延长时间内,车流中断,则更换行人相位;如果连续有车,则绿灯继续延长,直至延长到一个预置的"最大绿灯时间",即使后面连续有车,也要中断机动车相位,变更为行人相位。这种方法实质上是机动车优先方式,当机动车交通量较大时,机动车绿灯时间经常取"最大延长时间",从而近似于定时信号配时。

11. 相位"召回"(recall)

相位"召回"是感应控制器的一种运行模式,据此一个机动车相位或行人相位无论是否有实际的需求存在,每个周期都需要显示。每个感应相位都有一系列的召回设定,用于确定当没有需求的时候如何设定信号显示。常用的两种方案为最小"召回"(min recall)和最大"召回"(max recall)。

(1)最小召回:最小召回特性将为指定的相位设置一个"呼叫",即使该相位没有需求。如果交叉口各个方向都没有需求,该设置将强制信号控制为一个指定的相位实施最小绿灯时间。实践中建议对半感应非协调控制的主要街道的直行交通流实施最小召回特性,这可以使得主要街道的直行交通流尽可能早地在周期中获得绿灯时间并且在冲突交通流较小的情况下保持绿灯。

(2)最大召回:最大召回特性为一个指定的相位设置连续的"呼叫",即使该相位没有需求。它将强制每个指定的绿灯相位执行其最大绿灯时间。最大召回适用于车辆检测器出现故障的情况下,或者在某些时段实施定时控制。这个特性并不常用,因为在低流量情况下常常导致运行低效。

(3)行人召回:为一个指定的行人相位提供连续的"呼叫"。它强制每个绿灯相位实施最小行人绿灯时间。通常用在行人过街按钮故障的情况下,或者有大量行人过街的时段。

(4)软召回:当没有竞争相位的呼叫时,为指定的相位设置一个"呼叫"。经常用在低交通流期间的主要道路直行相位,来确保信号灯保持在主要道路直行绿灯的状态。适用于无协调控制的情况下,并且主要道路直行相位有检测器。

最小召回的方式是使用最为广泛的方式,如果所有的相位在没有交通需求时都设置为最小召回的方式,则每个相位都将以最小绿灯时间运行。如果所有的"召回"都设置为关,则绿灯将保持在接收到一个"呼叫"的最后一个相位,直到另一个相位接收到一个"呼叫"。在通常情况下,"召回"只是针对主要道路的直行流向,从而确保在其他相位没有需求的情况下,绿灯能够驻留在主要道路的直行相位。

12. 可变最小绿灯时间(variable minimum green)

由于存在型检测器能够"记忆"排队车辆数,因此,可以将最小绿灯时间设置为可变的,以反映下一个绿灯间隔必须服务的排队车辆数目的不同。用于流量-密度的感应控制模式。

13. 间隔递减(gap reduction)

一般感应控制中,单位绿灯延长时间的长度是固定的,但是在"流量-密度"的感应控制模式中,每个相位的绿灯延长时间结束前,单位绿灯延长时间间隔可以逐渐缩小。最初,感应中的间隔为单位绿灯延长时间,然后在一段时间(间隔递减之前的时间)之后,通过间隔逐渐递减的特定时间,间隔减小到最小间隔。随着某一相位的时间越来越长,使用这种方式来保持绿灯时间越来越难。这个过程主要包括 4 个参数[18]:

(1) 初始单位延长时间(最大值)PT_1;
(2) 最终单位延长时间(最小值)PT_2;
(3) 单位延长时间开始递减的时刻 t_1;
(4) 从最大单位延长时间变为最小单位延长时间的时间段 t_2。

如图 1-4 所示[17]。

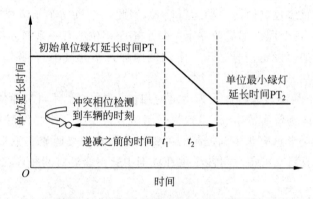

图 1-4 可变单位绿灯延长时间示意图

单位绿灯延长时间递减的实现方法有 3 种:

(1) 定时段递减:在绿灯启亮一定时间段之后,每隔一定的时间段单位绿灯延长时间递减固定长度,例如,在绿灯显示 x s 后,每延长 1.5s 绿灯,单位绿灯延长时间减少 0.2s;

(2) 每秒递减:定义在绿灯显示 x s 后,每秒内单位绿灯延长时间递减多少,例如,每延长 1s 的绿灯时间,单位绿灯延长时间减少 0.1s;

(3) 定时递减:定义在绿灯显示 x s 后,需要多长时间将单位绿灯延长时间从最大值减少到最小值,例如在 15s 内线性地将单位绿灯延长时间从 3.5s 减少到 1.5s。

14. 强制切断(force off)

强制切断是指在协调控制配时方案中的某个时间点,会强制切断某个进口道的绿灯相位,即使此时该进口道仍然有交通需求。

15. 检测区域(detection zone)

每个检测器都会有一个区域,在该区域范围内能够检测到道路用户的到达、存在和离去,称为检测区域。不同类型检测器的区域可以由不同的方法来确定,例如:电子/电气元件的安装位置、检测器的处理/放大器系统(检测器单元)或者是软件程序的输入等。

1.4.3 协调控制相关参数

1. 协调(coordination)

协调是指能够同步多个相邻的交叉口来提高系统中的一个或多个方向交通流的运行状况。

2. 公用周期时长(public/background cycle length)

公用周期时长是指在协调控制中,为使各交叉口的协调相位交通信号取得协调,各交叉口的周期时长必须相等或成整数倍。通常情况下从各交叉口的单点控制周期时长中选出最大的周期时长作为协调控制子区的公用周期时长。

3. 双周期

双周期是指在协调控制系统中,一个交叉口的周期长是其他交叉口的周期长的一半,从而在公用周期时长内使同一相位获得两次绿灯,有时也称为"半周期"。

4. 相位差(offset)

相位差是指在协调控制中,指定的参照交叉口与协调交叉口相位的绿灯起始时间或结束时间之差。相位差又分为绝对相位差和相对相位差。

绝对相位差(absolute offset):指各个协调相位信号的绿灯或红灯的起点或中心点相对于某一个基准信号绿灯或红灯的起点或中心点的时间差,如图1-5的O_3(交叉口3相对于交叉口1而言,交叉口1为基准交叉口)。

相对相位差(relative offset):指相邻两交叉口协调信号的绿灯或红灯的起点或中心点之间的时间差。相对相位差等于两个连续信号绝对相位差之差,如图1-5的O_{32}(交叉口3相对于交叉口2而言)。

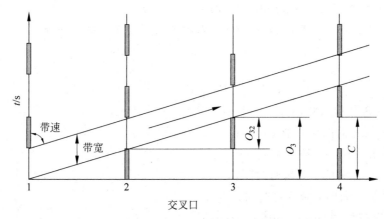

图1-5 协调控制时距图[16-17]

5. 绿波带(green wave)

绿波带是协调控制的结果,即在一条道路上通过实行协调信号灯控制,使车流在纳入控制范围的信号交叉口通行的过程中,可以连续得到绿灯信号,不停车地通过控制范围内的所有交叉口。

6. 绿波带宽度(green wave bandwidth)

绿波带宽度是指在干线协调控制系统中,车辆可以按指定的速度连续通过干线上某一特定方向多个相邻交叉口时的最大绿灯时间,通常以秒为单位,如图1-5中的带宽。有时也称为通过带宽。

带宽由交叉口之间的相位差和各交叉口协调方向上的绿灯时间决定。带宽通常被用来描述通行能力或最大化车辆通过量,但实际上它只是一个协调联动(progression)运行机会的衡量指标。带宽与交通流及出行路径无关,现实中必须考虑有多少车期望连续通过全部的交叉口。

有关带宽的几点注意事项:

（1）一条干线两个方向的绿波带宽往往不同，带宽取决于时距图中假设的旅行速度；

（2）当给现有的协调控制系统增加一个新的交叉口后，衡量新增交叉口的影响的难度将会更大；

（3）当交叉口处于过饱和状态时，带宽方案可能会导致很差的效果，而此时同步控制（相位差为零）可能更有效；

（4）追求最大带宽的配时方案有时会增加网络的延误和燃油消耗。

7．带宽有效比（bandwidth efficiency）

带宽有效比即绿波带带宽与公用信号周期的比率

$$E = \frac{B_A + B_B}{2C} \times 100\% \tag{1-3}$$

式中：E——带宽有效比，%；

C——干线公共周期长，s；

B_A——A 方向的绿波带宽度，s；

B_B——B 方向的绿波带宽度，s。

8．带宽利用率（bandwidth attainability）

在干线协调控制系统中，带宽利用率用来衡量关键交叉口绿波带宽度对有效绿灯时间的利用程度。

$$AT = \frac{B_A + B_B}{G_A + G_B} \times 100\% \tag{1-4}$$

式中：AT——带宽利用率，%；

B_A——A 方向的绿波带宽度，s；

B_B——B 方向的绿波带宽度，s；

G_A——A 方向的有效绿灯时间，s；

G_B——B 方向的有效绿灯时间，s。

9．带宽通行能力（bandwidth capacity）

一般而言，带宽通行能力是指能够不停车连续通过一组交叉口的车辆数。计算方法如下：

$$c_{BW} = \frac{3600 \times BW \times NL}{C \times h_s} \tag{1-5}$$

式中：c_{BW}——带宽通行能力，pcu/h；

BW——带宽，s；

NL——协调方向上的车道数；

C——周期长，s；

h_s——饱和车头时距，s/pcu。

10．带速（band speed）

带速为在时间-速度图上的绿波带的斜率，表示沿干线通行的交通流的前进速度。

1.4.4 其他相关概念及参数

1．流向（movement）

流向是指对放行信号作出反应的交通流的运动方向。典型的流向分为左转流向、直行流向和右转流向。

2. 车道组（lane group）

车道组由一条或多条车道组成，具有同样的停车线，服务同一股交通流向，其通行能力被在同一组里的所有车辆所共享。

3. 信号灯组（signal light group）

信号灯组指一个完整的车辆（机动车及非机动车）红色、黄色、绿色 3 个单元组成的一组信号灯或行人红色、绿色两个单元组成的一组信号灯。

4. 信号组（signal group）

信号组指具有同一灯色序列的所有信号灯组的集合。

5. 进口道（approach）

进口道是指交叉口的一个方向包括左转、直行、右转的一系列车道。

6. 连线（link）

连线指两个信号控制交叉口之间的，驶向下游交叉口的单向车流，一条双向通行的路段包括两个方向相反的连线。

7. 服务水平（level of service）

服务水平是描述交通流内部运行状态的量化指标，通常使用速度、旅行时间、延误、交通间断、驾驶自由度等服务指标描述。

8. 高峰小时系数（peak hour factor，PHF）

高峰小时系数是衡量高峰小时内交通需求稳定性的一个指标，是高峰小时交通量与高峰小时内给定时间段（通常为 15min）的最大流率之比：

$$\mathrm{PHF} = \frac{高峰小时流量}{4 \times 最大的 15\min 流量} \tag{1-6}$$

9. 红灯右转（right turn on red）

红灯右转意味着即使面对红灯车辆也可以右转通过交叉口。

10. 转弯类型（turn type）

转弯类型可分为以下 3 种。

许可型转弯（permitted turn）：穿过冲突的行人或对向车流实现的转弯，例如对于左转，可视为对向直行交通流的许可转弯；对于右转，可视为冲突人行横道上行人流的许可转弯。

保护型转弯（protected turn）：没有任何冲突的转弯，例如专用左转相位或禁行冲突行人过街的右转相位内的转弯。

无冲突转弯（not opposed turning movements）：指虽然没有专用的左转相位，但是因为交叉口的特性，这些左转从来不会与直行相冲突，例如单向街道、T 形交叉口或信号相位将冲突的所有流向在时间上进行彻底分离。

11. 进退两难区（dilemma zone）

进退两难区主要是指在交叉口停车线后路段上的一段区域，在该区域内，面临黄灯的驾驶人既不能以当前速度在黄灯结束前进入交叉口又没有足够的距离能够将车安全地停在停车线后。

12. 车头时距（headway）

车头时距指同一车道上行驶的车辆队列中，两连续车辆车头端部通过某一断面的时间间隔。

13. 间隙（gap）

间隙是指连续行进的两辆车,第二辆车的前保险杠与第一辆车的后保险杠经过同一点所需要的时间差。

14. 临界间隙（critical gap）

临界间隙是指在主要道路上连续行驶的车辆之间,支路上车辆能够穿越的最小时间。

15. 可接受间隙（acceptable gap）

可接受间隙是指支路车辆可接受的能够穿越主要道路车流的时间。

16. 回溢（spillback）

回溢指当交叉口饱和度较高时,下游交叉口的车辆排队至上游交叉口而堵塞上游交叉口相交方向的车流运行。

17. 标准小客车（passenger car unit，PCU）

在交叉口进口道上车型通常是混杂的,根据实际情况,车道饱和流率可采用小型车或大型车作为换算单位。当混合车辆中小型车比例高时,可采用"标准小型车"作为换算单位;当大型车比例高时,可采用"标准大型车"作为换算单位。目前常用的是采用标准小客车为单位。其他各类车型相对标准小客车的换算系数可以参考表1-5。

表 1-5 不同车辆类型的换算系数

车辆类型	换算系数
小客车或小于 3t 的货车	1.0
旅行车	1.2
大客车或小于 9t 的货车	2.0
9~15t 货车	3.0
铰接客车或大平板拖挂货车	4.0
三轮摩托或微型汽车	0.6
二轮摩托车	0.4
自行车	0.2

思考题

1. 信号控制相对于停车控制路口有什么优点？
2. 对交叉口进行信号控制的目的有哪些？
3. 如何理解交通信号灯设置的利与弊？
4. 试分析我国与美国设置信号灯控制依据的异同点。
5. 解释信号周期长、绿信比、相位差、绿灯间隔时间、损失时间等参数的含义。
6.~9. 对于题图 1-1 至题图 1-4[18],确定数据是否支撑美国及我国信号灯控制设置依据中的每一条,对于每道题,对于每条设置依据,需要确定该设置依据:①满足;②不满足;③不适用;④信息不足。

基于上述判断,对于每道题,确定:①是否需要信号控制;②需要考虑的信号控制类型；③是否需要行人信号灯或行人按钮。

每道题目只要基于所提供的数据进行判断即可。

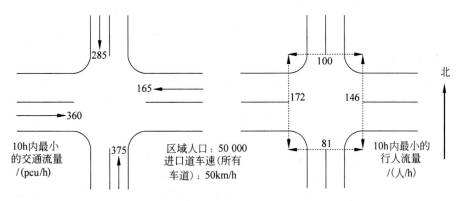

题图 1-1　思考题 6 的图

小时	交通流量/(pcu/h)			
	西进口	东进口	北进口	南进口
1	35	30	30	25
2	30	35	55	50
3	60	50	75	95
4	65	60	160	150
5	80	110	265	195
6	110	260	420	310
7	130	410	505	365
8	155	435	495	340
9	195	360	460	320
10	260	310	220	210
11	195	295	165	145
12	160	140	165	145
13	105	110	160	140
14	110	105	155	210
15	105	80	160	220
16	245	105	210	265
17	315	140	360	240
18	390	135	395	295
19	410	160	320	430
20	450	130	360	420
21	315	110	210	195
22	140	80	95	110
23	90	60	55	65
24	55	30	45	65

题图 1-2　思考题 7 的图

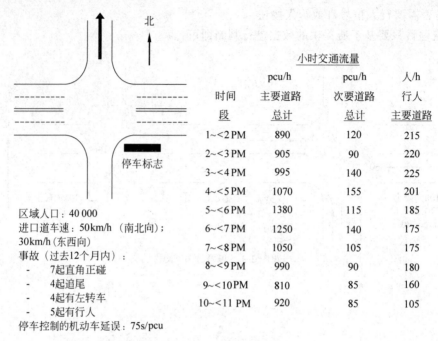

题图 1-3　思考题 8 的图

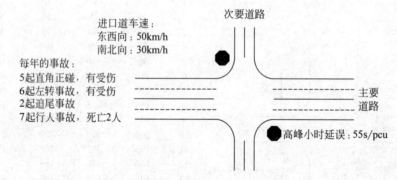

时间	东西向流量/(pcu/h)			南北向流量/(pcu/h)			行人流量/(人/h)
	东进口	西进口	总量	南进口	北进口	较高流量	穿越主要道路
11AM~<12	310	395	705	110	95	110	130
12~<1 PM	330	455	785	115	120	120	110
1~<2 PM	390	460	850	135	155	155	105
2~<3 PM	460	475	935	145	160	160	125
3~<4 PM	465	480	945	155	175	175	140
4~<5 PM	435	430	865	165	160	165	145
5~<6 PM	395	390	785	155	160	160	125
6~<7 PM	390	360	750	145	155	155	125
7~<8 PM	345	355	700	150	155	155	115
8~<9 PM	355	375	730	135	160	160	110
9~<10 PM	330	320	650	125	125	125	90
10~<11 PM	315	295	610	125	120	125	85

题图 1-4　思考题 9 的图

参考文献

[1] WAGNER F A. Overview of the impacts and costs of traffic control system improvements[R]. Washington,D. C. : Federal Highway Administration Office of Highway Planning,1980.
[2] U. S. Department of Transportation National Highway Traffic Safety Administration. Traffic safety facts 2012: a compilation of motor vehicle crash data from the fatality analysis reporting system and the general estimates system [R]. Washington, D. C. : National Highway Traffic Safety Administration,2013.
[3] BARED J G. Improving signalized intersections[J]. Public Roads,2005,68(4): 18-23.
[4] KOONCE P,RODEGERDTS L,LEE K,et al. Traffic signal timing manual[R]. Potland: Kittelson & Associates,2008.
[5] 吴兵,李晔. 交通管理与控制[M]. 4版. 北京: 人民交通出版社,2010.
[6] 周蔚吾. 道路交通信号灯控制设置技术手册[M]. 北京: 知识产权出版社,2009.
[7] SUNKARI S. The benefits of retiming traffic signals[J]. ITE Journal,2004,74(4): 26-29.
[8] AASHTO. Highway safety manual[M]. Washington,D. C. : American Association of State Highway and Transportation Officials,2010.
[9] ROSS R. Who Invented the Traffic Light? [EB/OL]. (2016-12-16)[2020-03-01]. https://www.livescience.com/57231-who-invented-the-traffic-light.html.
[10] MUELLER E A. The transportation profession in the bicentennial year-Part II [J]. Traffic Engineering,1976,46(9): 29-34.
[11] 林晓辉,曹成涛. 道路交通控制技术应用[M]. 北京: 人民交通出版社,2014.
[12] KRAFT W H,HOMBURGER W S,PLINE J L. Traffic engineering handbook [M]. 6th ed. Washington,D. C. : Institute of Transportation Engineering,2009.
[13] PAPAGEORGIOU M C,DIAKAKI V,DINOPOULOU A,et al. Review of road traffic control strategies[J]. Proceedings of the IEEE,2003,91(12): 2043-2067.
[14] 徐建闽. 交通管理与控制[M]. 北京: 人民交通出版社,2007.
[15] TRB. Highway Capacity Manual [M]. 6th ed. Washington, D. C. : National Research Council (NRC): 2016.
[16] SMITH H R, HEMILY B, IVANOVIC M. Transit signal priority (TSP): a planning and implementation handbook[R]. Washington,D. C. : ITS America,2005.
[17] 于泉. 城市交通信号控制基础[M]. 北京: 冶金工业出版社,2011.
[18] ROESS R P,PRASSAS E S,MCSHANE W R. Traffic engineering[M]. 4th ed. London: Pearson Higher Education,Inc,2011.

第2章

信号控制交通流基础理论

信号控制交叉口及相连路段有其自身的交通流运行特性,本章主要介绍信号控制交叉口交通流运行的一些基本理论基础。

2.1 信号控制交叉口车辆运行基本规律

2.1.1 车辆行驶轨迹及排队

当一个交叉口的相位划分与信号配时确定之后,车流通过交叉口时的基本运动特性也就基本确定了,典型的某进口道某转向的车流通过交叉口的基本运行规律如图 2-1 所示[1-2]。图中所示车流为非饱和状态的某相位的交通流基本运行规律。

在图 2-1 中,一个基本假设是车辆是均匀到达的,其车头时距为 h_a,而绿灯启亮后,排队车辆以饱和车头时距 h_s 驶离停车线。图 2-1 的第 1 部分显示了信号交叉口的车辆行驶轨迹线,车辆行驶轨迹线显示了车辆在任一时刻在空间上的位置,其斜率则代表了任一时刻车辆的速度。

在阶段 1 内,车辆 1、2、3、4 在红灯期间到达交叉口形成排队,在此阶段由于是红灯信号,故该方向无车辆能够通过交叉口。随着信号灯由红变绿,车辆 1、2、3、4 开始以饱和流率驶离交叉口,车辆之间的车头时距为饱和车头时距 h_s。车辆 5 按照行驶速度,虽然会在绿灯期间到达停车线,但是由于前面有 4 辆排队车辆需要放行,故车辆 5 也不得不减速加入排队。用来清除交叉口排队所需要的时间如图中所示的阶段 2。

在阶段 3,车辆 7 以交通流到达率到达交叉口,由于排队已经清除,该车辆将不会有任何的延误,直接以到达率驶离交叉口。

需要注意的是,红灯期间的排队车辆得到绿灯信号后,第一个驾驶人需要一定的时间来做出反应(包括起动加速等),同样后面的一些驾驶人也需要时间来进行加速,这个损失时间通常定义为起动损失时间(或称为起动延误,即图 2-1 中的 l_s)。在绿灯起始时刻,流率变化较快,车辆从静止状态加速到正常行驶状态,由于存在起动延误,故此时通过停车线的车流流率要比饱和流率低。一般而言,在排队车队的第四辆车(大约)之后,交通流趋于稳定,保持在最大流量状态,即所谓的饱和流率。

在排队车辆消散完毕而继续保持绿灯的阶段,会有车辆持续通过停车线,但是不再以饱

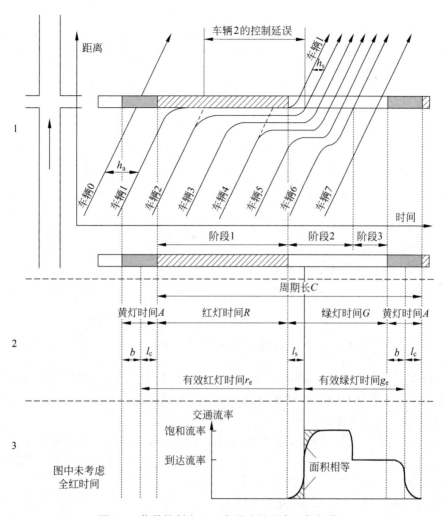

图 2-1 信号控制交叉口交通流的基本运行规律

b—相位可被利用的转换及清场时间,即有效绿灯延时；l_s—相位的起动损失时间；l_c—相位的清场损失时间

和流率的状态通过。即如果排队车辆较短而绿灯时间较长,则在排队车辆放行完毕后,通过停车线的车流流率就将比饱和流率低,如图 2-1 第 3 部分所示。在绿灯末期,会有部分车辆在黄灯阶段通过交叉口(部分国家的交通法规允许车辆在黄灯时越过停车线),这段被利用的黄灯时间被认为是有效绿灯延时(即图 2-1 中的 b,或称为绿灯的后补偿时间)。因此,有效绿灯时间是指从起动损失结束时开始,直到有效绿灯延时结束,如图 2-1 中第 2 部分所示。而没有使用的黄灯时间和全红时间(如果有)则被视为是清场损失时间,如图 2-1 中的 l_c 所示。

如果信号控制交叉口处于饱和或过饱和状态,则图 2-1 中的第 3 部分变为如图 2-2 所示[3]。

图 2-2 考虑了全红时间。如图中所示:当交通信号灯转变为绿灯时,原先等候在停车线后面的车流便开始向前运动,车辆连续地通过停车线,其流率由零很快增至一个稳定的数值,即饱和流率 S。此后,通过停车线的后续车流流率将继续保持与饱和流率 S 相等(图中所示为饱和或过饱和状态,即对应停车线后面原先积存的车辆恰好在绿灯末期放完或尚未

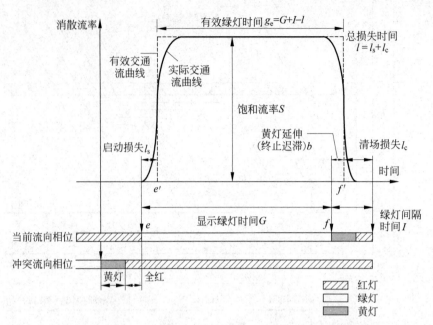

图 2-2 饱和及过饱和状态下的某流向交通流消散运行规律

放完)。在绿灯结束后的黄灯期间,或者在绿灯开始闪烁之后,由于部分车辆已采取制动措施,停止前进了;部分车辆虽未停驶,但已经减速,故通过交叉口(停车线)的流量便由原来保持的饱和流量水平逐渐地降下来。

为便于研究起见,可以用虚折线取代图 2-2 中的实曲线所代表的实际流量过程线。虚线与横坐标轴所包围的面积(矩形)与实曲线包围的面积相等。这样,矩形高就代表饱和流量 S 的值,而矩形宽则代表有效绿灯时间 g_e。即矩形的面积($S \times g_e$)恰好等于一个平均周期内该相位实际通过交叉口的车辆总数。

从图 2-2 可以看出,绿灯信号显示的时段与有效绿灯时段是错开的。有效绿灯时间的起算点滞后于绿灯实际起始点,该时间差即为"起动损失"。同样,有效绿灯时间的终止点也滞后于绿灯显示的实际结束点(当黄灯期间允许部分车辆继续通行的情况),该时间差为有效绿灯延时。则有效绿灯时间可以表示如下:

$$g_e = G + ff' - ee' \tag{2-1}$$

式中:G——绿灯信号实际显示时间,s;

ff'——"有效绿灯延时"时间,等于黄灯时间减去后损失时间,s;

ee'——起动损失时间,s。

相位损失时间 l 为

$$l = ee' + I - ff' \tag{2-2}$$

式中:I——相位间隔时间,s。

由此得出实际绿灯显示时间 G(即信号阶段的绿灯信号长度)与相位有效绿灯时间 g_e 之间的关系

$$g_e + l = G + I \tag{2-3}$$

则有效绿灯时间为

$$g_e = G + I - l \tag{2-4}$$

除车辆轨迹线图外,表达信号控制交叉口交通流的排队—消散过程通常有3种方法:交通流量图、累积车辆图和排队累积图。

2.1.2 交通流量图

图2-1下部的第3部分表示了一个非饱和状态下的典型的交通流量图,为了更清晰地表示,将该部分简化后①则如图2-3的第1部分所示,图2-3的横坐标为有效红灯时间和有效绿灯时间,图2-3中假设交通流是均匀到达的[4]。

如图2-3(a)所示,当信号灯由红色变为绿色后,停在停车线之后的排队车流便开始起动、加速并通过停车线,其流率将由零变为饱和流率S,直到排队车辆放行完毕之前,其流率都将保持为饱和流率。图中虚线表示该相位的驶离交通流,其数值在整个周期内的不同阶段是不同的:①在有效红灯期间(阶段1),驶离交通流的流率等于0,即无车辆驶离停车线;②在排队消散期间(阶段2),驶离交通流的流率等于饱和流率;③从阶段2结束到有效绿灯结束期间,驶离交通流的流率等于到达交通流的流率。注意该图表示的是非饱和状态下的情况,即流量小于通行能力。

2.1.3 累积车辆图

累积车辆图(图2-3(b))表示了随着时间的变化,某相位(或某车道)到达交叉口的车辆数和驶离交叉口的车辆数的变化情况。在累积车辆图中有两条线,一条表示该周期内累积到达交叉口的车辆数(实线),其斜率等于车辆到达率;一条表示该周期内累积驶离交叉口的车辆数(虚线)。

驶离线也分为3个阶段:①在有效红灯期间(阶段1),没有车辆驶离停车线,因此,累积驶离交叉口的车辆数为0;②在排队消散期间(阶段2),车辆以饱和车头时距的间隔驶离交叉口,即驶离交通流的流率等于饱和流率,因此,表示累积驶离交叉口车辆数的斜线的斜率等于饱和流率;③从阶段2结束到有效绿灯结束期间,累积驶离交叉口车辆数的斜线与累积到达交叉口车辆数的斜线重合,斜率等于到达交通流率。

从累积车辆图中可以看出能够表示信号控制交叉口性能的3个指标:

(1) 任一时刻的排队长度:某一时刻的排队长度可以由该时刻的累积到达车辆数和累积驶离车辆数之差计算得到。如图2-3(b)所示,排队长度$Q(t)$就是累积到达车辆曲线与累积驶离车辆曲线的竖直方向的距离。

(2) 第i辆车的延误:考虑图2-3(b)中的水平线,其起点是第i辆车到达交叉口的时刻,终点是第i辆车驶离交叉口的时刻,该水平线起终点的时间差就是第i辆车在交叉口的延误$d(i)$。

(3) 所有车辆的总延误:如果将所有车辆的延误进行加和,即可得到所有车辆的总延误,因此,车辆的总延误就是图2-3(b)阴影三角形的面积。

---

① 两个主要的简化:①忽略一些渐变,全部采用直线表示;②假定车辆只有抵达停车线才加入排队。

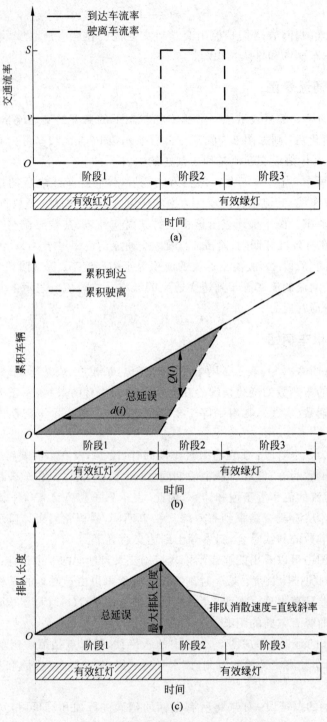

图 2-3 信号控制交叉口 3 种典型的交通流表示方式
(a) 交通流率图；(b) 累积车辆图；(c) 排队累积图

2.1.4 排队累积图

排队累积图表示任一时刻的排队长度,该图源自累积车辆图。图 2-3(c)表示了车辆均匀到达的排队累积图,红灯期间排队长度不断增加,直到红灯结束时(或绿灯启亮时)达到最大排队长度。绿灯启亮后排队车辆数不断减少直到消散完毕,排队车辆数为 0,并保持到绿灯结束时。

排队累积三角形的面积等于累积车辆图中到达曲线与驶离曲线所包围的面积,两个面积都代表了所有车辆在信号控制交叉口的总延误。

2.2 饱和流率

饱和流率(saturation flow rate)是指在单位有效绿灯时间内(即信号绿灯时车流以正常车速连续不断通过停车线时累加到 1h 绿灯时间)所通过的最大流量数(通常以标准小客车,单位为 pcu)。饱和流率通常用 S 表示,单位为辆/(绿灯小时·车道),可简写为辆/(小时·车道)(pcu/(h·ln)或 pcu/h),饱和流率的最基本单元是单车道的饱和流率。

车道饱和流率与道路条件、交通条件、渠化条件、信号条件、环境条件等有关系。道路条件是指车道宽度、车道坡度、转弯半径、视距等;交通条件是指车辆组成(例如大型车比例、公交车比例)、车流分布、行人与自行车交通量、交叉口附近的停车状况等;渠化条件是指机动车与非机动车的隔离、专用车道的设置等;信号条件是指相位组成;环境条件是指交叉口所处的地区是市区中心或非市区中心等。

需要注意的是,并不是每个周期绿灯时间内都能够达到饱和流率,很多情况会导致绿灯期间的实际通过流量达不到饱和流率,例如停车线后无排队、停车排队车辆数小于 4 辆、大货车比例较高等。

饱和流率应当尽量采用实测数据,在无法取得实测数据时,如新建交叉口设计时,才考虑采用估算方法。美国的《道路通行能力手册》(*Highway Capacity Manual*,HCM)提供了一系列方法用来估计和衡量饱和流率。

2.2.1 饱和流率的测量与分析

车道饱和流率可以由实地观察求得。一种方法是由测得的饱和车头时距(saturation headway)换算为车道饱和流率,即

$$S = \frac{3600}{h_s} \tag{2-5}$$

式中:S——车道饱和流率,pcu/h;

h_s——饱和车头时距,s/pcu。

下面分别讨论车头时距的观测和饱和车头时距的确定。

在信号控制交叉口的进口道处,车辆在红灯期间受阻,在车道上排队。当信号变为绿灯时,车队开始起动。为测定车头时距,现设定一个观测线,如图 2-4 所示[5]。

当车辆通过观测线时,可以观测到车辆之间的车头时距:

第一个车头时距——指绿灯启亮时刻至第二辆车车头到达观测线所经历的时间,s/pcu。

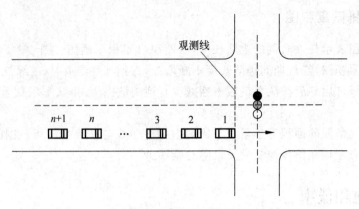

图 2-4 车头时距观测

第二个车头时距——指第二辆车头至第三辆车头到达观测线所经历的时间,s/pcu。

以后的车头时距观测同前,都是指前后两辆车的车头分别到达观测线所经历的时间之差。

在绿灯启亮时刻,队列中第一辆车的驾驶人对此作出反应,起动并加速驶离车道。这样,第一个车头时距占用较多的绿灯时间。队列中第二辆车通过观测线时,其车速比第一辆车车速高,第二个车头时距仍然比较长,但比第一个车头时距短。如此观测下去,每一个车头时距都比前一个短一些。当观测了几辆车后,由于不存在起动反应和加速效应,这时后续车队匀速行驶,并保持稳定的车头时距,如图 2-5 所示[5]。

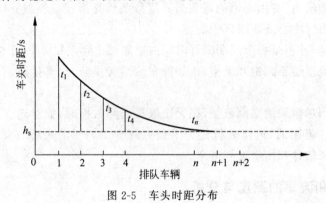

图 2-5 车头时距分布

图 2-5 中给出了在第 n 辆车之后出现了稳定的平均车头时距 h_s,即车道饱和车头时距。前 n 辆车的车头时距 h_i 均大于 h_s,两者的差值为 t_i,即

$$h_i = h_s + t_i, \quad i=1,2,\cdots,n \tag{2-6}$$

式中:h_i——第 i 个车头时距,s/pcu;

h_s——饱和车头时距,s/pcu;

t_i——第 i 个车头时距增量,s/pcu。

式(2-6)中,t_i 表示第 i 辆车由于起动反应和加速效应而多占用的绿灯时间,故又是第 i 辆车的损失时间。随着 i 由 1 增加至 n,此损失时间,即车头时距增量值 t_i 逐渐减小。前 n 辆车的起动损失之和就是绿灯信号时段的前损失时间 l_s(s),即

$$l_s = \sum_{i=1}^{n} t_i \tag{2-7}$$

式中：l_s——绿灯信号时段前损失时间，s；
　　　t_i——第 i 辆车的起动损失时间，s。

车道饱和流率与前损失时间的确定如图 2-6 所示[5]。

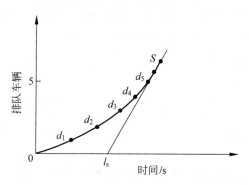

S——饱和流率；d——放行流率；l_s——起动损失时间

图 2-6　饱和流率与前损失时间的确定

由图 2-5 可以得到图 2-6。设 $n=5$，图 2-6 中短斜线分别表示前 5 辆车中每辆车的消散流率（离开率）v_i，$v_i=3600/h_i$。图中一条长直斜线，其斜率为饱和流率 S，$S=3600/h_s$，与横坐标相交处得到绿灯信号时段的前损失时间 l_s。现举例说明观测数据的处理方法。假设通过实地观测，获得各平均车头时距数据，如表 2-1 所示。

表 2-1　观测数据

排队车辆序号	车头时距 $h_i(h_s+t_i)$/(s/pcu)	损失时间 t_i/s
1	3.9	1.5
2	3.2	0.8
3	2.9	0.5
4	2.6	0.2
5	2.5	0.1
≥6	2.4	0

分析表 2-1 中数据可以看到：

（1）第 5 辆车以后，出现稳定的平均车头时距，即饱和车头时距 $h_s=2.4\text{s/pcu}$，对应饱和流率为

$$S=3600/h_s=\frac{3600}{2.4}\text{pcu/h}=1500\text{pcu/h}$$

（2）前 5 辆车多占用的绿灯时间，即绿灯信号时段前损失时间为

$$l_s=t_1+t_2+t_3+t_4+t_5=(1.5+0.8+0.5+0.2+0.1)\text{s}=3.1\text{s}$$

按测得的饱和车头时距计算，前 5 辆车所需绿灯时间为 $2.4\text{s}\times 5=12\text{s}$，但实际上用的绿灯时间为

$$(3.9+3.2+2.9+2.6+2.5)\text{s}=15.1\text{s}$$

故前 5 辆车多占用的绿灯时间为 $(15.1-12)\text{s}=3.1\text{s}$

（3）设在绿灯信号时段内，队列持续放行车辆数为 n，则共用绿灯时间 T_n 为

$$T_n=l_s+h_s\times n=3.1+2.4\times n \tag{2-8}$$

(4) 在测定饱和车头时距时,应选择有足够长排队的情况,使在绿灯信号时段内能观测到排队车辆持续放行。在观测时,通常放过开始的几辆车(表 2-1),例如可以从第 5 辆车通过观测线开始计时。

设从第 5 辆车通过观测线开始计时,一直到第 21 辆车通过观测线为止,共计时 38.4s,即共有 16 辆车通过观测线,共持续 38.4s,故得到饱和车头时距 h_s:

$$h_s = [38.4/(21-5)]s/pcu = (38.4/16)s/pcu = 2.4s/pcu$$

饱和流率 S 为

$$S = 3600/h_s = (3600/2.4)pcu/h = 1500pcu/h$$

2.2.2 饱和流率估算方法

当无法实测交叉口各类车道的饱和流率时,则饱和流率可以用平均基本饱和流率乘以各影响因素校正系数的方法估算[6]。即:进口车道的估算饱和流率

$$S_f = S_{bi} \times f(F_i) \tag{2-9}$$

式中:S_{bi}——第 i 条进口车道基本饱和流率,pcu/h;

　　　$f(F_i)$——各类进口车道校正系数。

1. 基本饱和流率

各类进口车道各有其专用相位时的基本饱和流率 S_{bi},可采用表 2-2 的数值[6]。

表 2-2　各类进口车道的基本饱和流率

车　　道	各类进口车道基本饱和流率 $S_{bi}/(pcu/h)$
直行车道	1400~2000,平均 1650
左转车道	1300~1800,平均 1550
右转	1550

注:进口车道宽度:3.0~3.5m。

拓展阅读 1
各类车道饱和流率估算方法

拓展阅读 2
饱和流率估计(HCM(第 6 版))

2.2.3 饱和流率的其他影响因素

1. 车道有效利用率对饱和流率的影响

在实际的城市道路信号控制交叉口处,由于受到多种因素的影响,经常可以看到这样一种情况,即:在多车道进口道上,并不能充分地利用所有车道的通行能力。即交叉口进口道上有一部分车道始终未能"满载",尽管在同一进口道上的其他车道已经"超载"。对于这种情况,在计算整个进口道的通行能力时必须予以充分估计。而事实上,交通工程师的责任之

一应当是尽可能杜绝这种使车道有效利用率降低的现象。车道有效利用率在很大程度上取决于进口道的设计(包括车道数目、车道划分等),一旦交叉口平面设计和信号配时方案确定了,则驾驶人对于车道的利用将会直接影响每条车道的利用率,进而影响到整个进口道的通行能力(或饱和流率)。图 2-7 概括了一些影响驾驶人选择车道的因素[3],正是这些因素降低了车道的有效利用率。

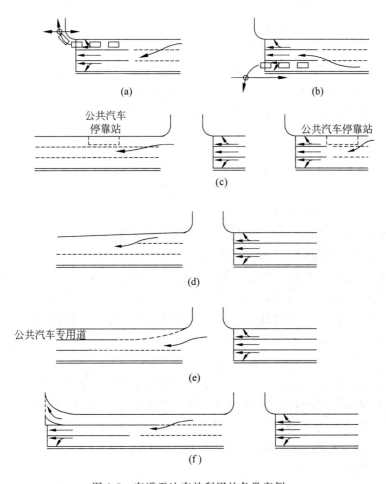

图 2-7 车道无法有效利用的各类实例

(a) 与行人冲突的右转、直行共用车道;(b) 有对向直行车的左转、直行共用车道;
(c) 在进口道或出口道上有公共汽车停靠站;(d) 出口道比进口道少一条车道;
(e) 出口车行道被公共汽车占用一条车道;(f) 下游交叉口设置了右转专用车道,因而出口车道数减少一条

车道 i 通行能力的有效利用率(P_i)可用下面的关系式表示:

$$P_i = x_i / x_{\max} \tag{2-10}$$

式中,P_i 和 x_i 为第 i 条车道的有效利用率和饱和度;$x_{\max}$ 为该进口方向各车道饱和度值中最大的一个。

由式(2-10)可推导出如下关系:在各车道利用率相等的情况下,即 $x_1 = x_2 = \cdots = x_n = x_{\max}$,有

$$\frac{v_1}{c_1}=\frac{v_2}{c_2}=\cdots=\frac{v_n}{c_n}=\frac{\sum_{i=1}^{n}v_i}{\sum_{i=1}^{n}c_i}=\frac{v}{c}=x_{\max} \tag{2-11}$$

式中：v——交叉口总交通流率，pcu/h；

c——交叉口总通行能力，pcu/h。

假设各条车道享有相等的有效绿灯时间，则有

$$P_i=y_i/y_{\max} \tag{2-12}$$

式中：y_i——第 i 条车道的交通流量比；

$y_{\max}$——饱和度最大的一条车道所具有的流量比。

当各条车道利用率相等时（即所谓"等利用率"的情况），式(2-12)变为

$$\frac{v_1}{S_1}=\frac{v_2}{S_2}=\cdots=\frac{v_n}{S_n}=\frac{\sum_{i=1}^{n}v_i}{\sum_{i=1}^{n}S_i}=\frac{v}{S}=y_{\max} \tag{2-13}$$

式中：S——交叉口总饱和流率，pcu/h。

那么，每条车道在"等利用率"情况下，应有的交通流率 $v_i=x_{\max}c_i$ 或 $v_i=y_{\max}S_i$。

在计算交叉口通行能力时，考虑车道有效利用率的方法有两种：

(1) 将有效利用率 P 低于 1 的车道与其他车道分开，分别计算它们的饱和流率和交通量，然后再求出各自的流量比（y_1 和 y_2）。

(2) 把所有各条车道作为整体，其所承担的交通量视作一个整体车流。取饱和度较高的车道流量比作为整体车流的流量比，即 $Y=y_2(y_2>y_1)$。相应于此，整体车流的饱和流率 $S=P\times S_1+S_2$。

第一种方法比较确切地反映了车流实际运动状况，故用于计算车流在交叉口的延误时间和排队长度时能得到较满意的结果。第二种方法使用比较简便，它只需对一股整体车流进行分析就可以了，但它依赖于车道利用率 P；而 P 的确定则要视该车道（利用率小于 1 的）上直行车和转弯车（直行、转弯共用车道）的比例而定。

P 值的计算步骤如下：

(1) 计算车道的总流量 $v_1=v_{T1}+v_L$，v_{T1} 为直行车流量，v_L 为相应的转弯车流量。据此，求出车流构成折算系数 f_c，进而求得饱和流率 S_1，最后计算 $y_1=v_1/S_1$。

(2) 将其余车道的直行车交通流量减去 v_{T1}，计算它们的交通量 v_2 和饱和流率 S_2（假定这些车道是"等利用率"的）。最后求出相应的交通流量比 $y_2=v_2/S_2$。

(3) 计算 P 值。$P=y_1/y_2$；检验是否 $P<1$，若 $P>1$，则说明不存在利用率不足的问题，可视为 $P=1$。此时，全部车道均作为等利用率对待。

(4) 如果计算通行能力使用上述第二种方法，则可计算整体车流的饱和流率 $S=P\times S_1+S_2$。

2. 不完整进口车道对饱和流率的影响

通常在邻近交叉口的停车线位置要重新划分车道，其目的是为了在进口道上尽量增加一些车道，以增加整个交叉口的通行能力。然而往往限于地形条件，新增加的车道只有很短

的一段(例如展宽段长度),如图 2-8 所示[3],这种局部增加的车道称为"不完整进口车道"。有时在完整车道上设置了某种障碍(如路内停车或大部分用作公共交通车辆专用道,只在靠近停车线处留下一段很短的共用车道,见图 2-8(b)),也会形成不完整车道。

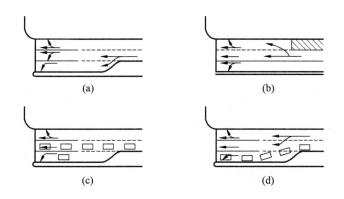

图 2-8 进口方向车道过短的实例
(a) 转弯车道长度不足;(b) 进口车道上有停放的车辆,或者一部分辟为某种车辆专用车道;
(c) 转弯车道进口被直行车队堵塞;(d) 直行车道被转弯车队堵塞

在这种不完整车道上,一旦出现超长车队,车道长度容纳不下待放行的车队时,整个进口道的通行能力就要受到影响,这种影响反映在进口道总饱和流率值的降低上。图 2-9 给出了不完整车道对车流运动图式的影响情况。

如图 2-9(a)所示具有不完整车道的进口道[3],一条不完整车道所能容纳的车辆数为 L/j。L 为不完整车道长度,j 是平均每辆车占据的车道长度。不完整车道在绿灯开始后的最初 g_{e1} 秒钟内,可提供完全(对整个宽度而言)的饱和流率,其值等于 (S_1+S_2)。然而在绿灯开始 g_{e1} 秒之后,进口道饱和流率值即下降至 S_2,并一直持续到绿灯结束(图 2-9(b)[3])。

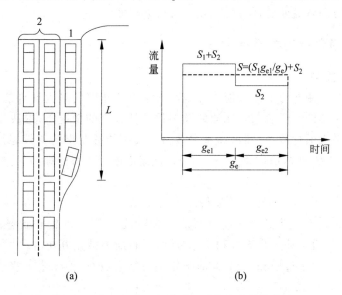

图 2-9 进口方向上车道过短对饱和流量的影响

于是，整个进口通道的通行能力应为

$$c = S \times g_e = (S_1 + S_2)g_{e1} + S_2(g_e - g_{e1}) \tag{2-14}$$

由式(2-14)，进口道平均饱和流率 S 为

$$S = S_1 \times \frac{g_{e1}}{g_e} + S_2 = S_1' + S_2 \tag{2-15}$$

S_1' 称为不完整车道的有效饱和流率，它与该车道长度 L 有如下关系

$$S_1' = L/(j \times g_e) \tag{2-16}$$

式(2-16)中，S_1' 的单位是 pcu/s；L 的单位是 m；j 的单位是 m/pcu；有效相位绿灯时间 g_e 的单位是 s。若进口道上通行的车辆类型构成是确定的，那么从式(2-16)可看出，S_1' 只随 L 和 g_e 的改变而改变。由此可以设想，如果相位有效绿灯时间 g_e 足够短，或者将不完整车道长度 L 加长到足够长时，S_1' 即可达到完全饱和流率值 S_1。所以，不完整车道对整个进口车道饱和流率有无影响完全取决于 L 和 g_e。

2.3 通行能力及饱和度

通行能力(capacity)，是指在一定的道路、交通和环境条件下，道路上某一断面在单位时间内通过的最大车辆数，其单位通常为 pcu/h。

交叉口的通行能力是反映交叉口疏导车辆的一个非常重要的性能和指标。交叉口的通行能力不仅与交叉口的几何形状、渠化状况、地理位置等几何构造或物理条件有关，而且还与交叉口的交通控制和运行方式有关。不同的交通控制方式有不同的通行能力计算方法，例如交叉口优先规则和信号控制两种不同方式，在此主要介绍交通信号控制方式下的交叉口通行能力计算方法。

基于饱和流率，根据信号周期长度及每个信号相位所占时间的长短，可以计算出信号控制交叉口各进口方向各流向的通行能力及交叉口通行能力。

2.3.1 车道通行能力及饱和度

1. 车道通行能力

某一车流中第 j 条车道的通行能力即该车流通过该车道的最大允许能力(即在单位时间内能够通过该车道的车辆总数)，在道路及渠化条件一定的情况下，取决于该车流第 j 条车道所能获得的最大通行流率(即饱和流率 S_{ij})以及所能够获得的有效绿灯时间 g_{eij} 占整个信号周期 C 的比例(即绿信比 $\lambda_{ij} = g_{eij}/C$)。该车道通行能力计算如下：

$$c_{ij} = S_{ij} \times \lambda_{ij} = S_{ij} \times g_{eij}/C \tag{2-17}$$

式中：c_{ij}——相位 i 中第 j 条车道的通行能力，pcu/h。

当第 j 条车道的车流到达率小于通行能力时，车道 j 处于非饱和状态；当车流到达率等于通行能力时，车道 j 处于临界饱和状态，此时通行能力被充分利用；当车流到达率大于通行能力时，车道 j 处于过饱和状态，此时虽按通行能力放行，但车道 j 将依然有滞留车队存在。

注意该公式无法用于计算多转向共用车道或者有许可左转相位的车道组的通行能力，这些车道的通行能力还受到其他因素的影响。

2. 车道流量比

为了比较饱和流率和实际交通流量的差异,定义车道 j 的流量比如下:

$$y_{ij}=v_{ij}/S_{ij} \tag{2-18}$$

式中:y_{ij}——相位 i 第 j 条车道的流量比;

v_{ij}——相位 i 第 j 条车道的实际到达交通流量,pcu/h;

S_{ij}——相位 i 第 j 条车道的饱和流率,pcu/h。

3. 车道饱和度

某车道的饱和度反映了一条车道的交通供求之间的关系,通常用 x 表示。车道 j 的饱和度计算如下:

$$x_{ij}=v_{ij}/c_{ij}=v_{ij}\times C/(S_{ij}\times g_{eij})=y_{ij}/\lambda_{ij} \tag{2-19}$$

式中:c_{ij}——相位 i 中第 j 车道的通行能力,pcu/h;

g_{eij}——相位 i 中第 j 车道的有效绿灯时间,s;

λ_{ij}——相位 i 中第 j 车道的绿信比。

流量比反映了该车道实际的通行需求量,而绿信比为可控参数,代表了所能提供的通行能力。增加第 j 条车道的绿信比,则可以增加该车道的通行能力,进而在交通需求不变的情况下降低饱和度,但在周期不变的情况下,可能造成其他车道通行能力的下降及饱和度的上升,因此,需要从整个交叉口的角度来考虑通行能力及饱和度。

2.3.2 相位通行能力及饱和度

1. 相位通行能力

某一相位 i 的通行能力即该相位车流通过交叉口的最大允许能力(即在单位时间内该相位全部车道能够通过交叉口的车辆总数),在道路及渠化条件一定的情况下,取决于该相位中有通行权的车道的通行能力。相位通行能力计算如下:

$$c_i=\sum_{j=1}^{m_i}S_{ij}\times\lambda_{ij}=\sum_{j=1}^{m_i}S_{ij}\times g_{eij}/C \tag{2-20}$$

式中:c_i——相位 i 的通行能力,pcu/h;

m_i——相位 i 的车道数。

2. 相位流量比

为了比较饱和流率和实际交通流量的差异,定义一个相位 i 的流量比如下:

$$y_i=v_{ic}/S_{ic} \tag{2-21}$$

式中:y_i——相位 i 的流量比;

v_{ic}——相位 i 关键车道实际到达交通流量,pcu/h;

S_{ic}——相位 i 关键车道饱和流率,pcu/h。

3. 相位饱和度

相位饱和度反映了一个相位的交通供求之间的关系,每个相位的饱和度取决于其关键车道或车道组的饱和度,通常用 x 表示。相位 i 的饱和度计算如下:

$$x_i=v_{ic}/c_{ic}=v_{ic}\times C/(S_{ic}\times g_{ei})=y_i/\lambda_i \tag{2-22}$$

式中:c_{ic}——相位 i 关键车道的通行能力,pcu/h;

g_{ei}——相位 i 的有效绿灯时间,s;

λ_i——相位 i 的绿信比。

2.3.3 交叉口通行能力及饱和度

1. 交叉口通行能力

信号交叉口的通行能力是指一个交叉口对于各个方向(或相位)全部车流所能提供的最大允许通过量,是各个方向(或相位)通行能力之和:

$$c_T = \sum_{i=1}^{n} c_i = \sum_{i=1}^{n} \left(\sum_{j=1}^{m_i} S_{ij} \times g_{eij}/C \right) \tag{2-23}$$

式中:c_T——该信号交叉口的总通行能力,pcu/h;

　　　c_i——该信号交叉口第 i 相位的通行能力,pcu/h;

　　　n——该信号交叉口的总相位数;

　　　S_{ij}——该信号交叉口第 i 相位第 j 车道的饱和流率,pcu/h;

　　　g_{eij}——该信号交叉口第 i 相位第 j 车道的有效绿灯时间,s;

　　　m_i——该信号交叉口第 i 相位的总车道数。

2. 流量比

交叉口的总流量比 y_T 则为各相位流量比之和,即

$$y_T = \sum_{i=1}^{n} y_i \tag{2-24}$$

3. 饱和度

交叉口的总饱和度 x_T 指饱和度最高的相位所达到的饱和度值,即

$$x_T = \max(x_1, x_2, \cdots, x_n) \tag{2-25}$$

交叉口饱和度之所以取各相位饱和度的最大值,是由于交叉口的交通运行状态是由各相位的交通运行状况所决定的,因此,相位的饱和程度也就直接反映了交叉口的饱和程度。当每个相位的饱和度都小于 1,即均运行于非饱和状态时,整个交叉口也运行于非饱和状态,即交叉口饱和度小于 1;反之,若各相位饱和度中出现一个大于 1 的情况,即一个相位出现过饱和状态,则整个交叉口就处于过饱和状态,交叉口饱和度也大于 1。因此,为保证交叉口有足够的通行能力,在进行信号配时设计时,需要满足交叉口饱和度小于 1,即各相位的饱和度均要小于 1。只有在个别情况下,例如交叉口受用地限制无法扩大、交通流存在短时高峰等情况,可以在个别时段允许饱和度大于 1,此时意味着交叉口拥堵的出现。

前述的交叉口的饱和度可以视为是确定的配时条件下的实际饱和度,该饱和度在信号配时不尽合理时会有个别相位的饱和度较大而使得路口的实际饱和度变大。路口的饱和度的另一计算方法为:

$$X_c = \left(\frac{C}{C-L} \right) \times \sum_{i=1}^{n} y_i \tag{2-26}$$

式中:X_c——交叉口饱和度;

　　　C——周期时长;

　　　L——周期总损失时间;

　　　y_i——第 i 相位关键车流流量比。

4. 饱和度的实用限值[7]

对于一个交叉口而言,饱和度并不是一个定值,在道路条件和信号配时一定的情况下,

由于交通需求的随机变化,饱和度值也会相应地发生着变化;而在道路条件和交通需求一定的情况下,不同的信号配时方案同样会导致不同的饱和度值。

从理论上而言,交叉口饱和度只要小于1就应该能够满足各方向车流的通行要求,然而,实际交通流运行情况表明,当交叉口的饱和度接近1时,交叉口的实际通行条件将迅速恶化。主要是因为在饱和度很高的情况下,到达交叉口的车流量接近交叉口允许通行能力,必然导致车辆受阻延误时间与停车次数的剧增。同时,交叉口各进口方向上会形成较长的车辆排队。当交叉口处于过饱和状态时,车辆排队长度会持续增长,继而造成本交叉口的堵塞甚至回溯到上游交叉口。因此,在实际的设计工作中,需要规定一个可以接受的最大饱和度限值,即饱和度的"实用限值"。该限值需小于1且留有足够的容量。考虑饱和度的实用限值的原因还有车辆到达的不均匀情况,在通行能力的计算中,都是以"平均交通量"来进行计算,而实际上,单位时间内到达交叉口停车线的车辆数是随机的,按照平均到达率计算的总饱和度小于1并不排除在个别时间段内实际饱和度超过1的可能性。

饱和度的实用限值,既可以按照各个相位分别确定(称为"相位饱和度实用限值"),也可以按照整个交叉口来确定(称为"交叉口饱和度实用限值")。

研究结果表明,反映车辆通过交叉口时运行状况的一些特性参数,例如平均延误、平均停车次数、排队长度等均与交叉口实际允许饱和度(即实用限值)大小有关,该限值定得越高,交叉口运行状况越差。因此,为保持交叉口的畅通、提供适当的通行能力、降低车辆延误,需要将交叉口的饱和度维持在一定限度之内,既不能太大,也不能太小。实践证明,饱和度实用限值定在0.8~0.9之间比较合适(如0.85)。如过低,则需扩大交叉口平面尺寸才能满足一定的交通流量需求,或需增加信号周期,则可能导致增加延误、停车次数等。当在某种特定条件下,例如交通量很大,而交叉口周围环境条件又较差,为减少交叉口建设投资,可以采用较高的限值,如实用限值取为0.95,但需注意在这种情况下交叉口的运行状况将较差,即车辆延误时间增长、停车次数增加、排队增长,且在高流量情况下运行状况不稳定。

一般认为,当某流向或某进口道的饱和度在0.85以下时,可以认为此时的状态是非饱和状态,且具有充分的通行能力,交通运行稳定。当饱和度在0.85~1.0之间时,由于各周期间交通流的波动性将导致交通流的不稳定,越接近1.0,则交通流本身的不稳定(如较高的需求、大型车等)将导致某个周期内的需求超过该周期内的绿灯时间所能处理的流量,这将导致有排队车辆会持续到下一个周期,即使在整个分析时段内的总需求是小于总通行能力的。当饱和度超过1.0时,即整个分析时段内的交通流量大于通行能力,则每周期未被服务的车辆将形成累积排队,甚至可能排队至上游交叉口产生拥堵,这将形成过饱和的交通状态。

2.3.4 通行能力分析

在道路条件一定的情况下,信号控制交叉口通行能力主要受信号配时的影响,科学合理的配时将有助于提高相位或交叉口总的通行能力,从而提高交叉口的运行效率。

1. 信号周期对交叉口通行能力的影响

周期绿信比与周期时长的关系如下所示:

$$\lambda = \frac{C - L}{C} = 1 - \frac{L}{C} \tag{2-27}$$

因此,周期越长,在总损失时间不变的情况下,周期绿信比越大,交叉口通行能力也越大(在饱和流率不变的情况下)。然而,随着周期的不断增加,当达到一定程度后,周期增加单位长度所带来的绿信比的增加比例逐渐下降,通行能力的提高将越加不够明显,因此,综合考虑延误、排队长度等指标,周期时长一般有一个最大参考值,通常取为120s(但在我国的部分城市的较大交叉口,周期时长已经远远超过这个数值,达到180s甚至更大)。

2. 绿信比对通行能力的影响

根据式(2-20)可知,在交叉口道路条件一定的情况下(即饱和流率一定),某相位i的通行能力与绿信比成正比,即随着相位i的绿信比的增加而增加。但由于各相位绿信比之和一定,故相位i的绿信比的增加意味着其他冲突相位的绿信比的下降,亦可能造成其他相位通行能力的下降。

对于交叉口总通行能力而言,由式(2-23)可知,如果各进口道饱和流率相等,则交叉口通行能力与交叉口的周期绿信比成正比,增加周期绿信比可以提高交叉口通行能力。由于$0<\lambda<1$,绿信比的进一步提高会受到较大限制,因此,周期绿信比的改善对于交叉口通行能力的提高是有限度的。

3. 相位数对交叉口通行能力的影响

相位数的增加将导致总损失时间的增加,从而在周期时长不变的情况下导致周期绿信比的下降,进而将导致交叉口通行能力的下降。因此,为保证在增加相位数的情况下确保通行能力不下降,需要增加周期时长,而周期时长的增加可能导致延误的增加及最大排队长度的增加,从而对交叉口的渠化提出更高的要求,因此,多相位的实施需要慎重。

2.4 关键车道

2.4.1 关键车道的基本概念[8]

在信号控制交叉口的分析与设计中,关键车道(或关键车流)与绿灯时间分配这两个概念紧密相关。绿灯时间分配的最简单形式就是通过信号控制将时间分配给交叉口不同方向的车辆及行人交通流。时间是不变的:1h有且只有3600s,而所有这3600s都必须进行分配。即对于任意给定的一个小时,时间将被分配给车辆与行人交通流以及损失时间。

关键车道主要承载那些能够决定给定信号相位的时长的特定车流,即对整个交叉口的信号配时设计起决定作用的车流。因为一般情况下,在交叉口很少发生所有流向在同一天同一时刻达到饱和状态的情况。

考虑图2-10[8]中的情形:一个简单的两相位信号控制交叉口,所有东西向车流在第一个相位中允许通行,所有南北向车流在第二个相位中允许通行。在每一个相位中4个车道的车辆同时通行(其中每个方向两个车道)。由于这些车道的交通需求分布不均匀,因此总会有一个车道有最大的交通需求强度,信号配时必须能够满足该车道的交通需求,这条车道即为该相位的"关键车道"。

由此可知,只要给予关键车道足够的绿灯通行时间,满足其在通行能力上的要求,则其他各车道的通行需求就自然得以满足。

在图2-10中,信号配时与设计必须满足关键车道1和2的总需求量。因为这些车道交

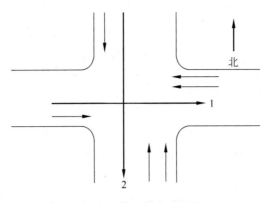

图 2-10 关键车道示意图

通需求强度最大,所以信号配时若能够满足这两个车道需求,那么其他车道的需求自然也能够被满足。此处需注意关键车道被定义为交通需求强度最大的车道而非流量最大的车道,这主要是因为许多因素都能够影响交通流,例如一条车道上若有较多的左转车辆,那么与无左转车辆的更大流量的相邻车道相比,可能需要更长的绿灯时间。在确定车道交通需求强度大小的时候需要考虑一些常见的影响特定车道车流的情况。

在为图 2-10 的交叉口进行绿灯时间分配时,需要将总时间分配到以下 4 个方面:

(1) 关键车道 1 的车流;
(2) 关键车道 2 的车流;
(3) 关键车道 1 的起动与清场损失时间;
(4) 关键车道 2 的起动与清场损失时间。

可以从以下思路来考虑:损失时间不会被任何车辆使用,当从总时间中扣除损失时间后,剩下的时间是有效绿灯时间,可以进行分配以满足关键车道的交通需求(本例中指车道 1 与车道 2),因此全部的有效绿灯时间必须能够满足车道 1 与车道 2 这两个关键车道的交通需求。

图 2-10 中的例子是一个相对简单的例子,一般来说,以下这些规则可以用来确定关键车道:

(1) 对于每一个独立的信号相位都有对应的关键车道以及关键车道车流;
(2) 除了损失时间没有车辆通行外,对于信号周期有效绿灯时间内的每一秒,必定有一条且仅有一条关键车道上有车辆通行;
(3) 当存在相位搭接(overlapping)时,通过计算可能的车道流量组合得到关键车道流量和的最大值,再根据(2)中的要求确定关键车道。

2.4.2 转弯流量等效因子

1. 基本概念

交叉口左转交通流是信号控制交叉口中最难处理的,最复杂的情形是一个许可的左转交通流要从一条共用车道(如左转直行共用车道)穿过对向冲突的直行车流。在此情况下,左转车辆必须在交叉口停车等待对向直行车流中有可接受间隙的产生,而停止等待的左转车辆将阻碍后方同向直行车流的通行,其后面的直行车辆或者变换车道直行通过交叉口或者被迫在停止的左转车辆后等待。

由于存在上述情形,故在交通信号控制中,提出"直行车当量"的概念,即多少辆直行车消耗的绿灯时间与一辆左转车消耗的绿灯时间相同。

如图 2-11 所示[8],在同样的时间内,左侧车道放行 3 辆直行车辆和 4 辆左转车辆,右侧车道放行 11 辆直行车辆,定义左转当量为 E_{LT},有

$$11 = 3 + 4E_{LT}, \quad 则 \quad E_{LT} = 2.0$$

注意左转当量受到众多因素的影响,包括左转车辆的处理方式(保护型信号相位、许可型信号相位,还是保护型+许可型信号相位)、对向交通流量、对向冲突车道数。

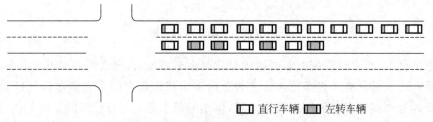

图 2-11 信号交叉口进口道的等效观测案例

在许可型左转控制方式下,左转当量与对向冲突交通流量及冲突车道数 N_o 的关系如图 2-12 所示[8]。

例如:某信号控制交叉口的某个进口道有两条车道,采用许可型左转控制方式,其中左转车辆比例为 20%,左转当量值为 2.0。直行车辆的饱和车头时距是 2.0s/pcu,求等效饱和流率。

第一种方法:根据左转当量值为 2.0,可知 20% 的左转车辆的饱和车头时距是 (2.0×2.0)s/pcu = 4.0s/pcu,剩余的 80% 的直行车辆的饱和车头时距是 2.0s/pcu。则交通流的平均饱和车头时距为:$h = (20\% \times 4.0 + 80\% \times 2.0)$s/pcu = 2.4s/pcu。相应的饱和流率为:$S = (3600/2.4)$pcu/h = 1500pcu/h。

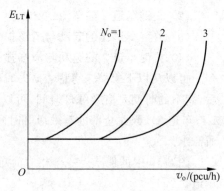

图 2-12 左转当量(E_{LT})、冲突交通流量(v_0)和冲突车道数(N_0)之间的关系

第二种方法,例如美国 HCM 中,采用折算系数的方法进行理想饱和流率的折算计算。则

$$S_{当前} = S_{理想} f_{LT}$$

$$f_{LT} = \frac{S_{当前}}{S_{理想}} = \frac{(3600/h_{当前})}{(3600/h_{理想})} = \frac{h_{理想}}{h_{当前}}$$

式中:$S_{当前}$——当前交通状况下的饱和流率,pcu/h;

$S_{理想}$——理想状况下的饱和流率,pcu/h;

f_{LT}——左转调整系数;

$h_{理想}$——理想状况下的饱和车头时距,s/pcu;

$h_{当前}$——当前交通状况下的饱和车头时距,s/pcu;

$$h_{当前} = (P_{LT} E_{LT} h_{理想}) + (1 - P_{LT}) h_{理想}$$

$$f_{LT} = \frac{h_{理想}}{(P_{LT}E_{LT}h_{理想}) + (1-P_{LT})h_{理想}}$$

$$f_{LT} = \frac{1}{P_{LT}E_{LT} + (1-P_{LT})} = \frac{1}{1 + P_{LT}(E_{LT}-1)}$$

式中：P_{LT}——左转车比例。

理想的饱和流率为

$$S_{理想} = (3600/2.0)\text{pcu/h} = 1800\text{pcu/h}$$

$$f_{LT} = \frac{1}{1 + 0.2 \times (2-1)} = 0.833$$

则 $S_{当前} = (1800 \times 0.833)\text{pcu/h} = 1500\text{pcu/h}$。

两种方法结果一致。

类似的方法可以用来进行右转交通流的描述。右转交通流通常受到冲突人行横道上的行人交通流的影响，在这种情况下，与直行车辆相比，单辆右转车辆将消耗更多的绿灯时间。由此右转当量 E_{RT} 便可以用来定量化这些影响。

2. 等效因子参考值

理想情况下，交通需求流量都能够基于各类影响交通需求强度的因子转换为等效交通流量，例如大车比例、公交车站设置、路边停车、转向方向等，但这在信号配时初期将是一个非常复杂的过程。不过在计算初期交通需求流量可以进行转向的转换以反映最显著的影响因子：左转及右转。借助于左转及右转的直行等效因子，可以将所有的需求流量全部等效为直行交通流量来进行比较。左转及右转的直行等效因子如表2-3及表2-4所示[8]。

表2-3　左转车辆的等效直行车辆数 E_{LT} [8]

冲突交通流量 v_o/(pcu/h)	冲突车道的数量 N_o		
	1	2	3
0	1.1	1.1	1.1
200	2.5	2.0	1.8
400	5.0	3.0	2.5
600	10.0	5.0	4.0
800	13.0	8.0	6.0
1000	15.0	13.0	10.0
≥1200	15.0	15.0	15.0
对于保护型左转：$E_{LT} = 1.05$			

表2-4　右转车辆的等效直行车辆数 E_{RT}

人行横道上的冲突行人流量/(人/h)	等效值
无(0)	1.18
低(50)	1.21
中等(200)	1.32
高(400)	1.52
极高(800)	2.14

上述两表中的等效因子实际上只是美国 HCM 中复杂方法的一个简化,可以为配时提供一个基本的支撑。在应用上述两表时需要注意:

(1) 冲突交通流量 v。只包括对向进口道的直行交通流量,pcu/h;

(2) 表 2-3 中对于冲突流量可以应用插值法,但是需要取为 10 的整数倍;

(3) 对于右转交通流,冲突的人行横道是指右转交通流必须通过的人行横道;

(4) 表 2-4 中的行人流量代表的是一个中等的水平,对于一些大城市,其值会高一些,因此这些分级未必合理;

(5) 表 2-4 中不适宜用插值法。

一旦选择了恰当的等效因子 E_{LT} 和 E_{RT},所有的右转、左转交通流量可以被转换成等效直行流量。随后,每个进口道或每个车道组的每车道的需求强度就可以计算出来。

$$v_{LTE} = v_{LT} \times E_{LT}$$
$$v_{RTE} = v_{RT} \times E_{RT}$$
(2-28)

式中:v_{LT}——左转流量,pcu/h;

v_{RT}——右转流量,pcu/h;

v_{LTE}——左转流量的等效直行流量,直行车辆/h;

v_{RTE}——右转流量的等效直行流量,直行车辆/h。

这些等效流量值被加到原有的直行交通流量来获得总的等效直行流量值和每个进口道或每个车道组的每车道等效直行流量值。

$$v_{EQ} = v_{LTE} + v_{TH} + v_{RTE}$$
$$v_{EQL} = v_{EQ}/N$$
(2-29)

式中:v_{TH}——直行车道流量,直行车辆/h;

v_{EQ}——一个车道组或一个进口道的总流量,直行车辆/h;

v_{EQL}——一个车道组或一个进口道的每车道流量,直行车辆/h;

N——车道数。

2.4.3 关键车道的识别

1. 基于单车道等效直行流量的识别[8]

为了估计合理的周期长及进行绿灯时间的分配,需要计算每个相位的关键车道的流量。关键车道流量是指控制特定相位所需绿灯时长的单车道流量。例如在一个简单的两相位控制的四岔交叉口,在一个相位中,东西向的交通流同时放行,这些东西向进口道单车道流量中的一个(即关键车道流量)代表了最大强度的需求,也将决定该相位的恰当的绿灯时长。

确定关键车道总流量包括两个关键点。

(1) 不能简单地比较流量的绝对值。例如,与小汽车相比,卡车需要更多的时间通过交叉口,同样的,与直行交通流相比,同样数量的左转和右转交通流需要更多的时间通过交叉口,而同上坡的交通流相比,下坡的交通流需要较短的时间就可以通过交叉口。因此,交通需求的强度不能仅仅由简单的流量值进行衡量。

(2) 如果相位方案中存在搭接相位,则需要仔细地检查"环图"来确定哪些交通流构成关键车道流量。

为信号配时方案确定关键车道流量需要首先确定配时方案中的关键路径(即寻找能够

产生最大关键车道流量和的路径)。在环图中,大多数配时方案包括两个环,因此备选路径必须处理两个潜在的环。关键路径可以在任何一个全相位边界(一个同时切断两个环的相位边界)进行切换。

图 2-13[8] 显示了一个包括搭接相位的配时方案的环图,各转向单车道流量显示在图中的每个流向上,图中的流量都已是转换后的等效直行流量。

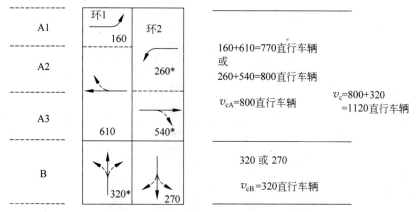

图 2-13 确定关键车道流量示意图

* 表示找出来的关键车流

为了找到关键路径,必须为周期中的每个部分找到最大的等效流量。对于组合相位 A,控制相位 A1、A2、A3 总绿灯时长的流量在环 1 或环 2 中。如图 2-13 中所示,相位 A 的最大总流量来自于环 2,因此,相位 A 的总关键车道流量是 800 等效直行流量。对于相位 B,因为没有搭接相位则其选择较为简单,环 1 中的 320 等效直行流量是关键的。因此整个周期的关键路径在图中用星号标识出来,即整个周期的关键车道流量之和为 1120 等效直行流量。

2. 基于流量比的识别[9]

通常可以用流量比 v/S 来表示一个车道组的需求强度。当信号方案中没有搭接相位时,例如简单的两相位信号方案,确定关键车道组很简单。在每一个相位中,有最大流量比 v/S 的车道组就是关键车道组。

分析搭接相位要困难一些,这是由于几个车道组的车流在几个相位中放行,并且一些车辆可以在周期内保护型信号相位加许可型信号相位的不同时间内左转。在这种情况下,有必要找到每个周期的关键运行路线,有最大流量比 v/S 之和的路线就是关键路线。

当相位搭接时,求关键路线须遵循如下原则:

(1) 除掉损失时间,一个周期所有时间内都有一个关键车道组运行;

(2) 在单个周期内,在同一时间不能有超过一个以上的关键车道组在运行;

(3) 关键路线有最大 v/S 比之和。

图 2-13 显示的是较为简单的搭接相位的情况,图中左转为保护型信号相位。存在搭接相位时,左转还存在着许可型信号相位的情况,如图 2-14 所示[9]。

在图 2-14 中,对于西进口和东进口的左转流向,应分别计算保护相位和许可相位下的流量比 v/S。实质上,这里的保护相位和许可相位下的流向是作为独立的车道组处理的。

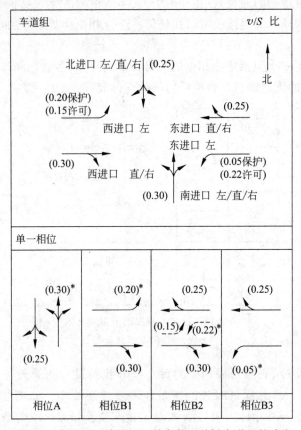

图 2-14　保护型和许可型左转条件下关键车道组的确定

注：* 关键 v/S

相位 A 是独立的，在相位 A 只有北进口和南进口两个车道组运行，按最大流量比来选择相位 A 的关键车道组，则南进口是关键车道组，$v/S=0.3$。

对于相位 B，有 4 种不同的路线，遵循关键路线原则：

西进口(保护左转)+东进口(直行/右转)=0.20+0.25=0.45

西进口(直行/右转)+东进口(保护左转)=0.30+0.05=0.35

西进口(保护左转)+西进口(许可左转)+东进口(保护左转)=0.20+0.15+0.05=0.40

西进口(保护左转)+东进口(许可左转)+东进口(保护左转)=0.20+0.22+0.05=0.47

相位 B 的关键路线是 v/S 最大的路线。对本例而言，最大 v/S 比为 0.47。则相位 B 的流量比 $v/S(0.47)$ 加上相位 A 的流量比 $v/S(0.30)$，等于 0.77。

(1) 南进口关键交通流在相位 A 起动，其损失时间应计入周期损失时间 L；

(2) 西进口保护左转关键交通流在相位 B1 起动，其损失时间应计入周期损失时间 L；

(3) 东进口许可左转关键交通流在相位 B2 起动，其损失时间应计入周期损失时间 L；

(4) 东进口保护左转关键交通流是东进口许可左转的继续。由于在相位 B3 开始时，左转流向已经在运行，损失时间不计入周期损失时间 L。

假定每个流向的损失时间 l 都一样,对于这种情况,$L=3l$。

图 2-15 给出了另外一种复杂的情况[9],是感应控制,典型的 8 相位信号设计。尽管控制器可以提供 8 相位,但是在一个周期内运行的路线一般不可能多于 6 个相位,如图所示。由于左转交通需求较大,因此提前信号相位为 A2 和 B2。

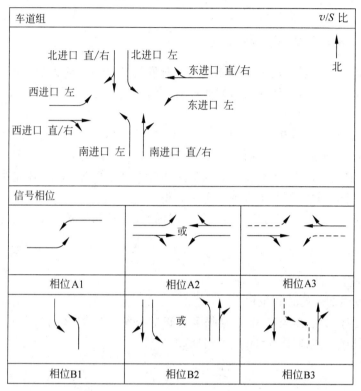

图 2-15 多相位条件下确定关键车道组

相位 A 可能的关键路线为:
(1) 西进口保护左转+西进口许可左转;
(2) 西进口保护左转+东进口许可左转;
(3) 西进口保护左转+东进口直行/右转;
(4) 东进口保护左转+东进口许可左转;
(5) 东进口保护左转+西进口许可左转;
(6) 东进口保护左转+西进口直行/右转。

具有最大流量比 v/S 的组合是关键路线。对于相位 B,把西进口换成南进口,把东进口换成北进口,同相位 A 有着相同的车道组组合。

每个运行路线的损失时间是每个相位损失时间的组成部分。这些路线包括西进口(保护)左转加西进口(许可)左转、东进口(保护)左转加东进口(许可)左转。由于在此讨论的转向交通在 3 个子相位中都是连续地通过,以上每种组合都只有一个损失时间。对于其他路线,则有两个损失时间,这是因为每一个关键交通流向是在不同的相位时间内开始运行的。注意到左转是一个不连续的流向,也就是说,在相位 A1 或 B1 时,左转是保护转向,在相位 A2 或 B2 左转运行停止,而在相位 A3 或 B3 时,又是许可左转。

对于这种复杂的相位方案,每一个主要相位,根据关键路线都可能有1次或2次损失时间。因此,对于控制两条街道的总周期,视关键路线而异,会有2次到4次时间损失。一般而言,记 n 为一个信号周期内关键路线上的交通流向数,则在计算每个周期总损失时间时,最多要计算 n 次损失时间。在确定 n 时,如果保护相位和许可相位是连续的,一个保护加许可的流向可以当作一个流向处理。

2.4.4 关键车道流量和最大值

可以将关键车道流量和的最大可能值视为衡量交叉口通行能力的一个一般性指标,当然这与传统概念上的信号控制交叉口的通行能力的视角不同,但在日常应用中也是一个有用的概念。

根据定义,每一个信号相位都有且仅有一条关键车道,除了周期中的损失时间,总有一条关键车道上有车辆通行,每个相位都有损失时间,意味着该时间段内任何车道上都没有车辆通行。因此,通过决定1h内有多少总损失时间就可以计算关键车道流量和的最大值。即用剩下的时间(有效绿灯时间)除以饱和车头时距。

为了简化推导过程,假定每相位的总损失时间 l 是一定值,那么每周期的总损失时间可以表示为

$$L = N \times l \tag{2-30}$$

式中:L——每周期的总损失时间,s/周期;
N——每周期中的总相位数;
l——每相位的总损失时间,起动损失时间与清场损失时间之和,s/相位。

1h内的总损失时间取决于1h内的周期数

$$L_H = L \times \left(\frac{3600}{C}\right) \tag{2-31}$$

式中:L_H——每小时的损失时间,s/h;
C——周期长,s。

1h内剩余的时间就是可以分配给关键车道车流的有效绿灯时间

$$T_G = 3600 - L_H \tag{2-32}$$

式中:T_G——1h内的总有效绿灯时间,s。

这个时间可以按照 h_s 秒通行一辆车的速率来使用,即

$$v_c = \frac{T_G}{h_s} \tag{2-33}$$

式中:v_c——关键车道流量和的最大值,pcu/h;
h_s——饱和车头时距,s/pcu。

将式(2-30)~式(2-33)合并得到下列关系[8]

$$v_c = \frac{1}{h_s}\left[3600 - N \times l \times \left(\frac{3600}{C}\right)\right] \tag{2-34}$$

再次考虑图2-10中的例子,如果该交叉口有两个相位,周期长为60s,每相位的总损失时间4s,饱和车头时距为2.4s/pcu,关键车道流量和的最大值(车道1与车道2流量和)为

$$v_c = \frac{1}{2.4}\left[3600 - 2 \times 4 \times \left(\frac{3600}{60}\right)\right] \text{pcu/h} = 1300 \text{pcu/h}$$

即1h有60个周期,每个周期有8s损失时间,1h共有480s损失时间,剩下的3120s可以用于每2.4s放行一辆车。

如果将式(2-34)画出,可以直观发现关键车道流量和最大值(v_c)与周期长度(C)以及相位数(N)之间的联系,如图2-16[8]所示。

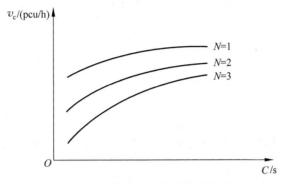

图2-16 关键车道流量和的最大值

随着周期时长的增加,交叉口的"通行能力"也随之增加,因为每一个周期内的损失时间是定值,那么周期时间越长,每小时内的周期数越少,这就会减少每小时内的总损失时间以增加有效绿灯时间,并提高关键车道流量和的最大值。但是需要注意的是随着周期时长的增加曲线走势将更加平缓,也就是说尽管通常来说增加周期时长可以小幅度增加交叉口通行能力,但是希望仅仅通过增加周期时长来显著增加交叉口通行能力是不可能的,而增加车道数之类的其他措施通常也是必要的。

随着相位数的增加通行能力将降低,这是因为对于每一个相位来说,都有一组损失时间,那么对于两相位的信号方案而言一个周期内便有两组损失时间,三相位的则有3组。

这些趋势在提高认识的同时又提出了问题:根据这些趋势,看起来所有信号方案都应该只有两个相位并且使用尽可能长的周期长度,因为这样的组合能够得到交叉口最高的"通行能力"。

2.4.5 确定恰当的周期长

假定交叉口交通需求已知且已经确定关键车道,则在已知v_c值的情况下,可以利用式(2-34)求出最小的可接受周期长度[8]:

$$C_{\min} = \frac{N \times l}{1 - \left(\dfrac{v_c}{3600/h_s}\right)} \tag{2-35}$$

因此,以图2-10为例,关键车道流量总和为1000pcu/h,最小可接受的周期长度计算如下:

$$C_{\min} = \frac{2 \times 4}{1 - \left(\dfrac{1000}{3600/2.4}\right)}\text{s} = 24\text{s}$$

在本例中周期长度可以从60s下降到30s(实际使用的有效的最小周期长),但是这一计算假定了交通需求(v_c)在整个1h内均匀分布而且有效绿灯时间中的每一秒都被利用,但这两项假定均不切合实际。一般来说信号配时应该针对1h中高峰15min的流率,式(2-34)中可以通过将v_c除以一个高峰小时系数来估计1h内最高峰15min的流率。相似的,大多数信号配时实际上利用了80%~95%的通行能力,由于每周期及一天内的交通需求随机变化,必须要有一些额外的通行能力以避免某个信号周期或是某天中高峰时间的信号控制失效。如果将v_c除以一个期望的通行能力使用水平(小数形式),那么这一问题可以解决[8],

$$C_{des} = \frac{N \times l}{1 - \left[\dfrac{v_c}{(3600/h) \times PHF \times (v/c)}\right]} \quad (2-36)$$

式中:C_{des}——期望的周期长,s;

PHF——高峰小时系数;

v/c——期望的流量/通行能力比。

回到之前的例子,如果PHF为0.95,并且期望的通行能力使用水平在15min高峰时段不超过90%,那么

$$C_{des} = \frac{2 \times 4}{1 - \left[\dfrac{1000}{(3600/2.4) \times 0.95 \times 0.9}\right]}s = \frac{8}{0.22}s = 36.3s$$

在实际应用中,将采用40s的周期长。

期望的周期长度(C_{des})、关键车道流量和(v_c)以及目标v/c比之间的关系如图2-17[8]所示。

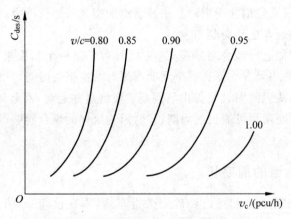

图2-17 期望的周期长与关键车道流量和

图2-17反映了给定的相位数、饱和车头时距、损失时间以及高峰小时系数(PHF)之间的关系,如果沿着任意一个给定的v_c(关键车道流量和)画一条垂直线,可以明显看出周期长度对目标v/c比非常敏感,因为每一个v/c值的曲线都接近于垂直线,所以并非总能够得到一个给定的v/c值。

考虑一个三相位的信号,单个相位损失时间$l=4s$,饱和车头时距为2.2s/pcu,高峰小时系数PHF=0.90,$v_c=1200$pcu/h,需要的周期长度根据v/c从1.00~0.80变化计算如下:

$$C_{des} = \frac{3 \times 4}{1 - \left[\dfrac{1200}{(3600/2.2) \times 0.90 \times 1.00}\right]}s = \frac{12}{0.1852}s = 64.8s \approx 65s$$

$$C_{\text{des}} = \cfrac{3 \times 4}{1 - \left[\cfrac{1200}{(3600/2.2) \times 0.90 \times 0.95}\right]}\text{s} = \cfrac{12}{0.1423}\text{s} = 84.3\text{s} \approx 85\text{s}$$

$$C_{\text{des}} = \cfrac{3 \times 4}{1 - \left[\cfrac{1200}{(3600/2.2) \times 0.90 \times 0.90}\right]}\text{s} = \cfrac{12}{0.0947}\text{s} = 126.7\text{s} \approx 130\text{s}$$

$$C_{\text{des}} = \cfrac{3 \times 4}{1 - \left[\cfrac{1200}{(3600/2.2) \times 0.90 \times 0.85}\right]}\text{s} = \cfrac{12}{0.0414}\text{s} = 289.9\text{s} \approx 290\text{s}$$

$$C_{\text{des}} = \cfrac{3 \times 4}{1 - \left[\cfrac{1200}{(3600/2.2) \times 0.90 \times 0.80}\right]}\text{s} = \cfrac{12}{-0.0185}\text{s} = -648.6\text{s}$$

在这个例子中,合理的周期长度应当能够使目标 v/c 为 1.00 或 0.95,如果想要得到 0.90 或者 0.85 的 v/c 则需要更长的周期时长,将超过定时信号控制中常用的 120s 周期时长的限制。对于感应信号控制或是需要更长的定时信号控制周期的特殊情况来说,v/c 为 0.90 所需的 130s 周期长度也可以接受,但是 v/c 为 0.80 是无论如何也不可能实现的。周期时长为负值的计算结果意味着 1h 内没有足够的时间来满足该情形下交通需求所要求的绿灯时间与每个周期内 12s 的损失时间。要实现这个目标则需要 1h 不止有 3600s 才行,而事实上这是不可能的。

2.4.6 案例

图 2-18[8] 所示的交叉口为两相位信号控制,其关键方向的交通需求和其他一些关键变量都显示在图中。通过绿灯时间分配以及关键车道的概念,可以确定每一个方向关键车流所需要的车道数以及最小的可接受周期时长,要注意初始信号周期时长会在后续分析中被不断修正。

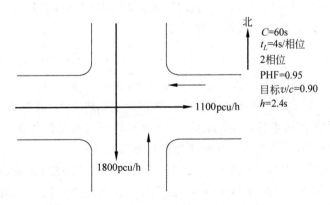

图 2-18 使用时间预算和关键车道概念的案例

假设初始设定的 60s 的周期时长是正确的,根据其他给定的条件,关键车道流量最大总和可以利用式(2-34)计算如下:

$$v_c = \frac{1}{2.4}\left[3600 - 2 \times 4 \times \left(\frac{3600}{60}\right)\right]\text{pcu/h} = 1300\text{pcu/h}$$

由北向南的关键车流量为1800pcu/h，由西向东的关键车流量为1100pcu/h，现在可以确定必须要划分的车道数。无论如何组合，两个方向的关键车道流量总和都不能超过1300pcu/h。图2-19[8]表示了一些可能的车道数量的组合和相应的关键车道流量总和。从图中可以看出，为了使得关键车道流量和的最大值小于1300pcu/h，由北向南必须至少3个车道，由西向东必须至少2个车道，考虑到在其他高峰时间（上午或下午）交通需求可能是"潮汐式"的，南北向干道可能会需要6个车道，东西向干道可能需要4个车道。

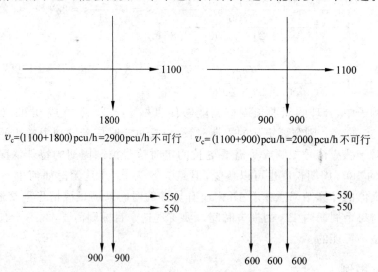

图2-19 案例中可能的车道情形

这是一个很基础的分析，根据具体信息还需要对各个方向车流、行人、行车需求以及其他因素做进一步调整。

若最后使用图中 $v_c = 1150 \text{pcu/h}$ 的设计，那么初始信号周期长度60s可能可以进一步减少，可以通过式(2-36)计算需要的周期长度

$$C_{des} = \frac{2 \times 4}{1 - \left[\dfrac{1150}{(3600/2.4) \times 0.95 \times 0.90}\right]} s = 77.4s \approx 80s$$

计算得到的周期长度比初始60s要长，这是因为上式将PHF和目标 v/c 都考虑在内，式(2-34)并未考虑上述因素且假定 v/c 为1.00并且该小时内没有高峰。实际上，最终的车道设计方案应该与80s周期长度搭配使用以获得想要的结果。

这一问题阐述了车道数与周期长度之间的关键联系。很显然，其他情况也能产生想要的结果，例如可以在每个方向增加车道数，这样可以使用更短的周期长度。但大多数情况下，在考虑信号配时过程中，依据的是已有的固定几何设计，只有在有空闲的土地空间或者在新建交叉口时，才可以考虑车道数的变化，同时还可以考虑对不同车流的车道分配。一般来说当可以依次考虑几何设计与信号配时，则可以得到更好的优化设计。

在图2-18所示的问题中，如果由于空间限制，东向与南向都只能有两条车道，得到的 v_c 将会是1450pcu/h，是否还可以通过加长信号周期长度来满足交通需求呢？再次使用式(2-36)如下：

$$C_{des} = \frac{2 \times 4}{1 - \left[\dfrac{1450}{(3600/2.4) \times 0.95 \times 0.90}\right]} s = \frac{8}{-0.131} s = -61.3 s$$

结果为负值,即无法通过周期长度调整来满足 v_c 为 1450pcu/h 的交通需求。

2.5 延误

延误是交通信号控制中应用最为普遍的评价指标,而排队长度或停车次数往往作为次级指标。延误通常是指由于道路与环境条件、交通干扰以及交通管理与控制设施等驾驶人无法控制的因素而引起的行程时间的增加。根据研究问题的不同,延误的度量单位可以有多种:s(平均延误)、pcu·s(总延误)、pcu·h/h(单位小时总延误)。延误一般包括路段延误和交叉口延误两部分,本节主要探讨信号交叉口延误。

信号交叉口延误是反映车辆在信号交叉口上受阻、行驶时间损失的评价指标。延误的影响因素众多,涉及交叉口几何设计与信号配时的各个方面,是一个能够综合反映交叉口的几何设计与信号配时优劣的评价指标。交叉口延误不仅与交叉口形状、交叉口渠化、交叉口配时、交通流量及交通流构成等要素有关,而且与不同国家的驾驶人行为及特定的交通文化有着密切的关系[10]。

2.5.1 延误类型

参考美国 HCM(第 6 版)(图 2-20)[2]描述了对于一辆红灯期间驶向路口停车线的车辆的行驶轨迹。(图中假设车辆在通过停车线的瞬间正好加速至行驶速度)

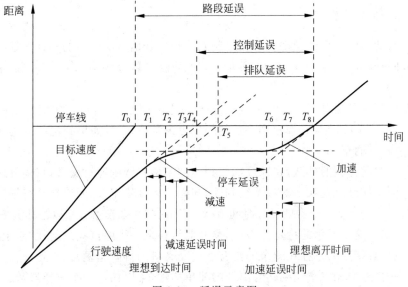

图 2-20 延误示意图

图中:
T_0:不受红灯信号影响下以目标速度到达停车线的时刻;
T_1:车辆受红灯信号影响开始减速的时刻;

T_2：不受红灯信号影响下车辆以行驶速度到达停车位置的时刻；

T_3：车辆经减速实际行驶到停车位置的时刻；

T_4：不受红灯信号影响下车辆以行驶速度到达停车线的时刻；

T_5：车辆加入排队后不经过加速过程即以行驶速度通过停车线的时刻；

T_6：车辆起动加速的时刻；

T_7：以行驶速度在 T_8 通过停车线，如果不需要加速，则在停车位置的起动时刻；

T_8：车辆加速至正常行驶速度并正好通过停车线的时刻。

控制延误：T_8-T_4，用来在信号控制交叉口和环岛进行服务水平评价的延误类型。是指由于控制装置(信号灯或者停车标志)带来的延误，大致等于排队延误与加速-减速带来的延误之和。

路段延误：T_8-T_0，该定义通常用于仿真工具分析中。它反映了一辆车在离开上游交叉口之后在整个路段上的总延误，通常包括控制延误加上其他各类由于交通干扰导致的延误，是假定的目标速度斜线与车辆完全加速后驶离交叉口的斜线之间的水平时间差。

停车延误：是指车辆在等候通过交叉口时在排队队伍中的停车时间，仅包括在交叉口信号灯前的停车时间，始于车辆完全停车，止于车辆重新加速。在某些分析工具中，低于某个速度阈值也被视为停车状态。

排队延误：反映了车辆处于排队状态的时间，指车辆加入交叉口排队队伍直至放行后通过停车线的总时间。

延误评价指标可以针对某一辆车，也可以针对所有车辆在某一时间段的平均值，或者针对所有车辆在某一时间段内的总和。延误总和是针对所有车辆在某一时间段内的总和计算的，用车×s，车×min 或者车×h 来描述。

2.5.2　基本分析

几乎所有的延误分析模型都会首先绘制到达与离开信号交叉口的累计车辆数与时间之间的关系，即累积车辆图，如图 2-21 所示[8]，时间轴被划分为有效绿灯时间与有效红灯时间。

假定车辆均匀到达，单位时间(本例中为 s)到达车辆数为 v，与之相应的是图中到达曲线的斜率不变。均匀到达假设车辆间到达的间隔也为常数，所以如果到达率 v 为 1500pcu/h，那么每 2.4s 来一辆车。

假定没有之前存在的排队，在绿灯期间到达的车辆将继续通过交叉口(离开曲线与到达曲线相同)，但是在红灯期间车辆将持续到达，却无法离开停车线，所以在红灯期间离开曲线与 x 轴平行。当进入下一个有效绿灯时间后，红灯期间的排队车辆开始以饱和流率 S(pcu/h)离开交叉口，对于这里所示的稳定状态下，离开曲线在下一个红灯亮之前便"赶上"到达曲线(假设在有效绿灯结束时不存在剩余的没有通过交叉口的排队车辆)。

根据这一信号交叉口车流到达与离开的简单描述，可以估计 3 个重要参数：

(1) 任意车辆 i 的排队总时间 $d(i)$ 可以通过水平轴到达与离开的时间差来计算；

(2) 任意时间 t 的排队车辆总数 $Q(t)$ 可以通过竖直轴到达与离开的车辆数差来计算；

(3) 所有通过信号交叉口的车辆延误总和就是到达与离开曲线围成区域的面积(车×时间)。

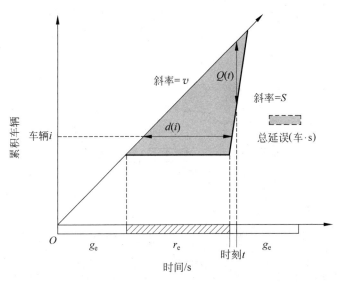

图 2-21　延误、等待时间与排队长度示意图

g_e—有效绿灯时间；r_e—有效红灯时间；$d(i)$—任意车辆 i 的排队总时间；$Q(t)$—任意时间 t 的排队车辆总数

由于图中绘制的是到达排队的车辆以及离开排队的车辆，所以这个模型应该更准确地描述为排队延误。在建立这个简单的延误时间描述模型时有许多假定的简化，其中两个最重要的简化如下。

(1) 假设为均匀到达率。即使在一个完全孤立的交叉口，真实的车辆到达也是随机的，车辆间的到达间隔不是常数而是会在平均值附近变化。在协调控制的信号系统中，车辆到达通常是以车队的形式，脉冲式的到达。

(2) 假定排队在某一个点上累积（好像车辆被堆叠起来）。事实上在排队增加的过程中，车辆到达队尾的速率是车辆到达率（相对于某一固定点）加上一个可以代表排队在空间上向后增长的量。

这两条假设对实际结果都有显著影响。当前的一些模型会以某种方式考虑前者的影响，但是第二个"点排队"的假设仍然用在许多当前的模型中。

图 2-22[8]将图 2-21 中的范围扩展到一系列连续的绿灯相位，并且反映了 3 种不同的运行情形，在这些情形中驶离函数 $d(t)$ 不变而到达函数 $a(t)$ 可以变化。

图 2-22(a)反映了整个时间段内稳定车流的情况，没有一个信号周期"失效"（失效指上一周期红灯时间内的排队车辆未能在绿灯期间全部驶离），在每一个绿灯相位，离开函数"赶上"到达函数，在这一时间段内的总延误时间是所有到达与离开曲线之间三角形的面积之和。这种延误通常称为"均匀延误"。

图 2-22(b)中一些信号相位失效（出现过饱和状态），在第二个以及第三个绿灯相位结束时，一些车辆没能被放行（它们必须等到第二个绿灯才能驶离交叉口），但是当整个时间段结束后，离开函数还是能够"赶上"到达函数，最后没有剩余的排队车辆，这一情况反映了整个分析时间段内交通状态是稳定的（总需求未超过总通行能力），但是该时段内某个信号周期内通行能力未能满足交通需求。对于这些时间段来说，存在除了均匀延误之外的第二种延误形式，包括了到达函数与虚线之间的面积，其中虚线代表了交叉口放行车辆的能力，斜率记为 c，这种延误被称为"过饱和溢流延误"。

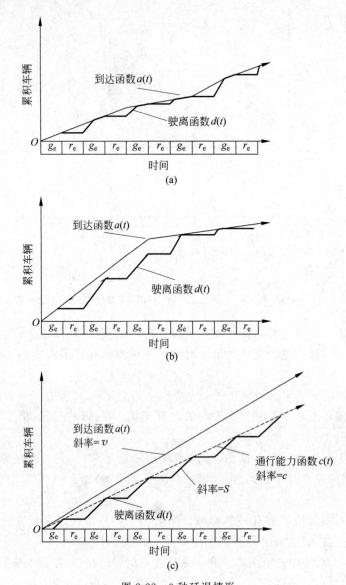

图 2-22　3 种延误情形

(a) 稳态交通流；(b) 稳态交通流,个别周期过饱和；(c) 在一个特定时段内需求超过通行能力

图 2-22(c)反映了最糟糕的情况：每一个绿灯相位都无法满足需求,剩余的排队车辆在整个分析时间段内持续增加,在这种情况下,溢流延误不断增加并且显著超过均匀延误。

后一种情况显示了一个重要的实际运行特征：当交通需求超过通行能力($v/c>1.00$)时,延误由这一状况的持续时间决定。在图 2-22(b)中,这种情况仅持续了两个相位,所以排队以及随之带来的溢流延误是有限的；在图 2-22(c)中,这种情况持续了很长时间,所以延误在整个过饱和阶段内持续增长。

2.5.3　信号控制延误的组成要素

在预测信号控制延误的分析模型中,有 3 个重要的组成要素：

(1) 均匀延误：基于均匀到达的假设且没有周期失效的情况下计算的延误。

(2) 随机延误：由于交通流在独立交叉口并非均匀分布而是随机分布所引起的高于或低于均匀延误的部分。

(3) 过饱和延误：当单个相位或是一系列相位的通行能力低于到达流率或需求时所带来的附加延误。

另外，车队流量模式（并非随机或是均匀）对延误的影响通常通过对均匀延误进行调整来处理，许多现有的模型将随机延误与过饱和延误组合成一个函数来处理，有时也被称为"过饱和延误"，尽管包含两个部分。

均匀到达、随机到达以及脉冲式的车队到达三者之间的差别可以用图 2-23[8] 来阐释，如前所述，许多延误模型的分析基础是均匀到达的假设，如图 2-23(a)所示。但是即使是孤立的交叉口，车辆到达也是随机的，如图 2-23(b)所示。在随机到达的情况下，总体的到达率是常数，但是车辆间的到达间隔在均值附近服从某种分布。在许多市区或是郊区，当一个信号控制交叉口属于协调信号系统中的一部分时，车辆的到达是以车队形式紧密成组的从上游路段驶来，如图 2-23(c)所示。车队到达下游信号交叉口的准确时间对延误有很大的潜在影响。如果车队中的车辆在红灯开始亮时到达，大多数车辆就被迫必须等待整个红灯相位的时间；如果同样一个车队的车辆在绿灯开始亮时到达，则可以在不停车的情况下通过交叉口。在这两种情况下，到达流量 v 与交叉口通行能力 c 是一样的，但是最后的延误相差很大。因此，当存在车队到达的情况下，需要对基于均匀到达或随机到达车流的延误模型进行调整。

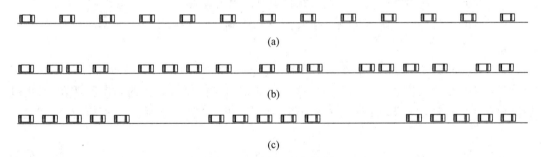

图 2-23　不同到达车流情形
(a) 均匀到达；(b) 随机到达；(c) 脉冲式的车队到达形式

2.5.4　稳态理论

车辆在信号控制交叉口的延误时间和停车率，主要取决于车辆的到达率（即交通量）和交叉口的通行能力。在一般情况下，车辆到达率和交叉口的通行能力都是随时间而变化的。它们的变化规律是比较复杂的，既包括规律性的变化，也包括非规律性变化。仔细观察交叉口交通状况的实际变化情况会发现，虽然不同时间点的瞬间交通状况相差很大，但在一个较长的时间段内（比如一个小时或半个小时），总的交通状况（车辆平均到达率和各个进口道的通行能力）可以是基本稳定不变的。出现这种稳定局面的首要条件是交叉口未达到饱和，即交叉口车道通行能力有足够的富余量。

若以每一个信号周期为单位，统计车辆到达停车线的平均到达率，则会有图 2-24[7]

这样的结果。在图 2-24 中，任意周期的车辆到达率为 v_i，它们在长度为 T_1 的时间段内是围绕平均值 $\overline{v_1}$ 上下波动的。但过了 T_1 的时间段之后，它却围绕另一个平均值 $\overline{v_2}$ 上下波动了。

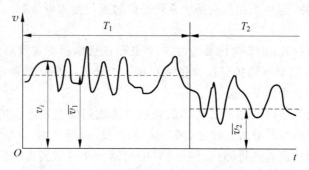

图 2-24 交通流量(v)-时间(t)图示

与车辆到达率相适应，信号配时在某一确定的时间段内（例如：$T_1,T_2,\cdots$）是稳定不变的，故交叉口每一进口方向的各车道通行能力即为一个常数。基于一段时间内相对稳定的车辆到达率和通行能力，便可建立起交叉口处于低饱和度交通状态的稳态理论。

稳态理论的研究对象是当交叉口进口道处于低饱和度交通状态下，车道与交叉口的延误时间与停车次数的计算方法。稳态理论的基本假设如下[7]：

(1) 各进口道的车辆平均到达率在所取的时间段 T 内稳定不变；

(2) 所研究的进口断面的通行能力在相应时段内为常数；

(3) 车辆受信号阻滞所产生的延误时间与车辆到达率的相关关系在整个时间段 T 内不变；

(4) 在时间段 T 内，各个信号周期车辆到达率的变化是随机的，因而车辆在停车线断面受阻排队长度也是随机变化的。在某些信号周期内可能出现车辆的到发不平衡，产生过剩滞留车队。但经过若干周期后，过剩滞留车队将消失，即就整个时段 T 而言，车辆到发始终保持平衡。

显然，上述 4 条基本假定，只有在饱和度足够低的情况下（车辆平均到达率 $\overline{v}$ 远远低于通行能力）才接近实际。

根据上述基本假定，可以将车辆延误时间简化为如下的两部分：

(1) 先将车辆到达率视为常数（即 $\overline{v}$），计算车辆的"均匀相位延误"；

(2) 计算由于各信号周期车辆到达率不一致产生的附加延误时间，包括个别周期出现过饱和情况（$v_i > c$）而产生的附加延误时间，统称为"随机延误"。

将上述两部分叠加，便求得车辆的平均总延误时间。

1. 均匀相位延误

在车辆到达率和交叉口车道通行能力均为常数的情况下，车辆的阻滞延误与车辆到达率的关系是一种线性关系。如图 2-25 所示[7]（图中车辆到达率有小幅变动），车辆 A 到达"停车线"时（严格来说，应该是 A 到达等候车队的队尾，因为此时在停车线后面已有 N_A 辆车排队等候）正值红灯期间，在它的前面已有先期到达的 N_A 辆车在停车线后面等候。它要等到这 N_A 辆车全部离开停车线之后才能驶出停车线，其延误时间为 d_A。同样对于车辆

B，其延误为 d_B。

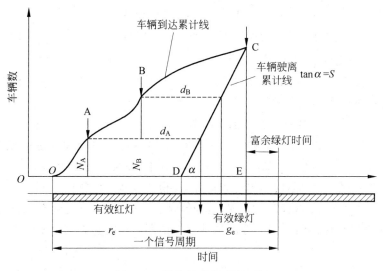

图 2-25 排队长度与延误时间

为简化起见，图 2-25 中未考虑各相位的损失时间。从图 2-25 不难看出，三角形中水平线为每一车辆的延误时间，而垂直线为不同瞬时停车线后面的车辆排队长度，因此一个信号周期内全部车辆的总延误时间等于三角形面积（到达率为一均衡值时）。而这一数值也恰好是每一瞬间车辆排队长度的总和。即

$$\sum d_{ui} = \sum N_i = \triangle OCD \text{ 的面积} = \frac{1}{2} \times r_e \times \overline{EC}$$

式中：r_e——红灯时间；

$\overline{EC}$——三角形的高。

此外，由图 2-25 中的关系不难看出

$$\overline{EC} = \overline{DE} \times \tan\alpha = \frac{v \times r_e}{S - v} \times S \tag{2-37}$$

于是

$$\sum d_i = \sum N_i = \frac{r_e}{2} \times \frac{v \times r_e}{S - v} \times S = \frac{v \times S \times r_e^2}{2(S - v)} \tag{2-38}$$

式中：v——车辆平均到达率，根据基本假定为一常量，pcu/s；

S——饱和流率，亦为常量，pcu/s。

式(2-38)求出的结果为一个周期内车辆总延误时间，其单位为 pcu·s。则一个周期内每辆车的平均延误时间则为

$$\bar{d} = \frac{\sum d_i}{v \times C} = \frac{S \times r_e^2}{2C(S - v)} \tag{2-39}$$

将 $g_e/C=\lambda$，$r_e=C-g_e$ 及 $v/S=y$ 等关系式代入式(2-39)，并经整理后便得到如下表达式：

$$\bar{d} = \frac{C(1-\lambda)^2}{2(1-y)} \tag{2-40}$$

由式(2-39)可以推知,当进口道交通流率 v 增加时,均匀相位平均延误时间 $\bar{d}$ 增加;当进口道饱和流率 S 增加时,均匀相位平均延误时间 $\bar{d}$ 减少;由式(2-40)可知,当进口道方向绿信比 λ 增加时,均匀相位平均延误时间 $\bar{d}$ 减少;当信号周期 C 增加时(红灯时间 r_e 也将成比例增加),均匀相位平均延误时间 $\bar{d}$ 增加。

此外,由于汽车的加速起动特性,实际均匀相位延误会略大于公式理论值。

2. 随机平均延误

式(2-40)是基于 v 为常量的基本假定得来的。

事实上,正如图 2-24 所示,车辆到达率在一个周期与另一个周期之间是随机波动的。尽管在整个时间段 T 内,总平均饱和度未超过 1,却不排除在个别周期内,由于车辆到达率的随机波动可能导致某个周期暂时的过饱和情况,使得停车线后的排队车辆在一次绿灯时间内无法放空,从而大大增加了交叉口的延误,这种暂时过饱和情况所产生的延误即为随机延误。

稳态理论对随机延误给予了充分的估计。韦伯斯特根据稳态理论所建立的随机延误模型如下:

$$\bar{d}_o = \frac{x^2}{2v(1-x)} - 0.65\left(\frac{C}{v^2}\right)^{\frac{1}{3}} \times x^{(2+5u)} \tag{2-41}$$

式(2-41)代表车辆到达率随机波动产生的附加延误时间。当饱和度较低时,随机延误所占的比重很小(例如,饱和度为 0.56 时,随机延误只占总延误的 15% 左右),然而,随着饱和度的增加,随机延误对计算结果的影响也越来越大。

2.5.5 定数理论

稳态理论考虑了由于车辆到达率的随机波动,使得个别信号周期绿灯结束后会出现过剩滞留车队的情况,但是过剩滞留车辆数并非按照一种确定的增长率持续增长下去,而是经过一两个信号周期后又恢复到原来的无滞留车辆的平衡状态。因此稳态理论把这种个别信号周期绿灯结束后出现过剩滞留车队作为一种随机情况处理。而定数理论恰恰与此相反,它是把过饱和阻滞作为一种确定的情况进行分析研究,而不考虑车辆的随机到达情况对受阻程度的影响。

定数理论的研究对象是当交叉口进口道处于过饱和交通状态下,车道与交叉口的延误时间与停车次数的计算方法。定数理论主要基于如下几条基本假设[7]:

(1) 某进口道的交通量(即车辆到达率 v)在时间段 T 内为一恒定值。

(2) 在时间段 T 的开始点,初始排队长度为零。

(3) 采用固定信号配时,因此在时段 T 内通行能力 $c = \dfrac{S \times g_e}{C}$ 为一常数。

(4) 车辆到达率 v 大于 c,且 $v - c = Zc, Z > 0$。

过饱和排队长度随着时间的增长而直线增加,有初始值"零",一直到时段 T 结束时的"ZcT"。

若在时段 T 之后,交叉口便处于非饱和状态,即 $v_2 < c$,则由于过饱和而滞留的车队长度"ZcT"经过时间 T' 之后便可消散。于是

$$T' = (Z/Z_2)T$$

$$Z = x - 1, \quad Z_2 = 1 - x_2, \quad x_2 = v_2/c, \quad x = v/c \tag{2-42}$$

式中：v_2——非饱和状态阶段的到达率。

为了公式推导方便，先假定 $v_2 = 0$，这样，可以不必计算第二个时段 T' 内车辆的延误时间和停车次数。于是式(2-42)可简化为

$$T' = ZT = (x-1)T \tag{2-43}$$

当交叉口处于过饱和交通状态且进口道的车辆到达率与其通行能力均为常数时，在一个信号周期内，进口道的到达车辆数(vC)将明显大于其最大可放行车辆数(cC)，每次绿灯结束时进口道存在滞留排队车辆，且滞留排队车辆数成线性增长。假若不计黄灯时间与前损失时间，进口道的车辆到达与驶离情况可简化为如图 2-26 所示[5]。

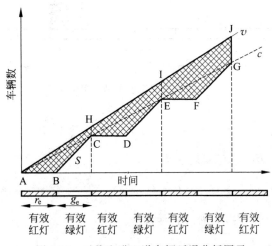

图 2-26　过饱和进口道车辆延误分析图示

车辆到达数的积累线与驶离线(呈锯齿形，在红灯期间斜率为零，绿灯期间斜率为 S)之间所包含的面积代表全部车辆延误时间之和。过剩的滞留车队长度则是指过饱和引起的每周期积存的车辆累积而成。

在研究交叉口处于过饱和状态下的车辆延误时间、排队长度及停车率时，也是分成两步来考虑的。首先，假定车辆到达率为常数，并恰好等于通行能力 c，以此求出延误时间、排队长度及停车率的"正常阻滞构成部分"，然后再以实际到达率 v 与 c 之差来考虑"过饱和"对延误时间、排队长度和停车率的影响，求出第二部分，即"过饱和阻滞构成部分"。图 2-27 对上述计算步骤作了具体说明[7]。

在计算过程中，需考虑到当交叉口处于过饱和状态时，会有部分车辆经历多次停车的情况。

由图 2-27 可知，第 i 个周期末，过饱和滞留车数 n_i：

$$n_i = n_{i-1} + vC - Sg_e \tag{2-44}$$

在第 i 个周期内，全部车辆的延误时间之和 D_i：

$$D_i = n_{i-1} \times C + \frac{1}{2}(vC^2 - Sg_e^2) \tag{2-45}$$

则在时间段 T 内，全部车辆的总延误时间为

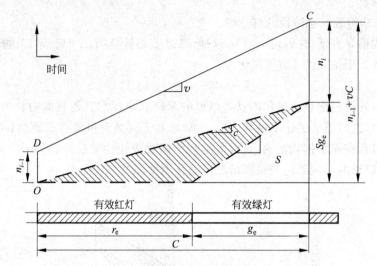

图 2-27 过饱和周期中车辆受阻延误情况

$$D_1 = \sum D_i = \frac{1}{2} \times (v-c) \times T^2 + \frac{1}{2} \times T \times c \times r_e \tag{2-46}$$

而在时段 T' 内,全部车辆的总延误时间为

$$D_2 = \frac{1}{2} \times T' \times T \times (v-c) + \frac{1}{2} \times T' \times c \times r_e \tag{2-47}$$

因此,在整个时间段 $T+T'$ 内,车辆的总延误为

$$D = D_1 + D_2 = \frac{1}{2} \times (v-c) \times T \times (T+T') + \frac{1}{2} \times c \times r_e \times (T+T') \tag{2-48}$$

则车辆平均延误 $\bar{d}$ 为

$$\bar{d} = \frac{r_e}{2} + \frac{1}{2} \times \frac{v-c}{c} \times T = \frac{r_e}{2} + \frac{1}{2} \times (x-1) \times T \tag{2-49}$$

式中,均匀相位延误为 $\bar{d}_u = r_e/2$,随机及过饱和相位延误为

$$\bar{d}_o = \frac{1}{2} \times (x-1) \times T$$

2.5.6 过渡函数曲线

前两节分别介绍了用以分析车辆受信号阻滞的两种不同的理论。从这两种理论的基本假定来看,各自均有其局限性。稳态理论在低饱和度(饱和度远小于1)的情况下是比较切合实际的。然而随着饱和度的增加,车辆到达和驶离的"稳态平衡"将很难维持,因而按照稳态理论计算的结果与实际情况出入越来越大。尤其是当饱和度接近1时,稳态理论无法给出切合实际的结果。例如,在式(2-42)中,随机延误模型分母中包括了 $(1-x)$ 项,因此,当 x 接近于1时延误值会接近无穷大。

定数排队理论虽然对于高度过饱和的交叉口车辆延误情况能够给出比较理想的结果,但在饱和度等于或略大于1的情况下,也无法给出令人满意的结果。例如在式(2-49)中,当 $x=1$,其随机及过饱和延误部分为0。因此,这两个模型在 x 接近于1.00时均不准确。

在实际应用中,许多研究认为当 $x \leqslant 0.85$ 时,均匀延误模型可以作为有效的预测工具(除了以车队形式到达的情况),在这个范围内随机延误值很小同时没有过饱和延误。类似的,当 $x \geqslant 1.15$ 时,简单的定数理论推导的延误模型(包括均匀延误项)也是一个合理的延误预测工具。问题在于有些情况落在了中间区域($0.85 \leqslant x \leqslant 1.15$),这时两个模型均不适用。事实上当车辆到达率 q 逐渐加大时,饱和度 x 将随之逐渐增加,此时进口车道所对应的延误时间、停车次数、排队长度等性能指标也将经历一个逐渐增加的过程。因此可以通过寻找一段"中间"过渡曲线将低饱和度段曲线与过饱和度段曲线有机连接起来的方法,来描述近饱和交通状态下性能指标随饱和度变化的变化趋势。有些延误模型的工作尝试填补这一空缺,即建立一种模型在 x 较小时接近稳态理论延误模型而在 x 较大时接近定数理论延误模型,在两者之间产生合理的延误估计。

最常用来填补这一空缺的模型是 Akcelik 模型[3],建立平均过饱和滞留车队长度的过渡函数,如下所示:

$$N_o = \begin{cases} \dfrac{cT}{4} \left[(x-1) + \sqrt{(x-1)^2 + \dfrac{12(x-x_o)}{cT}} \right], & x > x_o \\ 0, & x \leqslant x_o \end{cases} \quad (2\text{-}50)$$

$$x_o = 0.67 + \left(\dfrac{Sg_e}{600}\right) \quad (2\text{-}51)$$

式中:T——分析时段,s;

x——v/c;

c——通行能力,pcu/s;

S——饱和流率,pcu/s;

g_e——有效绿灯时间,s。

过渡函数的建立,不仅解决了"准饱和"状态下车辆受阻滞的定量分析问题,而且也弥补了被定数理论所忽略的"随机阻滞"。

可将前面三部分(稳态理论、定数理论及过渡函数)综合为一个综合延误模型,该模型包括两部分车辆延误,即车辆平均延误等于均匀延误 $\bar{d}_u$ 和随机与过饱和延误 $\bar{d}_o$ 之和。即

$$\bar{d} = \bar{d}_u + \bar{d}_o \quad (2\text{-}52)$$

其中:

$$\bar{d}_u = \begin{cases} \dfrac{C(1-\lambda)^2}{2(1-y)}, & x < 1 \\ \dfrac{r_e}{2}, & x \geqslant 1 \end{cases} \quad (2\text{-}53)$$

$$\bar{d}_o = \begin{cases} \dfrac{N_o x}{v}, & x \leqslant 1.15 \\ \dfrac{(x-1)T}{2}, & x > 1.15 \end{cases} \quad (2\text{-}54)$$

该综合模型有如下特点:

(1) 此模型既适用于欠饱和,又适用于过饱和状况;

(2) 当饱和度较低时,计算结果与韦伯斯特延误模型相近;

(3) 该模型能描述在饱和度 $x=1$ 及其附近时的交通状况。

2.5.7 HCM 中的延误模型

HCM(第 6 版)中的控制延误由三部分构成[2],即

$$d = d_1 + d_2 + d_3 \tag{2-55}$$

式中：d——控制延误,s/pcu;

d_1——均匀延误,s/pcu;

d_2——增量延误,s/pcu;增量延误包括两部分,第一部分是随机延误,由于分析期内各周期交通流不均匀到达所致;第二部分是过饱和延误,是由于分析期内的总到达量超过总通行能力所致;

d_3——初始排队延误,s/pcu;考虑分析阶段初期有初始排队车辆对延误的影响。

拓展阅读 3
信号控制交叉口延误计算方法(HCM(第 6 版))

2.6 停车次数

2.6.1 基本分析

车辆的停车次数(停车率)是指车辆在通过交叉口时受信号控制影响而停车的次数,即车辆在受阻情况下的停车程度,用 h 表示。值得注意的是,并非所有受阻车辆受到交叉口信号阻滞时都会完全停顿下来,有部分车辆可能在车速尚未降到 0 之前又加速至原正常行驶车速而驶离交叉口。因此根据车辆在受阻情况下的停车可分为完全停车与不完全停车两种。除完全不减速的车辆外,其他类型车辆在信号控制交叉口的行驶状况有如图 2-28 所示的 3 种[7]。

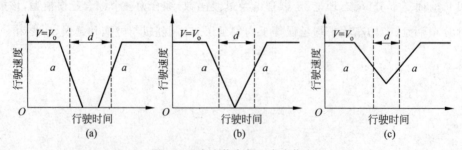

图 2-28 完全停车与不完全停车

(1) 如图 2-28(a)所示,车辆行驶速度减至 0 后,没有立即加速,而是有一段完全停驶的时间,即停车延误时间 $d_s \neq 0$,此时总延误 $d = d_s + d_h$。d_h 为一次完全停车所对应的"减速-加速延误时间"。

(2) 如图 2-28(b)所示,车辆受阻后,车速由正常速度 V_o 降至 0,然后立即加速,直至重新恢复至原车速,因此,$d_s = 0$,总延误时间 $d = d_h$。

(3) 如图 2-28(c)所示,车速由 V_o 降至 $V_o'(V_o' > 0)$ 后立即开始加速重新恢复至原速度

$V_{\circ}$,此时总延误时间 d 虽然与减速-加速延误时间 d'_h 相等,但是明显小于 d_h。

在图 2-28 中,将(a)和(b)称为一次完全停车,(c)为一次不完全停车。

从图 2-28 可以看出,判断受阻车辆是否构成一次完全停车可以通过比较车辆的延误时间与平均车辆一次完全停车所对应的"减速-加速延误时间"的大小来确定,即只要满足 $d \geqslant d_\text{h}$,受阻车辆就构成一次完全停车。对于 $d < d_\text{h}$ 的情况,虽然受阻车辆可能没有完全停顿下来,但由于车辆也受到了一定程度的阻滞,构成了一次不完全停车,故应将其折算为"一定程度"的停车,折算系数为 d/d_h。因此车辆延误时间与停车次数之间的相关关系可以用式(2-56)表示

$$h = \begin{cases} 1, & d \geqslant d_\text{h} \\ \dfrac{d}{d_\text{h}}, & d < d_\text{h} \end{cases} \tag{2-56}$$

交叉口总的停车次数是指所有通过信号控制交叉口的车辆的停车次数之和,用 H 表示;交叉口的平均停车次数则是指通过信号控制交叉口的车辆的停车次数平均值,用 h 表示。平均停车次数也是一个衡量信号控制效果好坏的重要性能指标。减少停车次数可以减少燃油消耗、减小车辆轮胎和机械磨损、减轻汽车尾气污染、降低驾驶人和乘客的不舒适程度,同时确保交叉口的行车安全。

值得注意的是,对于一辆车而言,其延误时间越小,则停车次数也越小;而对于一个交叉口而言,其总的延误时间越小,其总的停车次数未必越小。这是完全由式(2-56)所决定的。因此交叉口的平均延误时间与交叉口的平均停车次数之间既存在一定的关联性,也存在一定的差异性,可以作为两个相对独立的性能指标来评价交通控制系统运行的优劣。

2.6.2 稳态理论

1. 均匀相位平均停车次数

在忽略不完全停车的情况下,从图 2-25 可以看出,在一个信号周期内,有一次停车的车辆总数 H 等于图中延误三角形的高 $\overline{EC}$,

$$H = \overline{EC} = \dfrac{v \times r_\text{e}}{S-v} \times S = \dfrac{v \times C \times (1-\lambda)}{1-y} \tag{2-57}$$

从而可以推得进口道的均匀相位平均停车次数 h_u,

$$h_\text{u} = \dfrac{H}{v \times C} = \dfrac{1-\lambda}{1-y} \tag{2-58}$$

在式(2-58)中,未考虑不完全停车的情况,因此所求得的平均停车次数值只代表完全停车率。

利用式(2-58)可以推知,当进口道的交通流率 v 减少或饱和流率 S 增加,即进口道交通流量比 y 减小时,均匀相位平均停车次数 h_u 减少;当进口道方向绿信比 λ 增加时,均匀相位平均停车次数 h_u 减少。

2. 总停车次数

R. 阿克塞立科考虑了部分车辆不完全停车的情况,对式(2-58)做了修正,即包括不完全停车在内的平均停车率 h 为[7]

$$h = 0.9 \times \left(\dfrac{1-\lambda}{1-y} + \dfrac{N_\text{s}}{vC} \right) \tag{2-59}$$

不饱和状态下的平均过剩滞留排队长度 N_s 为

$$N_s = \frac{e^k}{2(1-x)} \tag{2-60}$$

式中：e=2.718。

$$k = \frac{-1.33\sqrt{S \times v} \times (1-x)}{x} \tag{2-61}$$

2.6.3 定数理论

在计算停车次数的过程中，需估计到当进口道处于过饱和交通状态时，会有部分车辆经历多次停车的情况。

由图 2-27 可知，第 i 个周期，车辆总停车次数 H_i，

$$H_i = n_{i-1} + vC = Sg_e + n_i \tag{2-62}$$

在整个时段 $(T+T')$ 内，全部车辆 $(v \times T)$ 的平均过饱和滞留车队长度为

$$N_d = \frac{(v-c) \times T}{2} = \frac{Z \times c \times T}{2} = \frac{(x-1) \times c \times T}{2} \tag{2-63}$$

式中：N_d——平均过饱和滞留车辆数，即某进口方向所有车道上滞留车辆总和。

每辆车平均停车次数（即平均停车率）为

$$h = 1 + \frac{N_d}{Sg_e} \tag{2-64}$$

2.6.4 过渡函数

与延误时间类似，停车率的转换函数经协调转换得到"随机与过饱和"停车率 h_o[7]：

$$h_o = \begin{cases} \dfrac{cT}{4Sg_e}\left(Z + \sqrt{Z^2 + \dfrac{12(x-x_o)}{vT}}\right), & x > x_o \\ 0, & x \leqslant x_o \end{cases} \tag{2-65}$$

而停车率的"正常阻滞构成"部分 h_u 应为

$$h_u = \begin{cases} \dfrac{1-\lambda}{1-y}, & x < 1 \\ 1.0, & x \geqslant 1 \end{cases} \tag{2-66}$$

于是，停车率过渡函数应为

$$h = f(h_u + h_o) \tag{2-67}$$

式中：f——考虑完全停车而设置的修正系数[7]。

在实际应用中，与延误计算类似，根据饱和度的不同选择不同的计算方法，当 $x \leqslant x_o$ 时，按照式(2-59)进行计算；当 $x_o < x \leqslant 1.15$ 时，按照式(2-67)进行计算，当 $x > 1.15$ 时，按照式(2-64)进行计算。

2.7 排队长度

2.7.1 稳态理论

在不饱和交通流状态下，在每周期某相位绿灯开始时，停车线后面等待通过交叉口的车

队长度(平均值)$\overline{N_s}$可按下式计算:

$$\overline{N_s} = v \times r_e + N_s \tag{2-68}$$

式中:N_s可按式(2-60)求得。

对于平均排队长度,当饱和度超过 0.9 之后,N_s值迅速增大,当 x 接近 1 时,N_s 趋向于无穷大,同样反映出稳态理论模型在饱和度接近 1 的时候所存在的缺陷。

2.7.2 定数理论

当交叉口处于过饱和状态时,某周期某相位绿灯开始时的平均滞留车队长度$\overline{N_d}$为

$$\overline{N_d} = c \times r_e + N_d \tag{2-69}$$

N_d 如式(2-63)所示。

2.7.3 过渡函数

平均过饱和滞留车队长度的过渡函数

$$N_o = \begin{cases} \dfrac{cT}{4}\left(Z + \sqrt{Z^2 + \dfrac{12(x-x_o)}{cT}}\right), & x > x_o \\ 0, & x \leqslant x_o \end{cases} \tag{2-70}$$

式中:N_o——平均过饱和滞留车队长度,用平均排队车辆总数表示,其包括车辆到达率随机波动构成的排队长度;

cT——在时间段 T 内可以被放行通过交叉口的极限车辆数。

$Z = x - 1, x = v/c, x_o$ 由式(2-51)求得。

2.7.4 绿灯开始时的平均排队长度

在实际交通信号控制中,绿灯开始时的平均排队长度也是一个非常重要的参数,其计算方法如下,也是由均匀相位排队长度和随机与过饱和排队长度两部分组成[7]:

$$N = N_u + N_o \tag{2-71}$$

其中:

$$N_u = \begin{cases} v \times r_e, & x < 1 \\ c \times r_e, & x \geqslant 1 \end{cases} \tag{2-72}$$

而 N_o 的计算,可按照式(2-70)计算得出。

式(2-71)计算出来的 N 值为一个平均的信号周期时间内最长的排队长度。对于任意一个周期内可能出现的最大排队长度大约为 $2N$。

由式(2-71)计算得到的 N 值为等候在停车线后面的车队长度(用车辆数表示),它与实际等候车队的长度有一定的差别。这是因为上述的基本假定是车辆只有抵达停车线才加入排队。换言之,停车线后面的车道是假定为"竖直向天空"发展的,这当然与实际情况不符。实际上如果前面已有车辆排队,后续车辆在没有到达停车线之前便要停车加入等候车队之中。因此,车辆的实际排队过程要比计算的长些,车辆实际排队长度也就比计算的 N 值大些。

假定:车辆排队时,每辆车占据 j(m)的位置,实际排队车辆数为 N_b,那么车队延续长

度为 $N_b \cdot j(m)$。若平均车速为 s，那么由于车辆提前加入排队，使阻滞车队形成过程延长的时间则为 $N_b \cdot j/s$。于是，实际排队车辆数要比计算值多 F 辆：

$$F = v_1 \frac{N_b \times j}{s} \tag{2-73}$$

$$N_b - N = v_1 \times N_b \times j/s$$

$$N_b = \frac{N}{1-\dfrac{j}{s}} \times v_1 \tag{2-74}$$

式中：N_b——实际排队长度，pcu；

N——按式(2-71)计算的排队车辆数；

v_1——一条车道的交通流率，即某进口方向全部车辆交通流率总和除以该进口车道数，pcu/s；

j——每辆车平均占据的长度，m；

s——正常行驶车速，m/s。

通常取 $j/s=0.5$。当车道交通量不易求得时，可取 $N_b=1.1N$。

式(2-71)所给的结果是在一个平均周期的绿灯开始时最大排队车辆数。需要注意的是，滞留车队队尾实际与停车线的距离同车队中的实有车辆数有时并不完全是一回事。绿灯启亮后，滞留车队前部的车辆陆续驶离停车线，通过交叉口，但其尾部的车辆并未起动。因此，绿灯开始后到达的后续车辆被迫在车队尾部停下来，使原有车队长度继续向后延续。所以，车队尾部的实际最远延续点是在绿灯开始后一段时间才达到的。在交叉口的信号控制中，滞留车队队伍可到达的最远点，其与停车线距离具有很重要的意义。若仍用车辆表示这一距离(但这并非实际存在于滞留车队中的车辆数)，则有

$$N_m = \frac{N_u}{1-y} + N_o \tag{2-75}$$

2.7.5 广义性能指标

依照过渡函数计算出的广义性能指标 P（延误、停车次数及排队长度）均包含以下三部分：基准阻滞、随机阻滞与过饱和阻滞。广义性能指标 P 可表示为

$$P = P_u + P_r + P_d \tag{2-76}$$

式中：P_u——"基准阻滞"项，它表现为式(2-40)、式(2-58)、式(2-49)第 1 项、式(2-64)第 1 项、式(2-68)第 1 项，可以看出，当饱和度 $x<1$ 时，该项是关于饱和度的递增函数；当饱和度 $x>1$ 时，该项为常数，并恰好与饱和度 $x=1$ 时的数值相等；

P_r——"随机阻滞"项，当饱和度 $x<x_p$ 时，它表现为式(2-41)、式(2-59)第 2 项；当饱和度 $x>1$ 时，该项在式(2-49)、式(2-65)、式(2-69)中未能有所体现，这也是定数理论所忽略的，因此在建立过渡函数关系时应当将该项补上；

P_d——"过饱和阻滞"项，它表现为式(2-49)第 2 项、式(2-64)第 2 项、式(2-69)第 2 项。对过渡函数曲线与广义性能指标的分析见图 2-29。

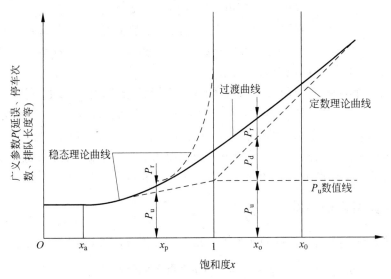

图 2-29　过渡函数曲线与广义性能指标分析图示

2.8　信号控制评价指标

2.8.1　概述

任何新建或改建的信号控制系统都需要满足一个或多个特定的目标。有时这些目标可能是易于表达的,例如:降低城市核心区的交通拥堵、最小化停车次数等,但是,在具体衡量的时候却并不那么容易。交通信号控制评价的目的便是对交通信号控制的实际运行效果进行科学合理的评估。评估结果既是对当前的交通信号控制的效果作出的客观分析,也是未来系统升级改造、控制策略调整及交通信号配时方案优化等的客观依据。

信号控制的评价需要依据相应的评价指标(measure of effectiveness,MOE),评价指标通常既是衡量和评价控制系统效果的参数或物理量,也是制定控制策略、优化控制参数的目标函数组成部分,即评价指标需要能够在一定程度上反映信号控制系统建设的目标。评价指标的选取需要考虑如下因素:

(1) 要与系统建设目标相关联;

(2) 要具有可比性,例如在非比较研究中,能够与基准值进行比较以判断目标实现的质量;

(3) 比较简单,又能够满足所需的精度和准确性的要求;

(4) 有一定的敏感性,能够反映控制策略中较小变化;

(5) 可测量性,在合理的时间、费用和人力约束的情况下能够定量计算。

一般而言,交通信号控制的评价指标主要包括:总旅行时间、总出行次数、延误、停车次数、平均速度、排队长度、通行能力、饱和度、事故率、燃油消耗、尾气排放、交通噪声等。美国HCM(第6版)中第19章对信号控制交叉口的主要评价指标包括饱和度(v/c)、机动车控制延误、行人拐角面积、行人延误、行人服务水平分数、自行车延误及自行车服务水平分数[2]。

在道路条件和交通条件一定的情况下,交通信号控制的评价指标和信号配时有直接的关系,不同指标间会存在一定的矛盾和相关性,例如,交叉口的通行能力受信号周期时长的影响,在正常的周期时长选择范围内且总损失时间一定的情况下,周期时长越长,通行能力越大,但车辆的延误、停车、油耗等在某些情况下也会随之增加,在这种情况下,通行能力的提高将影响甚至降低一些其他方面的效果。

因此,为了获得预期的控制效果,就必须选择合适的指标,并以选定的指标为依据确定信号配时,以使控制效果最佳。要根据不同的情况选择恰当的评价指标,例如在非饱和情况下和过饱和情况下,对控制指标的选择就存在差异,在非饱和情况下,让通行能力稍高于交通需求而以延误和停车次数最小为目标基本可以获得较好的效果,而在过饱和情况下,必须在控制目标中综合考虑增加通行能力和限制最大排队长度的目标。

2.8.2 典型评价指标

这里简单介绍一些信号控制的典型评价指标和计算方法[1],如表 2-5 所示。

表 2-5 信号控制典型评价指标

指标	描述	计算方法
延误	交通信号控制中应用最广泛的评价指标	具体延误的计算可以实测也可以参考前面的计算方法
总旅行时间	评价高速公路和城市道路控制系统级策略的主要指标。代表了在一个给定时间范围内使用道路的总车辆数乘以每辆车的平均旅行时间	一条路段的平均旅行时间 tt_j(单位:h)为 $$tt_j = \frac{L_j}{s_j}$$ 式中:L_j——路段 j 道路长度,km; s_j——路段 j 的平均速度,km/h。 该路段的总旅行时间 TTT_j(单位:pcu·h)为 $$\text{TTT}_j = N_j \times tt_j = \frac{N_j \times L_j}{s_j}$$ 式中:N_j——在研究时段内通过路段 j 的车辆数。 整个路网的总旅行时间 TTT(单位:pcu·h)为 $$\text{TTT} = \sum_{j=1}^{K} \text{TTT}_j$$ 式中:TTT_j——路段 j 的总旅行时间,pcu·h; K——路段总数
停车次数及比例	评价城市道路上的交通流的运行质量	停车次数可由浮动车法获得,也可在交叉口直接观察;交通控制系统应当能够计算停车次数 交叉口某进口道的停车次数的计算可以由检测器的感应和信号配时之间的关系来确定
平均速度	高速公路交通流常用的评价指标	可以通过雷达测速设备进行检测
事故率	信号控制系统的一个目标往往是事故率的下降	对于城市道路交叉口,事故率通常为每百万辆车的事故次数;对于高速公路,通常定义为每亿车×km 的事故次数

对于协调控制而言,除表 2-5 中的评价指标外,还有如下一些评价指标可以考虑[11],如表 2-6 所示。

表 2-6　协调控制评价指标

交通流状况	不同时期	有效的评价指标
非饱和状态	高峰期	协调相位所服务的交通流向的平均速度 协调相位所服务的交通流向的平均停车率 带宽有效比和带宽利用率 绿灯期间到达率 协调相位绿灯期间到达交通量/红灯期间到达交通量 各流向的排队存储率[a]
	非高峰期	所有车辆的总延误[b]
过饱和状态	高峰期和非高峰期	排队回溢的路段数 过饱和状态持续的时间长度 所有车辆的总旅行时间

注：a. 排队存储率是指最大排队长度与可利用的排队存储空间之比。进口道展宽的专用转弯车道的存储空间长度为车道长度；直行车道的存储空间长度为整个路段的长度。
　　b. 在非饱和状态的非高峰期，由于没有明显的进城或出城的主交通流，因此，可以使用所有车辆的总延误来进行评价。

2.8.3　行人评价指标

行人评价指标主要包括如下三方面[12]。

1. 交叉口拐角和人行横道通行面积

交叉口拐角和人行横道通行面积分别用来评价当行人在拐角等待或者通过人行横道时提供给行人的通行面积，表 2-7 列出了人均可用空间面积评价交叉口的性能指标。

表 2-7　基于行人空间的流通面积评价[2]

行人空间/(m²/人)	描　　述
>5.6	可以按照期望的路线行走，不需要改变方向
>3.7～5.6	很少需要调整行走路线来避免冲突
>2.2～3.7	经常需要调整行走路线来避免冲突
>1.4～2.2	行走速度及超过较慢的行人受到限制
>0.7～1.4	速度受到限制，超过较慢行人的能力很有限
≤0.7	速度严重受到限制，经常与其他人有接触

分析交叉口拐角和人行横道通行面积的关键参数是与行人需求对应的可用的时间和空间，即须整合交叉口几何设计的限制（可利用的空间）和配时运行（可利用的时间）。整合之后的参数被指代为用于行人通行的可用"时空"。可以基于交叉口和行人信号配时、不同方向的行人流量以及人行道的物理特性来估计通行时空和行人通行面积。详细计算过程可以参考美国 HCM（第 6 版）第 19 章相关内容。

2. 行人延误

在美国 HCM（第 6 版）中，穿越主要街道的交叉口行人延误主要由有效的行人绿灯时间和周期所决定。所计算的行人延误可以用来判断行人对信号控制的遵从率。研究表明当行人等待绿灯时间超过 30s 时，他们就会变得缺乏耐心。相反地，如果行人觉得等待时间会小于10s,则他们会非常乐意遵守信号灯指示。

3. 行人服务水平分数

服务水平(level of service,LOS)是道路使用者从所使用的道路交通设施中获得的有关速度、舒适、方便、经济、安全等方面的一种服务程度。服务水平与道路条件、交通条件以及控制条件等都有直接关系。

在过去的HCM中通常使用一个单一的性能指标作为定义服务水平的基础。然而在最新的HCM(第6版)中,服务水平对于机动化交通模式和非机动化交通模式分别进行了考虑。基于对行人和骑自行车者的感知研究发现,在评价非机动化交通模式的道路使用者的服务水平时需要综合考虑多类因素。因此,评价方法将多种因素整合为一个分数值,表2-8显示了用于步行和自行车交通方式的每个服务水平所对应的分数值[2]。

表2-8 步行和自行车交通方式的服务水平标准

服务水平分数	服务水平
≤1.50	A
>1.50~2.50	B
>2.75~3.50	C
>3.50~4.50	D
>4.50~5.50	E
>5.50	F

交叉口的行人服务水平的分数是基于多个因素计算的,包括15min的交通流量、主要道路的85%车速、行人延误、人行横道上的右转渠化岛的数量。具体的计算方法亦可以参考美国HCM(第6版)的第19章。

2.8.4 自行车评价指标

1. 自行车延误

美国HCM(第6版)提供了在信号控制交叉口评价骑自行车者延误的方法,这些交叉口至少有一个进口方向有专用的自行车道或者有可以被用作自行车车道的路肩。

众多国家的研究结果表明,信号交叉口的自行车通行能力和饱和流率各不相同,其分布范围较大。美国HCM(第6版)推荐在大多数交叉口使用每小时2000辆自行车作为饱和流率的平均值,该数值是假设右转车辆会让行直行自行车。当右转车辆比较激进时,往往达不到这个数值,需要现场观测获得自行车的饱和流率值。

使用默认的自行车饱和流率(如2000pcu/h),基于用于自行车道的有效绿灯时间和周期长,就可以计算信号控制交叉口自行车道的通行能力和控制延误。

在大多数的信号控制交叉口,导致自行车延误的唯一原因是信号控制本身。当自行车被迫与机动车交通流相互交织时或者自行车的通行权被转弯的机动车流侵犯的时候,会出现额外的延误。骑自行车者对延误的容忍度与行人基本类似。

2. 自行车服务水平分数

与步行交通方式采取同样的计算方法,自行车的服务水平分数首先基于交叉口的几何特性、交通流率和路内停车位占用率进行计算。详细的计算过程可以参考美国HCM(第6

版)的第 19 章。

2.8.5 机动车评价指标

目前我国尚无统一的以机动车为对象的信号控制交叉口服务水平划分标准,在此给出美国 HCM(第 6 版)中关于服务水平的划分标准以供参考[2]。

美国 HCM(第 6 版)中关于信号控制交叉口服务水平的划分标准是以 15min 内单位车辆的平均停车延误(s)为依据,并据此划分了 A、B、C、D、E、F 6 个等级(针对 $v/c \leqslant 1$ 的情况)。如表 2-9 所示。

表 2-9 信号控制交叉口服务水平等级标准($v/c \leqslant 1$)

服务水平等级	每车的控制延误/(s/pcu)	备注
A	$\leqslant 10$	表示交叉口畅通,车辆几乎无须停车等待,车辆获得服务水平最高
B	$>10.0 \sim 20.0$	表示交叉口基本畅通,只有少部分车辆须停车等待,车辆获得的服务水平比较高
C	$>20.0 \sim 35.0$	表示交叉口不很畅通,有较多车辆须停车等待,车辆获得的服务水平中等
D	$>35.0 \sim 55.0$	表示交叉口开始出现拥挤,大部分车辆须停车等待,车辆获得的服务水平较差
E	$>55.0 \sim 80.0$	表示交叉口处于拥挤状态,所有车辆须停车等待,车辆获得的服务水平差
F	>80.0	表示交叉口处于严重拥挤状态,所有车辆须多次停车等待,车辆获得的服务水平最差

如果 $v/c>1$,则无论延误是多少,都是 F 级。但需要注意的是:只有在评价车道级的服务水平的时候才同时考虑延误和 v/c,如果是评价某一进口方向整体服务水平或整个交叉口的服务水平,则只使用延误来确定服务水平。

对于信号控制交叉口,用于进行服务水平评价的延误计算需要把要进行评价的进口方向或者整个交叉口作为一个整体来考虑,以流量加权的平均延误作为服务水平确定的依据。

信号控制交叉口某进口方向 i 加权平均控制延误计算如下:

$$d_i = \frac{\sum_{j=1}^{m_i} d_j v_j}{\sum_{j=1}^{m_i} v_j} \tag{2-77}$$

式中:d_j——进口 i 的车道 j 的车辆平均控制延误,s;
v_j——进口 i 的车道 j 的当量流量,pcu/s;
m_i——进口 i 的车道数。

整个交叉口的加权平均延误表达式为

$$d_T = \frac{\sum_{i=1}^{n} d_i v_i}{\sum_{i=1}^{n} v_i} \tag{2-78}$$

式中：

d_i 由式(2-77)确定；

v_i——交叉口的进口 i 的总当量流量，pcu/s，$v_i = \sum_{j=1}^{m_i} v_j$；

n——交叉口的进口数。

2.8.6 交通控制评价方法

要实现对交通信号控制的科学合理评价，除选择恰当的评价指标外，科学的评价方法也是评价工作成败的关键，通常根据评价目的的不同，交通信号控制的评价可以通过实地调查法和仿真法来实现。

1. 实地调查法

针对交通信号控制的设置、优化、调整等工作，对该工作实施前后的情况进行调查，是一种最基本的效果评价方法。一般用于实施后评价，以实施前的调查结果为基准，将实施后的情况与实施前的情况的差异看作检验的效果。

调查的具体实施可以是人工方式，也可以借助检测设备实现。当实施调查的范围较大时，实地调查法的成本较高。

2. 仿真法

仿真法是采用计算机仿真技术对交通信号控制效果进行评价的方法，一般可以用于实施前进行评价，以便选择恰当的方法。

仿真法的成本较低，尤其当评价区域较大时，成本并不会成比例增加，但需要注意的一点是，仿真法也需要准确全面的调查数据作为基础，同时要注意对仿真模型的标定和校验工作。

2.9 过饱和交通流状态

当某段时间内交叉口进口道上的到达交通流量超过通行能力后，将导致交叉口在该时段内处于过饱和状态，过饱和交通流状态如果持续一段时间，将会出现滞留排队、车道溢流、网络锁死、绿灯空放、路段排队回溢等现象。

1. 滞留排队

当下游交叉口上一周期绿灯期间没有完全放行完等待的车队而滞留部分剩余车辆，称为滞留排队。滞留排队不仅产生额外的延误，而且妨碍交叉口交通流的正常运行，甚至加剧过饱和状态交叉口的拥堵状况，如图 2-30 所示[13-14]。

2. 进口道路段排队溢出

当处于过饱和状态的下游交叉口的排队占用了下游交叉口到上游交叉口之间所有的车道空间，使得上游交叉口的车辆即使在绿灯期间也无法通过停车线进入下游路段，则称为进口道排队溢出，如图 2-31、图 2-32 所示[14]。有的文献将其称为上游交通流的"等效红灯"。该种情况下，过饱和的原因在于交叉口 B，如果只是调整交叉口 A 的配时则基本是无效的。

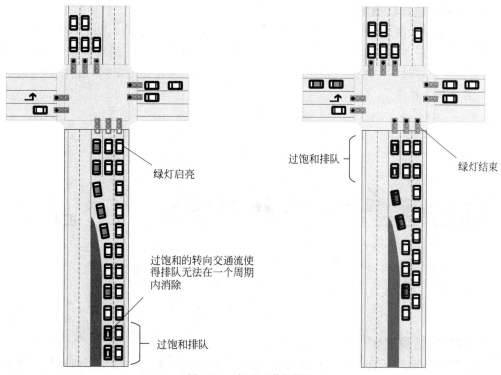

图 2-30 交叉口滞留排队

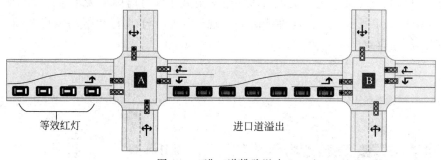

图 2-31 进口道排队溢出

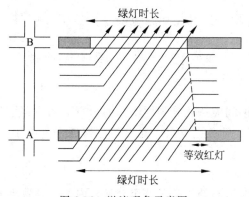

图 2-32 溢流现象示意图

3. 转弯车道排队溢出

转弯车道排队溢出(图 2-33)是指处于红灯期的左转交通流不仅占用了整个展宽段的左转车道,而且还占用了部分直行车道,使部分直行车辆不能在直行的绿灯相位内通过交叉口,从而出现绿灯时间空放的现象[13-14]。此种情况的出现往往是由于转弯相位的绿灯时间不足或者低效的相序。

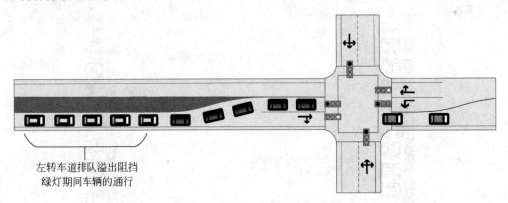

图 2-33 交叉口展宽段阻挡溢流

4. 转弯车道被阻塞

与转弯车辆阻挡了直行车队相对应,当直行车辆排队足够长并占用了所有展宽段前直行车道时,需要使用展宽段的左转或右转车道的部分车辆也会被阻挡而不能在其绿灯时间内通过交叉口,此时交叉口进口的展宽段转弯车道处于绿灯时间但无车通过停车线的状况,具体状况如图 2-34 所示[13-14]。此种情况的出现往往是由于直行相位的绿灯时间不足或者不尽合理的相序导致。

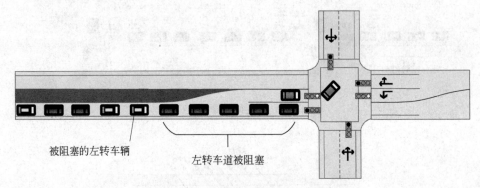

图 2-34 直行车道对转向车辆的阻挡

5. 绿灯空放

绿灯空放是指绿灯期间无法充分利用道路的通行能力,可能是由于前面提到的排队溢出或车道阻塞,也可能是由于上游交叉口是红灯。这通常是由于不当的协调相位或相序所导致的,如图 2-35 所示[14]。

6. 交叉口阻塞

交叉口阻塞是指相交道路的排队延伸至交叉口内部而导致当前方向的车辆被阻塞从而无法通过交叉口的情形,如图 2-36 所示[14]。虽然通常情况下对于容易出现此类情况的交

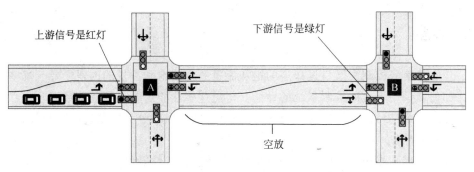

图 2-35 绿灯空放

叉口会有禁停标线等相关法律或管理措施，但对于一些较短路段而言，这还是经常出现的情形。处理该种情况需要精细化控制绿灯配时及相位差。

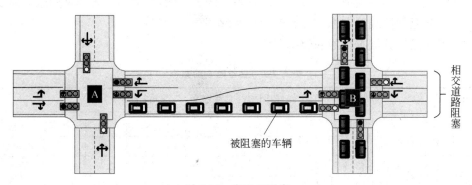

图 2-36 交叉口阻塞

7. 网络锁死

严重的道路拥堵产生持续排队，车辆阻塞交叉口导致路网各方向交通流完全停滞，出现排队锁死现象（图 2-37），导致车辆无法前进通过交叉口也无法后退到上游交叉口。网络锁死状况是一种特殊的过饱和状态，将导致大面积的路网拥堵。

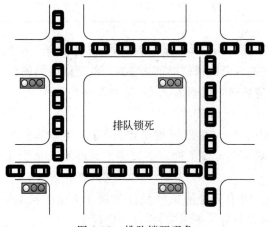

图 2-37 排队锁死现象

思考题

1. 什么是信号控制交叉口进口道的饱和流量？影响饱和流量的因素主要有哪些？
2. 如何衡量一个交通控制系统的性能？衡量这些性能需要哪些基础数据？
3. 对于一个进口道一股转向车流而言，一个周期可以划分为哪些时段？描述一下这些时段的交通流特性。
4. 什么是排队累积图，从中可以看出哪些衡量交叉口性能的指标？
5. 什么是累积车辆图，从中可以看出哪些衡量交叉口性能的指标？
6. 考虑如题表 2-1 所示的车头时距数据，数据来自于一条三车道进口道的中间车道，连续采集了 12 个周期，数据可以视为在理想的道路条件下获得。

   (1) 绘制每个周期内的车头数据与车辆位置的关系图，绘制出拟合数据的近似曲线；

   (2) 使用近似曲线确定饱和车头时距以及起动损失时间；

   (3) 基于给定数据求得饱和流率。

题表 2-1 思考题 6 的数据

车辆编号	各周期的车头时距/(s/pcu)											
	1	2	3	4	5	6	7	8	9	10	11	12
1	3.6	3.4	3.2	3.5	3.5	3.3	3.6	3.5	3.4	3.5	3.3	3.5
2	2.8	2.7	2.6	2.7	2.5	2.6	2.9	2.6	2.7	2.8	2.6	2.7
3	2.2	2.4	2.3	2.1	2.5	2.4	2.4	2.4	2.6	2.4	2.3	2.5
4	2.0	2.2	2.1	2.1	2.3	2.1	2.0	2.2	2.2	2.2	2.1	2.2
5	2.1	1.9	2.0	2.2	2.1	2.0	2.1	1.8	1.9	1.8	1.9	2.0
6	1.9	2.0	2.1	2.0	1.8	2.1	2.0	1.8	2.0	1.7	1.9	2.0
7	1.9	2.0	1.8	2.1	1.9	1.9	2.1	1.9	2.0	2.0	2.0	1.9
8	—	2.1	1.8	1.9	2.0	2.0	1.8	—	1.9	2.0	1.8
9	—	1.8	—	2.0	—	2.0	1.9	—	—	1.8	1.9	—
10	—	1.9	—	1.8	—	—	2.0	—	—	1.8	2.0	—

7. 一个信号控制交叉口的进口道有 3 条车道，但是没有专用的左转及右转车道，该交叉口的周期长为 90s，该进口道的绿灯时间为 50s。该进口道的黄灯及全红时间为 4s。起动损失时间假设为 3.0s，清场损失时间为 2.0s，饱和车头时距为 2.4s/pcu，在此情况下，该进口道的通行能力是多少？

8. 一个四相位控制的交叉口，信号周期长为 110s，饱和车头时距都为 2.4s/pcu，每相位的总损失时间为 5s，则该交叉口关键车道流量之和的最大值为多少（各相位关键车道只考虑一条车道）？

9. 如题图 2-1 所示（图中只是给出两相位关键车道组的流量），东西向道路每方向有 2 条车道，南北向道路每方向有 1 条车道，在这种情况下：

   (1) 计算可用的最小周期长；

   (2) 如果高峰小时系数为 0.95，则在交通流量最大的 15min 内，为了控制饱和度不超

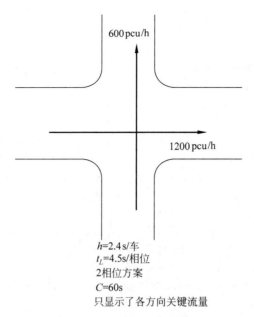

题图 2-1 思考题 9 的图

过 0.9,则需要采取多大的周期长?

10. 在一信号控制交叉口,一条直行车道在某时段内通过 20 辆直行车辆,在同一时间段内,一条直行、左转混行车道通过 8 辆直行车辆和 6 辆左转车辆,则:

(1) 计算左转车辆的直行车辆等效系数 E_{LT};

(2) 计算左转调整系数 f_{LT};

(3) 什么因素会影响到 E_{LT}?

11. 一个交叉口进口道的交通流量为 1300pcu/h,其中包括 8% 的左转车辆,左转车辆的直行车辆等效系数是 2.5,则该进口道的总等效直行流量是多少?

12. 一个交叉口的进口道有 3 条车道,许可型左转控制,10% 的左转车辆,左转车辆的直行车辆等效系数为 2.5,直行车辆的饱和流率为 1800pcu/h,则:

(1) 计算左转调整系数;

(2) 确定该进口道的饱和流率和饱和车头时距(包括左转车辆的影响);

(3) 如果周期长是 80s,该进口道的有效绿灯时间长为 50s,试确定该进口道的通行能力。

13. 一个交叉口的进口道(只有一条车道)的交通流量为 500pcu/h,饱和流率为 1500pcu/h,周期长为 90s,有效绿灯时间为 55s,则该情况下的车辆平均延误为多少?

14. 一个信号控制交叉口的进口道在 30min 的高峰时段内的饱和度为 1.05,如果该进口道的绿信比为 0.6,周期长是 90s,则:

(1) 整个 30min 时段内的平均控制延误是多少?

(2) 高峰期开始 5min 的平均控制延误是多少?

(3) 高峰期最后 5min 内的车均平均控制延误是多少?为何该时期的数据较大?

参考文献

[1] GORDON R L,TIGHE W. Traffic control systems handbook[R]. Westhampton Beach,NY:Dunn Engineering Associates,2005.

[2] TRB. Highway capacity manual 2010[M]. Washington,D.C.:TRB,National Research Council (NRC),2010.

[3] AKCELIK R. Traffic signals:capacity and timing analysis (seventh reprint)[R]. Australia:ARRB Transport Research Ltd:1998.

[4] KYTE M,TRIBELHORN M. Operation,analysis,and design of signalized intersections:a module for the introductory course in transportation engineering[R]. Scotts Valley,California:CreateSpace Independent Publishing Platform,2014.

[5] 翟润平,周彤梅,刘广萍. 道路交通控制原理及应用[M]. 北京:中国人民公安大学出版社,2011.

[6] 吴兵,李晔. 交通管理与控制[M]. 4 版. 北京:人民交通出版社,2010.

[7] 全永燊. 城市交通控制[M]. 北京:人民交通出版社,1989.

[8] ROESS R P,PRASSAS E S,MCSHANE W R. Traffic engineering[M]. 4th ed. London:Pearson Higher Education,Inc,2011.

[9] 美国交通研究委员会. 道路通行能力手册[M]. 任福田,刘小明,等译. 北京:人民交通出版社,2007.

[10] DION F,RAKHA H,KANG Y S. Comparison of delay estimates at under-saturated and over-saturated pre-timed signalized intersections[J]. Transportation Research Part B,2004,38(2):99-122.

[11] BONNESON J,SUNKARI S,PRATT M. Traffic signal operations handbook[R]. College Station,Texas:Texas Transportation Institute,2009.

[12] CHANDLER B E,MYERS M C,ATKINSON J E. et al. Signalized intersections informational guide[R]. 2nd ed. Washington,D.C.:Federal Highway Administration,2013.

[13] 李岩,过秀成. 过饱和状态下交叉口群交通运行分析与信号控制[M]. 南京:东南大学出版社,2012.

[14] URBANIK T,et al. Signal Timing Manual,second edition[R]. Washington,D.C.:Transportation Research Board:2015.

第3章

交叉口渠化设计

　　交通信号控制效果的好坏在很大程度上与交叉口(本章中若无特别说明,交叉口都是指道路平面交叉口)的渠化设计密切相关。一个渠化设计较差的交叉口很难实现安全高效的信号控制。

　　交叉口设计的两个主要目标:①安全:需确保所有的交叉口使用者的安全,包括驾驶人、行人、自行车骑行者等;②高效:需能够有效提高交叉口所有使用者的运行效率,使其高效通过交叉口。但是同时实现这两个目标往往不是一件容易的事情,因为这两个目标在众多情况下存在着冲突。

　　在进行交叉口设计时,需要考虑的主要因素包括:人的特性、交通工具特性、道路设施要素、经济因素等。

　　人的特性是在交叉口设计中必须考虑的,包括恰当的进口道车速、用户期望、决策和反应时间以及其他一些用户特性,例如公交车辆、行人及自行车的特殊需求等。信号交叉口的渠化设计必须考虑交叉口所有的用户类型。

　　交通工具特性主要包括车辆类型和转弯流向的分布、进口道速度等,例如设计中应当考虑车辆行驶的自然路径和轨迹。

　　道路设施要素包括临街建筑物的性质,以及交叉口夹角、交通控制设备的位置、视距以及特殊的几何特性,如路缘半径等。同时交叉口的设计必须考虑交叉口的全部功能区域,包括进口道的加减速区域以及排队等候区域,对于信号控制交叉口而言,排队等候区域是非常重要的影响因素。

　　经济因素主要包括交叉口改善的费用、交叉口改善对于临街建筑物价值的影响以及对能源消耗的影响等。

　　通常情况下,对交叉口进行渠化设计的原因包括:

(1) 限制车辆行驶路径从而使得通过任何一点不超过两条路径;

(2) 可以控制分流、合流、交织的夹角;

(3) 可以减少可用路面区域,减少车辆轨迹漂移的趋势,缩小车辆路径之间的冲突区域;

(4) 可以为恰当的车辆行驶路径提供清晰的指示;

(5) 为主要的交通流向提供一定程度的优先;

(6) 为行人提供安全的待行区域;

(7) 为许可的转弯流量提供单独的存储车道以等待直行交通流的清空；

(8) 可以从物理上控制转向流量；

(9) 可以在一定程度上降低车辆速度。

影响信号控制效果的交叉口设计要素通常包括：①为每股交通流向提供的车道数；②交叉口新增转弯车道的长度；③检测器位置；④左转相位的应用等。

3.1 交叉口渠化设计的基本规定

3.1.1 交叉口渠化设计的范围与内容

1. 交叉口范围

交叉口设计范围及各部分名称如图 3-1 所示[1]。

2. 交叉口渠化设计内容

信号交叉口渠化设计的内容主要包括机动车、自行车及行人在交叉口范围内的交通组织设计（如车道的功能划分、路缘石坡道、人行过街设施、自行车道、公交车站等）、附属设施设计等内容，同时要考虑水平和竖直方向上的设计工作。

3.1.2 交叉口渠化设计的原则与要求

1. 设计原则

1) 为车辆设计期望行驶轨迹

交叉口进口道的排列以及交叉口本身应当能够提供恰当的车辆行驶轨迹的清晰指示。尤其在一些复杂的交叉口，这一点尤为重要，例如较大的交叉口、斜角的交叉口或多路畸形交叉口、转弯流量较大的交叉口等。定义清晰的车辆行驶轨迹能够减少车辆的换道行为以及减少驶入错误车道的可能性，从而提高道路交叉口的安全性及运行效率。应适应各类交通流特性，尽量使相交的交通流直角相交，目的是尽可能减小冲突面积，以便使驾驶人易于判断车辆的相对位置及速度。

2) 阻止有负面影响的转向

可以使用缘石半径、有一定高度的中央隔离带或交通岛来阻止一些有负面影响的交通流转向。例如：基于安全或运行方面的考虑，阻止一些从支路或次要道路出来的左转流向；设计适当的渠化以阻止车辆错误地驶入单行道路、隔离的车道等。

3) 通过设计鼓励安全车速

有效的交叉口设计能够使驾驶人按照期望车速行驶以优化交叉口的安全性。根据交叉口的使用性质、类型和位置的不同，交叉口进口道的期望车速也有较大的差异。在没有行人的高速行驶的道路上，设计人员可能希望提高左转车流的速度，以便能够使转弯车流更快更安全地与直行交通流分开，这通常可以通过较长的、平滑的锥形交通岛及较大的转弯半径来实现，例如左转专用转弯车道。在低速道路上或有行人交通的地方，设计人员则希望降低转弯车流的速度，这可以通过较小的转弯半径、较窄的车道以及相应的渠化来实现。

4) 尽可能地将冲突点进行分离

将冲突点进行分离能够减轻驾驶人的驾驶任务从而改善交叉口的通行能力和安全性。

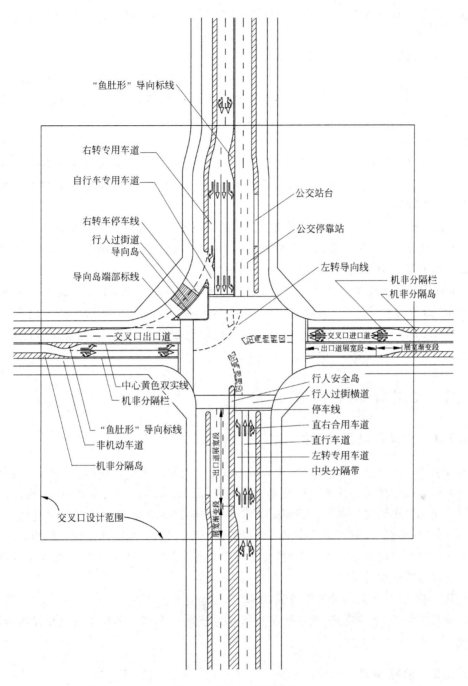

图 3-1 交叉口设计范围

使用专用转弯车道、渠化右转交通流以及中央隔离带都是分离冲突点的一些手段。

5)为高优先级别的交通流转向提供便利

为高优先级别的交通流提供便利既满足驾驶人的期望又能够提高交叉口的通行能力。一般而言,从信号控制效率角度出发,流量最大的交通流转向就是交叉口最高优先级别的交通流转向。在行人和自行车交通量较少的乡村或城郊地区的交叉口,机动车交通流往往是优先级别最高的交通流向,而在城市地区,在有些交叉口,行人和自行车有时会是优先级别最高的交通流向。

6) 为行人和自行车提供安全空间

交叉口的设计必须考虑行人和自行车的需求,交叉口的渠化必须能够为行人和自行车提供安全的等待区域,在设计过程中可以考虑采用一些物理隔离带、交通岛或其他行人友好型措施来为行人提供安全待行区。

2. 总体要求

(1) 交叉口形状要求:为保障交通流运行的安全性,交叉口的交叉形式宜选择四路十字交叉,尽量避免五路交叉及五路以上的多路交叉口、错位交叉口、畸形交叉口及交角小于70°(特殊困难时为45°)的交叉口。

(2) 相交道路要求:要注意Ⅱ级支路以下的道路不应与城市主干路相交。

(3) 线形要求:交叉口范围内道路平面线宜采用直线;当采用曲线时,其曲线半径应大于不设超高的最小圆曲线半径。

(4) 视距要求:交叉口平面设计中要考虑交叉口视距要求,交叉口转角部分视距三角形范围内,不得有任何高于路面 1.2m 的妨碍驾驶人视线的障碍物。必须设在交叉口附近的高架路或人行过街天桥,其桥墩及台阶应做视距分析,且桥墩宽应尽可能缩小,台阶宜通透。

3.2 交叉口形状

3.2.1 交叉口进口方向数

随着交叉口进口方向数的增加,交叉口的复杂性会迅速增加。如图 3-2 所示[2],分别为三岔交叉口和四岔交叉口的各类机动车冲突点数。而如果考虑自行车和行人,则四岔交叉口比三岔交叉口更要复杂得多。随着交叉口进口方向数的增加,冲突点的数量将迅速增加。因此,在可能的情况下,应当尽量控制交叉口的进口方向数,一般以四岔交叉口为宜。

当交叉口相交的道路大于 4 支时,交叉口内交通流向将变得很复杂,增加了交通组织的难度。可以考虑的设计思路:

将其中的 1~2 条支路设置单行线,如图 3-3 所示[3]。

分离其中的 1~2 条支路,使其提前与邻近的干道相交,然后将两个交叉口做协调处理,如图 3-4 所示[3]。

3.2.2 道路夹角

一个交叉口的进口道应当通过提供必需的视距来提高交叉口的视认性。交叉口必需的视距范围是非常关键的,因为进入该区域的驾驶人和自行车骑行者开始集中精力关注如何通过交叉口。

如下情形可能会影响驾驶人或自行车骑行者对进口道的预期,因此应当注意避免:

(1) 交叉口进口道的坡度超过 3%。

(2) 交叉口位于相交道路的水平曲线上。

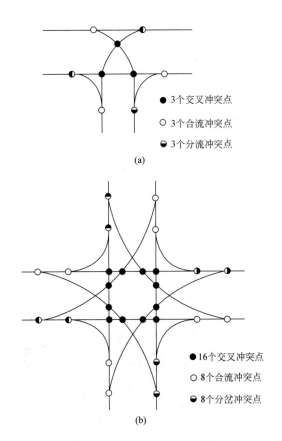

图 3-2 三岔交叉口及四岔交叉口潜在的机动车冲突点数量
(a) 三岔交叉口；(b) 四岔交叉口

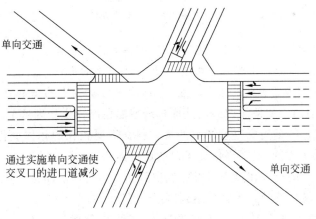

图 3-3 设置单行线的多路交叉口

(3) 交叉口内部(包括人行道)横向坡度超过 2%。

交叉口相交道路的夹角能够对交叉口的安全和效率产生明显的影响。道路夹角过大(非 90°正交)不仅会影响交通冲突的性质，而且易产生较大的、开放的路面面积，从而加剧机动车和行人通过交叉口的难度。同时，较大的交叉口其建设和维护费用也较高。

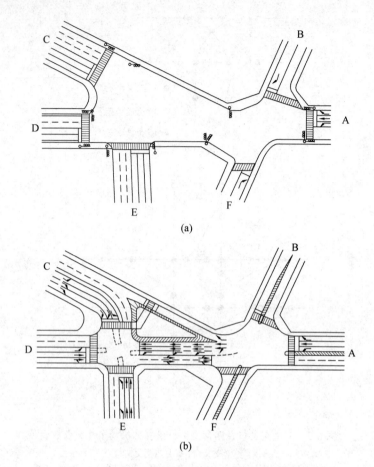

图 3-4 畸形交叉口处理实例
(a) 初始方案；(b) 改良方案

斜交交叉口对交叉口安全和运行特性的影响主要体现在如下方面：

(1) 难以适应大型车辆的转弯：可能需要额外的路面面积、道路渠化和通行空间。较大的交叉口面积也带来了潜在的排水问题，并且使得形状较小的车辆有更大可能偏离原本的通行路线，因此有时需要使用改进的路面标线或彩色路面来处理这个问题。

(2) 通过交叉口的车辆更容易产生冲突。斜交需要较长的相位变化和清场时间，从而会增加单周期的损失时间，进而降低交叉口的通行能力。

(3) 有视觉障碍的行人在过街时难以发现到达街道对面的路径。

(4) 在斜交交叉口驾驶人更容易感到困惑。

斜交交叉口由于其交叉的视距将产生更多的直角碰撞。美国州公路及运输协会（American Association of State Highway and Transportation Officials，AASHTO）和一些州的设计标准允许交叉口夹角在60°~90°之间，也有研究建议要在75°以上[4]。在实际工作中，对于新建交叉口，如果不受土地利用限制，应当尽可能设置为直角相交交叉口，如果受到土地空间限制，则也应以接近直角的角度相交为宜。

图 3-5 显示了不同的道路夹角对机动车及行人过街距离的影响[2]。

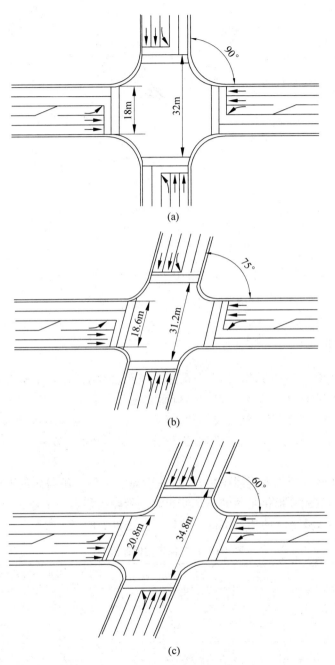

图 3-5 道路夹角与停车线距离关系
(a) 90°相交的交叉口；(b) 75°相交的交叉口；(c) 60°相交的交叉口

对于斜交的交叉口,在用地条件允许的情况下,可以将等级较低的道路取直,与另一条道路直交,如为四岔交叉口,则形成两个 T 形交叉口,然后将两个交叉口做协调处理,如图 3-6 所示[3]。

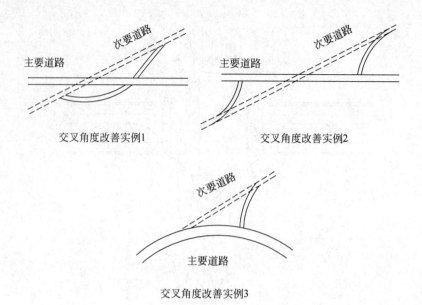

图 3-6 斜交交叉口改造实例

3.2.3 视距

驾驶人能够提前看到前方的道路及道路上的其他使用者,这对于所有道路设施的安全有效运行是非常关键的,对于信号控制交叉口而言也尤为重要。在信号控制交叉口,停车视距、决策视距和交叉口视距都非常重要,同时至关重要的一点是驾驶人必须有充分的距离去对交通控制设施(如信号灯、标志、标线等)进行感知、识别和做出反应。

1. 停车视距

停车视距是指从驾驶人发现障碍物,采取制动到完全停止所需要的最短距离。在信号控制交叉口应当为驾驶人提供足够的停车视距以使驾驶人能够安全通过交叉口。表 3-1 给出的是根据美国 AASHTO 的相关文件[5]的计算方法得到的停车视距。

表 3-1 停车视距的设计值[2]

速度/(km/h)	计算距离/m	设计距离/m
20	18.5	20
30	31.2	35
40	46.2	50
50	63.5	65
60	83.0	85
70	104.9	105
80	129.0	130
90	155.5	160
100	184.2	185
110	215.3	220
120	248.6	250

注:感知-制动时间取 2.5s;加速度为 $3.4 m/s^2$。

2. 决策视距

决策视距是指[5]从驾驶人检测到道路环境（可能会是视觉混乱的状况）中的一个出乎意料的或难以发现的信息源或物体开始，之后进行识别、判断其危害性并选择恰当的速度和路径，最终安全和高效地完成相应的应对策略所需要的距离。交叉口的决策视距用于车辆必须提前进入一个特定的车道的情形。

决策视距主要取决于驾驶人是否是完全停车还是只做出速度、路径或方向上的改变。同时也取决于交叉口所在的区域：是城市、城郊还是乡村。表 3-2[2] 给出了根据美国 AASHTO 的公式计算出的推荐决策视距。

表 3-2　各类备选避险策略的决策视距设计值　　　　　　　　　　　　m

速度/(km/h)	A	B	C	D	E
48	67	149	137	163	189
56	84	180	160	191	219
64	101	210	183	218	251
72	120	244	206	244	283
80	142	277	229	271	314
88	163	314	264	299	346
97	186	351	302	343	390
105	212	389	320	372	416

注：A—停在乡村道路上，$t=3.0s$；
　　B—停在城市道路上，$t=9.1s$；
　　C—在乡村道路上改变速度/路径/方向，$t=10.2\sim11.2s$；
　　D—在郊区道路上改变速度/路径/方向，$t=12.1\sim12.9s$；
　　E—在城市道路上改变速度/路径/方向，$t=14.0\sim14.5s$。

3. 交叉口视距和视线

交叉口视距是指在信号控制交叉口没有通行权的驾驶人所需要的发现交通信号灯指示、冲突的车辆和行人并作出反应的距离。必须确保驾驶人在水平和竖直方向的视距使得驾驶人在逐渐接近交叉口的过程中有足够的时间。

信号控制交叉口的交叉口视距要比停车控制交叉口的交叉口视距简单一些，主要需要满足如下的准则：

（1）停在某进口道的第一辆车要能够被其他所有进口道的第一辆车看到；

（2）许可型转弯的车辆（如许可型左转、红灯右转等）应当有足够的视距来选择冲突交通流中的间隙。

信号控制交叉口应当至少满足停车控制交叉口所需要的视距条件，因为在紧急情况下，如黄闪或断电，交叉口就是运行在停车控制的状态。

3.2.4　路缘石转弯半径

设计合理的交叉口路缘石转弯半径应当能够满足所有交通参与者的需求。在实际工作中，需要根据行人过街需求及车辆在交叉口的转弯需求等因素来确定路缘石转弯半径及路缘石坡道。一般而言，人行过街横道应当与交通流成直角相交，这可以使行人过街时间最小，也会使信号控制的运行更为有效，同时也能够帮助视觉障碍的行人更容易找到过街的通行空间。

同时,路缘石转弯半径的设计也应当满足车辆的转弯轨迹需求,应避免转弯车辆侵占行人空间。较大的路缘石转弯半径对于行人而言会有如下问题:加长了人行横道的距离,加快了转弯车辆的速度,从而导致了较大的风险,尤其对于存在视觉障碍的行人而言更为危险;减少了可供行人使用的等待区域,使得更多的行人离开驾驶人的视线范围,也让行人更难以看到车辆。另一方面,较小的路缘石转弯半径则限制了转弯车辆的速度,从而可能降低主要干道的交叉口通行效率。

影响路缘石转弯半径选择的主要因素包括:

(1) 道路车辆类型:车辆类型应当以通过交叉口的占绝大多数的车辆类型为基准来考虑交叉口的设计。一般而言,可以用来作为典型车辆类型的车辆包括:标准小汽车、房车、单体货车、公交车和半挂车;

(2) 交叉口夹角:斜角交叉口容易导致过大或过小的路缘石转弯半径;

(3) 行人和自行车:在行人和自行车流量较大的交叉口,较小的路缘石转弯半径可以降低转弯车速并减少行人和自行车的过街距离;

(4) 交叉口尺寸:路缘石转弯半径影响着整个交叉口的宽度,较大的路缘石转弯半径可以适应具有较大转弯半径的车辆,但是也同时增加了行人过街的时间和整个交叉口的总延误。

3.2.5 Y形交叉口

Y形交叉口所产生的主要问题是渠化不当可能造成交叉口内空间过大,交通流行驶轨迹不明,秩序混乱。因此应当利用标线将Y形交叉口内部没有车辆行驶通过的空间进行施画,规范行车轨迹使得行车轨迹更加明确,如图3-7所示[3]。

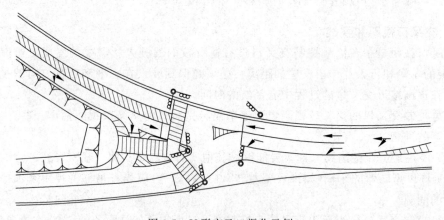

图3-7 Y形交叉口渠化示例

3.3 机动车交通组织设计

3.3.1 机动车道设计总体要求

交叉口机动车道设计内容主要包括车道数量、宽度的确定以及展宽段、展宽渐变段的处理等。

一般在交叉口附近,为了增设车道,有必要对交叉口进行拓宽。在无法增加交叉口宽度的条件下可以利用压缩车道、侧宽等办法,以增加进口道车道数。例如:撤去、缩小或移设中央分隔带;缩小单车道宽度;撤去侧宽、停车带等。而由于交叉口附近的人行道须作为横穿道路行人的滞留空间,所以不应轻易缩小人行道。

进口道直行车设计车速一般取路段车速的 0.7 倍,左右转车辆的计算车速取路段车速的 0.5 倍。

1. 进口道设计

1) 进口道车道数

交叉口设计中的一个重要方面就是决定进口道的车道数。不过尚无准确的依据来进行设计,因为进口道的车道数受到众多因素的影响,包括交叉口控制的方式、停车的状况和需求、是否有足够的道路空间以及其他无法由交通工程师直接控制的因素。同时,对于通行能力、安全及效率的考虑都会影响到车道的数量。

一般而言,交叉口进口道的车道数应多于相连的上游路段车道数,具体数量应根据实际流量或预测流量来确定,应以保证进口道与路段通行能力相匹配为目标并考虑宽度约束,同时注意进口道各车道转向属性的合理确定。

为每个进口道确定合理的车道数量和车道组并不是一件容易的事情。因为往往没有唯一的答案,不同的渠化方案和配时方案的最优组合都能够提供一个安全和有效的交叉口。

车道数量的首要控制要素是交叉口所能够支持的关键车道流量之和的最大值。关键车道流量之和的计算方法如式(3-1)所示[6]:

$$v_c = \frac{1}{h}\left[3600 - N \times l\left(\frac{3600}{C}\right)\right] \tag{3-1}$$

式中:v_c——关键车道流量之和的最大值,pcu/h;

h——平均车头时距,s/pcu;

N——每周期中的相位数;

l——每相位的总损失时间,s/相位;

C——周期长,s。

表 3-3[6] 给出了一个典型交通流状态下的近似的关键车道流量之和的最大值,表中平均车头时距使用的是 2.6s/pcu,每相位的损失时间是 4s。

表 3-3 典型信号控制交叉口关键车道流量和最大值

周期长/s	相位数		
	2	3	4
30	1015	831	646
40	1108	969	831
50	1163	1052	942
60	1200	1108	1015
70	1226	1147	1068
80	1246	1177	1108
90	1262	1200	1138
100	1274	1218	1163
110	1284	1234	1183
120	1292	1246	1200

2) 进口道宽度

进口道的车道宽度宜为 3.25m,过宽易发生小车的变道与抢道,困难情况下最小宽度可取 3.0m;当改建交叉口用地受到限制时,一条进口车道的最小宽度可取 2.8m。

3) 进口道展宽

进口道展宽段应尽可能为左转、直行和右转车辆分车道行驶创造条件,特别是当设置有专用箭头灯及专用转弯相位时,必须设置相应的专用车道。

改建或治理性交叉口,根据其允许存车数及对向直行车道数,当每信号周期左转车平均超过 3~5 辆时,一般应设左转专用车道。

在有中央分隔带的进口道上,应充分利用分隔带空间增加进口车道,剩余分隔带宽度应满足行人过街驻足空间的基本要求(例如新建交叉口至少应为 2m,对改建交叉口至少应为 1.5m)。

在进口道设计时,右转车道宜向进口道右侧展宽,左转车道宜向进口道左侧展宽,保持直行车道直行车辆的连续性,注意车流形式的平顺性与安全性。

展宽段长度 l_w 主要由红灯期间的车辆排队数决定(一般最小为 30m)[1]:

$$l_w = 9N \tag{3-2}$$

式中:N——高峰期每一信号周期的左转或右转车的平均排队车辆数。

展宽渐变段长度 l_d 主要由车型、设计车速和横向偏移量及速度决定,应以车辆行进中,从一条车道平稳驶入相邻车道乘客不会产生不舒适、不安全感为依据:

$$l_d = \frac{s \times \Delta w}{3} \tag{3-3}$$

式中:s——进口道设计速度,km/h;

Δw——横向偏移量,m。

渐变段最小长度不应少于:支路 20m,次干路 25m,主干路 30~35m[7]。

当在右侧展宽的进口道上设置公交停靠站时,应利用展宽段的延伸段设置港湾式公交停靠站,同时应追加站台长度。

4) 锯齿形进口道

左转车转弯半径无法满足时才设置锯齿形进口道。锯齿形进口道往往是因为交叉口被处理得过小所致。

2. 出口道设计

1) 出口道车道数

出口道的车道数至少与路段车道数相同,并且应与上游各进口道同一信号相位流入的最大进口车道数相匹配;只有当治理性交叉口条件受限时,才可以考虑出口车道数比上游进口道的直行车道数少一条。

当流入的右转车设专用右转车道时,通常需考虑增设右转加速汇入车道。

2) 出口道车道宽

出口道宽度应大于 3.0m,或与路段宽度一致,主要是由于出口道车速较高。新建交叉口出口道宽度一般不应小于 3.5m,治理性交叉口出口道车道宽度一般不应小于 3.25m。需注意按照实际的车型比例确定车道宽度。

3) 出口道展宽

出口道设有公交停靠站时,按港湾停靠站要求设置展宽段;在设置展宽的出口道上设置公交停靠站时,应利用展宽段的延伸段设置港湾式停靠站。

出口道的总长度由出口道展宽段和展宽渐变段组成。展宽段长度由缘石转弯曲线的端点向下游方向计算,不设公交停靠站时,最小长度不应小于30～60m,交通量大的主干路取上限,其他可取下限;设公交停靠站时再加上公交停靠站所需长度,并满足视距三角形的要求。

出口道展宽渐变段最小长度不应小于20m[7]。

3. 掉头车道设置

当中央分隔带宽度不小于4m时,可以在交叉口人行横道前设置掉头通道。当中央分隔带小于4m且设有左转专用信号时,掉头车辆可利用该信号掉头。如交叉口流量较大而无中央隔离带时,掉头车辆可能会进一步降低交叉口通行能力,引起拥堵的加剧,此时需考虑禁止掉头,利用周边路段条件或邻近交叉口进行掉头车辆的组织。

3.3.2 左转交通设计

左转交通流是交叉口各流向中较难处理的转向,由于与对向直行车辆之间存在冲突,左转交通流对交叉口交通流的顺畅和安全有很大的影响。

左转车道的渠化强调的是要将左转交通流与直行交通流进行分离。左转车道的渠化能够引导驾驶人通过交叉口、增加交叉口的通行能力和驾驶人的舒适性。为了明确交叉口内左转车辆的行驶和等待位置,以及交通流在交叉口内曲线行驶的方向,宜采用交叉口导向线来辅助车辆行驶和转向。

左转车道的渠化应当考虑交叉口的设计车型、相交道路类型、交通流量、车速、交通控制的类型和位置、行人以及公交车站等。除了上述因素,还需要考虑车辆行驶轨迹,要确保驾驶人不需要进行急转弯。如果使用中央隔离带设置左转车道,则要相应地考虑行人过街安全岛的需求。

1. 增加一条左转车道[2]

对于目前是直行交通流与左转交通流混行的进口道,增加一条左转专用车道是改善交叉口安全和降低延误的最常见方式。在进口道增设一条左转专用车道并不意味对向进口道也必须增加一条左转专用车道。如果增加了一条左转专用车道,则交通工程师必须保证直行交通流能够进入正确的车道。

混行车道中停下等待对向直行交通流出现可用间隙的左转车辆往往容易导致追尾事故,而专用的左转车道为左转车辆提供了等待的空间。左转车辆相关的事故记录或者相关的冲突研究可为设置左转专用车道及改变左转相位提供依据。

专用的左转车道为左转车辆安全地减速离开直行交通流提供了空间。这种冲突的降低直接影响到追尾事故的发生,如果可能,专用左转车道的长度应满足让左转车辆完成从开始减速到停下所需要的距离。

左转车道能够提高交叉口的运行效率,不受左转车辆影响的直行交通流能够有效降低车头时距,从而能够提高绿灯期间的流量,同样左转交通流的流量也能够得以提高。

考虑是否需要一条左转专用车道的依据主要有如下方面:

(1) 较大的交叉口:如果两条较高等级的道路(例如都是主要干道)形成交叉口,则需要考虑左转专用车道,或者具有较高进口道速度的交叉口或者预期将来流量会有较大增长的交叉口,也需要考虑左转专用车道。

(2) 交叉口进口道车速:直行交通流与低速的左转交通流之间的速度差越大,则越容易导致追尾事故的发生。

(3) 交叉口的通行能力:增加一条左转专用车道能够增加交叉口服务的车辆数。

(4) 左转车辆的比例:左转交通流量越大,其对直行交通流的冲突和延误影响越大。

(5) 对向直行交通流的流量:对向直行交通流的流量越大,其留给左转交通流的可插车间隙越少,则会使得左转交通流对同向直行交通流的冲突和延误越大。

(6) 设计情况:有时为了改善视距,需要设置一条左转专用车道。

(7) 与左转车辆相关的事故数:如果一个进口道与左转车辆相关的事故数量异常大,则需要考虑设置左转专用车道。

在缺乏明确数据的情况下,美国HCM(第6版)建议如果左转流量超过100pcu/h,则需考虑设置一条左转专用车道;如果左转流量超过300pcu/h,则需考虑设置两条左转专用车道。当然,如果设置有左转专用相位,则必须设置左转专用车道。

我国《城市道路交叉口设计规程》[7]中建议:当高峰15min内每信号周期左转车平均流量达2pcu时,宜设置左转专用车道;当每信号周期左转车平均流量达10pcu,或者需要的左转专用车道长度达90m时,宜设置两条左转专用车道。左转交通量特别大且进口道上游路段车道数为4条或4条以上时,可设置3条左转专用车道。

表3-4列出了一些设置左转专用车道的规则[2],一般而言,当左转流量超过整个进口道流量20%或者达到100pcu/h的时候,需要设置左转专用车道。

表3-4 各种专用左转处理方式的交叉口经验通行能力

案例1:无专用左转车道

假定关键信号相位数[a]　　　2
左转流量　　　关键主要进口方向[b]:≤125pcu/h
　　　　　　　关键次要进口方向:≤100pcu/h

规划层次通行能力/(pcu/h), 关键进口方向交通流之和[c]		主要进口方向基本车道数[d]		
		2	3	4
次要进口方向基本车道数	1	1700	2300	—
	2	2400	3000	—
	3	—	—	—

案例2:只有主要进口方向有专用左转车道

假定关键信号相位数　　　3
左转流量　　　关键主要进口方向:150~350pcu/h
　　　　　　　关键次要进口方向:≤125pcu/h

规划层次通行能力/(pcu/h), 关键进口方向交通流之和		主要进口方向基本车道数		
		2	3	4
次要进口方向基本车道数	1	1600	2100	2300
	2	2100	2600	2800
	3	2700	3000	3200

案例 3:主要进口方向和次要进口方向都有专用左转车道

假定关键信号相位数　　　　　4
左转流量　　　　　　　　　　关键主要进口方向:150~350pcu/h
　　　　　　　　　　　　　　关键次要进口方向:150~250pcu/h

规划层次通行能力/(pcu/h), 关键进口方向交通流之和		主要进口方向基本车道数		
		2	3	4
次要进口方向基本车道数	1	1500	1800	2000
	2	1900	2100	2400
	3	2200	2300	2800

注:a. 关键信号相位是指非同时的相位;
　　b. 关键进口方向是指两个相对的进口方向中流量较大者(假设相同的车道数);
　　c. 在设计阶段则使用通行能力的一部分(例如 85% 或 90%);
　　d. 基本车道是指除去转弯车道外的直行车道。

2. 左转专用车道的设计要点

左转专用车道的设计要点包括:展宽渐变段长度、展宽段长度、车道宽度、车道偏移。

展宽渐变段长度:其设计主要考虑两个要素,车辆以最少的刹车就可以驶离直行车道;为车辆减速和加入左转排队提供足够的长度。在实际情况中,左转车辆在进入左转车道之前在直行车道上先降低一定的速度也是可以的(例如减小 15km/h)。展宽渐变段和展宽段的长度在不同地点差异较大。一个较短的展宽渐变段和较长的展宽段可以用在高峰期车速较低、流量较大的交叉口,可以为高峰期提供更多的存车空间并降低溢流至邻近直行车道的可能性。然而,当车速较高时,也需要考虑非高峰期的状况,主要是需要一个较长的减速段。

AASHTO[5]指出一个展宽渐变段锥形区域的比例对于 48km/h 的速度而言是 8:1,对于 80km/h 或更高的速度而言是 15:1。展宽渐变段如果过短会导致车辆需要突然停下,从而增加追尾碰撞的可能性。而过长的展宽渐变段则会导致驾驶人不小心驶入左转车道,尤其是位于水平曲线段的时候。AASHTO 建议使用的展宽渐变段的长度为:一条左转车道 30m 长,两条左转车道 45m 长,亦可根据式(3-3)计算。

展宽段长度:左转专用车道的长度应当能够足以容纳高峰期可能排队的左转车辆数,这样就不会影响到相邻的直行车道。展宽段长度应当能够防止排队车辆溢流到相邻的直行车道上。展宽段长度是周期长度、信号相位、到达率、驶离率以及车型混合比例的函数。左转专用车道的长度一般应当设计为每周期内的平均排队长度的 1.5~2 倍,具体倍数因不同地区而有所差异。亦可根据式(3-2)计算。

车道宽度:左转车道的车道宽度需求很大程度上是要基于运行需求的考虑。一般而言,车道宽度设计为 3.6m 可使通行量最大[①],然而,有时道路空间的约束或者自行车交通的需求导致了只能使用较窄的车道宽度。在无法提供全宽度的左转车道的情况下,提供一条较窄的左转车道也比没有左转车道要好(例如当交叉口进行改造时,提供一条 2.4m 宽[②]的左转车道也要比不提供左转车道或少提供一条左转车道的效果好。需要注意的是如果大型车比例较大,则不建议使用这个宽度)。在需要的时候,也可考虑通过缩窄车道的宽度来获得更多条车道。

[①][②] 美国结论,仅供参考。

车道偏移：左转车辆驾驶人看对向直行车辆的视线有时会被对向的左转车辆所遮挡。当左转交通流为许可型控制模式时，这可能会导致左转车辆与对向直行车辆之间的碰撞事故。尤其是在左转车道负偏移或无偏移的情况，左转驾驶人的视线可能被对向左转车辆阻挡，因此，可能的话需要避免这种情况。

在设计过程中，如果可能，应当确保左转车道有正偏移以便允许驾驶人毫无障碍地看到对向直行车辆。图 3-8 为各类偏移的示意图[2]。

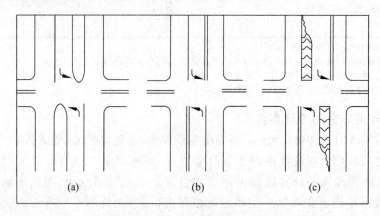

图 3-8 负偏移、无偏移、正偏移的左转车道示意图
(a) 负偏移；(b) 无偏移；(c) 正偏移

正的偏移还有其他一些好处，例如使得相向的两股左转交通流的轨迹不会有空间上的相互重叠。

美国 2010 年的《道路安全手册》[8]中提供了设置左转车道在安全方面的效益分析（表 3-5）。所有的事故变化系数都表明在信号控制交叉口提供专用左转车道可以改善安全水平，尤其对于减少追尾碰撞和左转碰撞最为有效。而在提供左转专用车道的同时再提供保护型左转相位，则能够提供最好的安全性。

表 3-5 在交叉口进口道设置左转专用车道后的事故变化系数[8]

交叉口类型	交叉口控制类型	具有左转专用车道的进口方向数			
		1 个进口方向	2 个进口方向	3 个进口方向	4 个进口方向
三岔口	信号控制	0.93	0.86	0.8	—
四岔口	信号控制	0.90	0.81	0.73	0.66

增加左转专用车道能够将左转交通流与直行交通流分离进而提高进口方向的通行能力。增加左转专用车道能够使用较短的周期长或者将更多的时间分配给更重要的交通流。

但是，增加左转专用车道可能会增加行人过街的长度从而增加行人信号灯时间，而且，增加的车道宽度也会增加机动车的清场时间。通过适当缩窄所有车道的宽度可以一定程度地缓解这些问题。

3.3.3 右转车道的设计

转弯车辆的减速造成了它们与直行车辆之间的速度差,从而有可能增加直行车辆的延误以及追尾事故发生的可能性。因此,设置专用的右转车道除了能够为右转车辆提供较高的安全水平外,还能够降低车辆的延误和提高交叉口的通行能力。

是否设置右转专用车道与是否设置左转专用车道的考虑类似,也有一些依据,主要考虑因素包括:车速、转弯和直行交通流量、进口道通行能力、是否允许红灯右转、道路类型、交叉口的对齐方式、与右转车辆相关的事故历史记录、冲突行人量以及道路空间等。例如 HCM(第6版)建议当右转交通流量超过 300pcu/h 且相邻直行流量超过 300pcu/(h·ln)时,通常需要设置专用右转车道。

典型的右转专用车道的设置如图 3-9 所示[2]。

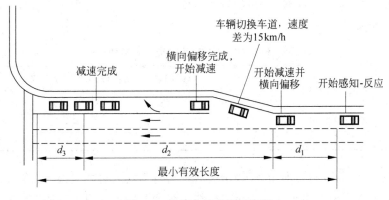

图 3-9 典型右转车道示意图

右转车道的关键设计要素包括:展宽渐变段长度、展宽段长度、车道宽度、路缘石转弯半径和视距。

展宽渐变段长度:展宽渐变段长度确定的主要依据是车速。从交通功能的角度看,展宽渐变段的长度应当能够让一辆右转车辆在直行车道外进行减速和刹车,这一点对于高速的进口方向尤其重要。在城市地区,这一点通常难以实现,有时右转车辆的减速需要在直行车道上进行。

展宽段长度:展宽段长度的设计需要考虑高峰时期的最大右转流量,展宽段的长度应当能够容纳较多的车辆以避免车辆溢流至邻近的直行车道。在信号控制交叉口,展宽段长度是一个关于周期长、相位方案、到达率及驶离率的函数。一般而言,右转专用车道的长度应当设计为每周期内的平均排队长度的 1.5~2 倍,具体倍数因不同地区而有所差异。

在某些情况下,已经存在一条右转车道,但是不断增长的交通流量需要延长右转车道,这将有助于改善交叉口的运行状况。如果右转专用车道的长度不足,则右转车辆将溢流至相邻的直行车道从而导致潜在的追尾碰撞的风险。较长的展宽段长度能够降低这种风险。

车道宽度:右转专用车道的车道宽度很大程度上取决于交叉口运行方面的考虑。车道宽度参考值见前面相应内容。

路缘石转弯半径:路缘石转弯半径影响着转弯车辆的速度,较大的路缘石转弯半径允许车辆以较高的速度转弯。如果希望右转交通流速度较低,例如在行人过街流量较大的情况下,则可以考虑在满足转弯车辆需求的情况下将路缘石转弯半径最小化。如果将路缘石转弯半径最小化,则行人过街距离也可以相应地达到最短,而且较低的车速还能够降低碰撞事故发生的可能性。

如果希望右转车辆快速地驶离直行交通流,则可以将路缘石转弯半径设置大一些。如果在出口方向提供加速车道,则右转交通流有可能实现如自由流般右转。增大路缘石转弯半径能够降低侧面碰撞或追尾事故发生的可能性。

视距:应当为右转车辆提供足够的视距,如果允许红灯右转,则右转的驾驶人应当能够看到从左侧的相交道路驶来的车辆。

右转车道经常用来消除一些由于转弯车辆减速带来的问题,右转车道能够降低由于右转车辆造成的正碰事故,但是可能会增加侧面碰撞事故。右转车道降低了右转车辆及其后车辆的碰撞可能性,尤其是在较高流量、较高速度的主要干道上。表 3-6 给出了设置右转车道对事故变化系数的影响[8]。

表 3-6 设置右转车道对事故变化系数的影响

交叉口类型	交叉口控制类型	具有右转专用车道的进口方向数			
		1 个进口方向	2 个进口方向	3 个进口方向	4 个进口方向
三岔口	信号控制	0.96	0.92	—	—
四岔口	信号控制	0.96	0.92	0.88	0.85

需要注意一点,如果右转专用车道较长,有些直行驾驶人可能会误入右转车道,因此,右转专用车道的上游需要有清晰有效的标志标线来提醒驾驶人注意前方的右转专用车道。

如果直行车辆排队过长阻滞右转车辆进入右转车道,则在直行车辆后面排队的右转车辆又会在一定程度上阻滞后面的直行车辆,导致直行车辆相位放行效率的降低,因此,右转车道的长度需要根据右转交通流量的大小仔细考虑确定。

当右转交通流量较大时,有时可能需要提供两条右转专用车道,不过这种情况很少出现。

 拓展阅读
借道左转交通组织

3.3.4 可变进口道

交叉口进口道的可变车道是指信号控制交叉口某进口方向的某条车道的车辆通行方向是可变的,即通过在车道上方应用可变的车道性质指示标志,在一天中的不同时间段,该车道上可以通行的车流流向是可变的。例如,某交叉口的某方向有 5 条进口车道,2 条左转车道、2 条直行车道和 1 条右转车道,根据流量需要,可以将 2 条直行车道中左侧的一条设置为可变车道,在左转流量远大于直行流量时,该车道变为左转车道,即 3 条左转车道、1 条直行车道,当然也可以做相反的变化。

某进口方向在使用可变车道的时候(如将某条直行车道改为左转车道,从而有 3 条左转车道)需要注意以下几点:

(1) 转弯半径要保证 3 条左转车道并排转弯；

(2) 该进口方向的左侧方向的出口道要有相应的 3 条车道；

(3) 左转车流与其对向直行车辆尽量不要同时放行；

(4) 除了邻近交叉口时车道上方悬挂可变车道标志外,最好在交叉口上游与该标志一定距离的地方给予相应的提示,例如目前北京市在设置可变车道的交叉口上游 80m 和 160m 的地方设置两次标志提示；

(5) 车道变化的周期问题：路段上的可变车道的流向变化通常以数小时为变化周期,甚至一天只调整一次,而交叉口可变车道的采用是为了适应实时变化的不同转向的交通流量,因此需要以较短时间为单位进行调整,但是又不能太短,太短会导致驾驶人的适应问题,从而引起安全问题,该问题的一个解决方法就是设置检测器,在各车道与交叉口停车线一定距离位置上设置检测器将更加有利于可变车道的使用。

交叉口可变车道的优势在于可以根据交通流的实际变化情况更加充分地利用交叉口空间和时间资源,均衡了不同流向车道的交通压力,减少某流向的排队长度和交叉口通行车辆的平均延误。

交叉口进口道的可变车道控制在国外部分城市早已有应用,近年来国内一些城市也开始在个别交叉口有所应用,GB 5768《道路交通标志和标线》中有可变车道的标线要求。图 3-10 为某路口相应可变进口道控制标志。

图 3-10 可变进口道标志

图 3-10 中第三条车道标志为 LED 显示,可随流量不同显示直行或左转车道指示标志。

3.4 自行车交通组织设计

3.4.1 基本原则

(1) 自行车交通应该与机动车交通进行空间和时间分离,在没有相应条件的情况下也须给自行车留出适当的空间以便实现机非分道行驶。

(2) 采取必要措施使自行车以较低的速度有序地进入交叉口。

(3) 尽量使自行车处于危险状态的时间减小到最小。

(4) 当自行车在交叉口暂停等待时,应提供一个安全的停车距离；如果空间允许,对自行车暂停的地方应该提供实物隔离的措施。

(5) 自行车交通与机动车交通的冲突点应该尽量远离机动车交通之间的冲突点。

(6) 当自行车与机动车在交叉口等待绿灯或通过交叉口时,应保证相互间能够看得清楚,特别是自行车通过交叉口时,应尽可能使机动车驾驶人知道自行车的行驶路线和方向。

3.4.2 设计方法

交叉口范围内的自行车交通组织方法通常有如下几种：左转自行车二次过街、右转弯专用自行车道、左转弯专用自行车道、停车线提前等。

1. 左转自行车二次过街

当自行车在交叉口内直接左转时,若没有设置左转机动车专用相位,则自行车与机动车之间的干扰较大。二次过街的设计思路是:让自行车和行人以同样的方式过街,在横向道路自行车进口道的前面,设置左转自行车候车区。绿灯启亮后左转自行车随直行自行车运行至前方左转候车区内,待另一方向绿灯亮时再前进,即变左转为两次直行。

这种设计方法消除了左转自行车与机动车之间的干扰,减少了相应的冲突点,改善了交通秩序和安全水平,但相应地增加了左转自行车的绕行距离。

左转自行车二次过街的设计方法一般适用于左转弯自行车流量较低的情况,北京市的左转自行车二次过街设计方法如图 3-11 所示[9]。

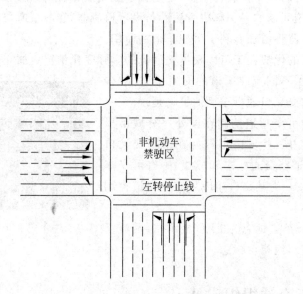

图 3-11 自行车左转二次过街设计示意图

2. 右转弯专用自行车道

利用现有路面开辟右转弯专用自行车道,用于右转自行车流量较大且用地条件允许的情况,利用绿化岛、交通岛、隔离栏或标线等将右转弯专用道与其他自行车行驶空间分离。有渠化岛情况如图 3-12 所示。

3. 左转弯专用自行车道

使用彩色路面或相应标线标示出左转弯专用自行车道,当利用多相位控制时,左转自行车可以利用左转专用车道在左转相位控制下与左转机动车一起通过交叉口,减少左转自行车对直行机动车的影响。这种设计方法适用于机动车设置有左转专用相位、自行车流量较大且左转自行车流量也较大的交叉口。如图 3-13 所示[9]。

4. 停车线提前

根据自行车起动快、骑车人急于通过交叉口的特点,可将自行车停车线划在前面,机动车停车线画在后面,红灯期间自行车在机动车前方待行,绿灯启亮后自行车先驶入交叉口。两条停车线之间的距离 L 由自行车交通量大小以及交叉口的几何尺寸决定:

$$L = L_1 + \Delta L \tag{3-4}$$

式中:L_1——自行车停车区的长度,$L_1 = q' \times \rho_B / B$,m;

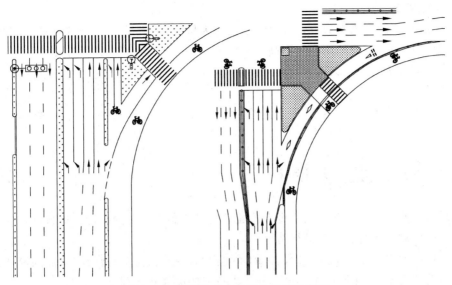

图 3-12 渠化岛时自行车专用道示意图

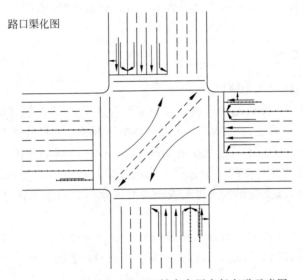

图 3-13 十字交叉口设置左转弯专用自行车道示意图

ΔL——考虑自行车穿行的宽度,一般取 1m;

q'——红灯期间到达排队的自行车数,辆;

ρ_B——自行车的停车面积,m^2;

B——交叉口进口道宽度(含自行车道),m。

该方法的思路是避免绿灯初期驶出停车线的自行车主流与机动车之间较大的冲突和干扰,适用于进口车道数为 1～2、机动车为两相位控制的小型交叉口。该方法可能会造成绿灯初期交叉口内自行车通行的混乱,目前在国内由于交叉口处自行车数量较多应用较少,在国外一些城市与自行车专用车道配合有一定应用。

5. 其他方式

设置立体交叉,分离交通流;或者设地道与天桥,解决交叉口自行车的通行,但投资会增加,而且地道和天桥的利用率并不高。

对自行车流量较小的交叉口,合并自行车流和人流,让自行车流上人行道行驶,通过交叉口后再重新走自行车道。

根据交叉口的类型和各种车流流量的大小,禁止自行车左转;在自行车高峰期,也可以考虑禁止机动车左转或右转。

3.5 行人交通组织设计

满足行人的通行需求在很大程度上影响着信号控制交叉口的设计与运行,因此,应当作为交叉口设计的重要组成部分进行考虑。

交叉口范围内的行人交通组织设计的主要内容是行人过街横道及安全岛的设计。只要有行人活动的交叉口,在设计中必须充分考虑行人的安全和便利。

一般而言,在进行交叉口行人设施设计的时候,要充分考虑弱势群体的需求,例如有行动障碍和视觉障碍的行人,如果设计方案满足这类人群的需要,则可以满足几乎全部行人的需要。

3.5.1 设计原则

行人过街设施设计的几个原则:

(1) 行人行走轨迹:要确保行人过街的行走轨迹上没有任何物理障碍物、隔离带和危险因素。要确保路缘石坡道、公交车站、行人过街按钮等的良好设计及合理的安放位置。

(2) 尽量减少行人暴露于机动化交通中的可能:应当清晰地标识出人行横道的位置以及行人在人行横道上的通行空间。通过尽可能地缩短人行横道长度、确保人行横道位于人行道的直接延长线上,以及提供行人过街安全待行区来使得行人暴露于机动化交通中的可能性最小。

(3) 路边特性:在最近的车辆通行车道与行人过街路径之间提供隔离缓冲区。确保街道拐角有足够的空间容纳等待过街的行人驻足。所设计的路缘石转弯半径应确保车辆不能侵入行人区域。

(4) 可视性和醒目性:在交叉口设施设计中应当尽量使得行人和驾驶人之间能够相互可视且具有足够的视线长度,尤其是在人行横道上。如果交叉口有照明设施,则应当能够确保行人良好的可视性。

(5) 服务水平:为行人过街提供合理设置的绿灯时间以使行人的等待时间最小化。

3.5.2 行人过街横道设计

行人过街横道应设在车辆驾驶人容易看清楚的位置,即尽可能靠近交叉口,与行人的自然流向一致,并尽量与车行道垂直,以缩短行人过街的步行距离。

人行横道位置应平行于路段人行道的延长线并适当后退(如 1m),在右转机动车容易与行人发生冲突的交叉口,为了减少右转机动车对相邻的两个进口道的行人过街交通的影响,其横道线不宜相交,需至少留有存放一辆右转车的空间,则前面所提到的后退 1m 就应改为后退 3~4m。

人行横道的宽度与过街行人数及信号显示时间相关,顺延干道的人行横道宽度不宜小于 5m,顺延支路的人行横道宽度不宜小于 3m,以 1m 为单位增减。

当行人过街横道长度超过 16m(不包括非机动车道)时,为确保过街行人安全,应在过街横道中间设置行人过街安全岛,其宽度不应小于 2m(困难情况下不小于 1.5m)[10]。有中央分隔带的进口道,行人过街横道可设置在中央分隔带端部后退 1~2m,或利用中央分隔带布置行人驻足区。应在安全区的端部设置用于保护安全区的防护栏或防护墩,以确保行人安全,如图 3-14 所示。图 3-15 是国内外两个应用实例。

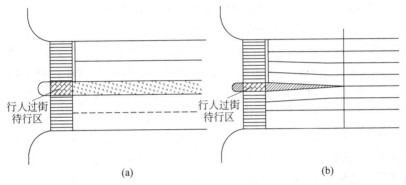

图 3-14　行人过街待行区的设计
(a) 利用分隔带设置安全待行区；(b) 压缩进、出口车道宽,设置待行区

图 3-15　行人安全岛的设置案例
(a) 国外案例；(b) 国内案例

行人过街横道及与之衔接的人行道或交通岛交接处应做成坡道,且不得有任何妨碍行人行走的障碍物。

为防止机动车或自行车随意驶上人行道,避免行人随意横穿道路,在行人过街横道和必要的道路进出口以外的地方可沿人行道缘石设置绿化带或美观的分隔栏。

当行人过街交通及与其相交的机动车饱和度较大而又不适合设置行人过街天桥或地道的交叉口,可考虑设置行人过街专用相位。

提高人行横道的醒目性能够为信号控制交叉口的行人带来安全效益。在这方面,全球各地的做法不尽相同,一般而言,人行过街横道可以使用具有反射性的路面标线,而不只是使用材料不同的砖来铺设人行横道。

高可视性的人行横道适用于经常出现行人和机动车冲突的交叉口,由于其低成本的特性,也可以作为交叉口系统性的改善措施之一。

3.5.3 交叉口范围内的行人设施处理措施

在交叉口范围内对行人设施进行设计的关键考虑因素包括:
(1) 保护有大量行人过街的空间不受冲突交通流的影响;
(2) 使行人过街的距离最小化;
(3) 路缘石坡道需设置在人行横道内且满足残疾人过街需求;
(4) 需考虑人行过街横道良好的视认性。

适应行人过街需求并且改善其安全性的一个重要措施是减少行人过街的距离,缩短行人过街的距离降低了行人暴露在机动车交通流中的可能性,这点非常有利于残疾人或者老年人。同时也降低行人过街相位的绿灯时间需求,从而有可能降低交叉口其他方向机动车和行人的延误。3个常用的缩短行人过街距离的措施包括[2]:
(1) 减小路缘石转弯半径;
(2) 路缘拐角外延;
(3) 提供行人过街安全岛。

也可以改变停车线和人行横道的位置来控制交叉口进口道机动车的停车位置和行人过街的位置。

1. 减小路缘石转弯半径

较大的路缘石转弯半径将增大转弯车辆的速度,增加转弯车辆与行人冲突的机会,因此可以通过减小路缘石转弯半径来降低转弯车速,缩短行人过街距离,改善行人和机动车之间的视距条件。图3-16显示了增加路缘石转弯半径导致行人过街距离增加的示例[2]。较小的路缘石转弯半径在斜角交叉口的设计中也非常重要。

在任何交叉口都可以考虑减小路缘石转弯半径,需要注意的是不同交叉口涉及的车辆类型对路缘石转弯半径有不同的需求。

减小路缘石转弯半径能够降低转弯车辆的速度,从而有可能减少车辆与行人之间的碰撞。由于车速得以降低,即使发生机动车与行人的碰撞,严重性也会降低。然而,减少路缘石转弯半径使得右转车辆的减速需要更快,这可能会导致右转车辆与跟随的直行车辆之间的追尾碰撞,尤其是在没有右转专用车道而使得右转车辆与直行车辆共用一条车道的时候。

减少路缘石转弯半径能够减小行人过街的距离,从而减少行人过街的相位时间,这将有助于缩短周期长和减小交叉口延误。然而,减小路缘石转弯半径可能会降低受到影响的右转车流的通行能力。

同时,减少路缘石转弯半径可能会对大货车和公交车带来影响,因为路缘石转弯半径较小,会使得这些车辆转弯的难度增大,因此,在设计路缘石转弯半径的时候必须注意到利用该交叉口的大货车、公交车等大型车辆的数量。如果利用该交叉口转弯的大型车辆较多,则需要考虑停车线位置的调整,以满足转弯车辆的需求。

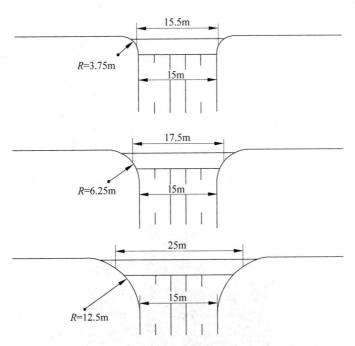

图 3-16　路缘石转弯半径从 3.75m 增加到 12.5m,相应的人行过街横道从 15.5m 增加到 25m

2. 路缘拐角外延

路缘拐角外延是指将人行道或路缘拐角延伸到道路内,从而降低有效的街道的宽度。该措施是用于社区街道的交通稳静化措施中的一种,也可应用于较高流量的信号交叉口。路缘拐角外延提高了人行过街横道的可视性,降低了留给违法或冒险驾驶行为的道路空间,例如不减速避让行人、高速转弯或从停车车道转弯等现象。国外现场观察发现在路缘拐角外延的交叉口驾驶人更趋向于停在停车线后,而与在街道上等待相比,行人更倾向于在路缘拐角外延的区域内等待。

路缘拐角外延的方式可以适用于具有中等或较高的行人交通量的交叉口,或者有行人事故历史记录的交叉口。并不适用于乡村地区的高速交叉口,而在具有较高比例右转交通流的地方,也需要谨慎使用。

纽约市的一项研究发现路缘拐角外延似乎有助于减少行人事故的发生频率和严重性[2]。路缘拐角外延同样减小了行人过街的距离及行人清场时间,同样,路缘拐角外延也会降低右转交通流的通行能力。在考虑路缘拐角外延措施的时候需要考虑一些应急服务车辆的需求。图 3-17 提供了典型路缘拐角外延示意图。

需要注意的是该种处理方式目前国内基本没有应用,欧美国家部分城市有一定的应用。

3. 调整停车线位置

在确定停车线位置的时候,可视性是一个非常重要的考虑因素。相关文献[11]建议将后置的停车线作为一种可能的应对措施,即在信号控制交叉口行人过街的位置,车辆停车线从行人过街横道后退 4.5~9m,而不是常规使用的 1.2m,从而来提高右转驾驶人(尤其是货车驾驶人)对过街的自行车骑行者和行人的视认性。后置的停车线对行人是有利的,由此

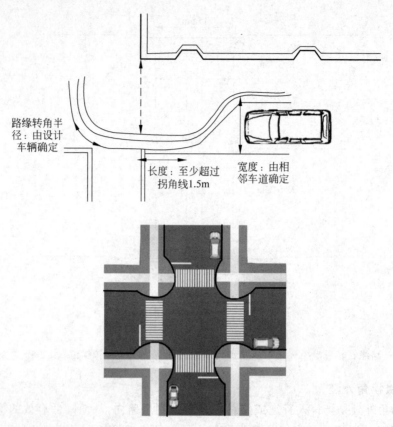

图 3-17　路缘拐角外延示意图

行人和驾驶人能够相互看到并且有较多的时间来判断当相位改变时对方的行为意图。

重新定位停车线位置可适用于行人和相邻的右转车辆经常发生冲突的交叉口,或者是有些红灯右转造成车辆/行人事故的地方。

后置的停车线会增加通过交叉口的车辆的清场时间,由此导致损失时间的增加。如果路埋型检测器已经设置在原来的停车线附近,则需要重新安装新的检测器。

4. 中央隔离带行人安全岛

当信号控制交叉口较大时,需要考虑借助中央隔离带或者其他方法设置道路中间的行人过街安全岛。在设置行人过街安全岛的时候需要考虑的两个内容是:中央隔离带行人安全岛的设计及行人信号控制的设计。

中央隔离带行人安全岛的设计有两种:一是直通式中央隔离带行人安全岛,即人行横道上的安全岛和相邻的车道在一个平面上;二是斜坡式中央隔离带行人安全岛,即行人安全岛高于相邻的车道路面。因为斜坡式中央隔离带行人安全岛需要隔离带有一定的宽度,因此,如果道路的中央隔离带较窄,则无法使用斜坡式中央隔离带行人安全岛,而如果中央隔离带过窄无法提供足够的行人待行区间的时候,则需要将行人安全岛扩展到中央隔离带的范围以外。

直通式和斜坡式的中央隔离带行人安全岛都可以为行人过街提供安全待行区域,只是直通式中央隔离带行人安全岛会受到道路排水等因素的影响。当中央隔离带宽度足够时,可以设置斜坡式行人安全岛,这种设置方式可以为行人提供更好的视认性。无论哪种设置方式都必须使行人安全岛中的行人有良好的可视性和醒目性,同时也要为安全岛中的行人提供观察道路的良好的视线条件。

图 3-18 是典型的中央分隔带行人安全岛的设置方式[2]。

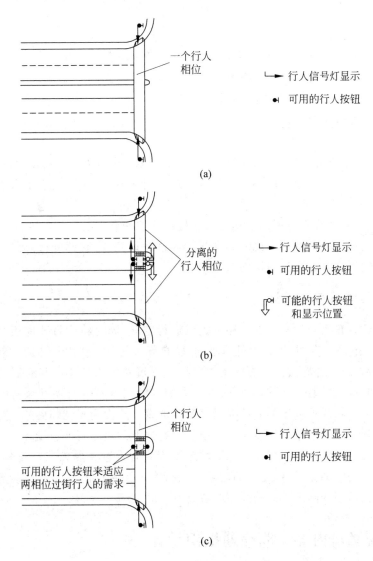

图 3-18　存在中央安全岛情况下的行人信号方案
(a) 一个相位的行人过街;(b) 两相位的行人过街;(c) 单一行人相位(含可选的两相位行人过街)

较窄的中央隔离带无法提供安全的待行区域,如果道路宽度不大,则可以使用一次过街的控制方式,对于这种方式,行人清场时间需要考虑穿过整个街道所需要的时间。

当中央隔离带较宽时,会有充分的空间用于行人等待,此时需要对每段人行横道使用不同的行人信号灯和检测器。两段人行横道的行人清场时间要独立设置。

第三种情况是介于前两者之间,一部分行人能够合理地通过人行横道,一部分行人需要两次通过。对于这种情况,行人清场时间需要适应穿过整个街道所需要的时间,另外也需要辅助的检测器设置在中央隔离带上以适应需要两次过街的行人。

5. 立体行人过街设施

在有些情况下，可能需要建设立体行人过街设施来分离行人与机动车交通流，例如人行过街天桥或人行过街地道，这些立体行人过街设施可以保证行人过街不受机动车干扰，但是会增加行人过街的绕行距离。

在交叉口处，立体行人过街设施主要用于如下情形：

(1) 在当前的交叉口中，存在极大量的行人/机动车冲突或事故；
(2) 学校附近的行人过街通道或者有大量中小学生过街；
(3) 经过评估认为交叉口对行人的风险较高；
(4) 转弯车流速度较高；
(5) 视距不足。

一般情况下，建设立体行人过街设施的依据主要是考虑行人和机动车流量、车辆速度和区域类型。对于新建交叉口和改建交叉口考虑的依据不相同，一般而言，新建交叉口有更大的建设机会。

理想情况下，立体行人过街设施将行人与机动车的冲突完全分离。然而，研究表明很多行人在通行时间相同的情况下不愿使用立体行人过街设施，另有部分行人出于个人安全因素考虑不愿意使用立体行人过街设施。

3.5.4 路缘石坡道设计

路缘石坡道为轮椅和滑板车的使用者提供通行空间，同时路缘石坡道还有助于如下类型的行人通行：推婴儿车的、携带大件行李的、骑自行车的以及使用其他轮式装置的。一般而言，在所有行人路线要穿过路缘石的地方都应该设置路缘石坡道。路缘石坡道不仅改善了有行动障碍的行人的通行条件，也通过移除有高度的路缘石为有视觉障碍的行人提供了有利条件。通过在路缘石坡道的底部提供可察觉的警告路面为视觉障碍的人提供关于机动车道与人行道分界点的信息。文献[12]给出了一些典型的路缘石坡道设计。

可察觉的警告路面往往设置在路缘石坡道底部或者设置在隔离带及安全岛中，来为有视觉障碍的行人提供触觉提示，使他们能够判断行人过街路径的位置。可察觉的警告路面一般由一些消去顶端的凸出地面的圆顶组成。

3.6 交叉口内部空间交通组织设计

交叉口内部空间交通组织设计主要包括导流线、导流岛、交通岛的设计等，主要根据交叉口的设计车速、设计车型、行车轨迹来进行确定。

对于内部范围大的交叉口均应施画左转导流线；对于直行车辆在进口道与出口道之间行车轨迹不平顺的情况，还应设置直行导流线，如图 3-19 所示。

1. 交通岛

除了画出机动车导流线和待行区，对于交叉口平面内无车流经过的区域，应以标线标出或设置交通岛，任何车流不得驶入这些区域，以使各股车流的轨迹更加明确，有利于车辆安全行驶。

图 3-19　交叉口内导流线的施画实例

当设置交通岛时,要注意交通岛的设置细节,在交叉口内设置交通岛是达到交叉口空间范围内渠化交通的主要手段。交通岛的功能为:指示和引导车辆行进;作为行人过街安全岛;设置交通信号、交通标志、照明杆柱的空间;实施绿化。

目前,在交叉口内部区域做实体交通岛的做法较为常见,但存在一定弊端:

(1) 建设投资较大,对交通需求动态变化的适应性差,日后的交叉口改造工程投资也较大;

(2) 为右转车辟出专用转弯车道,如不采取恰当的渠化和限制措施,右转车易在出口处直接高速汇入主线车流,可能导致事故;

(3) 如果设计不当,左转车易发生撞岛事故。

因此可考虑交叉口内部空间通过冷涂材料画线或彩色铺装等形式来进行交通流的渠化。

在设置交通岛时,要考虑以下因素:

(1) 要综合考虑环境美观等因素,在用地条件允许的情况下,尽可能将交通岛面积设置大一些,因为小的交通岛难以起到保护行人的作用,一般交通岛的面积最低需要 $10m^2$ 左右。

(2) 交通岛的周边及对应的右转车道内侧的混凝土侧石须按黑色、黄色相间的形式砌筑,以增加夜间行车反光度,确保行车安全。侧石的高度应与岛的大小对应,一般高出路面 15～23cm。

(3) 岛内设置的人行通道,应结合绿化恰当设计,使绿化布局均衡、美观。人行通道进出口的侧石高度应降低,一般仅高出路面 2～3cm,按无障碍坡道处理,人行通道范围可用彩色人行道砖铺砌,以增加环境效果。

(4) 交通岛顶端处应做成圆弧状,靠近右转车道一侧的顶端半径 R 一般为 1.0～1.5m;靠近路中心的直角端半径 R 宜为 3～5m,如图 3-20 所示。钝角时半径 R 宜为 8～15m。为诱导视线,应在岛端加绘醒目的路面标线。

(5) 在交通岛内种植的各类花草植物的高度,应满足视线要求。

(6) 交通岛的设置要与车辆的行驶轨迹相吻合,对于大型车交通量较多的交叉口,需按照大型车的行走轨迹来设置。

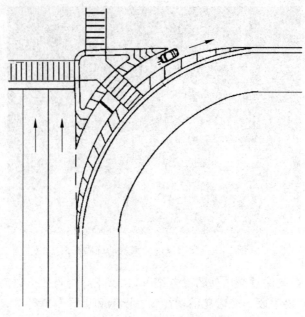

图 3-20 交通岛处理方式

2. 待行区

左转待行区：只要在本向最左侧车道与对向直行车行车轨迹之间有多余空间，就可以考虑设置左转待行区，在两相位情况下，左转车可利用直行车流的绿灯末期时间快速通过交叉口；在多相位情况下，左转车在直行相位期间进入待转区内等候放行，则左转相位的信号配时基准已从停止线提高到交叉口内冲突点上，能够减少信号绿灯损失时间。需注意左转待行区不应影响对向直行交通流的正常通行。

直行待行区：直行待行区在国内应用近年来开始增加，例如杭州市近年来在其数个交叉口运行着"直行待驶区"。其原理是：例如在东西向车道设置直行待行区，当南北向车道为左转绿灯时，东西方向给右转绿灯，此时东西向的直行车流可以驶入直行待驶区。每个车道直行待驶区可以容纳 2 辆车，有效地提高了交叉口直行通行能力。

3.7 案例分析

交叉口渠化很难抽象地完全描述清楚所涉及的所有规则，因此，这里给出一些参考案例的分析[6]。

3.7.1 典型交叉口案例

图 3-21[6]显示了东西向为主要道路、南北向为次要道路的交叉口。主要道路有中央分隔带，图中北进口的右转进行了渠化，而为西进口的左转提供了专用左转车道。这两个渠化的转向是相对应的，该设计显示了这两个方向的转弯流量较大。图示的设计中最小化了北进口右转与其他方向之间的冲突，为西进口的左转提供了停车排队的车道，消除了其与西进口直行之间的冲突。而其余转弯方向没有进行专门的车道渠化，意味着这些方向的转向交

通需求较少。除了东进口的中央分隔带,该设计方案没有提供大面积的行人待行区,这意味着在该交叉口行人数量相对较少,则行人过街横道是可选的。这种交叉口的渠化方式对于信号灯控制或没有信号灯控制都适用。

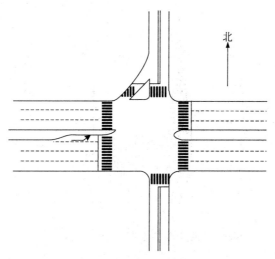

图 3-21 具有北向西及西向北部分转向渠化的四岔交叉口

图 3-22[6]显示了一种与图 3-21 类似转弯方式的四岔交叉口。在图 3-22 中,北向西的右转和西向北的左转的交通流需求更大因而需要一个更明确的处理。在此情况下,通过渠化形成两个额外的小交叉口来控制这些主要的转弯流量。该设计使得各个转向交通流之间的冲突最小。但在我国交叉口实际应用中很少采用这种方式。

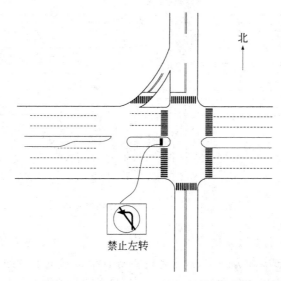

图 3-22 对于主要交通流向(北向西、西向北)进行渠化的四岔交叉口

图 3-23[10]显示了一种经常使用的较大型十字交叉口渠化方式。所有右转流向均进行了渠化,设置了右转专用车道,而且主干道的左转都设置有左转专用车道。这种设计方案适用于交叉口较大且转弯流量较大的情况。行人待行区只是通过右转的导流岛提供,可能会

受到导流岛大小的限制。这种渠化方式主要适用于信号控制情况,这种方案在我国城市中的众多较大交叉口应用较多。

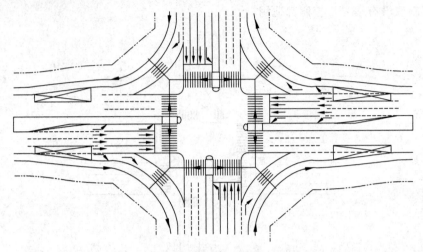

图 3-23　对全部右转进行渠化的十字交叉口

科学合理的交通渠化应当简化大量的交通流以及降低交通冲突的数量从而使得交通控制更加简单有效。图 3-24[6]显示了这样一种案例。

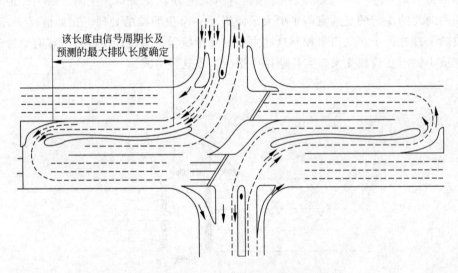

图 3-24　一个复杂交叉口的渠化方案

在该案例中,一条主干道连接两条主要的次干道,次干道交通流量较大,可能连接了两个大的购物中心。在该渠化方案中,次干道的直行直接穿越主干道的交通流和从次干道直接左转进入主干道的交通流都被禁止。通过渠化只有下列流向的车流被允许:

(1) 主干道上的直行车流;
(2) 右转进入次干道的车流;
(3) 左转进入次干道的车流;
(4) 右转进入主干道的车流。

在主干道上设计两条左转车道来存储并处理左转进入次干道的车辆。一个较宽的中央分隔带用于在左转车道旁边嵌套两条掉头车道。掉头车道允许车辆进入任何一条次干道，从而使得车辆可以完成从次干道左转进入主干道和直行穿越主干道。但是，在这个复杂地点的所有交通流转向都可能被两相位的信号灯控制。主交叉口和掉头车道之间距离的确定必须考虑交叉口间的排队特性，防止排队回溢现象。类似方案在我国应用较少。

3.7.2 右转渠化案例

当交叉口的空间允许时，从交叉口信号控制效率的角度出发希望能够为右转车辆提供单独的渠化车道。在信号控制下的交叉口右转专用车道有如下两个好处：

在允许红灯右转的信号控制交叉口，右转专用车道使得右转车被共用车道中的直行车阻挡的可能性最小；

当渠化有右转专用车道后，右转交通流可以有效地从信号控制设计中去掉。在这种情况下，右转将受到让行控制，允许一直通行。当然，要实现这些益处需要依赖于渠化设计的一些细节。

图3-25[6]显示了3种不同的右转车道渠化方式。图3-25（a）表示了一个简单的渠化三角形。这种设计好处有限，主要因为：①右侧车道的直行车辆在红灯期间可能会在入口处排队，从而阻碍右转车辆对右转专用车道的使用；②右转流量较高则可能会限制绿灯期间直行车辆对右侧车道的利用。

在第二个设计方案中［图3-25（b）］，加速和减速车道加入到右转渠化车道中。如果加速和减速车道的长度充足，这种设计可以避免排队阻塞的问题。

在第三个设计方案中［图3-25（c）］，较高流量的右转车辆可以连续行驶。进口方向和出口方向各提供一条连续的右转专用车道，这种设计适用于主干道可以在进出口各增加一条车道的情况。为保证效率，出口方向的右转汇入车道需要较长的距离。

右转渠化可以简化交叉口管理，特别是右转交通流较大时。它还可以使信号控制更加有效，因为渠化的右转车道实施让行控制，不需要专门的绿灯时间。

3.7.3 交叉口中的特殊情况

这部分针对4个特殊情况进行讨论：①有倾斜角的交叉口（如存在小于60°或大于120°的夹角）；②T形交叉口；③错位交叉口；④左转交通流较大时[6]。

1. 有倾斜角的交叉口

无论是信号控制交叉口还是无信号控制交叉口，夹角为90°时交叉口最为有效。在此情况下，视距比较容易定义，而且驾驶人也更期望直角相交的交叉口。然而，有时交叉口的夹角并不是90°，特别是夹角小于60°或大于120°的交叉口，将会变得难以处理。虽然这种情况相对较少，但驾驶人通常不太适应这种情况。

斜角交叉口在没有控制手段且进口速度较高的情况下是非常危险的。这种情况一般发生在乡村地区或是一些国省干道，如图3-26所示[6]。

该案例是在乡村地区的两车道的行驶速度较高的主干路形成的交叉口。图3-26显示了两股交通流的危险情况。道路A的向西的交通流向与道路B的向东交通流向之间的冲突是十分危险的。考虑到乡村地区低流量的交叉口很少使用信号控制，因此，需要考虑其他

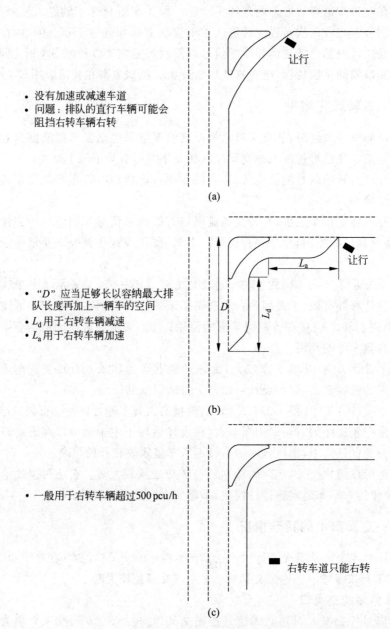

图 3-25 3 种不同类型的右转渠化方法
（a）简单渠化的右转；（b）具有加速和减速车道的右转渠化；（c）具有专用车道的右转渠化

的手段来改善此类交叉口的安全性。

最直接的改进方法是改变交叉口的夹角布置，使得道路的路权更为直观。图 3-27[6] 显示了两种可能的方案。第一种方案为道路 B 提供了明显的优先权，进出道路 A 东进口的交通流必须通过 90°的转向来完成。在第二种方案中道路 A 占主导，进出道路 B 东进口的交通流必须通过 90°的转向来完成。在两种方案中，90°的交叉口将会用停车标志来表明路权。

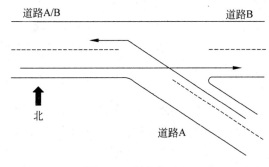

图 3-26 斜角交叉口

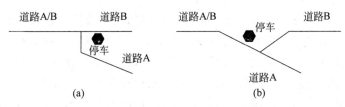

图 3-27 两种潜在的改造方案

虽然这种简单的改造是对高速度、斜角交叉口最好的解决方案,但它要求一定的空闲土地来实施这种改造。然而在一些地区,受限于土地资源,这种交叉口的改造可能难以实现。在此情况下需要考虑其他的方式,其中渠化可以用来更好地定义交叉口的交通流向,并且结合控制设备来分配路权。图 3-28[6] 显示了另一种可能的设计方法。

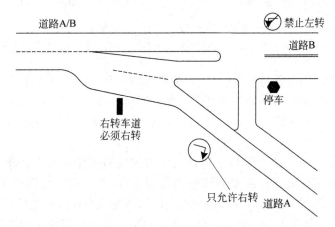

图 3-28 可用的渠化方案

该渠化方案只是重新设置了道路 A 的东进口。虽然这仍然需要额外的空闲土地,但远远小于前面的改造方案。良好的渠化分离了道路 A 和道路 B 的西进口的交通流。除了图 3-28 中设置的标志外,在交叉口的各个进口处需要设置警告和指示标志。在这个方案中,道路 B 的东进口的左转流向被禁,由此需要有另外的备选路径且需要有恰当的指路标志。

上例所示实际上是一个三路相交的交叉口。斜角四路相交的交叉口也会在乡村、城郊和城市地区出现并呈现相同的问题。同样,重新设置交叉口的角度是最好的选择。一些改造方案可参考图 3-6。

在城市或城郊地区，交叉口附近的土地非常有限，在此情况下，结合信号控制进行渠化可以实现安全有效的运行，可以为锐角转弯提供渠化的右转车道或左转车道。在一些极端情况下，交通流量或进口车速导致的风险无法通过常规的交通工程措施进行改善的时候，则需要考虑引入一个全立交或半立交桥。

2. T形交叉口

在很多情况下，T形交叉口的设计比常规的四岔交叉口更加简单。典型的四岔交叉口包含12种车辆流向以及4个方向的行人流向。在T形交叉口，只有6种车辆流向和3种行人流向。

在T形交叉口的车流流向中，只有一种冲突的左转流向。因此，在T形交叉口中，交通流冲突更容易管理，信号配时更容易处理。

T形交叉口的形式有时也有一些影响交通控制的独特特性。如果需要，T形交叉口的信号控制形式完全取决于保护冲突左转的需要。如果左转流量超过200pcu/h或者左转流量和冲突直行车流的每车道的流量乘积超过50 000，则建议设置保护型左转相位。如果不需要保护型左转相位，则可以使用一个简单的两相位控制方案。如果需要保护型左转相位而又没有左转专用车道，则需要采用一个三相位的控制方案。图3-29[6]显示了可能的信号控制策略，相对而言，三相位的控制策略往往效率较低。

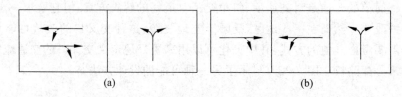

图3-29 T形交叉口的相位方案
(a) 常规T形交叉口两相位信号控制方案(许可型左转)；(b) 常规T形交叉口三相位信号控制方案(保护型左转)

当需要一个保护型左转相位时，增加一个额外的左转专用车道将会简化信号配时。这就需要进行交叉口渠化并需要额外的道路空间。渠化岛可以用来为右转进入或右转离开支路车辆提供专用的右转通道，无论交叉口采用何种控制方式，这些右转流向都可以用让行方式进行控制。

图3-30[6]表示了在T形交叉口中为冲突的左转流向提供左转专用车道。右转车道也进行了渠化。如果在该交叉口需要有保护型左转相位，则可以实施图中所示的控制方案。该方案将会比图3-29中的更加高效，因为东进口和西进口的直行车流可以同时运行。右转交通流可以通过让行标志控制，在信号配时的过程中需要考虑可能的排队会阻碍右转车辆进入右转专用车道。

如果T形交叉口为主要干道相交形成的较大的交叉口，则可以为右转车辆在进出口都设置专用的车道，如图3-31[6]所示，这时，在信号控制方案中不需要考虑右转车辆的存在，进出支路的右转交通流都可以连续地通行。

3. 错位交叉口

高流量错位交叉口的安全运行问题是交通设计中的一个难点。除了视距问题之外，错位交叉口扰乱了所有交通流转向的正常行驶轨迹，造成了常规交叉口原本并不存在的事故风险。

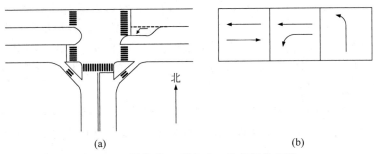

图 3-30　渠化的 T 形交叉口及其相位方案
(a) 渠化的 T 形交叉口；(b) 信号相位方案（保护型左转和让行控制右转）

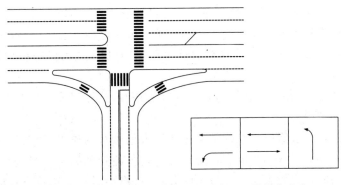

图 3-31　具有右转专用车道的 T 形交叉口及相位方案

一般情况下错位交叉口都不是有意设计的，它们往往是许多情形促成的，包括长期历史开发模式的影响等。

图 3-32[6] 显示了右错位交叉口的两个主要的问题。在图 3-32(a) 中，错位分支的左转流向有很大的风险。与对齐的交叉口不同，错位分支的左转车辆在通过停车线后会立刻与对向直行交通流发生冲突。为了避免这种冲突，左转车辆必须向右转，而只有当它们大概通过交叉口的一半距离之后才能够开始它们的左转。这不同于一个正常的转向，常常会引发事故。

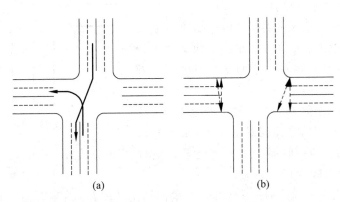

图 3-32　错位交叉口的特殊问题
(a) 左转轨迹线问题示意；(b) 行人路径问题示意

图 3-32(b)主要显示了行人通过交叉口的风险。有两条可能的过街路径而且这两条路径从直觉上看都是可行的,行人可以沿一个有角度的过街路径从拐角走到拐角,或者先垂直过马路。垂直过街减小了过街的时间和距离,但是由于过街的终点并不在拐角,会使得右转车辆在完成右转后在意想不到的位置遇到行人。斜线对角过街增加了行人的暴露率,与右转车辆冲突的风险同正常交叉口类似。

图 3-32 未能很好地显示出错位交叉口中的另一个风险,即车辆通过两个错位分支时的侧面碰撞的风险。由于所需要转向的角度并不明显,很多车辆在通过交叉口时会偏离它们的车道。

目前有很多方法可以减少这些额外的风险。如果交叉口是信号控制交叉口,则错位方向的左转冲突可以通过一个保护型的左转相位来消除。在这种情况下,左转车辆不会与对向直行车辆同时进入交叉口,但需要设置有专用的左转车道。如不可行,另一个极端的方法是为每一个错位的进口方向提供一个专用的相位。虽然这种方法可以将左转交通流与对向直行交通流分开,但是这是一种低效率的信号配时方法,可能会导致出现四相位的控制方案。

为了行人的安全,有必要设计好行人所行走的路线,这可以通过适当的标志、标线和行人信号灯的提示来实现。

人行横道的位置将会影响停车线的位置和行人信号灯的位置,因为行人信号灯必须位于行人的视线前方。而车辆信号配时也受到行人过街路径的影响。当垂直过街时,无错位进口的停车线之间的距离要大于斜角过街的方式,这将会增加无错位进口的全红时间从而增加信号周期内的总损失时间。

在极端情况下,如果实施垂直过街比较困难,则可以在街角位置设置一些隔离栏以防止行人从不恰当的位置进入街道,从而规范行人的过街线路。

为了规范车辆在错位交叉口内的行驶轨迹,有时需要在交叉口内施画导流线,如图 3-33[6]所示。

左错位交叉口有些问题与右错位交叉口相同,但是左转交通流与对向直行交通流的冲突没有那么严重。侧面碰撞事故的概率仍然很大,而交叉口内的导流线有助于减少这种风险。

在一个左错位的交叉口中,对角过街将会变得更为困难,因为它使行人与右转车辆更快地产生冲突。因此,一般情况下在左错位的交叉口中不推荐对角过街。

如果可能的话,最好避免在道路上产生错位交叉口。如果土地空间允许,则建议对错位交叉口进行改造。然而当没有改造空间时,前述的一些交通工程措施有助于改善错位交叉口运行状况。

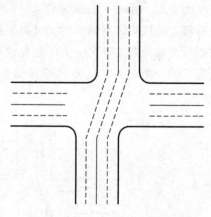

图 3-33 错位交叉口内的导流线

4. 左转交通流较大时

一些主干路交叉口面临的一个比较困难的问题是其较大的左转流量。处理较大的左转流量通常需要保护型的左转相位,但是这经常会降低直行交通流向的通行能力。在很多情况下,考虑到直行通行能力的损失,增加一个专用的左转相位并不是最优方案。

为了保证实施两相位的信号控制方案,有一些可选的方案用来解决较大的左转流量的问题。一些可能的设计和控制策略包括:

(1) 禁止左转;
(2) 采用"壶柄"(jug-handles)车道;
(3) 采用"立交平做"和钻石型匝道;
(4) 采用连续流交叉口;
(5) 采用"远引掉头"。

当左转流量较大时,在实际中很少采用禁止左转的方式,因为要考虑有备选路径来满足左转的流量需求,而将这些左转交通流分流到其他道路上也会在其他道路上带来新的问题。

图 3-34[6] 显示了用"壶柄"车道来处理左转流量。事实上,左转车流进入右侧的一个平面匝道,随后左转进入相交道路。"壶柄"车道也能够用来处理右转车流。这种设计产生了两个新的交叉口。根据车流量的大小,这两个新的交叉口也有可能需要信号控制或者使用停车控制。无论是什么控制方式,主交叉口和这两个新的交叉口的排队问题将成为很关键的问题。需要保证排队不能阻塞任何一个"壶柄"车道。"壶柄"车道的设置需要有足够的土地资源。在一些个别的情况下,现有的地方性街道(如支路)可能被用来作为"壶柄"车道。

立交平做也被称为平面立交,是利用路口周边路网条件解决路口禁左的一种交通组织形式。立交平做实质上是"平面"的苜蓿叶式立交,它和苜蓿叶式立交桥一样有4条互通式匝道(利用路口周边支路组织),不同的是相交道路是一个平面路口,而不是分成上下两层。图 3-35 所示是东西进口道利用立交平做方式组织的路口禁左措施。

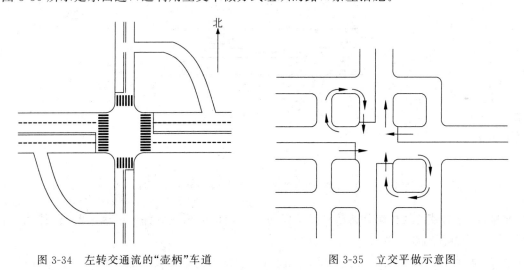

图 3-34 左转交通流的"壶柄"车道　　　　图 3-35 立交平做示意图

如图 3-35 所示,立交平做利用路口周边的 4 条匝道来完成各方向上的左右转向,其中每个方向上的左转弯车辆均需两次经过该路口才能完成转向。在路口处的车道全部为直行车道,因此信号相位设置简单,仅需两相位即可满足要求。

左转也可以通过"远引掉头"来进行处理。图 3-36[6] 显示了 4 个可能的设计方案。在图 3-36(a)中,左转车辆直行通过交叉口并在下游利用较宽的中央分隔带进行掉头,掉头的位置和主交叉口之间的距离需要足够长,一方面避免排队车辆的阻碍,另一方面要为驾驶人从中间车道向右侧车道的环岛行为提供足够的长度。在图 3-36(b)中，左转车辆在主交叉口先右转，之后在相交道路上掉头。其排队需求和换车道的需求与图 3-36(a)类似。如果中间隔离带宽度较小时，图 3-36(a)和图 3-36(b)中的掉头难以实施。图 3-36(c)和图 3-36(d)是另外两种使用掉头方式处理主干道左转交通流的方法，这两种方法都要求有额外的土地资源。

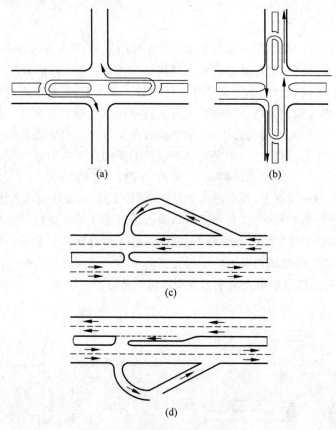

图 3-36 左转交通流的处理方式

(a) 主干路使用掉头的方式处理左转交通流；(b) 相交道路使用掉头的方式处理左转交通流；
(c) 使用右侧辅路掉头的方式处理左转交通流；(d) 使用左侧辅路掉头的方式处理左转交通流

总之，与信号控制相配合的信号交叉口的交通设计必须充分注意人因工程，具体而言，有如下一些方面需要注意[2]：

(1) 所有用户必须能够在做出反应之前首先识别出前方交叉口是信号控制交叉口；

(2) 所有用户必须在交叉口的进口道上就对交叉口有清晰的认识，或者是通过使用恰当的交通控制设施来实现；

(3) 交叉口在夜间要有良好的可视性；

(4) 必须为到达交叉口的交通参与者提前提供充分的信息以使得交通参与者能够顺利地调整速度或通行路径，从而实现转弯或者换道等行为；

(5) 信号灯必须具有良好的可视性和一定距离的视认性，从而使得交通参与者能够有充分距离对信号灯的变化做出反应；

(6) 机动车和行人的相位设置、相位改变及清场时间必须适应交叉口用户的特性;

(7) 交叉口的几何要素,例如中央分隔带、路缘石转角半径、车道宽度、车道渠化等必须足够清晰;

(8) 交叉口潜在的冲突点,尤其是涉及交通弱势群体的冲突点必须是显而易见的,并且为交叉口各类冲突对象提供足够的视距;

(9) 通过交叉口的路径必须清晰,以避免车辆相互侵占通行空间。

思考题

1. 针对如题图 3-1 所示[6]的交通需求(已经考虑了高峰小时系数),对于一个新建的交叉口,给出相应的交叉口渠化设计方案。

2. 针对如题图 3-2 所示[6]的交通需求(已经考虑了高峰小时系数),对于一个新建的交叉口,给出相应的交叉口渠化设计方案。

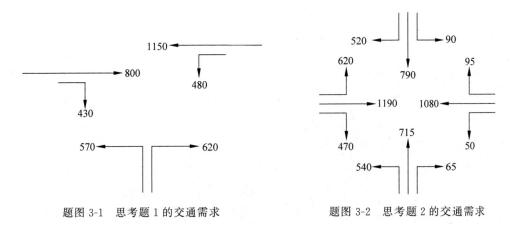

题图 3-1 思考题 1 的交通需求　　　　题图 3-2 思考题 2 的交通需求

参考文献

[1] 杨晓光. 城市道路交通设计指南[M]. 北京:人民交通出版社,2002.
[2] CHANDLER B E,MYERS M C,ATKINSON J E. Signalized intersections informational guide[R]. 2nd ed. Washington,D. C.:Federal Highway Administration,2013.
[3] 陆化普. 城市交通现代化管理[M]. 北京:人民交通出版社,1999.
[4] STAPLIN L,LOCOCO K,BYINGTON S, et al. Highway design handbook for older drivers and pedestrians[R]. McLean,VA:Federal Highway Administration,2001.
[5] AASHTO. A policy on geometric design of highways and streets[R]. 6th ed. Washington,D. C.:American Association of State Highway and Transportation Officials,2011.
[6] ROESS R P,PRASSAS E S,MCSHANE W R. Traffic engineering[M]. 4th ed. London:Pearson Higher Education,Inc,2011.
[7] 中华人民共和国住房和城乡建设部. CJJ 152—2010　城市道路交叉口设计规程[S]. 北京:中国建筑工业出版社,2010.
[8] AASHTO. Highway safety manual[R]. Washington,D. C.:American Association of State Highway and Transportation Officials,2010.

[9] 翟忠民,景东升,陆化普. 道路交通实战案例[M]. 北京:人民交通出版社,2007.
[10] 中华人民共和国住房和城乡建设部. 城市道路交叉口规划规范[M]. 北京:中国计划出版社,2011.
[11] ZEGEER C V,SEIDERMAN C,LAGERWEY D,et al. Pedestrian facilities users guide—providing safety and mobility[R]. Washington,D. C.:USDOT,2002.
[12] KIRSCHBAUM J B,AXELSON P W,LONGMUIR P E,et al. Designing sidewalks and trails for access,Part II of II:Best Practices Design Guide[R]. Washington,D. C.:USDOT,2001.

第4章

交通流检测器

在现代交通信号控制中,交通流检测器已经成为一个必不可少的部分,信号控制交叉口运行的效率在很大程度上取决于检测器的布设和信号机的设置。为了实现最优的控制效果,检测器的布设和信号机的设置需要根据交叉口几何尺寸、交通流状况和进口道车速等因素进行不断的调整优化。

信号交叉口的"检测"是指通知信号机各相位的进口道有道路使用者需要绿灯信号服务。检测器向信号控制机提出呼叫请求,信号控制机利用这个信息及当前信号配时来决定为用户提供的信号灯显示。除定时信号控制外,其他的感应控制、自适应控制等控制方式都离不开科学合理的检测器布设的支持。

目前而言,国际上支撑交通信号控制的交通流检测器主要还是以线圈检测器为主,其次是近年来迅速发展的无线地磁检测器,随着地磁检测器的技术日渐成熟,在某些地方有取代线圈检测器的趋势,在我国一些城市的交通信号控制系统中也得到一定程度的应用。同时,部分地区开始大力推广视频检测器,近几年来开始出现广域雷达微波检测技术。随着视频图像处理技术的不断发展,视频图像检测应该是一个有很大潜力的发展方向。本章在此主要介绍支撑信号控制系统运行的检测器布设方面的内容,对各种检测器的具体技术内容有兴趣的读者可以阅读文献[1]中的相关章节。

4.1 检测器类型

4.1.1 基本功能分类

按照检测器的功能可以分为如下3类[2]:存在型、脉冲型和系统检测器。一个安装在道路上的检测器可能具有多种功能。检测器相对于交叉口停车线的位置往往意味着检测器的不同功能:存在型检测器非常接近交叉口停车线的位置,脉冲型检测器一般位于停车线上游位置,系统检测器一般位于道路中段或者交叉口出口道处。

存在型检测是指当一个道路用户位于检测区域内(无论是停止还是通行)即会被检测到。存在型检测器在红灯期间提醒信号机有排队的车辆,在绿灯期间为行驶中的车辆请求附加的绿灯时间(单位绿灯延长时间)。大多数存在型检测器都可以进行调整来忽略已经存在于检测区域内一段时间的道路用户,而继续检测新进入检测区域的道路用户。

存在型检测器可能的功能[3]:①为某个转向及其对应的相位识别用户的存在与否;②延长相位时间;③识别交通流中的车头间隙以中断某相位;④为高速行驶的车辆转向提供安全的相位终止控制;⑤监视交叉口性能;⑥可能统计交通流量和识别车型(如大货车、自行车、紧急车辆、公交车等)。

脉冲型检测器可为驶向交叉口的车辆提供延长绿灯时间的指示。脉冲型检测器通常设置在进口道上来降低驾驶人在"进退两难区"(dilemma zone)内遇到黄灯的风险。在红灯期间,对每辆车的脉冲型检测能够逐步调整信号机内的"最小绿灯时间"的设置,来确保为逐渐增多的排队车辆提供足够的绿灯服务时间。脉冲型检测器往往用于通过型检测,通过型检测是指当车辆或行人通过检测器区域时能够被检测到,而如果一辆车或者行人停在检测区域内,则通过型检测器不会输出有车辆或行人在检测区域内的结果。

系统检测器主要采集各类交通数据,包括速度、流量、占有率、排队长度等,用于进行配时方案的选择、实时的自适应控制和配时方案的更新。

有些检测器只能检测静态的存在或动态的通过中的一种;有些则既能检测静态的存在,又能检测动态的通过,称为复合型检测器。

4.1.2 检测原理分类

任何一个感应或自适应信号控制系统自动调节配时方案的能力都取决于其使用的检测器所能够检测到的交通流参数的精度及频率,一般而言,可以将交通信号控制中使用的检测器分为如下 3 类[4]:

路面嵌入型:感应线圈检测器、磁力计检测器、地磁检测器等;

非路面嵌入型:微波雷达检测器、红外检测器(主动型、被动型)、超声波检测器、声学检测器、视频检测器等;

特殊类型:公交车辆检测器、自动车辆识别检测器、超重检测器、行人检测器、强制优先需求检测器等。

在实际应用中,检测器的类型选择是影响信号控制系统的关键因素,各类不同的检测器由于其工作原理等方面的不同,各有自己的优缺点及适用范围,在实际城市交通信号控制系统中必须根据检测目的、检测数据类型等要求来选择安装恰当的检测器。检测器类型、安装位置及信号控制机设置等方面的科学组合能够提高信号控制交叉口运行的效率和安全。

在进行交通流检测器选择时主要考虑的影响因素包括如下几个方面:

(1) 检测器所能提供的数据类型;

(2) 数据的准确度(要考虑自身及环境和交通状况的影响等);

(3) 安装和校准的难易性;

(4) 费用;

(5) 其他考虑因素(永久性安装或临时性安装、具体的交通应用、电源性质、数据的通信和存储等)。

表 4-1[4]比较了几种典型的交通检测器的优缺点。

表 4-1 各种检测器优缺点比较

检测器类型		优 点	缺 点
感应线圈		成熟、易于理解的技术； 灵活多变的设计，可满足多种实施情形的需求； 广泛的实践基础； 提供基本的交通参数（流量、占有率、速度、存在、车头时距等）； 不受恶劣天气影响； 采用高频励磁的型号可以提供车辆分类数据； 与其他一些检测器相比，计数精度较高； 获取准确的占有率检测信息	安装时需要切割路面； 安装和维修需要关闭车道，对交通流造成干扰； 安装在路面质量不好的道路上时容易损坏； 路面翻修和道路设施维修时可能需要重装检测器； 检测特定区域的交通流状况时往往需要多个检测器； 安装不当将降低道路的使用寿命； 对路面车辆压力和温度敏感； 需要定期维护； 当需要检测多种车辆类型时检测精度可能降低
磁力检测器（双轴磁通门磁力计）		对路面车辆压力的敏感度低于感应线圈； 不受恶劣天气（如雨、雪、雾）影响； 某些型号可通过无线通信传输数据	安装需要切割路面； 不恰当的安装将降低路面寿命； 安装和维护需要关闭车道； 对检测区域较小的型号来讲，检测多个车道需要多个检测器
地磁检测器		某些型号不需要刨开路面即可安装于路面下（需要钻孔）； 安装及翻修时封闭车道时间短，无须刨开路面，中断交通只需20min左右； 挖埋管线距离短（仅数据接收主机到信号机，地磁和中继设备采用无线传输）； 两个检测器可提供流量、占有率、速度、车头时距及存在时间、车种等； 可用于感应线圈不适用的地方（如桥面等地方）； 适用于恶劣环境，不受气候环境、日间、夜晚及路面差的影响； 对路面车辆压力的敏感度低于感应线圈	会受地磁电池使用寿命的影响； 道路宽度较窄时容易受相邻车道大车及紧密车间距影响； 可能需埋设杆件
红外线检测器	主动型（激光雷达）	主动式红外线检测器发射多光束的红外线，保证对车辆位置、速度及车辆类型的准确测量； 可实现多车道检测	当雾天能见度低于6m或强降雪天气时检测性能下降； 安装、维护及定期清洗需要关闭车道
	被动型	多检测区域的被动式红外线传感器可测量车速	在大雨、大雪或浓雾天气下被动式的灵敏度会下降； 一些型号不适用于存在型检测
微波雷达检测器		在用于交通管理的较短的波长范围内，对恶劣天气不敏感； 可实现对速度的直接测量，可实现多车道测量； 调频等幅波雷达可用做存在型检测器	天线的波束宽度和发射的波形必须适应具体应用的要求； 多普勒微波雷达不能测量静止车辆； 较大的钢桥可能会对一些型号产生影响

续表

检测器类型	优点	缺点
超声波检测器	可实现多车道检测； 易于安装； 可实现超高车辆检测	温度变化、强烈的气流紊乱等环境因素都会影响到传感器检测性能； 当高速公路上车辆以中等车速或高速行驶时，检测器采用大的脉冲重复周期会影响占有率的检测
声学检测器	被动式检测器； 对降雨天气不敏感； 一些型号可实现多车道测量	较低的温度可能会影响检测的准确度； 某些型号不适用于检测"走走停停"的慢速移动的车辆； 高噪声环境背景情况下会出现检测问题
视频检测器	多检测区域，可检测多条车道； 易于增加和改变检测区域； 可获得大量数据； 当多个摄像机连接到一个视频处理单元时，可提供更广范围的检测； 数据直观； 当需要检测多个检测区域或特殊类型的数据时，视频检测会有较高的性价比	如果安装在车道上方，则安装、维护及定期清洗都需要关闭车道； 恶劣的天气，如雾、雨、雪；阴影，车辆投射到相邻车道的阴影；交通阻塞；光照水平的变化；车辆与道路的对比；摄像机上的水迹、盐渍、冰霜和蜘蛛网等都可能影响检测器性能； 为取得车辆存在和速度检测的最佳效果，(在路边安装摄像机的前提下)需将摄像机安装到15~21m的高度； 某些型号对因大风引起的摄像机的振动比较敏感
广域雷达	大区域检测，横向覆盖8车道，纵向可达200m，可同时跟踪128个目标； 可获得丰富的数据； 适应全天候情况； 安装灵活，调试简单	目前尚在快速发展中； 成本较高。 (具体见拓展阅读：广域雷达微波检测技术简介)

目前在交通信号控制系统中，一般应用的检测类型还是固定型的检测器，但是当前随着移动型检测器的不断发展完善及覆盖范围的增加，各类移动型检测器亦开始逐渐在交通信号控制中获得一定的应用。表4-2对比了几种典型的移动型检测器的特点。

表4-2 几种移动型检测器的特点[5]

技术	优点	缺点	可检测参数
基于卫星定位技术的动态交通信息检测技术	数据检测连续性强； 全天候条件下工作	需要足够多装有卫星定位车载终端的车辆运行在城市路网中； 检测数据信号容易受电磁干扰； 在城市中的检测精度与卫星定位精度有很大关系	直接：交通流量、瞬时车速； 间接：行程时间、行程车速； 可实现多车道覆盖
基于电子标签的动态交通信息检测技术	数据检测连续性强； 全天候条件下工作； 可以提供自动收费功能； 可实现全球唯一ID号码，防伪、防借用、盗用及拆卸	车辆必须安装有电子标签； 必须有足够多车辆安装有电子标签； 必须有良好的滤波算法，以消除个别车辆因运行故障引发的数据误差	直接：交通流量； 间接：行程时间、行程车速； 可实现多车道覆盖

续表

技 术	优 点	缺 点	可检测参数
基于汽车牌照自动识别的动态交通信息检测技术	数据检测连续性强；全天候条件下工作；车辆不需要安装其他设备；可以检测路网所有车辆信息	检测精度受天气和光源及识别算法的影响较大	直接：交通流量、瞬时车速；间接：行程时间、行程车速；可实现多车道覆盖
基于手机的交通信息检测技术	可提供城市、高速公路等整个路网的交通信息；不需要安装高成本的车载设备；可直接获得速度、行驶方向及行程时间等信息	有时会发生丢包现象；实际速率比理论值低；存在转接时延	间接：整个路网（包括高速公路、快速路、城市干道等）的车辆位置、速度、行程时间、行驶方向、交通事件信息

4.1.3 交通流检测器的性能

交通流检测器可以直接检测到的交通参数一般包括：车辆计数（车流量）、车速、车辆存在、占有率和车辆分类等。需要注意的是，即使是同一检测原理的检测器，由于其具体采用技术的差异，亦会有不同的检测数据类型，表 4-3[4]是一个各类检测器所能检测的数据类型的参考表。

表 4-3 各类检测器能够检测的数据类型

检测器类型	流量	车速	车辆分类	占有率	车辆存在	多车道多检测区域数据	通信带宽	购买成本[a]
感应线圈	√	√[b]	√[c]	√	√	×	低→中	低[i]
磁力检测器	√	√[b]	×	√	√	×	低	中[i]
地磁检测器	√	√[b]	×	√	√[d]	×	低	低→中[i]
被动式红外	√	√[f]	×	√	√	×	低→中	低→中
主动式红外	√	√[f]	√	√	√	√	低→中	中→高
微波雷达	√	√	√[e]	√[e]	√[e]	√[e]	中	低→中
超声波	√	×	×	√	√	×	低	低→中
声学检测器	√	√	×	√	√	√[g]	低→中	中
视频检测器	√	√	√	√	√	√	低→高[h]	中→高
广域雷达	√	√	√	√	√	√	低→中	中→高

注：a. 需要考虑安装、保养及维修成本；
b. 可由相距一定距离的两个线圈的检测值计算，也可以由一个线圈的检测值估计（根据有效检测区域长度和车辆长度）；
c. 使用专用的电子元件，内含可对车辆进行分类的嵌入式固件；
d. 使用特定的传感器布局和信号处理软件；
e. 具有发射适当波形及恰当信号处理功能的微波雷达传感器；
f. 在多检测区域内，被动或主动式红外传感器；
g. 使用恰当波束形成和信号处理功能的模块；
h. 取决于向控制中心传输的是高带宽原始数据、低带宽处理后数据还是视频图像；
i. 包括地下传感器和本地检测器或无线接收器。无线接收器可以接收多传感器和多车道数据。

4.2 基本概念

4.2.1 单交叉口检测器布设

一个比较典型的利用检测器提供交通流数据的感应控制交叉口的检测器布置如图 4-1 所示[1]①。

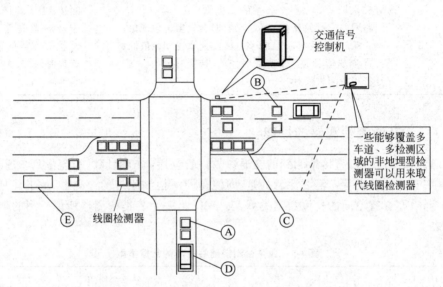

图 4-1 独立交叉口控制检测器布设示意图[1]

图 4-1 中典型的检测器的类型包括：位于停车线附近的检测器 A（停车线检测器）、停车线上游前置检测器 B、左转相位检测器 C、紧急情况检测器 D（紧急车辆检测器）、公交车辆检测器 E。因为现阶段交通信号控制系统中使用较多的还是线圈检测器，故图中都是以线圈的形状绘制，对于视频检测器，可将图中的线圈视为视频检测中的虚拟线圈。

检测器 A 代表停车线检测器，设置停车线检测器是确保排队车辆得到充分的绿灯时间的一种非常有效的手段。该类检测器允许信号控制机对等候车辆作出响应，在排队消散后终止绿灯时间。一般而言，停车线检测器通常用于所有信号控制的交通流向，也可用来检测右转车辆，虽然这些车辆不需要绿灯。

检测器 B 表示停车线上游前置检测器（advance detection），用来为感应控制中的间隙接受逻辑检测车头时距、控制红灯最小化、为每个相位检测需要延长绿灯时间的交通流。前置检测器通常与停车线检测器共同使用来检测直行交通流，尤其当这些流向有较高的速度的时候。

检测器 C 表示左转相位检测器。用来检测左转车辆的存在与否，有时也用来检测左转车辆排队长度，一旦车辆排队到达这个位置，则需要提供左转相位绿灯。

检测器 D 表示紧急车辆检测器，用来检测紧急车辆的到达并调用紧急车辆强制优先控制逻辑。

---

① 该图将一个交叉口可能布设的多种检测器进行了介绍，但并不是指一个交叉口会布设所有类型的检测器。

检测器 E 代表公交车辆检测器，用来调用公交车辆优先控制逻辑。所有的检测器都可以提供交通流信息用来触发单点感应信号控制的相应相位。检测数据全部进入位于街角的信号控制机，信号控制机根据各类检测器检测到的信息以图 4-2 的方式进行处理[1]，并为车辆及行人显示相应的信号灯色。

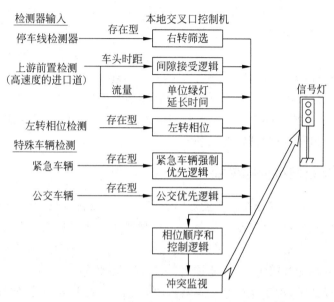

图 4-2　单点控制信号交叉口的数据处理过程[1]

上游前置检测器的典型位置如表 4-4 所示[2]，主要取决于停车视距。停车视距可以根据平均停车状况进行计算，也可以根据概率范围进行计算。

表 4-4　上游前置检测器的典型位置

速度/(km/h)	计算的停车距离/m	单个检测器后退距离/m	多个检测器后退距离/m	
			10%的概率停下	90%的概率停下
32	22	21	—	
40	32	32	—	
48	43	43	—	
56	56	56	31	77
64	70	70	37	87
72	87	*	46	100
80	104	*	52	108
88	124	*	71	118

注：*使用多个检测器或者流量-密度控制模式。

4.2.2　检测器运行模式

检测器运行模式影响到检测单元提交给信号机的触发信号的持续时间。共有两种模式：存在式和脉冲式，通常是在检测单元中完成检测模式的设置。存在式是默认模式。相对脉冲式而言，存在式能够提供更可靠的交叉口控制。

在存在式模式中，触发信号开始于车辆到达检测区域、终止于车辆离开检测区域。因此，触发信号的持续时间取决于车辆长度、检测区长度及车速。其持续时间可以通过检测单元或信号机中的"延迟"(delay)或"延时"(extend)设置来调整。实际应用上，信号机中的"延迟"或"延时"设置应用得更为广泛。

存在式模式经常用在位于停车线的长线圈检测中。在这种应用中，信号机中相关的检测通道会设置在"非锁定"模式。存在式模式和长线圈检测的结合使得所需的单位绿灯延长时间值较小，这会产生更有效的排队服务。

在脉冲式模式中，触发信号的开始时间是在车辆达到检测器的时刻（实际上，触发信号是一个非常短的脉冲，$0.1 \sim 0.15s$ 之间），结束时间是脉冲结束之时。在信号控制中，这种模式没有存在式模式应用得多，因为这么短的脉冲信号有时会被信号机忽略。在过去的应用中，脉冲式模式主要用于如下相位：当有一个或多个上游前置检测器、同时无停车线检测器且相关的检测通道运行在"锁定"模式时。

4.2.3 信号控制机内存模式

信号控制机内存是指信号控制机能够"记住"一个检测触发信号的能力。有两种方式：非锁定、锁定。这需要对信号控制机的每一个检测器通道输入进行设置。它表示的是红灯期间接收到的一个触发信号是否会保持到相应相位获得绿灯时间。而在绿灯期间所接收到的触发信号都被处理为非锁定的。"非锁定"模式是默认模式。

在"非锁定"模式下，对于从一个检测器接收到的一个触发信号，在该触发信号被检测器丢弃后信号机也将不再保留。也就是说，信号机仅仅在检测器保持该触发信号期间识别该触发信号。在这种情况下，触发信号告诉信号机有一辆车在检测区域内，信号机将这个触发信号转换为对服务的呼叫请求。这种模式主要用于由停车线检测器服务的相位，从而不需要调用相位改变就可以终止许可交通流（例如红灯右转），这样做能够通过最小化为低流量交通流向服务的相位的时间以提高交叉口运行效率。

"非锁定"模式通常使用大的检测区域，例如 $15m$，一般位于停车线附近，通常称之为占有率控制。占有率控制的一个优点是避免了传统控制中无法提供位于检测器和停车线之间的车辆信息的问题。

在"锁定"模式下，红灯期间接收到的第一个触发信号被信号机用来引发一个连续的对服务的呼叫请求。这个呼叫请求将一直保持到相应的相位获得绿灯，而不考虑是否真的有车辆在等待服务（即使触发检测器的车辆已经离开了检测区域）。这种模式主要用于主要道路直行交通流相位，且转弯流量很低。这种模式的一个优点是：如果有上游前置检测器并且该检测器布设用来确保有效的排队服务，则该模式能够减少对停车线检测的需求。

当停车线检测器不能正常工作时或者直行车辆经常停在停车线检测器以外区域时，"锁定"模式比较有效。"锁定"模式经常使用小面积或点检测器，例如 $1.8m \times 1.8m$ 的线圈或无线地磁检测器，这样检测成本最小。

4.2.4 检测配置及参数

在交通信号控制机中有一些可以用来更改车辆感应的参数设置。传统上这个功能只有检测单元才有，用来作为车辆检测器和信号控制机之间的接口。现在这个功能开始在信号控制机单元中实施,从而使得信号配时过程更加流畅,并且能够复制存在于检测器单元中的功能。在此主要讨论的参数包括:延迟、延时、呼叫请求(call)和排队(queue),后两个参数实际上是美国国家智能运输系统通信协议(National Transportation Communications for ITS Protocol,NTCIP)文件1202中检测器的选项。

1. 延迟

"延迟"参数用来推迟相位检测器的车辆感应输入,即"延迟"输出是指车辆到达检测区时,检测器仍认为车辆没有到达而滞后输出一个设定的单位绿灯延长时间。通过使用"延迟"计时器,车辆感应不能立刻被获得,而需要等到"延迟"计时器停止计时并且感应通道输入还是激活的状态才可以。一旦信号控制机获得一个感应,则只要通道输入是激活的,它就会持续下来。"延迟"计时器的应用如图4-3所示[3,6]。

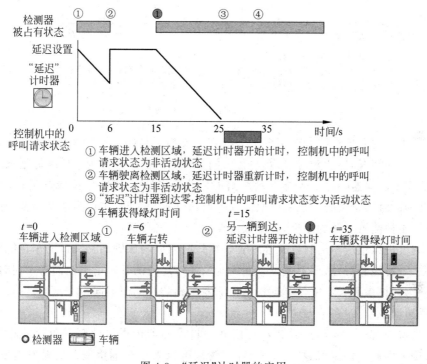

图4-3 "延迟"计时器的应用

"延迟"参数通常的使用情形包括如下方面:

(1)"延迟"有时用于专用车道转弯车流的停车线存在型检测。对于右转车道检测,当红灯右转的通行能力超过右转交通流量或者冲突流向正在"召回",则应当考虑"延迟"参数。如果红灯右转通行能力有限,使用"延迟"参数则只会通过进一步延误右转车辆而降低交叉口运行效率。延迟的设置为8~12s,较大的取值用于较高的相交道路流量。

(2)如果左转流向是保护型-许可型并且冲突直行相位是最小"召回"模式,则对左转车道的检测中可以考虑"延迟"参数。其设置范围为3~7s,较大的取值用于较高的冲突交通流量。在这种情况下,应当对同向的直行相位应用最小"召回"模式以确保在同向直行相位需求较小时不会导致左转交通流既无法获得许可型也无法获得保护型的左转指示。

(3)如果车辆是要通过其他相位的检测区域,"延迟"参数也可以用来防止错误的呼叫请求,例如,左转车辆在它们转弯过程的末期抄近路穿过垂直方向进口道的左转车道,检测器延迟再加上"非锁定"的内存模式可以防止一个"呼叫"请求被指向空闲的检测器。

2. 延时

"延时"参数用来增加检测器或相位的感应信号的持续时间。当感应信号通道输入一旦变为"非活动"状态,"延时"计时器就会开始。因此,如果延时参数被设置为 2s 的话,通道输入中一个持续 1s 的感应可以被延长为 3s。该过程如图 4-4 所示[3,6]。

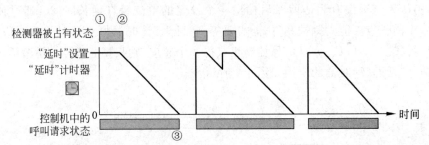

① 车辆进入检测区域,提出呼叫请求
② 车辆离开检测区域,"延时"计时器开始计时,控制机中的呼叫请求状态保持为活动状态
③ "延时"计时器归零,控制机中的呼叫请求状态变为非活动状态

图 4-4 "延时"计时器的应用

"延时"参数主要用在综合应用多个上游前置检测器与停车线检测器、以安全结束高速度进口道相位的情况时。"延时"参数与特定的上游检测器一起作为单位绿灯延长时间参数的补充,从而来确保这些检测器能够将绿灯时间再延长一个等于单位绿灯延长时间和"延时"参数之和的时间。延时长短主要取决于单位绿灯延长时间、进口道速度以及当前检测器与下一个下游检测器之间的距离,典型数值在 0.1~2.0s 之间。

在高速度进口道应用的目标是能够延长绿灯时间以确保驶向交叉口的车辆能够有足够的时间到达下游检测器,从而形成一个新的延长绿灯时间的呼叫请求。而对于何时应用"延时"参数及"延时"参数大小的计算则根据检测器布设的不同而不同。

3. 呼叫请求

指交通参与者(车辆或行人)在红灯期间通过检测器传送给控制器单元的路权分配请求。请求服务由信号控制机建立。一个呼叫请求可以来自车辆检测器的触发引发,也可以由行人检测器引发,或者是信号控制机的功能(例如最大"召回"模式)。

"呼叫请求"参数有时用于有一个或多个上游前置检测器和停车线检测器的检测设计。上游前置检测器用来确保绿灯期间的安全和高效服务。当适当的检测设计与该参数一起使用时,可以利用停车线检测器减少不必要的绿灯延长而提高交叉口的运行效率。

4. 排队

一个检测器可以被用作排队服务检测器以便有效地延长绿灯时间直到排队得到消散,之后它暂时失效直到下一个冲突相位的绿灯开始时刻。在大多数的现代信号机中这个功能都被作为一个参数来提供。当然,如果没有提供这个参数,同样的功能也可以通过其他的特性来获得。

这个功能有时与包括一个或多个上游前置检测器和停车线检测器的检测器布设一起使用。通过这样的设计,排队服务功能用来在绿灯期间使停车线检测器失效,而上游前置检测器用来确保相位安全地结束。

4.3 检测器布设

4.3.1 布设目标

进行交通流检测的目标是检测车辆的存在与否以及识别车辆间的车头时距以确定是否可以终止某个相位等。信号控制中检测器布设的目标主要有如下方面[7]：

(1) 确保信号机能够知道目前某进口道上有停止等待的车辆存在；

(2) 确保每个相位都能够放行排队车辆，即延长相位绿灯时间以服务于排队交通流以及从上游交叉口行驶下来的车队；

(3) 检测交通流里的各种车头时距参数，例如能够终止绿灯时间或延长绿灯时间的车头时距参数等；

(4) 通过检测绿灯期间位于"犹豫不决区"(indecision zone)的车辆，使该区域内高速行驶的车流能安全通过交叉路口，减少"犹豫不决"的可能性。

目标(4)需要使用上游前置检测器来实现。在实际应用中，检测器的位置是多变的，主要取决于所使用的检测技术以及交叉口进口道的行车速度。目标(2)和(3)则主要与交叉口的效率有关。

4.3.2 布设内容及基本概念

检测器类型的多样性以及检测器运行的灵活性等特性可以用来辅助信号控制系统及信号控制交叉口的运行。例如一些信号控制系统需要在每条车道的停车线后设置检测器；另一些信号控制系统则需要在交叉口的每条出口车道设置检测器。

检测器的布局(例如位置及排列等)能够对交叉口的安全和效率产生较大的影响。而检测器与停车线的距离取决于系统运行的类型(单点控制还是区域控制)以及信号控制设计人员希望达到的复杂性。

检测器的布设主要需要考虑两类内容，一类是与信号机相关的参数设置，包括单位绿灯延长时间、延迟和延时；第二类是停车线检测区域的长度、上游前置检测器的数量和位置等。

检测区域：代表一定长度的道路区间，如果车辆在该区域内，则能够被检测到。检测区域可以包括一个2m长的线圈检测器，或者一系列关联在一起的2m长的线圈检测器，或是一个长线圈检测器，或者是由其他非地埋式检测器设备所监视的一段道路长度(例如视频、微波等)。

长线圈检测：超过3m以上的检测区域。使用"线圈"字样主要还是继承了原有的线圈检测器。实际上，只要性能允许，多种检测设备都可以检测超过3m以上的区域。例如目前日益广泛应用的视频检测器。

检测单元：一个电子设备，输出数字逻辑信号来表示一辆车出现在了检测区域内。检测单元根据检测原理的不同而有所差异。对于交通信号控制应用而言，检测单元的输出被分配到信号控制机的一个检测通道上输入。

触发(actuation)：作为检测到车辆存在结果的检测单元的输出。

犹豫不决区[①]：当交叉口显示黄灯时，驾驶人必须做出决策，是继续前进通过交叉口，还是减速停在停车线后，每个驾驶人对该情况的判断会有所不同。因此造成了在距离停车线一定长度的位置存在一个区域，在该区域内，一部分驾驶人会决定停下而另一部分驾驶人则会决定继续行驶通过交叉口。这种情况每个周期都会发生，这个位置大概如图4-5所示[7]：

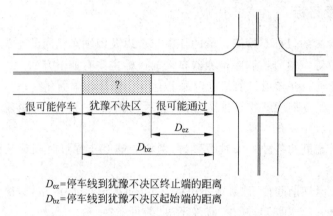

D_{ez}=停车线到犹豫不决区终止端的距离
D_{bz}=停车线到犹豫不决区起始端的距离

图4-5 典型交叉口进口道犹豫不决区的边界[7]

需要注意的是犹豫不决区与进退两难区的区别[7]，后者是指某一特定的区域，在该区域内，驾驶人既没有足够的剩余黄灯时间以当前的车速来行驶通过交叉口停车线，又没有足够距离在停车线前停下，该现象常常是因为车速过快所导致。在一些文献中[3]，将本书中的"进退两难区"视为第一种"进退两难区"，早期出现在Gazis等人（1960）的文章中[8]，之后1974年"犹豫不决区"的概念被提出[9]，被视为第二种"进退两难区"，是由于不同的驾驶人面对黄色信号灯时是选择停止还是选择继续前行犹豫不决导致。

犹豫不决区有多种确定方法，经过比较，一般推荐其开始位置为距离停车线有5.5s的旅行时间，结束位置为距离停车线有2.5s的旅行时间[7]。大概相当于10%位和90%位的驾驶人的情况。

第一种"进退两难区"（本书中的"进退两难区"）可以由黄灯时间的合理设置来消除，详见第6章拓展阅读部分。而对于第二种"进退两难区"（本书中的"犹豫不决区"），无论黄灯及全红时间如何设置，该类型的"进退两难区"在每个黄灯期间将继续存在，主要是因为驾驶人在面对黄色信号灯时，不论黄灯时间是否充足，都会根据当时的情况作出不同的反应。

4.3.3 低速交通流的线圈检测器设置

在此低速是指85%车速等于或低于56km/h[②]，对于低速交通流主要考虑停车线检测器的设置。

1. 直行交通流

直行交通流检测器设置如图4-6(a)所示，该布设方案用于直行车道以及直行与转弯交通流共用的车道。主要有如下特征：

（1）检测区域位于停车线；

---

① indecision zone，有时也被称为decision zone或option zone。
② 美国的衡量标准。

(2) 检测器单元运行在"存在式"模式;
(3) 信号机中相关的检测器通道设置为"非锁定"模式;
(4) 配有检测器的相位不需要设置"召回"模式;
(5) 不使用"间隙"递减(即感应控制的绿灯延长时间递减)和可变初始绿灯时间。

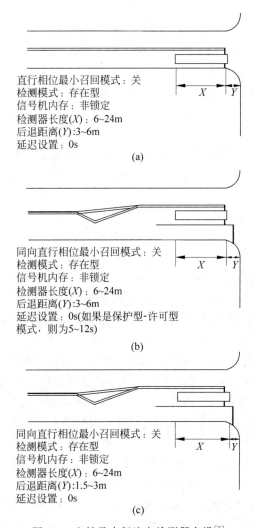

图 4-6　左转及直行流向检测器布设[7]

(a) 直行流向;(b) 左转流向:保护型或保护型-许可型控制模式;(c) 左转流向:许可型控制模式

该设计的关键是确定检测区域长度,最优的检测区域长度应当是在避免过早的因为车头时距较大而切断绿灯和过多的绿灯延长时间之间权衡得到。研究表明理想的停车线检测器长度为24m。这个长度可以将单位绿灯延长时间设置得小一些,从而使得该设计在检测排队末尾时非常有效,以使得因为车头时距较大而切断绿灯的可能性最小。但另一方面,24m长的检测器往往费用较高,因此通常使用短一点的长度,但是不应该小于6m。

通常根据如下规则来确定停车线检测器的长度[7]:
(1) 检测区域不应当小于6m,最好是24m;
(2) 在流量较高的交叉口应使用接近24m长的检测器;

(3) 检测器的位置应当使得一个排队车辆不能停在其前边界与相交道路之间；

(4) 检测区域应当使用一个长线圈检测器或者一系列等间距的 2m 长检测器；如果使用其他的检测方式，则检测器需能够提供同样长度的检测区间。

大多数停车线检测区域使用的线圈长度为 12m，是在运行效果与检测器成本之间的一个很好的均衡结果。

2. 左转交通流

这部分设置适用于有专用转弯车道的设计。一般而言，保护型左转相位或保护型-许可型左转相位的检测器设计可以参考直行交通流的检测器设计进行，如图 4-6(b)所示。

如果使用保护型-许可型左转相位模式，则可以为左转检测器设置"延迟"参数以减少左转相位的非必要呼叫请求，"延迟"参数值可以设置在 5~12s 之间，当对向进口道速度较高或流量较大时使用较大的参数值。

如果使用许可型左转相位模式，并且直行交通流相位没有启用"召回"功能，则可以将停车线检测区域延长至停车线外，该延长主要用来避免在相位结束时还有一辆转弯车辆滞留在交叉口内的可能性。

3. 右转交通流

考虑有专用右转车道的情景，一般而言，保护型右转或保护型-许可型右转流向的检测器的设置应当与左转流向类似。

如果右转交通流采用保护型相位且允许红灯右转，则可以对右转检测器使用"延迟"设置来减少右转相位的非必要呼叫请求。"延迟"参数值应设置在 8~14s 之间，当相交道路速度较高或流量较大时使用较大的参数值。如果不允许红灯右转，则"延迟"参数值应设置为 0。该设计如图 4-7(a)[7]所示；

如果右转交通流采用保护型-许可型相位且允许红灯右转，则可以对右转检测器使用"延迟"设置来减少右转相位的非必要呼叫请求。"延迟"参数值应设置在 8~14s 之间，当相交道路速度较高或流量较大时使用较大的参数值。如果不允许红灯右转，则延迟参数值应设置为 7s 再加上一辆右转车辆等待冲突行人流中有可利用间隙的平均等待时间。如图 4-7(a)所示。

如果右转交通流采用许可型相位、直行相位未使用"召回"且允许红灯右转，则可以对右转检测器使用"延迟"设置来减少相邻直行相位的呼叫请求。"延迟"参数值应设置在 8~14s 之间，当相交道路速度较高或流量较大时使用较大的参数值。如果不允许红灯右转，则"延迟"参数值应设置为 0s，如图 4-7(b)所示。

4.3.4 为高速直行交通流服务的检测器设置

高速直行交通流指 85% 位车速在 56km/h 的速度以上[1]。对于高速度的进口道，交通流检测器布设的目标不仅仅是服务于绿灯初期的排队，而且要能够在有冲突交通需求的情况下安全地终止当前相位。停车线检测器通常用来放行排队而多个上游前置检测器则是用来安全地结束相位。为了高效地运行，应当通过编程将停车线检测器用作一个排队检测器，这样停车线检测器在排队消散后就中断链接，只有上游前置检测器用来安全地结束相位。在不使用停车线检测器的时候，应当使用流量—密度控制[2]功能来提供恰当的最小绿灯时

---

[1] 美国的衡量标准。

[2] 详见第 6 章。

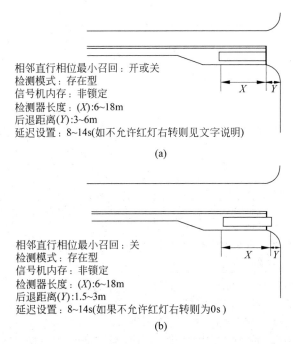

图 4-7 右转流向检测设计[7]
（a）右转车流：保护型或保护型-许可型控制模式；（b）右转流向：许可型控制模式

间以清除排队。

高速度进口道的上游前置检测器的设置需要特别注意，主要是由于犹豫不决区的存在。对于高速度进口道的检测器的布设，最远的上游前置检测器往往位于犹豫不决区的起点（使用85%位的进口道车速），通常是5~5.5s的旅行时间的距离，该检测器可以通过编程来防止在车辆离开犹豫不决区前中断相位。随后的检测器的设计速度低于上游检测器16km/h。比较典型的是使用3~4个检测器来确保高速度进口道相位的安全结束。

表4-5[7]显示的是不同配置方案下的高速度进口道检测器的布设方案和参数设置。

表 4-5 高速度进口道检测器的布设及设置[7]

类别	85%位车速/ (km/h)	设计要素	检测选择的设计值		
			配置方案1	配置方案2	配置方案3
检测器布设	112	从停车线到上游前置检测器的上游边界/m (注意：表右边列中所列距离的个数就是上游前置检测器的个数，所有的上游前置检测器都是1.8m长)		183,145,107	
	104			165,131,98	
	96			145,114,84	
	88			126,98,69	
	80			107,67	
	72			101,64	
	72~112	停车线检测区域长度/m	12	不使用	12
	72~112	上游前置检测器的引线接入的通道与停车线检测器不同？	是	不使用	没必要

续表

类别	85%位车速/(km/h)	设计要素	检测选择的设计值		
			配置方案1	配置方案2	配置方案3
信号机设置	112	单位绿灯延长时间/s	1.4~2.0	1.4~2.0	1.0~1.2
	104		1.6~2.0	1.6~2.0	1.0~1.2
	96		1.6~2.0	1.6~2.0	1.0~1.2
	88		1.4~2.0	1.4~2.0	1.0~1.2
	80		2.0	2.0	1.4~1.6
	72		2.0	2.0	1.4~1.6
	72~112	检测模式	存在型	存在型	存在型
	72~112	信号控制机内存	非锁定	可变[b]	非锁定
	72~112	停车线检测器通道延时设置/s	2.0[a]	不使用	1.0
	72~112	停车线检测器的运行(非活动状态或连续活动状态)[c]	无效	不使用	连续活动状态

注：a. 将为停车线检测器分配一个与上游前置检测器分离的通道。
  b. 当两条相交道路有相同交通流量时使用"锁定"内存模式。如果主要道路的交通流量明显大于次要道路，则服务于主要道路直行交通流的相位使用"非锁定"模式及最小化"召回"。
  c. 在停车线检测器的通道"延时"计时器超时后，如果停车线检测器中断连接，则其运行是非活动状态。在绿灯间隔终止后它会重新连接。

1. 配置方案1：上游前置检测及排队服务停车线检测

该配置方案要使用最多数量的检测器，但同时也能够提供最好的安全及效率水平。当使用停车线检测器时，其引线与前置检测器的引线是分开的，两个引线各自连接到独立的信号控制机检测通道上。

利用配置方案1，停车线检测在第一次因为车头时距较长而切断绿灯之后是无效的。可以利用信号机的"排队"设置来实现。与停车线检测器关联的"延时"时间设置值与单位绿灯延长时间相同。

2. 配置方案2：只使用上游前置检测器

该配置方案不使用停车线检测器。在安全水平上与配置方案1相当，但是在这种配置方案下，延误要比配置方案1高一些，主要是由一些不当的相位结束所造成。不提供停车线检测器的决定主要是基于实践上的考虑，与维护停车线检测器的费用相关。

由于不使用停车线检测器，因此有两种方案可选。第一种是信号控制机内存设置为"锁定"模式，第二种是信号控制机内存设置为"非锁定"模式且为最小"召回"模式。第一种适用于相交道路具有几乎相等的交通流量的情况，第二种应用于主要道路直行交通流的相位且主要道路的交通流量显著大于次要道路的交通流量。

3. 配置方案3：上游前置检测器及连续的停车线检测器

这种方式无法提供配置方案1或2所能够提供的安全或效率水平。只有当停车线检测器和上游前置检测器使用同一根引线的时候才使用这种配置方案（如果用不同的引线，则使用配置方案1）。

注意我国目前信号控制的主干路的车速很少有能超过70km/h的情形，故本节介绍的内容主要用于参考,部分数据难以在我国城市直接应用。

4.4 不同控制方式的检测器设计

对于不同的控制方式、不同的控制逻辑或者在不同的信号控制系统中,存在着不同类型的检测器的设计方式。

4.4.1 单点感应信号控制

由于单点交叉口的车辆到达往往是随机波动的,因此,信号控制的效率取决于信号配时对每分钟都在波动的交通流的响应程度。感应相位的绿灯时长是可变的从而能够适应实际的交通流波动。对于很多的流量水平,全感应控制被证明是一种高性价比的控制方法。用于感应控制的检测方式主要有如下几类:

1. 小区域检测

在停车线上游的某一位置检测车辆的经过。小区域检测也经常被称为短线圈检测、点检测或通过型检测。由于地磁检测器只能覆盖很小的区域,因此只能用于点检测。短线圈检测器(小于 6m)是最简单和最常用的类型。

停车线后面的小区域线圈检测器可以作为较高速度进口道的呼叫请求检测器。图 4-8[4]显示了使用多个短线圈检测器的高速进口道的检测器布设。磁力计检测器也可以覆盖小区域。有些地方还使用 1.8m 长的线圈检测器来覆盖两条或多条车道。单个的点检测器相对而言比较便宜,但是无法提供下游检测器与停车线之间的车辆信息。图 4-9[4]对比了小区域和大区域检测器的差异。

2. 大区域检测

通常使用长线圈检测器,一旦检测器被占有就表示检测区域内有车辆存在。在这种模式下,信号机将不断延长绿灯时间直到检测器上不再有车辆或者相位绿灯时间达到最大绿灯时间。因此,将使用一个很短的单位延长时间。图 4-10[4,10]显示了各种的检测器设计,包括小区域和大区域检测。

大区域检测的问题在于:①高安装成本;②长线圈较大的维护问题。为了降低长线圈的问题,可使用一系列 1.8m 宽的线圈与停车线平行布设,相隔间距为 2.7~3.0m。这种设计允许:①较高的线圈敏感性并确保不会漏掉某车道的检测;②当有一个或多个线圈失效时还能够保持正常运行。

3. 左转车道中的检测

左转车道中有效的车辆检测能够通过降低损失的绿灯时间来提高交叉口通行能力。美国伊利诺伊交通部门为左转车道设计了检测器配置方案,能够改善交叉口的效率及安全。主要考虑如下因素[4]:

(1) 排队车辆中第一辆车的驾驶人起动时间平均是 3~4s,而其后跟随车辆的平均车头时距为 2~3s/pcu。线圈长度必须满足超过平均值的反应时间的需求以便为起动的车辆保持绿灯;

(2) 卡车和其他慢速车辆需要较长的起动时间,通常在它们之前有一个 3~4 辆(6~12s)小车长的间隙,因此,当大车比例比较大时,检测器长度必须考虑这些较大的间隙;

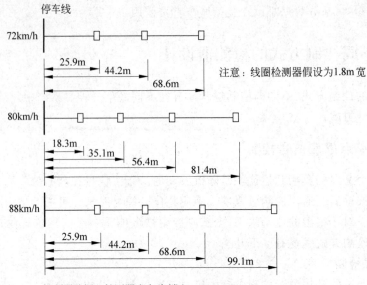

(a)

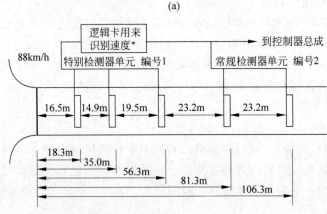

*当速度为64km/h时,特别检测器单元的输出是无效的。

(b)

图 4-8 最高速度为 88km/h 的进口道的多点检测器系统[①]

(3) 一两辆车只需要很短的绿灯时间。检测区域长度必须能够使得后续的车辆或者能够在绿灯期间及时到达停车线或者能够减速停车;

(4) 1s 长的车辆单位延长时间可以使驾驶人在黄灯之前几乎能够完成它们的转弯半径,因此,任何额外的延长时间都是损失时间;

(5) 线圈上游距离停车线最小 24.4m;

(6) 当采用许可型左转控制时,左转车辆可以在直行绿灯期间左转,此时左转车辆通常

---

① 图中的数据为美国的一些应用数据,我国信号控制交叉口进口道车速较低,部分数据无法直接应用。

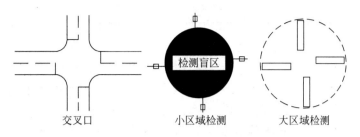

图 4-9　小区域检测与大区域检测的对比

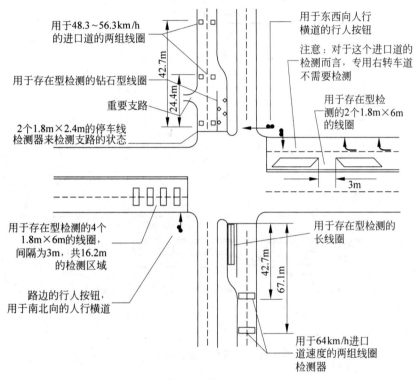

图 4-10　交叉口典型的检测器设置

会越过停车线到交叉口中间等候,伺机寻找对向直行车流中的间隙通过交叉口。如果缺少这样的间隙,就会使得左转车辆陷入困境,因为检测区域只能到停车线,而该左转车辆已经位于停车线之前。在这种情况下,如果没有其他车辆在等待左转,则信号机会跳过后面的保护型左转相位。将检测区域延长超过停车线可以有效解决这个问题。

图 4-11[4]显示了考虑上述需求的最小的左转车道线圈检测器的设计。

在如下情形下,线圈的布局应当包括前置的、本地的检测器:

(1) 左转交通需求需要等于或大于 45.7m 长的停车空间;

(2) 进口道车速需要一个安全的停车距离。

使用一种"呼叫-延时"特性的上游前置检测器可以延长有效的检测区域以适应大车或卡车交通流并提供安全的运行状况。如图 4-12[4]所示:

在很多情况下,一个 9～12m 的存在型线圈能够满足左转检测的需求并且为左转相位提供快速起动。左转线圈检测器的设置将受到如下因素的影响:①进口道车速;②大卡车的比例;③坡度和交叉口几何尺寸。

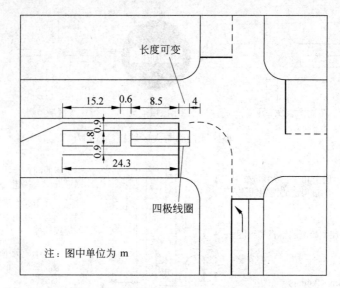

图 4-11 伊利诺伊州使用的左转线圈检测器配置[4]

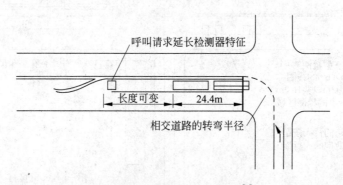

图 4-12 左转车道延长的检测[4]

4.4.2 城市干道及路网系统控制

系统检测器通常位于道路网络系统内的战略位置,常需要兼顾计数和存在型检测的能力。

交通流量和占有率是交通控制中使用最多的参数,也是影响交通响应方案选择及其他实时交通响应算法的最重要的因素。流量是最容易获得和最准确的参数,占有率则一般不够准确,主要是由于它受到车辆形状及其他因素的影响。由于当交叉口过饱和时,占有率将持续增长,因此衡量和检测占有率是非常重要的(而此时流量会保持在一个恒定值,即与绿灯时间除以平均车头时距的结果成正比)。

系统检测器与本地感应检测器是不同的,交叉口的本地感应检测器直接与感应信号机相连,而系统检测器则与中心计算机相连或者与主控制机相连。

对于区域交通控制系统而言,检测器的安装位置取决于控制类型。用于区域控制算法的检测器的位置通过对如下要素的考虑来确定:①连线;②纵向位置;③横向位置。

连线选择:在检测器的设置中,连线的选择是非常重要的,因为检测器的安装费用是与检测连线数成正比的。通向两条主要干道相交的交叉口或者一条主要干道、一条中等流量干道相交的交叉口的连线通常被选择作为安装检测器的连线,因为这些连线往往主导着配时方案的选择。

纵向位置:纵向位置选择时需注意路旁的车辆发生/吸引点的进出口位置,所谓的车辆发生/吸引点是指有车辆从主路上直接驶入或驶出的地点,例如停车场等场所。如果有这种发生/吸引点,则检测器最好安装在发生/吸引点下游15m以外的地方。当然如果每小时进入或驶出发生/吸引点的流量小于40pcu/h,则其对交通流的影响可以忽略不计。

4.4.3 路网检测器的典型布设

对于整个道路交通网络而言,根据交通控制方式的差异,例如半感应控制、全感应控制还是自适应控制等,路网中的检测器的设计也有较大的差异,美国《交通检测器手册》(*Traffic Detector Handbook*)中提供了如下的路网检测器的典型设计方案[1]。

1. 检测器网络密度等级 0.0 级

在该密度情况下,整个路网中是没有检测器的,因此,也不需要任何的维护工作。而由于无检测器的存在,故各交叉口都运行定时控制方案。系统运行着固定配时方案而不需要感应相位。该系统可以完全是单点控制,也可以是基于日时/周时运行,根据不同的日期和时间使用预先计算确定的配时方案。

2. 检测器网络密度等级 0.5 级

这个等级的检测器密度非常低,只有个别交叉口配置有检测器,即使如此,只要有检测器,就需要进行维护。通常情况下,这些系统是基于日时/周时的系统,通过在关键交叉口采用半感应或全感应控制来响应交通流的变化。半感应控制的目标一般是当次要道路无交通需求的时候,使得对主要道路连续通行的车队的干扰降到最低。在每天的不同时段和每周的不同日期,交通感应控制器的感应信号设置可以有所不同,一般只有左转交通流和次要道路是感应控制的。

3. 检测器网络密度等级 1.0 级

该密度等级的检测器密度还是较低,但是达到了一条连线平均一个检测器的水平。所需要的维护工作仍是较低的。图 4-13 是其典型的设置图[1]。

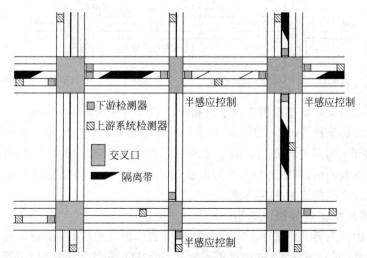

图 4-13 路网检测器网络密度等级 1.0(UTCS1.5代,反馈系统——部分次要转向没有检测器)

该等级的检测器设置是用于交通调节控制的。交通调节控制是指根据每天时间的不同和每周日期的不同及实际的交通流需求来选择配时方案的一种控制方式。这样的系统需要系统检测器来检测交通流量及加权的占有率或者交通流的高峰方向,从而来选择配时方案。这些配时方案都是从之前已经离线计算好的配时方案库中进行选取。交通调节控制系统的一些实例包括 UTCS(Urban Traffic Control System,城市交通控制系统)1 代交通响应式、UTCS1.5 代和各种闭环系统。需要周期性的人工采集交通数据来标定系统检测器。

4. 检测器网络密度等级 1.5 级

这个密度等级的检测器布设提供了一个中等水平的检测器密度,至多一个连线一个检测器加上为感应控制信号机配置的附加检测器。因此,相应地需要中等水平的维护工作。

该密度等级的检测器可以用于交通调节控制,通过整合交通感应信号机能够对交通流做出更好的响应。感应信号的设置根据每天的不同时段或每周的不同日期而有所不同。检测器被设置在一些关键地点,在感应控制交叉口检测器的密度较高。需要周期性的人工调查来校验检测器。

5. 检测器网络密度等级 2.0 级

该密度等级提供了一个中等密度的检测器布设,至少每个进口道连线设置一个系统检测器。由于密度较大,因此需要中等水平的检测器维护工作。图 4-14 是典型的设置示意图[1]。

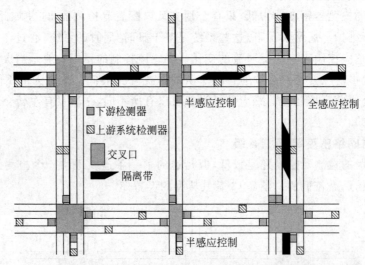

图 4-14　路网检测器网络密度等级 2.0(交通调节控制、UTCS 2 代)

该密度等级的检测器布设用于主干道和闭环系统中的简化的交通响应控制系统。系统的配时方案可以是选择的,也可以根据实时交通流检测数据进行计算。配时方案一般以不小于 15min 的间隔时长进行实施。由于交通响应系统有固定的相位差,如果小于 15min 就调整这些配时方案的话,可能会导致系统性能的恶化。使用该等级水平的检测器设置的一个案例是 UTCS 2 代的交通响应系统。

6. 检测器网络密度等级 2.5 级

这个等级的检测器布设提供了一个较高水平的检测器密度,至少每条连线的每个车道都有一个检测器(例如 SCATS 的进口道连线和 SCOOT 的驶离出口道)。该检测器网络密度等级需要大量的检测器和通信维护。

这个等级的检测器布设可以用于交通响应系统。交通响应系统是指信号配时方案的关键参数在信号配时方案更新的过程中可以更改,且配时方案至少每15min更改一次。这种类型的系统包括分布式的智能交通控制系统,即虽使用配时方案但还是动态调整绿信比。例如,SCATS使用停车线附近的检测器更新交叉口信号周期,同时允许跳相。SCOOT每周期对相位差、绿信比和周期长进行适度的调整($<4s$)。

7. 检测器网络密度等级3.0级

在该密度等级下,每条连线每个车道内有2～3个检测器。这需要非常高水平的检测器和通信维护。该等级下的路网检测器设置如图4-15所示[1]。

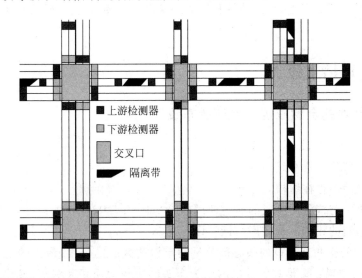

图4-15 路网检测器网络密度等级3.0(用于先进的控制软件(adaptive control system, ACS)的检测器布设,如RHODES,上游检测器和下游检测器的最优检测器布设,每个车道2个检测器)

密度等级3.0用于交通自适应控制系统。交通自适应控制系统指基于实时检测数据持续地预测未来的交通流状况,实时地评价和调整所有的信号配时。交通自适应控制系统的关键是一个滚动预测时间窗,时间从1～20s。交通自适应控制系统通常没有传统定时控制或交通响应控制中的相位差,主要是因为信号配时的配置一直在变。交通自适应控制系统经常是分布式系统,信号配时优化算法运行在每个单独的信号机上,这些信号机根据预先的设定相互协商。例如RHODES需要一个上游的自由流检测器和下游停车线检测器及左转专用车道检测器来保证其全效的实施。因此RHODES和其他的ACS运行在检测器网络密度等级3.0的路网上。

对于ACS,上游检测器应当能够提供一个10s的滚动预测时间窗。这意味着上游检测器距离停车线至少是10s的旅行时间。

检测器网络密度等级3.0就是检测器网络密度等级2.0的高版本。在这个等级的检测器配置上,在主要进口道上有先进的系统来保护进退两难区,在次要进口道和相位上有停车线检测器来保证其获得绿灯时间。

8. 检测器网络密度等级 3.5 级

这个是 3.0 的升级版。这个等级使用车辆识别、分类和跟踪检测器。可以用于交通响应控制系统和交通自适应控制系统。这个等级的检测器布设能够识别进入一条路段的每一辆车，知道它的分类，也知道其何时离开这个路段。支持这个等级水平的检测器还处于研究和开发中。

9. 检测器网络密度等级 4.0 级

这是一个假设的等级，随着专用短程通信技术（dedicated short-range communications，DSRC）、高精度全球定位系统（global positioning system，GPS）和车内计算机及通信的广泛使用其会变得可能。每辆车将规律性地向交通管理系统报告其位置、目的地，这将使得建立新的交通控制类型成为可能，例如使用长时间的滚动时间窗进行交通预测，可以称为交通预测控制系统。

4.5 应用情景设计

4.5.1 基本的全感应控制检测器布设

该设计基于如下假设：
（1）检测区域位于停车线附近；
（2）检测器使用存在型模式；
（3）信号机中与检测器关联的通道使用的是"非锁定"内存模式；
（4）有检测器的相位没有使用"召回"设置。

全感应控制的检测器布设的核心部分是确定检测区域的长度，最优的长度实际是如下两个考虑折中的结果：既要避免过早的因为车头时距较大而切断绿灯，又要避免绿灯时间的无效延长。根据相关研究[11]，停车线检测器的理想长度是 24m 左右。这个长度可以允许设置较小的单位绿灯延长时间从而在检测车队队尾时非常有效，并且能够使得因为车头时距较大而切断绿灯的可能性最小。然而，这种长检测器的安装和维护是比较昂贵的，因此通常采用多个较短的检测器。

图 4-16 为一个基本的全感应控制的检测器设计[1]。在该设计方案中，只有主要道路方向的相位才有上游前置检测器。

4.5.2 流量-密度控制检测设计

该设计基于如下的假设：
（1）一个 2m 的检测器位于停车线上游；
（2）检测单元的运行模式是脉冲式；
（3）信号机中与检测器相关联的通道使用"锁定"内存模式；
（4）有检测器的相位没有使用"召回"设置。

该设计的一个关键要素是检测器的位置。该位置需要基于期望的最大许可车头时距来确定。研究表明最大的许可车头时距在 1.8～2.5s/pcu 之间时可以获得较好的运行效果，而在 2.6～4.5s/pcu 之间则允许检测的车辆使用绿灯时间，但是在低流量情况下会导致过

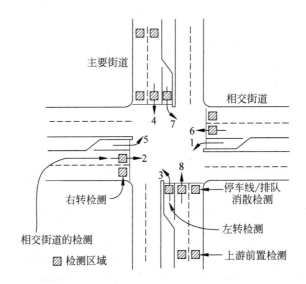

图 4-16 全感应信号控制交叉口检测器配置[1]
注：图中的数字是 NEMA 环图中的交通流向的编号。

多的绿灯时间。较低的值更适用于较高流量的情况。

上游前置检测器的位置应当能够满足如下要求：车辆以85%位车速从检测器到停车线的旅行时间等于最大许可车头时距。在这种情况下，绿灯时间不会因为一辆车通过停车线而不必要地延长。基于这种原则，对于不同的速度值，推荐的检测器位置如表 4-6 所示[3,6]。

表 4-6 推荐检测器的位置

85%位的进口道车速/(km/h)	检测器和停车线之间距离/m	
	3.0s 的最大许可车头时距	4.0s 的最大许可车头时距[a]
32	27	35
40	33	44
48	40	53[b]
56	47	62[b]
64	55	72[b]
72	61	81[b]

注：a. 应用信号机的间隔递减特性，最小间隙为 2.0s；
b. 使用信号机的可变初始绿灯时间特性，确保最小绿灯时间在低流量情况下不会持续不必要的较长时间。

4.5.3 行人检测

感应控制交叉口的行人检测主要是通过行人按钮来实现。另外目前也有一些固定的检测设备用来检测交叉口行人的流量情况，例如视频或红外摄像机系统。进行行人检测有利于在行人和机动车流量都较大的交叉口进行交叉口通行权的分配。在美国的《统一交通控制设施手册》(MUTCD)中有对行人按钮的一些基本要求。

思考题

1. 阐述检测器的基本分类。
2. 对比各类检测器的优缺点。
3. 根据不同布设位置有哪些类型的检测器?

参考文献

[1] KLEIN L A,MILLS M K,GIBSON D R P. Traffic detector handbook[R]. 3rd ed. Washington,D. C.：Federal Highway Administration,2006.

[2] CHANDLER B E,MYERS M C,ATKINSON J E. et al. Signalized intersections informational guide[R]. 2nd ed. Washington,D. C.：Federal Highway Administration,2013.

[3] URBANIK T,TANAKA A,LOZNER B,et al. Signal Timing Manual[R]. 2nd ed. Transportation Research Board：Washington,D. C. ,2015.

[4] GORDON R L,TIGHE W. Traffic control systems handbook[M]. Westhampton Beach,NY：Dunn Engineering Associates,2005.

[5] 李岩,过秀成. 过饱和状态下交叉口群交通运行分析与信号控制[M]. 南京：东南大学出版社,2012.

[6] KOONCE P,RODEGERDTS L,LEE K. et al. Traffic signal timing manual[R]. Potland：Kittelson & Associates,2008.

[7] BONNESON J,SUNKARI S,PRATT M. Traffic signal operations handbook[R]. College Station,Texas：Texas Transportation Institute,2009.

[8] GAZIS D,HERMAN R,MARDUDIN A. The Problem of the Amber Signal Light in Traffic Flow[J]. Operations Research,1960. 8(1)：112-132.

[9] PARSONSON P S,ROSEVEARE R W,THOMAS J R. Small-Area Detection at Intersection Approaches[R]. Washington,D. C.：Southern Section ITE,1974.

[10] KELL J H,FULLERTON I J. Manual of traffic signal design[R]. Englewood Cliffs：Prentice-Hall,Inc,1982.

[11] LIN F B. Optimal timing settings and detector lengths of presence mode full-actuated control[J]. Transportation Research Record,1985,1010：37-45.

第5章

交通信号相位设计

交通渠化设计的作用是通过空间路权分配的方式固定冲突点的位置,而信号相位的作用则是通过时间路权分配的方式减少冲突点的个数。信号控制相位方案描述了交叉口各相位依次出现的顺序以及各相位中通行的交通流向。信号控制相位方案设计是信号控制方案设计的重要组成部分,是联系交叉口交通组织渠化设计与信号配时优化的桥梁,一旦信号控制相位方案确定,则信号配时中的很多方面就可以视为是确定性的。确定信号控制相位方案就是对信号轮流给某些方向的车辆或行人分配通行权顺序的确定。针对交叉口的具体交通流状况进行合理的信号控制相位方案设计时,既要考虑减少冲突、防止碰撞、避免拥堵,又要考虑减少设备投入、提高通行效率等方面。信号控制相位方案的确定主要受到交通流量、进口道车道分配和协调配时的影响。信号控制相位方案的设计主要是依据设计工程师的判断,同时应用一些常用的基本规则。本章主要介绍基本信号控制相位方案及左转相位的设置等内容。

5.1 概述

5.1.1 基本概念

1. 相位(phase)

在一个信号周期内,一股或几股车流在任何时刻都获得完全相同的信号灯色显示,那么就把它们获得不同灯色(绿灯、黄灯、全红)的连续完整信号阶段称作一个信号相位。每个信号相位周期性交替获得绿灯显示,即获得通过交叉口的"通行权","通行权"的每一次转换就称为一个信号相位阶段,一个信号周期是由按照预先设置的所有相位时间段之和构成。

2. 相位间隔(phase interval)

相位间隔是指信号周期中所有灯色显示保持不变的时间长度,一个信号相位的每一个绿灯、黄灯及全红阶段都是一个相位间隔。不同的持续时间类型,其时间长度不同。如图5-1所示[1]。

3. 流向(movement)

流向是指在交叉口的一个进口方向上具有相同转向的一股交通流。通常分为左转、直行、右转、掉头,类型则包括机动车、自行车、行人等。

图 5-2[2]显示的是一个典型的四岔交叉口的机动车和行人流向,其中,自行车流向和机动车流向一致,没有单独表示。

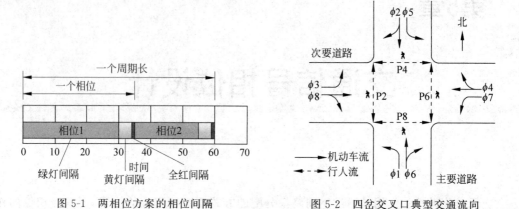

图 5-1　两相位方案的相位间隔　　　　图 5-2　四岔交叉口典型交通流向

从信号控制的角度而言,通常信号控制交叉口有如下 4 种不同性质的流向[3]:

(1) 无冲突交通流的流向:即在交叉口范围内没有与该流向冲突的其他交通流向(机动车流向),例如单行道路的交通流。

(2) 受保护的流向:在交叉口范围内这些流向有相互冲突的其他交通流向,但是通过信号控制将其他冲突交通流向进行控制以保护该流向不再有相冲突的其他交通流向,例如保护型左转相位控制的左转交通流不再受到对向直行交通流的影响。

(3) 许可的流向:在某相位中,允许该类交通流通过交叉口,但是需要让行比它具有更高优先通行权的交通流向。例如,许可的左转流向需要让行对向直行交通流。

(4) 禁止的流向:只有特定的交叉口和特定的流向才考虑采取这种方式,例如在高峰期,如果左转流向较少且与通行直行交通流共用车道,在这种情况下,可以考虑将左转流向禁止。

5.1.2　信号相位图

通常用信号相位图来表示交叉口交通信号控制相位方案,相位图使用箭头来表示每个相位中可以通行的交通流向。

通常相位图的每个相位中只显示该相位允许通行的交通流向,但是在有些相位图的表示中,也会将不许通行的交通流向绘制出来,通常是在相应的箭头前端画上横直线。

表 5-1[4]所示为一些相位图中基本的要素。

表 5-1　相位图中典型的基本要素

无转弯交通流的直行交通流	 →
共用车道中有保护型右转和左转交通流的直行交通流	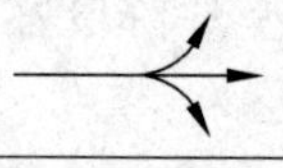 ⤳
共用车道中有许可型右转和左转交通流的直行交通流	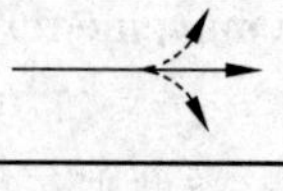 ⤳

直行交通流、左转专用车道的保护型左转及共用车道中的许可型右转	
直行交通流、左转专用车道的许可型左转及共用车道中的许可型右转	
行人相位	

注：1. 实线箭头表示没有冲突的交通流。所有的直行交通流都认为是没有冲突的交通流。没有冲突的左转交通流是指没有对向直行交通流的冲突，例如保护型的左转交通流；没有冲突的右转交通流是指没有行人冲突的右转交通流。
2. 冲突的左转、右转交通流都用虚线表示。
3. 共用车道的左转、右转交通流则直接从直行交通流的箭头引出。
4. 专用转向车道的左转、右转交通流是独立的箭头。

信号相位图中也应当包括行人相位。通常情况下，为了分析问题的简化，更多地对机动车、非机动车、行人没有分相放行的信号控制交叉口，只采用机动车相位图。

5.1.3 "环-隔离线"图

美国国家电气制造商协会（NEMA）提出了比较有代表性的"环-隔离线"（ring-barrier）图来分析基本的信号相位。如图 5-3[2]所示为标准的"环-隔离线"图①，该图主要适用于在四路及四路以上交叉口分析四相位及四相位以上方案，对于两相位方案，则左转不再是保护左转，下面的基本图则需调整。

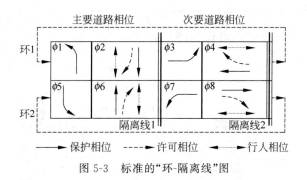

图 5-3 标准的"环-隔离线"图

一个环包括的流向可以一个接一个地放行，这些流向是典型的相冲突的流向，意味着同一时间内一个环内只有一个流向可以获得绿灯。例如，将南向北的直行交通流与北向东的左转交通流分开（当然对于流量较小而使用两相位的交叉口而言，则左转全部是许可相位，

---

① NEMA 将图中的每个数字称为一个 phase(相位)，即在不考虑单独的右转控制情况下，普通四岔交叉口有 8 个相位，这与国内较为传统的对相位的理解有所差异，因此，在本书中为统一起见将 NEMA 图中的数字视为流向(右转流向隐含在直行流向中)。本书后面将"环-隔离线"图简称为环图。

该原则不适用)。使用相位转换间隔和清场时间在时间上分离这些流向。在图 5-3 中,一条"隔离线"用来将东西向交通流与南北向交通流进行分离,以避免同时放行相互冲突的交通流向。同时也用来定义环之间的关系以确保可共存的流向。"隔离线"代表了周期中的一个参考点,在这个点上每个环中的流向所获得的通行权都同时截止,即两个环必须同时跨越"隔离线"。

环图的一些基本规则如下:

(1) 通常情况下,环 1 由流向 1、2、3、4 组成,环 2 由流向 5、6、7、8 组成。因此图 5-3 的控制有时称为双环(dual ring)结构。

(2) 流向 1、2、5、6 分配给隔离区 1,流向 3、4、7、8 分配给隔离区 2。

(3) 同一环中同一隔离区的两个流向(例如 1+2、5+6、3+4、7+8)不能同时放行,除非是许可型左转。同一环中同一隔离区的两个流向前后位置可以互换(不同环应尽量同时互换,例如 2+1、6+5 等)。同一隔离区的流向对必须同时结束(也就是在隔离线处同时结束),即虽然两个环可以单独运行,但是两个环必须同时切换跨越隔离线。例如,流向对 1+2 和 5+6 必须在隔离线 1 处同时结束,流向对 3+4、7+8 必须在隔离线 2 处同时结束。

(4) 同一隔离区不同环中的流向可以同时放行,例如隔离区 1 的环 1 中的 1、2 流向可以分别和环 2 中的 5、6 流向同时放行。

(5) 通常实际操作中将流向 2、6 分配给交叉口主要道路的直行流量,而另一侧的流向则分配给次要道路的交通流。另外一种应用方式则是根据方向来定义(例如将流向 4 确定为向北的方向)。

在图 5-3 中,相位的顺序由左至右显示。该图显示了一个对于主次道路而言,其保护型左转相位都先于冲突直行相位的相位顺序。图中流向 1 和流向 5 同时结束,它们也可以不同时结束。其后的相位(流向 2 和流向 6)可以在前面的相位结束后立刻起动。

两信号相位控制的相位图及环图如图 5-4[4] 所示。

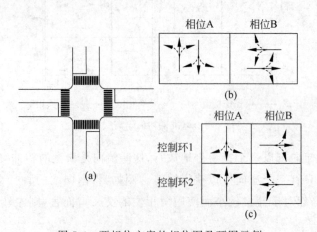

图 5-4 两相位方案的相位图及环图示例
(a) 交叉口平面(专用的左转/右转车道是可选的);(b) 相位图;(c) 环图

在相位图中,在同一相位运行的所有交通流向被包含在同一个框中。而环图显示了哪个流向被信号机的哪个环所控制。因此,在相位图中,包括两个冲突流向的一个相位会显示在一个相位框中,而在环图中,每个交通流向会被分别显示。

5.1.4 相位搭接

相位搭接通常是指一股或一股以上交通流向的绿灯以及清空时间跨越了两个或两个以上相位。一个搭接的流向可以没有自己的配时参数和检测器,而取决于其他的流向来激活它及决定它的时长。

当双环结构中处于同一个环中的 4 个流向各自独立运行时,会产生如图 5-5 所示的相位搭接[5]。

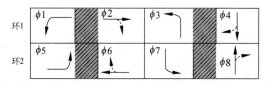

图 5-5　有搭接区域的双环结构(图中阴影部分为搭接区域)

由于 1、5 流向以及 3、7 流向没有同时结束,形成了阴影部分所示的搭接区域。相位形成搭接以后,图 5-5 所示的结构可以进一步演化为图 5-6 所示的单环结构,此时整个周期由 6 个相位组成,每一个方框即一个相位,其中 B 和 E 为搭接相位。

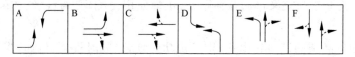

图 5-6　六相位的单环结构

最常见的相位搭接就是右转搭接,对于一个三岔交叉口而言,当相交道路的左转相位为绿灯时,将一个绿箭头灯分配给一个交通流量较大的右转流向,如图 5-7[1] 所示,这将增加右转流向的通行能力。

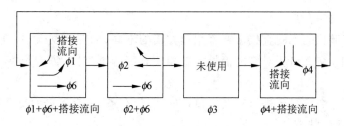

图 5-7　右转相位搭接

另一个搭接的类型经常出现在四相位控制的 T 形交叉口。在这种情况下,将主干道的直行交通流向设计为一个搭接流向并且给其分配相位 1 和相位 2,如图 5-8[1] 所示。这使得直行交通流相位在如下两种时段都处于绿灯,一是当左转交通流相位是绿灯时,二是当对向直行交通流相位是绿灯时。

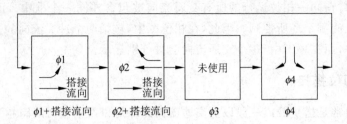

图 5-8 T 形交叉口的直行相位搭接

5.2 基本相位方案设计

在设计信号控制相位方案时,需要注意如下事项。

(1) 通过分离相冲突的交通流,相位设计可以用来使事故风险最小化。交通信号控制能够降低交叉口的冲突矛盾,而保护型左转相位能够减少左转交通流与对向直行交通流之间的冲突。但是一般情况下,增加的相位数将导致额外的延误,因此需要在安全与效率之间进行良好的权衡。

(2) 尽管增加相位数增加了周期的总损失时间,但增设的保护型左转相位能够提高左转交通流的饱和流量。

(3) 所有的信号方案都必须与相关的国家标准规范相适应。

(4) 相位方案必须与交叉口的几何形状、土地使用分配、交通流量、速度及行人过街需求等相适应。

(5) 信号相位必须同进口道渠化(即车道功能划分)同时设计,例如,当进口道较宽、左转车辆较多、需设左转专用相位时,应当设置左转专用车道;而如果交叉口没有左转专用车道,则无法设置保护型左转相位。

5.2.1 影响因素

在确定相位方案时主要考虑如下几点影响因素。

1. 交叉口几何形状

交叉口几何形状的不同直接影响着相位方案的不同,如三岔交叉口、四岔交叉口、多岔(五岔及五岔以上)交叉口所对应的信号控制相位方案各不相同,需要根据不同情况进行相应考虑。

同时还要考虑交叉口各进口道及出口道的宽度、车道数、交叉口的交叉角等因素。

2. 交叉口渠化状况

信号控制相位方案的确定与交叉口渠化情况直接相关,例如,如设置左转专用信号相位,则必须渠化有相应的左转专用车道,而是否设置有左转待行区则在一定程度上影响着信号控制的相序方案,如设置有左转待行区,则信号相序一般是先直行后左转。

3. 交通流量及流向

交叉口各流向的交通流量直接决定着交通信号控制相位方案的形成,例如是否考虑设置左转专用相位的时候,除了受是否渠化有左转专用车道的影响外,更重要的是要看一个周期内该进口方向左转流向的交通流量的大小,如果较小,则无必要考虑设置左转专用相位。同时交通流量亦直接影响到各个相位中放行流向的组合,例如如果东西向直行及左转流量差异都较大,则使用单边轮放的方式可能会收到更好的效果。

同样还需要注意的包括行人交通量、自行车交通量等因素。

4. 交通安全

交叉口内发生的交通事故中,与转弯车有关的较多,而通过设置相应的交通相位可以将相冲突的车流进行分离,因此确定交叉口相位时要考虑交通状况,特别是穿越人行横道的行人的人数、年龄、行走状态以及左右转车交通量,穿越距离,与对面车道的分离距离,视觉良好与否等,从而考虑是否设置分离的左右转车相位和行人相位以及直行车相位。例如,设置左转专用相位可以有效减少左转车辆与直行车辆之间的碰撞。

5. 交通效率

在进行信号控制相位方案设计时,一般而言,增加相位数,减少同一相位中不同方向交通流的数量,可以减少冲突点的个数,使交叉口放行更加有序,可以提高安全性。但是,每增加一个信号相位,都要增加一次相位的损失时间,在渠化方案不变的情况下,交叉口通行能力将有所下降。信号相位并不是越多越好,应视交叉口具体情况而定。

因此,如果交叉口安全问题突出,则应增加信号相位;如果拥堵问题突出(不属于秩序混乱造成的拥堵),则不宜增加信号相位,而应靠其他道路交通组织优化方法来解决拥堵问题。

同时,在确定信号相序的时候,要按照交叉口内秩序不乱、空闲时间最少的原则来确定。

6. 特殊控制目标

一些特殊的控制目标也会影响到交通信号控制的相位方案,例如交叉口信号控制中公交优先的实施将直接导致交叉口相位方案的调整。

5.2.2 相位数量的选择

交叉口信号控制相位的数量需要根据每个交叉口的具体情况来考虑。一般情况下,相位数越少,单周期内损失时间越少,整体交通延误会越小。但是,当交叉口的各个方向交通流量都很大时,在同一个相位内将产生过多交通流向之间的冲突,则必须设置较多相位才能给各个方向交通流分配合理的通行权,以减少在相位时间段内的冲突,增加交通安全和通行效率。

基本的相位方案是两相位方案,但两相位方案适用于左转交通流量较小的状况,当左转交通流量较大时,就需要考虑多相位方案,例如设置保护型左转相位。

然而,需要注意的是,当增加相位数量后(例如增加左转相位),每个增加的相位都会导致新增的相位损失时间,交叉口的总损失时间将会增加,总有效绿灯时间减少(如图 5-9 所示[1]),从而在交叉口渠化方案不变的前提下通常会降低交叉口通行能力。因此增加保护型左转相位虽可以减

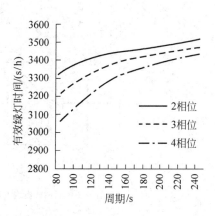

图 5-9 增加相位对交叉口总有效绿灯时间的影响

少左转交通流的延误,但是也会增加直行交通流延误并可能降低交叉口通行能力,因此,只有在必需时才考虑设置保护型左转相位。

5.2.3 信号相位顺序

一个交叉口(无论是单点控制还是协调控制)的运行效率很大程度上依赖于该交叉口的相位顺序的灵活性,可变的信号控制相位顺序或跳相的能力对于一个多相位交叉口而言非常重要。每个相位方案都有一个特定的相位顺序。

相位顺序与交叉口各流向的交通流特性、交叉口的几何条件和空间设计等因素关系非常密切。如设置左转待行区的交叉口,一般先放行直行车辆再放行左转车辆,以充分发挥左转待行区的作用,减少安全隐患;在有左转展宽车道的交叉口,如果展宽车道的长度较小而左转车流量较大时,一般要先放行左转相位再放行直行相位,以避免直行车道被左转车队阻塞。

图 5-10[6]显示了一个各进口道全部设置检测器的交叉口可能可以设置的相位顺序。

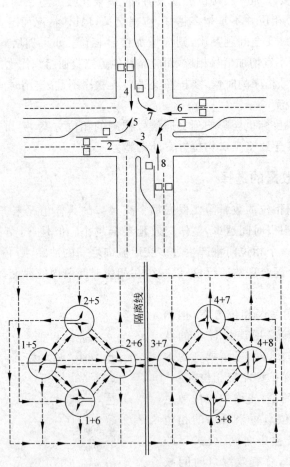

图 5-10 双环控制的主要相位选择(左转前置)

注:图中圆圈外虚线的箭头表示可能的相位变化过程。

5.2.4 几种典型相位方案

1. 两相位控制方案

两相位控制方案如图5-4所示,两相位控制方案在交通流量较低时比较有效且运行良好,但是没有左转专用相位,因此,两相位信号控制方案经常用于市区和郊区左转流量较小的交叉口。

当有左转和(或)右转专用车道时,也可以使用两相位控制方案,但是两相位控制方案并不必需专用的左转和(或)右转车道。

图5-4所示南北向交通流全部在相位A中放行,东西向交通流全部在相位B中放行,而环图显示的是在每个相位,同一进口方向的不同交通流向分别由不同的环进行控制。

因为两相位控制方案非常简单,因此相位图和环图比较相似并容易理解。

2. 四相位控制方案

此处所讲四相位控制方案主要是指如图5-11[1]所示的四相位方案,每相位中的两股交通流向(如相位A中的东西进口左转交通流向)的绿灯同时启亮、关闭。

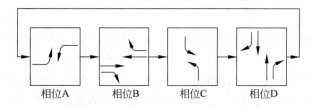

图5-11 保护型左转的四相位图

一般而言,当根据规则或专家经验判断需要有保护型左转相位时,最简单的方法就是提供一个单独的保护型左转相位。美国较多的放行方式是先放行单独的左转相位,再放行直行相位。国内在一些较大交叉口设置左转待行区,则采用的是先放行直行相位再放行左转相位的方式。

如果设置保护型左转相位,则需要有足够长的左转专用车道来容纳可能的左转排队车辆。如果两条相交道路中只有一条道路的两个进口方向有专用左转车道,则上述四相位控制就会变成三相位控制。图5-12[4]反映了东西向有专用左转相位而南北向是许可型左转控制的相位图及环图。

通过为相位B增加一个许可左转流向,图5-12的相位方案也可以修改成为东西向进口提供保护加许可型左转相位。一般而言,这样混合的相位主要用于如下情形:左转和对向直行交通流的总量较大使得提供全保护型相位将导致难以实施的较长的周期长。混合相位对于驾驶人而言较难理解也比较难以显示。

大多数的保护型左转流向用箭头灯控制。只有当无对向直行车流时,才使用箭头信号。当实施保护型与许可型混合相位方案时,左转绿箭头之后是黄箭头,黄箭头之后是绿圆灯(绿圆灯用于许可型左转相位)。

3. 多相位控制方案

前述的四相位控制方案允许左转交通流单独处理,但是无法对一个相位中的两股交通流向给以不同的配时,当一个相位中的两股交通流向的流量比相差较大时,则前述的

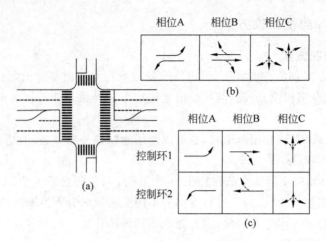

图 5-12 专用左转相位示例
(a) 交叉口平面；(b) 相位图；(c) 环图

四相位控制方案存在一定的绿灯时间浪费。而多相位方案则允许灵活控制每一股主要交通流。

图 5-10 所示为在标准的"环-隔离线"图的基础上衍生出来的可能的相位组合。

在感应控制中可以实施图 5-10 中的相位方案，感应控制可以根据交通流的需求跳过图 5-10 中的某个相位，尤其是左转相位。

图 5-10 中的相位方案为每个相位提供了完全灵活的相位顺序和配时方案。每条道路都可以以下面 3 种方式中的一种开始绿灯相位，主要取决于交通流需求。

(1) 一个用于两个相对方向的专用左转相位，如果两个方向的左转都有需求；

(2) 一个前置绿灯相位(用于相应的方向)，如果只有一个方向的左转有需求；

(3) 一个用于两个相对方向的直行及右转相位，如果两个方向的左转目前都无需求。

如果选择第一种方式，则根据交通流的不同需求，下一个相位可能是早启绿灯(如果某方向还有左转交通需求而相对方向没有了)或者是组合的直行右转相位(如果两个方向的左转需求同时都没有了)。

通过在基本四相位控制的基础上增加 4 个辅助提高绿灯效率的相位，如果左转车流量在两个相对方向不平衡情况下，左转车流少的一侧将会产生多余的绿灯时间，在具有地面检测器条件下，交叉口信号控制机将会把这部分多余绿灯时间用于提前打开对向直行车道的绿灯，从而使得整个交叉口的绿灯时间在相同的周期和相位设置条件下增加了单侧直行绿灯时间，提高了信号控制效率。

还有其他一些多相位(超过四相位)的方案，主要是为适应五岔交叉口以及为实现一些特殊控制目标。

当前的信号机可以设置较多的相位方案，通常可以达到 16 个相位或 32 个相位。

 拓展阅读 1
相位设计流程

5.3 左转相位设置

左转机动车是交叉口信号控制的难点,也是信号控制非常重要的设计对象,恰当的左转相位设计将会对信号控制产生重大的影响。交叉口交通信号控制相位方案设计的一个重要内容就是对左转交通流的处理。进行交叉口交通信号控制相位方案设计的第一件事情就是确定左转相位的类型。一般而言,当交叉口的左转流量较大时,应该设置左转专用车道,例如当每个周期内平均到达3辆以上左转车辆时,则需考虑设置左转专用相位。

当交叉口存在如下状态时,设置左转专用相位能够改善交叉口运行状况并减少整体延误:①左转交通流量较大;②对向直行交通流量较大从而难以为左转交通流提供足够的通过间隙;③视距不足。

对于左转交通流的控制,目前通常有5种基本的相位设置方案,包括许可型左转、保护型左转、保护型-许可型左转、轮放及禁止左转。

5.3.1 许可型左转相位

最简单的信号控制方案是四岔交叉口的两相位信号控制方案,在该控制方案中,所有的左转交通流都是许可型左转相位控制。许可型左转相位方案使用圆灯进行左转控制,当绿灯亮时,左转交通流需要避让冲突的直行交通流,可以在不影响对向直行车流及冲突行人流的情况下完成左转。这种控制方式主要适用于如下状况:①左转交通流有足够的视距;②左转交通流和(或)对向冲突直行交通流量较小,有足够的间隙用于左转交通流。

在许可型左转相位控制下,左转车流只有在绿灯期间出现以下情况之一时才能通过交叉口:①对向直行车未到达冲突点之前;②在冲突点附近等待对向直行车流中出现允许穿越的车头间隙;③信号相位转换间隔中。

这种左转控制模式的效率取决于冲突直行交通流所能提供的能够安全完成左转所需要的间隔。这种模式在一定情况下会对交叉口安全带来负面影响,例如驾驶人观察冲突直行交通流的视野受到限制或者无法提供足够的完成左转的间隔;或者当左转交通需求较大时,个别左转车辆可能会贸然插入对向直行车流。

许可左转的运行由于存在直行车辆与左转车辆的冲突而非常复杂,且受到如下因素的影响:左转车流量、冲突的直行车流量、冲突直行车道数、信号配时等。

许可型左转相位的环图如图5-13[2]所示。

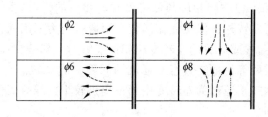

图5-13 许可型左转的环图示意图

5.3.2 保护型左转相位

使用左转专用箭头灯,当绿色左转箭头灯亮时可以左转的控制方法。在这种控制方式下,没有与左转交通流冲突的机动车流或行人流。该控制方式主要用于如下状况:①左转交通流视距不足;②冲突交通流量较高使得非保护的左转交通流存在风险;③冲突交通流速度较高使得非保护的左转交通流存在风险;④存在两条或更多条左转专用车道。

该交通控制模式在提供充分的左转服务的同时增加了周期内总损失时间,因此,可能增加其他交通流向的延误,同时该种控制方式需要有专用的左转车道。因此设置保护型左转相位时必须权衡如下二者的关系:①由于增加相位和周期的损失时间带来的通行效率的降低;②由于保护左转相位带来的左转交通流和其他交通流通行效率的提高。

在有些情况下,左转交通流受到几何构造或交通规则的保护,例如T形交叉口的岔路入口的左转,就没有对向直行交通流。而单向道路上的交叉口亦有类似情况,即没有对向冲突直行车流。

典型的保护型左转相位方案如图5-14[2]所示。

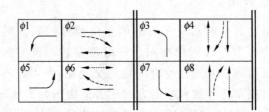

图5-14 保护型左转相位的环图示意图

5.3.3 保护型-许可型左转相位

使用保护型左转相位的时候可能存在着潜在的绿灯浪费,例如当相对的两个方向的左转流量差异较大时(基于每个车道的流量比考虑),为它们提供同时的保护型左转相位将导致需求小的那个进口方向的左转绿灯时间存在着较大的浪费。这种浪费的绿灯时间也可能导致难以实施的过大周期长或额外的延误,这种情况下需要考虑保护型-许可型左转相位,即为相对的两个左转流向分配不同的保护绿灯时长,例如,如果南进口的保护左转流向与北进口的保护左转流向进行分离,则这两个左转流向可以根据各自的交通需求分配不同的绿灯时间。

保护型-许可型左转相位即为前面所述的保护型左转相位与许可型左转相位的组合。这种相位方案整合了保护型左转相位与许可型左转相位的优点,主要适用于如下条件:交叉口几何条件允许许可左转相位但交通流量较高因通行能力原因而需要保护左转相位。在该种相位方案下,一个前置或后置的左转专用相位能够为一部分交通流提供保护型左转,而其余的左转交通流则需要等待冲突直行交通流的间隙完成左转。与保护型左转相位相比,该方案更为有效的原因在于通过为左转专用相位提供较少的绿灯时间从而可以为直行交通流提供更长的绿灯时间。

因此,当需要保护型左转相位时,如有可能应考虑这种方案的应用。但是当存在如下状况时,则不宜采用:

(1) 对于许可型左转交通流而言视距不足；

(2) 有两条或两条以上的左转车道；

(3) 交通工程师基于速度、冲突车道数、冲突交通流量等因素综合判断认为当前交通状况对于许可型左转交通流是危险的；

(4) 一个进口道 12 个月内发生 5 起或 5 起以上与左转交通流相关的碰撞事故，而这些事故又无法通过其他措施有效消除。

对于保护型-许可型左转相位，根据左转相位与同一进口道直行相位的前后顺序，又分为如下 3 种。

1. 左转相位前置

如图 5-15 所示，西进口的左转为保护型-许可型左转，在相位 A，西进口的左转为保护型左转，即西进口的保护型左转比与其冲突的东进口的直行早启（左转前置），之后转为许可型左转的相位 B。该控制方式是 3 种保护型-许可型左转相位方式中使用最多的一种。

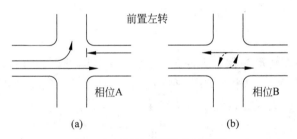

图 5-15　前置左转相位示意图

(a) 流向 2+5；(b) 流向 2+6（许可型左转）

如果对于东西两个方向都是保护型左转相位前置，则相位方案如图 5-16[2]所示。

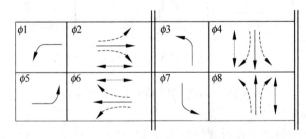

图 5-16　保护型-许可型前置-前置左转相位的环图示意图

如图 5-16 所示，1、5 两个左转流向将同时开始绿灯，但其结束绿灯的时间可以相同，也可以不同，例如在"双环"图 5-5 中。

该相位方案的优点如下[7]。

(1) 驾驶人能够快速地对于早启的绿箭头信号灯做出反应，并且由于先放行左转车辆，当左转流量超过专用左转车道的容量时，这种方式可以使同一进口道直行与左转交通流的冲突最小；

(2) 通过首先放行左转车辆，可以使得左转车辆与直行车辆的冲突降到最低；

(3) 当左转流量较大且没有专用左转车道时会增加通行能力和安全性。

该相位方案也可能存在如下缺点：

(1) 在左转箭头灯绿灯结束后转弯车辆还可能左转；

(2) 邻近车道的直行车辆可能会误起动，因为它们可能想和转弯车辆一起起动。

2. 左转相位后置

如图 5-17 所示，西进口的左转为保护型-许可型左转，在相位 A，西进口的左转为许可型左转，进入相位 B，西进口的左转才变为保护左转，即西进口的保护左转比与其冲突的东进口的直行迟启。

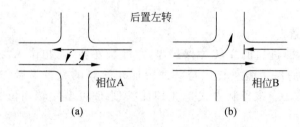

图 5-17 后置左转相位示意图

(a) 流向 2+6(许可型左转)；(b) 流向 2+5

如果 4 个方向的左转都为保护型左转，且左转相对同进口的直行都是后置，则变为如图 5-18 所示的相位方案[2]。国内采用这种相位顺序的交叉口往往有相应的左转专用车道且部分城市在交叉口中央区域设置左转待行区。

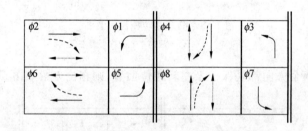

图 5-18 后置-后置型左转相位方案的环图

如图 5-18 所示，1、5 两个左转流向将同时结束绿灯，但其开始绿灯的时间可以相同，也可以不同，例如在"双环"图中。

这种左转相位处理的顺序在协调控制系统应用中较为常见，尤其是距离较近时，例如钻石型立交桥交叉口。

这种左转相位的使用往往在如下的特定情形下比较有效：

(1) 在 T 形交叉口，当存在一个左转相位与一个保护型-许可型模式相结合的时候；

(2) 在单向道路与双向道路相交的交叉口，当存在一个左转相位与一个保护型-许可型模式相结合的时候；

(3) 在立交桥或者是相距很近的相互连接的交叉口，两个交叉口都有左转相位，每个左转相位都与一个保护型-许可型模式相结合的时候。

当与保护型左转相位同时使用时，这个相位顺序和前置或前置-后置相位顺序有类似的效率，但是当与一个保护型-许可型模式相结合使用时，则会有所不同。

该种相位方案的优点如下[7]。

(1) 允许两个方向的直行车辆能够同时起动;

(2) 可以减少左转车辆和直行车辆的冲突,因为不会有由于直行绿灯期间没有清除的左转车辆导致的冲突;

(3) 为左转车辆提供了在直行交通绿灯期间左转的机会(如果部分或全部的左转车辆都驶离交叉口,则可以缩短或者跳过左转绿灯,这样可以降低其他相位的延误);

(4) 较为灵活的系统配时;

(5) 实现车辆、行人分离,因为行人通常在直行绿灯启亮时开始过街(如果使用行人专用过街信号灯,则行人过街的清空时间将在后置左转绿灯箭头启亮时结束);

(6) 能够切断车队中的掉队者,使沿协调控制干道运行的车队更加有效。

当然,后置左转相位也可能存在一些问题,例如:

(1) 黄灯陷阱[2,7];

(2) 如果没有左转专用车道或者左转专用车道长度不足,则排队的左转车辆将占据直行车道从而影响直行车道在绿灯期间的通行能力;

(3) 可能导致绿灯末期的直行车辆车速趋于增大,因为驾驶人急于在黄灯结束前通过交叉口。

设置后置左转相位需要满足如下条件:

(1) 具有专门左转车道且长度足够长以便能够容纳将要到达的左转车辆,防止左转车辆阻塞直行车道;

(2) 左转车辆行驶轨迹与对向的左转车辆行驶轨迹不冲突。

3. 左转相位前置-后置组合

前置-后置组合的左转相位通常用来适应协调信号控制系统中的连续通行的交通流,尤其当交叉口没有足够的空间来安全地为相互冲突的左转交通流提供同时的服务时,或者用在一些无法提供专用左转车道或专用左转车道长度不足的交叉口。

该相位方案的设置必须满足如下条件[8]:

(1) 双向的左转相位仅仅是受保护的左转相位;

(2) 该信号控制交叉口是整个多交叉口信号协调控制系统的一部分,这种左转信号的运用提高了直行车辆的行进速度和绿波带宽;

(3) 没有对向左转车辆的行驶轨迹冲突。

这个相位方案包括3个部分(以东西方向为例进行说明,先放西进口交通流,见图5-19)

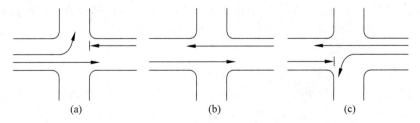

图 5-19 前置-后置左转组合相位

(a) 流向 2+5;(b) 流向 2+6;(c) 流向 1+6

（1）前置左转绿灯：西进口交通流全部绿灯，此时东进口的所有交通流（右转除外）都停止，只放行西进口的直行和左转，这时西进口的左转是保护型左转。

（2）绿灯重叠阶段：停止放行西进口的左转，同时放行东西进口的直行。一种可选的情况是在这个阶段东西两个方向的左转都以许可型左转的方式放行，形成一套混合相位方案。

（3）后置左转绿灯：西进口的全部交通流停驶，东进口的直行左转放行绿灯，由于西进口的直行停驶，故东进口的左转现在是保护型相位。

图 5-20 显示了一个为东西方向实施前置-后置相位方案的相位图及环图[4]。当然南北方向也可以采用类似的方式。需要注意的是采用前置-后置相位方案也需要专用左转车道。

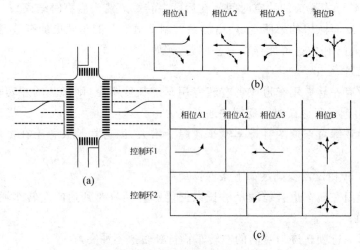

图 5-20　前置-后置相位方案示例
(a) 交叉口平面图；(b) 相位图；(c) 环图

前置-后置相位方案包含了一个搭接相位。图 5-20 中，西进口的直行在相位 A1 和 A2 中通行而东进口的直行在相位 A2 和 A3 中通行。由此产生一个问题：在该相位方案中共有多少个相位？一种说法可能是 4 个相位，分别为：A1，A2，A3 和 B 相位；一种说法可能是 2 个相位，即 A1、A2、A3 为一个搭接相位，但事实上，上述两种说法都有不足。

在分析搭接相位时环图是比较关键的。在相位 A1 末期，只有环 1 信号进行了转换，从西进口的左转转换到了东进口的直行、右转流向。在相位 A2 末期，只有环 2 信号进行了转换，从西进口直行、右转转换到了东进口的左转流向。因此每个环在一个周期内都进行了 3 次转换，因此，这是一个三相位的信号控制方案。

环图能够很清晰地描述出部分或全部的相位边界，而相位图则掩盖了这一重要特征，这将对信号配时带来一定的影响。图 5-21 所示为南北向实施前置-后置左转相位的示例图[2]。

前置-后置信号控制方案有如下一些可能：

（1）前置信号控制可以单独使用，反之亦然；通常用于单向交通道路或 T 形交叉口，在这些情况下，一条道路的两个进口只有一个进口方向有左转车辆；

（2）可以通过在相位 A2 中实施许可型左转来建立混合相位方案，这将为西进口左转形成保护型加许可型的相位而为东进口左转形成许可型加保护型的相位。

NEMA 中提供了一种类似于前置-后置绿灯相位方案的配时方案，如图 5-22 所示[4]。

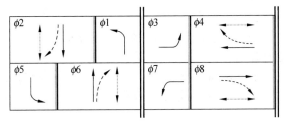

图 5-21 前置-后置左转相位的环图示例

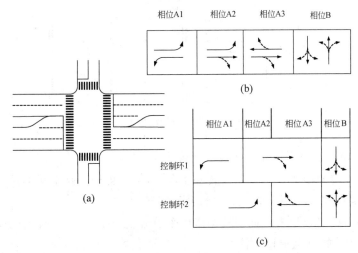

图 5-22 左转专用车道及早启绿灯相位示例
(a) 交叉口平面图；(b) 相位图；(c) 环图

首先放行一个单独的左转相位绿灯(为东西向左转)，在此之后保留交通需求大的左转绿灯信号(如图 5-22 中的西进口左转)，同时放行该方向的直行交通流。

在该配时方案中，西进口的左转是以前置的方式放行，如果东进口的左转需要前置，则很容易转换。

交叉口信号的前置左转、后置左转和前置-后置左转相位是一种较为复杂的信号灯控制方法，其主要的好处是可以在交叉口相对进口方向交通流量不平衡的情况下，先给交通流量大的进口方向放行绿灯，采用前置方法，解除交通压力；如果交叉口相对进口方向直行交通流量相对左转车流都较大，则可以先放行直行交通流后放行左转交通流，采用后置-后置方法；当交叉口相对进口方向左转交通流明显不平衡，并且一个进口方向左转交通流大于另一个进口方向左转交通流的情况下，可以采用前置-后置左转相位方法。这种前置-后置左转相位方法在多个交叉口双向绿波控制时，对交叉口进行间隔前置与后置方法，即一个交叉口是前置，下一个交叉口是后置的方法，可以做到增加绿波带宽度的效果，是一种很好的双向绿波控制相位选择策略。

对于典型的信号交叉口，左转相位前置、后置及前置-后置组合的控制效果类似，而轮放与其相比常常会降低效率[9]。至于具体选择哪种方式，则与实施地点的习惯等因素有关。

5.3.4 单边轮放

当对向进口道错位或者进口道中存在左转/直行共用车道时，无法设置专用左转相位，则可以考虑设置单边轮放,如图 5-23 所示。

单边轮放的效率一般情况下比两相位低,但是对于有左转专用相位的情况,则取决于交通流量是否均衡。当相对进口方向的直行、左转交通流流量比相等或相近时,则单边轮放效率比基本四相位方案低。而当相对的进口道方向的直行、左转交通流流量比相差较大时,则单边轮放的效率未必低。因此,当设计相位方案时,需要对比单边轮放与基本四相位方案的通行能力及延误等评价指标。

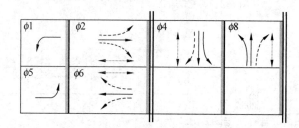

图 5-23 南北向为单边轮放的四相位环图

单边轮放在如下状况下可能会比较有优势[10]:

(1) 交叉口某进口道需要有多条左转专用车道,但是由于道路空间不足,无法提供多条左转专用车道,此时往往考虑设置左转直行共用车道;

(2) 两个相对的进口道方向的左转车道单车道流量与同进口方向的直行单车道流量类似,但是两个进口道的总流量相差较大;

(3) 对向进口道是错开的,使得无法同时放行对向的左转交通流;

(4) 两个相对的进口方向中的一个有较大的交通流需求,另一个交通流很小,且使用感应控制。在这种情况下,低交通流量的进口道的相位较少被触发;

(5) 碰撞事故历史显示交叉口内部有异常大量的侧碰或者正碰事故中含有左转车辆;

(6) 两个相对的进口方向都只有一条车道来放行所有转向的车流,而其中左转车流量较大又需要提供一个保护型相位。

(7) 一天中的大多数时候一个方向的左转单车道流量较大且其对向的直行单车道流量也较大。

5.3.5 禁止左转

禁止左转实际上是一种交叉口交通流空间组织形式,在此将其视为时间上的左转的一种组织形式。禁止左转主要用在一些交通流量较大交叉口的某个或某几个进口方向上,用来减少交叉口的交通冲突以保持交叉口的通行效率。在这种情况下,需要有相应的禁左标志。在有些情况下,禁左交通组织只是用于某天的某个时段。

5.3.6 一个周期内两次左转

一个周期内两次左转的运行方式主要用于当交叉口已有的左转专用车道长度不足以服务所有的左转交通流时,来降低左转交通流的"排队溢流"以防止堵塞直行交通流。如图 5-24 所示[2]。

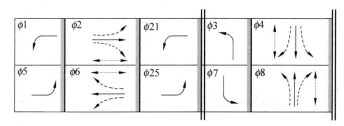

图 5-24　一个周期内两次左转的环图

5.3.7　左转相位设置条件

1. 概述

一般情况下较少的信号控制相位数能够改善交叉口运行性能,对于左转交通流而言,增加额外的左转相位将增加相位数量,随着相位数的增加,一般需要增加周期长来为每个相位提供足够的绿灯时间,同时也会增加延误。

在增加左转相位之前必须确认如下情况:

(1) 如果道路不存在专用左转车道,则先考虑设置专用左转车道,不需急于设置左转专用相位;

(2) 如果有专用左转车道还无法解决交通问题,则再考虑设置左转专用相位;

(3) 必须考虑左转相位在协调信号控制中的影响;

(4) 尽量收集交通流、速度、左转延误和事故等方面的报告。

专用右转相位选择的比较见表 5-2。

表 5-2　专用左转相位选择的比较[6]

方　案	优　势	劣　势
用感应控制代替定时左转相位	可以将没有使用的左转相位时间给相应的直行交通流使用	需要额外的检测器
提供保护型-许可型左转交通相位	降低延误和排队	高速、多车道入口或其他特殊环境下难以应用
随着配时方案的改变而改变左转相位顺序	提高协调控制的连续性	驾驶人可能不知道改变了的相位顺序

总体而言,是否设置左转专用相位主要与如下因素有关:

(1) 左转和冲突直行交通流量;

(2) 冲突直行车道数;

(3) 周期长;

(4) 冲突交通流的速度;

(5) 左转交通流视距;

(6) 碰撞事故记录。

另外需要考虑的是可以绘制时距图来判定左转相位设置的影响。

图 5-25 能够帮助确定是否需要设置左转相位或者是设置保护型左转相位还是许可型

左转相位[2]。

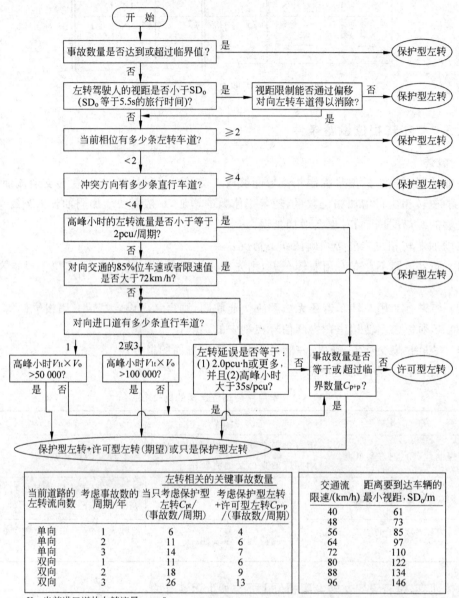

图 5-25 确定潜在左转相位的指南

当前道路的左转流向数	考虑事故数的周期/年	左转相关的关键事故数量		交通流限速/(km/h)	距离要到达车辆的最小视距,SD_o/m
		当只考虑保护型左转C_{pt}/(事故数/周期)	考虑保护型左转+许可型左转C_{p+p}/(事故数/周期)		
单向	1	6	4	40	61
单向	2	11	6	48	73
单向	3	14	7	56	85
双向	1	11	6	64	97
双向	2	18	9	72	110
双向	3	26	13	80	122
				88	134
				96	146

V_{lt}: 当前进口道的左转流量,pcu/h
V_o: 与当前进口道左转冲突的对向直行及右转流量之和,pcu/h

2. 设置条件

文献[4]提到有两种常用的方法来为是否设置保护型左转相位提供初步的判断。一般而言,如果相冲突的左转交通流满足如下两个条件中的一个,则需要考虑保护型左转相位或保护型-许可型左转相位:

$$v_{LT} \geqslant 200 \text{veh/h} \qquad (5\text{-}1)$$

$$x_{prod} = v_{LT} \times \frac{v_o}{N_o} \geqslant 50\,000 \qquad (5\text{-}2)$$

式中：v_{LT}——左转交通流流率，pcu/h；

v_o——对向的直行交通流流率，pcu/h；

N_o——对向直行交通流的车道数。

式(5-2)经常被认为是"交叉"规则。不同的地区使用上述规则的不同形式。需要注意的是，这两条规则不是绝对的，只是为分析是否需要提供保护型左转相位提供一些参考。

HCM 中给出的规则为，在高峰期间，当左转交通流量与冲突直行交通流量的乘积等于或大于如下数值时，需要考虑左转保护相位，1 条冲突直行车道：50 000；2 条冲突直行车道：90 000；3 条冲突直行车道：110 000。

当然还有其他的一些规则，例如，当每周期左转车辆少于 2 辆时，则不需要考虑保护型左转相位，该规则的基本考虑是认为即使对向直行车流较大，使得绿灯期间左转车辆无法利用对向车流的间隙通行，那么这 2 辆左转车辆也可以在交叉口等待直行车辆停止后进行左转。一般情况下，当为某个进口道的左转交通流提供保护型左转相位时，也会为对向左转交通流提供相应的相位，而此时对向左转交通流可能并不满足设置保护型左转相位的条件。

美国交通工程师协会第 5 版的交通工程手册[11]中给出了一些其他规则。对于许可型左转相位，主要应用于如下情况：

(1) 高峰小时内的左转交通流量与对向交通流的限速交点落在图 5-26[12]的"许可"区中①；

(2) 左转交通流的视距不受限制；

(3) 在过去 3 年内任何一个只实施许可型左转相位的进口方向的左转车辆涉及的事故数少于 8 起。

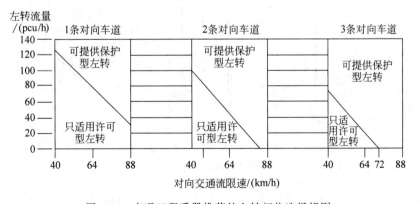

图 5-26　交通工程手册推荐的左转相位选择规则

---

① 这里主要借助美国的一些研究给一些学习参考，实际上道路限速方面国内外有较大差异。

拓展阅读 2
美国亚拉巴马州左转相位设置条件

5.4 行人相位

对于行人信号相位,在信号控制交叉口,比较典型的做法是行人流向与同进口方向的直行机动车交通流在同一相位放行,如图 5-27(a)所示[2],这样做简化了交叉口的运行。这种典型的控制方式使得行人与许可控制的左转及右转交通流相冲突。当然也有一些方法能够消除这些潜在的冲突,常用的有如下 3 种。

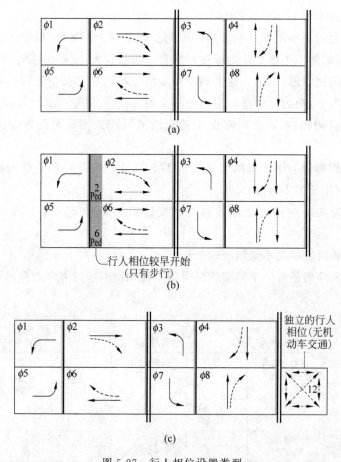

图 5-27 行人相位设置类型
(a) 标准环图;(b) 前置的行人时段(流向 2&6);(c) 独立的行人相位

(1) 前置行人相位:如图 5-27(b)所示,将行人绿灯时间提前,比相邻的直行交通流相位绿灯早开始几秒。这使得行人可以进入人行横道降低与转弯车辆的冲突。这种方法可以改善行人的安全(通过增加行人在交叉口内的可视性),这种方法通常用在有明显的行人-车辆冲突的交叉口。

(2) 后置行人相位:后置的行人相位与提前的行人相位类似,只是行人相位要比相邻的直行交通流相位滞后几秒放行。这种方法可以在行人绿灯之前清除等待的右转排队，从而减少行人与右转车辆的冲突。主要适用如下情况：①较高的右转流量；②有专用右转车道或者两条相交道路是单行道。

（3）专用的行人相位[①]：如图5-27(c)所示，一个独立的行人相位为所有方向的行人过街服务。这个独立的相位在服务行人交通时所有的车辆都是停驶的。在这个相位中，行人可以穿越所有的进口方向甚至可以以对角线的方式通过交叉口。专用行人相位可用来控制一些行人流量较大或行人占主导地位的交叉口。这种行人相位的优点是降低了转弯机动车交通流与行人之间的冲突。但这种控制方式可能会降低交叉口机动车的通行能力，可能增加周期长并导致所有交叉口使用者的延误增加，因此这种控制方式并不常用，但是在一些城市CBD内的个别交叉口能够看到。在美国，当机动车相位数超过2个时，很少使用专用行人相位。我国的杭州、威海等城市的个别交叉口有应用。

当用于行人流量较大的交叉口时，行人专用相位的一个问题就是在行人专用相位之后如何尽快清空交叉口（因为绿灯末期进入交叉口的行人可能需要较长的时间通过交叉口），近年来随着纽约市重新整治街道及信号控制，在不少交叉口都使用了行人专用信号控制[②]。该方案用于行人交通流量较大且行人与机动车冲突较为严重的交叉口效果较好[9]，在这种情况下能够为行人提供较高的安全服务水平，而又不至于对机动车交通带来显著影响。

5.5 右转相位

许可型或保护型的信号控制方式也可以用于右转，对于右转交通流而言，其冲突对象是与其冲突的过街行人和非机动车。右转交通流绝大多数情况下是许可型右转，保护型右转主要用于行人流量过高的情况下，相关研究表明当人行横道每小时的行人流量超过1700的时候，将对右转交通流产生较大的影响。在此情况下实施右转专用相位将对机动车通行产生良好的效果，但是可能影响行人过街。

在此介绍两种右转相位，第一种是在现有的周期上增加一个独立的相位用于为一个或多个右转交通流服务，这种方式极少采用。如果要考虑采用这种方式，需要评价其运行效益和安全效益以及考虑其对交叉口其他方向流向的负面影响。

第二种右转相位是将右转流向分配给相交道路的左转交通流的相位。使用这种右转相位需要满足如下条件：

（1）主要干道的右转交通流有一个或多个专用右转车道；

（2）右转流量较大（例如每小时超过300辆）并且是交叉口的关键流向；

（3）配时方案为相交道路的次要左转流向提供了保护型左转相位；

（4）次要左转车道的掉头流向是禁止的。

如果交叉口主要干道的直行交通流相位也服务于某个行人交通流，则右转交通流应当以保护型-许可型的方式运行。如图5-28所示，许可型的右转相位将在相邻直行交通流相

---

① 该方式是由纽约市交通工程师亨利·巴恩斯（Henry Barnes）于20世纪60年代提出，故有时称为"Barnes Dance"。

② http://www.nyc.gov/html/dot/html/infrastructure/exclusive-ped-signals.shtml。

位中出现,保护型的右转相位则出现在次要交通流左转相位中。

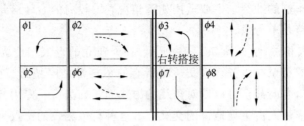

图 5-28 右转搭接相位示意图

如果交叉口主要交通方向的直行交通流的相位不同时服务于某个行人交通流,则右转相位在同向的直行交通流相位和相交道路的左转相位期间可以一直是保护型的。

当右转交通流量较大时,设置右转专用车道将是非常有效的,尤其在允许红灯右转的情况下。

当前在我国城市交通信号控制中,一般情况下是允许红灯右转,在美国也有广泛的应用,当然在个别城市也禁止红灯右转[4]。当允许红灯期间右转时,如果使用的是直行右转共用车道,则红灯右转的运行会受到使用该车道的直行交通流量大小的影响。当直行车辆在红灯期间停止在停车线后时,就会阻碍后续的右转车辆的右转运行。因此,允许红灯期间右转的同时提供一条右转专用车道会极大地提高红灯右转的运行效率。

考虑红灯右转的主要因素包括:①右转车辆延误的减少;②右转可能导致的事故风险的增加。运输工程师学会(Institution of Transportation Engineer,ITE)的实践[13]表明红灯右转能够在 CBD 区域减少 9% 的延误,在其他城市区域减少 31%,在乡村地区减少 39%。

而一些地区禁止红灯右转的主要考虑包括:
(1) 右转驾驶人视距不足;
(2) 冲突直行交通流速度较高;
(3) 冲突直行交通流流量较大;
(4) 冲突行人交通流流量较大。

5.6　T 形交叉口

T 形交叉口根据交叉口渠化方案的不同、交叉口大小的不同以及交通流量的差异,也会有较多的信号控制相位方案。

图 5-29 显示了几种典型的 T 形交叉口的相位方案[4]。

图 5-29(a)中没有提供转弯专用车道,在这种情况下,要为东进口的左转提供保护型相位则需要每个进口道各自分配独立的相位。这种方案尽管能够为左转交通流提供保护型相位,但是每个进口方向的交通流使用单独的相位其效率较低,同样,在此情况下的车辆的延误可能也要比其他更有效的方案要大。

如果东进口提供专用的左转车道并且分岔进口有专用的左转和右转车道,则可以实施更有效率的相位方案,如图 5-29(b)所示,在该方案中,交叉口的几何渠化允许一些机动车交通流使用 3 个相位中的 2 个,包括右转交通流的重叠等。

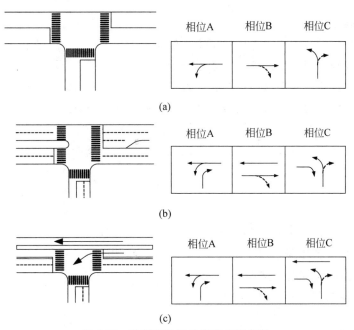

图 5-29 T 形交叉口的典型相位方案

(a) T 形交叉口,无左转专用车道,保护型左转相位;(b) T 形交叉口,有左转专用车道,保护型左转相位;
(c) T 形交叉口,专用直行车道

如果东进口的左转与直行被连续的隔离带(隔离栏)分隔开来,则东进口的直行可以获得一直通行的机会。如图 5-29(c)所示,注意这种方案只能用于没有穿越东西向道路的行人的情况或者交叉口提供了过街天桥或地道。

在图 5-29 中,每个相位方案都使用了三相位的方案。通过不同的几何渠化方案,额外的交通流向可以叠加到某个相位中,从而提高交叉口的通行效率。注意前面的分析中有一个假设是:东进口的左转交通流需要保护,如果没有这个假设,则只要 2 个相位就可以控制 T 形交叉口。

5.7 五岔或六岔交叉口

五岔交叉口或六岔交叉口是交通工程师们的"噩梦"。尽管这样的交叉口非常少,但是也经常会出现在路网中的某个位置以解决某些特定的问题。图 5-30 显示了一个典型的五岔口的情况[4]。

如图 5-30 所示,该交叉口采用了四相位控制方案,为东西方向提供保护型的左转相位。如果也为南北向的左转提供保护型的左转相位(当然首先要有左转专用车道),则需要 5 个相位。但是每当增加一个相位就会导致周期内总损失时间的增加,从而导致延误的增加以及关键车道

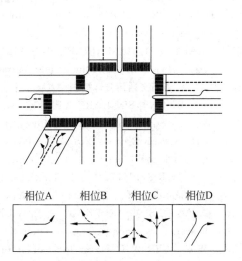

图 5-30 五岔交叉口的案例

通行能力的降低。

在道路交叉口设计中需要考虑尽量不要使用五岔口或六岔口。在图 5-30 中，可以将接进来的进口连接到原四岔交叉口的某条道路上形成一个新的 T 形交叉口，该 T 形交叉口与原四岔交叉口的距离需要能够满足排队的需求。

选择恰当的信号相位方案是信号控制交叉口的关键工作之一，本章尽管分析了一些信号相位方案设计的基本准则，但是需要注意的是当前并没有信号相位方案设计的标准。交通工程师必须能够应用自己的经验和知识进行信号相位方案的优化选择。

思考题

1. 什么是信号相位、相位图及环图？
2. 试分析相位图和环图的异同点。
3. 试分析多相位配时方案的利与弊。
4. 试分析各类左转相位的优缺点。

参考文献

[1] SULLIVAN A, JONES S L. Traffic signal design guide & timing manual[R]. Tuscaloosa, AL: The University Transportation Center for Alabama, 2007.

[2] KOONCE P. RODEGERDTS L, LEE K, et al. Traffic signal timing manual[R]. Potland: Kittelson & Associates, 2008.

[3] KYTE M, TRIBELHORN M, et al. Operation, analysis, and design of signalized intersections: a module for the introductory course in transportation engineering[R]. Scotts Valley, California: CreateSpace Independent Publishing Platform, 2014.

[4] ROESS R P, PRASSAS E S, MCSHANE W R. Traffic engineering[M]. 4th ed. London: Pearson Higher Education, Inc, 2011.

[5] 蔡云,杨晓光,王浩. 一种灵活的在线交通信号相位切换结构[J]. 城市交通, 2009, 7(3): 80-85.

[6] GORDON R L, TIGHE W. Traffic control systems handbook[R]. Westhampton Beach, NY: Dunn Engineering Associates, 2005.

[7] KRAFT W H, HOMBURGER W S, PLINE J L, et al. Traffic engineering handbook[R]. 6th ed. Washington, D. C.: Institute of Transportation Engineering, 2009.

[8] 周蔚吾. 道路交通信号灯控制设置技术手册[M]. 北京: 知识产权出版社, 2009.

[9] BONNESON J, SUNKARI S, PRATT M. Traffic signal operations handbook[R]. College Station, Texas: Texas Transportation Institute, 2009.

[10] CHANDLER B E, MYERS M C, ATKINSON J E. et al. Signalized intersections informational guide [R]. 2nd ed. Washington, D. C.: Federal Highway Administration, 2013.

[11] PUSEY R S, BUTZER G L. Traffic control signals, in traffic engineering handbook[R]. 5th ed. Washington, D. C.: Institute of Transportation Engineers, 2000.

[12] ASANTE S A, ARDEKANI S A, WILLIAMS J C. Selection criteria for left-turn phasing and indication sequence[J]. Transportation Research Record, 1993, 1421: 11-20.

[13] WAGONER W D. Driver behavior at right-turn-on-red locations[J]. ITE Journal, 1992, 62(4): 18-20.

第6章

单点信号控制

单点信号控制是城市道路交通信号控制的最主要部分,目前各城市的众多信号控制交叉口都运行在单点控制模式下,因此,如何优化单点信号配时成为交通信号控制的关键基础工作。

6.1 定时信号控制方案设计概述

6.1.1 所需数据

进行交叉口信号配时所需要的数据类型如表 6-1 所示[1]。

表 6-1 进行信号配时所需要的数据

类 别	数 据 内 容
几何特征	各进口道路的横截面形式、宽度、中央隔离带宽度、转弯半径等
车道分配	每个进口方向的左转、直行、右转车道数 各车道用途:专用、共用
检测器数据	每条车道每个检测器长度 每个检测器离停车线的距离
进口道描述	限速(如果能够估计或者获得车速,则建议使用85%位车速值) 坡度
左转类型	许可型左转、保护型-许可型左转、单边轮放的保护型左转
信号相位数据	黄灯时长、全红时长 绿灯时长 最小和最大绿灯时间设置 单位绿灯延长时间设置 相位"召回"(recall)模式
相序	可使用相位图或"环图"显示相序
交通流量	早高峰、晚高峰、平峰期间的各交通流向流量;如果无法获得实际调查数据(如新建交叉口),则可以通过估计获得

对于进口道车速,如果能够调查得到,则建议使用85%位车速值,因为这个速度值更能反映真实的情况。而限速值并不能总是代表实际情况,因为有些实际的数据并不总是与限

速一致。

交通流量对于感应控制的设计是不需要的,但是如果要评价交叉口的饱和度则仍需要。

6.1.2 设计内容

针对特定交叉口的特定时段,其单点定时信号控制设计和配时优化的主要内容包括以下几点。

1) 首先需要设计一个安全有效的信号控制相位方案。
2) 确定机动车信号控制参数。
(1) 确定每个信号相位的黄灯时间和全红时间;
(2) 确定关键车道交通流量的总和;
(3) 确定每相位的损失时间和总损失时间;
(4) 确定恰当的周期长;
(5) 为相位方案中的不同相位分配有效绿灯时间。
3) 确定行人信号控制参数。
(1) 确定最小行人绿灯时间;
(2) 检查机动车相位的绿灯时间是否满足最小行人绿灯时间的要求;
(3) 如果机动车相位的绿灯时间不能满足行人绿灯时间要求,则需要调整配时或增加行人按钮以确保行人安全。

单点定时信号控制设计方案的最终目的是得到优化的信号配时参数,包括交通信号控制相位方案、周期长、各相位绿信比等。

6.1.3 设计流程

在对单点交叉口进行定时信号配时设计时,存在两种设计思路:一种思路是,先对各项参数进行优化,再根据实际约束条件与服务水平要求进行校核,如果不符合约束条件与服务水平的要求,则需要对配时参数甚至是交叉口车道渠化方案及交通信号控制相位方案进行相应的优化调整;另一种思路是,先列出各项实际约束条件,再结合这些约束条件进行各项参数的寻优。第一种思路得到的最终结果可能并非最优,但是计算方法简便;第二种思路得出的结果更加科学,但是寻优过程较为复杂,适合于应用计算机软件进行计算,可以使用多种复杂的优化模型或智能控制技术。本章主要结合第一种思路进行介绍。

单点交叉口定时交通信号配时设计,首先要按照不同时刻的交通流量来划分信号配时的不同时段,在每个时段内确定相应的配时方案。对于改建及治理的交叉口,当具备各流向设计交通量数据时,信号配时设计的流程如图 6-1 所示[2]。

需要注意的是,信号配时往往没有一个绝对正确的设计方法,信号配时优化往往包括了工程师的判断因素和很多实际的工程设计因素在里面。在信号配时设计过程中,需要不断地对设计方案加以论证,通过性能指标计算与实地交通调查,对信号控制配时方案进行修改和完善。

1. 信号配时时段划分

研究表明,绝大多数交叉口一天中的交通流量将按时间段规律性变化,因此,为使信号配时能适应各个时段的不同交通流量,提高交叉口的通行效率,各时段的信号控制配时方案

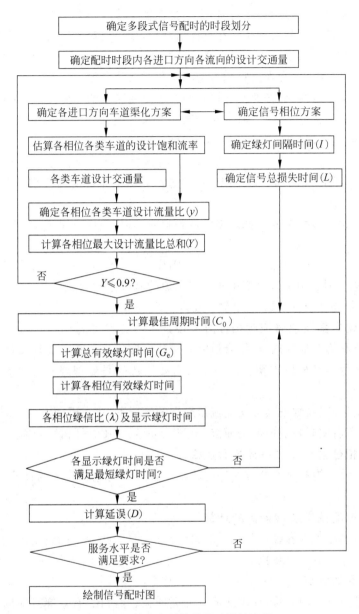

图 6-1　单点定时信号配时设计流程

应按照所对应的设计交通量分别优化计算确定。时段划分可根据实际情况分为：早高峰时段、午高峰时段、晚高峰时段、早低峰时段、午低峰时段、晚低峰时段等。

2. 设计交通量的确定

需要注意的是，所使用的交通量数据在信号配时过程中发挥着重要的作用。过于保守的估计交通流量可能会形成尺寸较大的交叉口，从而带来经济上的低效，而对某些特殊情况的欠缺考虑（例如旅游高峰季节等）可能会导致在某一年的某些时段道路基础设施的运行出现问题。

在确定交叉口交通流量的时候，需要区分两个概念：交通需求和交通量。交通需求代表的是交叉口的车辆到达的特性，而交通量通常是以在一定时间内通过交叉口的车辆数来进行衡量。当交叉口处于过饱和状态时,交通量往往无法反映交叉口的真实交通需求,因为有部分车辆在上游进行了多次排队。在这种情况下,如果要对该交叉口进行信号配时计算,则需要在上游调查交通需求。交叉口车辆达到与离开的差异代表了交通信号控制无法满足的那部分需求,而这部分差异在进行信号配时优化时必须考虑。

在确定设计交通量时,应按照交叉口每条车道交通流量的时变规律,各时段各进口道各流向的设计交通量需要分别计算确定,对于某一交叉口的第 i 时段第 j 进口道第 k 流向的车流,其设计交通量可以用 v_{dijk} 表示:

$$v_{dijk} = 4 \times v_{ijk15\min} \tag{6-1}$$

式中:$v_{ijk15\min}$——实测到的第 i 时段第 j 进口道第 k 流向车流的高峰小时中最高 15min 的流率。

当无高峰小时中最高 15min 的流率实测数据时,可按式(6-2)进行估算:

$$v_{dijk} = \frac{v_{ijk}}{\text{PHF}_{ijk}} \tag{6-2}$$

式中:v_{ijk}——第 i 时段第 j 进口道第 k 流向车流的高峰小时交通量;
  PHF_{ijk}——高峰小时系数,其取值一般为 0.8~0.95。

3. 车道渠化方案及信号控制相位方案设计

根据第 3 章和第 5 章的内容,结合道路实际几何形状及交通流量需求情况,确定交叉口的车道渠化方案及信号相位方案。其中尤其需要注意的是处理好左转车流的车道及相位分配。

对于新建交叉口,在缺乏实际交通流量数据的情况下,对车道功能划分应先采取试用方案,然后根据通车后实际各流向的交通流量调整车道划分及信号相位方案。

4. 估计各相位各车道的设计饱和流率

根据第 2 章计算饱和流率的方法进行各相位各车道的饱和流率的计算,或采用实地调查方法确定。

5. 关键车道的确定及流量比的计算

根据第 2 章的相关内容确定各相位的关键车道,并以此为基础确定各相位关键车道的最大流量比以及路口的总流量比。

6. 配时参数的计算

应用 6.2 节所介绍的方法,计算交叉口的周期长、绿信比、有效绿灯时间、黄灯时间、全红时间、最短绿灯时间等参数。在此过程中,如果计算的某相位的绿灯时间无法满足最短绿灯时间的要求,则需重新调整各个配时参数的计算结果。

7. 计算延误等评价指标

根据交通流量及配时参数,估计延误等信号控制交叉口服务水平评价指标。服务水平较低时,需要改变各进口道设计或信号相位方案设计,重新进行交叉口配时设计。

6.2 定时信号配时参数计算

对于交叉口单点定时信号控制而言,最基本的两个配时参数为周期长和绿信比,其他参数包括各相位黄灯时间、全红时间、行人相位等。

6.2.1 周期长

周期长为各相位信号灯轮流显示一次所需要的时间总和,或者是从某主要相位的绿灯开始时刻到下次该绿灯开始的时刻所需要的时间,以秒(s)为单位表示。交叉口信号周期长与交通流量、车速、交叉口通行能力、交叉口相序及路段长度(协调控制周期长)等因素有关。周期长是决定信号控制效益的关键控制参数,是信号配时设计的主要对象。一般而言,交叉口饱和度越高则周期越长,饱和度越低则周期越短,适当的周期长对交叉口处交通流的疏散和减少车辆延误具有重要意义。

在正常情况下,适当增大信号周期长,可以提高整个交叉口的通行能力、降低车辆平均停车次数,但却会使车辆平均延误时间有所增加(例如当周期长达到120s后,通行能力提高缓慢,而延误却增长很快),因此,信号周期长的选取应建立在设计者的期望控制效果之上。需要注意的是,理论上增大信号周期长可以提高通行能力的结果是建立在所有的车道都是运行在饱和流的状态下。这需要有专用的转弯车道来为转弯车辆提供等候区域,而展宽的转弯车道如果长度不足则往往会被因较长周期而形成较长的排队车辆所阻挡。周期长由120s提高到180s,通行能力可能只是提高2‰~3‰。有案例表明[3],对于某交叉口,当周期长从150s变为160s后,通行能力增加80pcu/h,但同时导致1h内通过该交叉口的5000辆车平均增加3s的延误。图6-2[4]显示了假设的单点信号控制交叉口周期长与通行能力、延误的关系曲线。

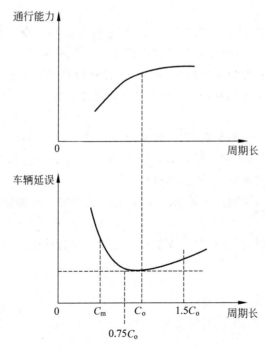

图6-2 单点信号控制交叉口周期长与通行能力及延误的典型关系示意图

从图6-2中可以看出:
(1) 当周期长小于临界(最小)周期长时,延误将迅速上升;
(2) 曲线在最优周期长的附近较为平缓,即在最优周期长的85%~120%之间变化不会导致延误的剧烈变化；

(3) 延误曲线在最优周期长的右侧较左侧平缓；

(4) 随着周期长的上升，通行能力有所上升。

周期过长时，等待的人易产生急躁情绪，等待的车队也会过长，因此通常以 180s(3min) 的期限为界限(国外往往建议以 120s 为界限)。从疏散交通的角度来看，显然当交通需求越大时，周期应越长，否则一个周期内到达的车辆不能在该周期的绿灯时间内通过交叉口，就会发生堵塞现象。从减少车辆等待时间的角度来看，太长和太短的周期都是不利的。如果周期太短，则发生上述堵塞现象；如果周期太长，则某一方向的绿灯时间可能大于实际需要长度，而另外方向的红灯时间不合理的延长必然导致该方向车流等待时间的延长。最佳的周期长应该是一个方向的绿灯时间刚好使该方向入口处等待车队放行完毕。

较长的周期长可能导致拥堵的情形如下：

(1) 上游通过量超过了下游路段的通行能力。上游交叉口较长的周期长使得多于下游路段通行能力的车辆通过上游交叉口，从而堵塞下游路段。

(2) 超出专用转弯车道的容量。较长的周期长使得在左转专用车道中排队的车辆超过左转专用车道的长度而进入直行车道。类似地，过长的周期长也可能导致直行排队车辆过长而超过转弯专用车道的尾部从而阻塞转弯车辆进入转弯专用车道。

(3) 增加了感应绿灯时间的可变性。较长的周期长导致支路所用的绿灯时间的高变动性，这将导致到达下游交叉口的较差的车队到达类型，当相位时间超过 50s 的时候尤其需要注意。

虽然一般情况下，周期应该设置在 60~120s，但是在我国的众多城市中，很多交叉口都是主干路与主干路相交，一方面信号相位方案至少是 4 个相位，另一方面交通流量较大，高峰期以提高交叉口通行能力为主要目标，因此，往往将周期长设置的较长，120~180s 的周期长也比较普遍。原则上建议周期长不超过 180s，但在实用中在一些较大的交叉口往往还会突破这个限制。

如果交叉口是处于非饱和状态，则一般采用使得交叉口延误最小的周期长。如果交叉口处于过饱和状态，则可以使用较短的周期长，从而在过饱和的进口道上尽可能不产生"溢流"或"回溢"的现象，尤其是对于较短的路段。

下面针对几种不同的期望控制效果，介绍其相应的信号周期长计算公式[5]。

1. 最佳周期长

根据 Webster 的推导，最佳信号周期长可以用下式进行计算：

$$C_o = \frac{1.5L + 5}{1 - Y} \tag{6-3}$$

式中：C_o——信号控制最佳周期长，s；

L——周期总损失时间，s，其计算见下式：

$$L = \sum_{i=1}^{n}(l_s + I_i - A_i) \tag{6-4}$$

式中：l_s——车辆起动损失时间，一般为 3s；

I_i——绿灯间隔时间，即黄灯时间加全红灯清空交叉口时间，一般黄灯为 3s，全红灯为 2~4s；

A_i——黄灯时间；

n——所设相位数。

Y——组成周期的全部相位的最大流量比之和，即

$$Y = \sum_{i=1}^{n} \max(y_{i1}, y_{i2}, \cdots) \qquad (6\text{-}5)$$

式中：y_{i1}——第 i 个相位第 1 个交通流向的流量比，即

$$y_{i1} = v_{i1}/S_{i1} \qquad (6\text{-}6)$$

式中：v_{i1}——第 i 相位第 1 个交通流向的实际到达流率（调查得到或设计交通量）；

S_{i1}——第 i 相位第 1 个交通流向的饱和流率（调查得到或根据基本饱和流率估计得到）。

2. 期望周期长[6]

$$C_{\text{des}} = \frac{L}{1 - \left[\dfrac{v_c}{S \times \text{PHF} \times (v/c)}\right]} \qquad (6\text{-}7)$$

式中：C_{des}——期望周期长度，s；

L——周期的总损失时间，s；

v_c——关键车道最大流量和，pcu/h；

PHF——高峰小时系数；

v/c——交叉口关键流量的目标 v/c 比；

S——饱和流率，pcu/h。

使用高峰小时系数使得配时方案可以满足设计小时内的最高峰 15min 的需求。目标 v/c 比一般在 0.85~0.95 之间。较低的目标 v/c 比将增加延误，因为车辆被迫在交叉口等待，而有部分绿灯时间没有被利用；$v/c>0.95$ 则意味着经常会出现个别周期失效的情况（即过饱和情况），从而增加延误。

3. 最小周期长

就满足交叉口通行能力要求而言，信号周期长的选择有一个最起码的底线，即信号周期长无论如何都不能低于这个限值，否则将不能满足通行能力的要求，这个最低限值称为最小信号周期长。在理想情况下，当交叉口的信号周期运行最小信号周期长时，一个周期内到达交叉口的车辆将恰好在一个周期内被放行完，既无滞留车辆，也无富余绿灯时间。因此，最小信号周期长 C_m 应当恰好等于一个周期内全部关键车流总的绿灯损失时间加上对应到达车辆以各自进口道饱和流量放行通过交叉口所需时间之和，即

$$C_m = L + \frac{v_1 \times C_m}{S_1} + \frac{v_2 \times C_m}{S_2} + \cdots + \frac{v_n \times C_m}{S_n} \qquad (6\text{-}8)$$

式(6-8)经整理可得

$$C_m = \frac{L}{1 - \sum_{i=1}^{n} \dfrac{v_i}{S_i}} = \frac{L}{1 - \sum_{i=1}^{n} y_i} = \frac{L}{1 - Y} \qquad (6\text{-}9)$$

式中：L——全部关键车流总的绿灯损失时间，s；

Y——全部关键车流总的交通流量比。

4. 阿氏最佳周期长

阿氏最佳信号周期长 C_o 是将关键车流平均停车次数和延误时间合在一起作为评定配

时方案的综合指标,对应于综合指标最小的信号周期长。

综合指标 P 可表示为

$$P = d + K \times h \tag{6-10}$$

式中,K 为关键车流平均停车次数 h 的加权系数,又称为停车补偿系数。经过研究发现,系数 K 的取值具有相当明确的实际意义,例如,要使燃油消耗量最少,K 的取值应为 0.4;要使运营费用最少,K 的取值应为 0.2;要使关键车流总延误时间最少,K 的取值应为 0;要使关键车流总排队长度最小,K 的取值应为 -0.3[7]。

将交叉口关键车流综合指标 P 的计算公式对信号周期 C 求导,并令一阶导数 $\dfrac{dP}{dC}$ 等于 0,便可得到阿氏最佳信号周期长的理论计算公式。经过近似计算,得到阿氏最佳信号周期长的简化公式为

$$C_o = \frac{(1.4 + K) \times L + 6}{1 - Y} \tag{6-11}$$

由式(6-11)可以看出,K 值越大,信号周期越长,较长的信号周期有利于减少停车次数,减少燃油消耗量以及尾气污染;K 值越小,信号周期越短,较短的信号周期有利于减少延误时间,减少车辆排队长度。然而,由于阿氏最佳信号周期长 C_o 只对关键车流有利,因此采用比阿氏最佳信号周期稍短一点的时间作为实际信号周期,有利于减少非关键车流的延误时间和过街行人的受阻延误。

 拓展阅读 1

HCM(第 6 版)中建议的周期长

6.2.2 绿信比

1. 绿信比与延误

一旦确定了周期长,则可用的有效绿灯时间就可以在不同的相位之间进行分配。

一个周期的总有效绿灯时间为

$$G_e = C - L \tag{6-12}$$

式中:G_e——总有效绿灯时间,s;

周期绿信比等于各相位绿信比之和,即

$$\lambda = \sum_{i=1}^{n} \lambda_i = \frac{G_e}{C} \tag{6-13}$$

式中:λ——周期绿信比;

λ_i——相位 i 的绿信比。

各相位的绿信比是影响交叉口信号控制运行效率的重要参数,不同的绿信比将导致不同相位的延误和通行能力的变化。以两相位配时方案为例,其周期绿信比 $\lambda = \lambda_1 + \lambda_2$。在周期、损失时间一定的情况下,周期绿信比也是一定的。

某相位绿信比增大,表明该相位的绿灯时间增多,红灯时间减少,因此该相位的车辆延误随之减少;而当某相位绿信比减少,表明相位的绿灯时间减少,红灯时间增多,该相位的

车辆延误随之增加,如图 6-3 所示[4]。

图 6-3(a)所示为相位 1 关键车道车辆延误 d_1 与绿信比 λ_1 的关系曲线,随着 λ_1 的增大,车辆延误 d_1 减小。由于绿信比 λ_1 增大的同时,绿信比 λ_2 在减小,因此在图 6-3(b)中,相位 2 关键车道的车辆延误 d_2 随着绿信比 λ_2 的减小而增大。

用交叉口各相位关键车道车辆延误之和表示交叉口的车辆延误,即 $d = d_1 + d_2$。交叉口车辆延误 d 与相位绿信比 λ_1 或 λ_2 之间的关系曲线如图 6-4 所示[4]。

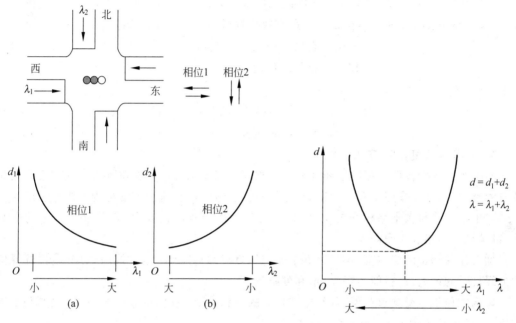

图 6-3　相位绿信比与相位车辆平均延误关系①　　图 6-4　绿信比与交叉口车辆延误的关系

λ_1 与 λ_2 的不同取值称之为绿信比分配,两者之和为一定值,即为周期绿信比。由图 6-4 可见,绿信比的不同分配,使交叉口有着不同的车辆延误。恰当的绿信比分配取值对应着最小或者较小的交叉口车辆延误,通常称此时的绿信比分配处于最佳。

2. 等饱和度法绿信比分配

等饱和度指各信号相位饱和度相同,因此在这种情况下,相位饱和度就是交叉口饱和度。等饱和度法通常是指 Webster 方法。在 Webster 方法中,给出了绿信比的分配原则,即各相位绿信比按各相位关键车道流量比的比例进行分配,因此各相位饱和度相同。即各相位有效绿灯时间可以通过下式进行计算:

$$g_{ei} = G_e \frac{\max(y_{i1}, y_{i2}, \cdots)}{Y} \tag{6-14}$$

式中:g_{ei}——第 i 相位有效绿灯时间,s;
G_e——总有效绿灯时间,s。

例如:对于两相位信号控制交叉口,设两相位关键车道流量比分别为 y_1、y_2,根据上述绿信比的分配原则,可以得到绿信比的分配系数。

---

① 注意,图(b)中横坐标是从大到小,与常规的图有异。

相位 1 分配系数 k_1：

$$k_1 = \frac{y_1}{y_1 + y_2} = \frac{y_1}{Y} \tag{6-15}$$

相位 2 分配系数 k_2：

$$k_2 = \frac{y_2}{y_1 + y_2} = \frac{y_2}{Y} \tag{6-16}$$

分配系数 k_1、k_2 是用于对周期绿信比或周期有效绿灯时间进行分配的。为此，在进行分配时，需要先求得周期绿信比 λ 或周期有效绿灯时间 G_e，随后计算绿信比分配如下：

相位 1 有效绿信比 λ_1：$\lambda_1 = k_1 \times \lambda$ (6-17)

相位 2 有效绿信比 λ_2：$\lambda_2 = k_2 \times \lambda$ (6-18)

式中：$k_1 + k_2 = 1$，$\lambda_1 + \lambda_2 = \lambda$。

相位 1 有效绿灯时间 g_{e1}：$g_{e1} = k_1 \times G_e$ (6-19)

相位 2 有效绿灯时间 g_{e2}：$g_{e2} = k_2 \times G_e$ (6-20)

3. 不等饱和度法绿信比分配

不等饱和度指各信号相位饱和度不完全相同。当要求各信号相位承受不同的交通负荷及车辆延误时，可以按照不等饱和度分配绿信比或绿灯时间，这种方法称为不等饱和度法。

对于主干路与次干路相交的交叉口，通常加大次干路的饱和度，来降低主干路的饱和度，以满足主干路的交通需求。

加大任一相位的饱和度，该相位绿信比或绿灯时间将减小；与此同时，另一相位的绿信比或绿灯时间增大，通行能力提高，饱和度降低。

以两相位信号交叉口为例，现给定相位 2 的饱和度 x_2，求相位绿信比 λ_1、λ_2 及相位 1 饱和度 x_1 的过程为：

(1) 根据给定的相位 2 饱和度 x_2，可以求得相位 2 的绿信比 λ_2：$\lambda_2 = \frac{y_2}{x_2}$；

(2) 由于周期绿信比 $\lambda = \lambda_1 + \lambda_2$，因此可得相位 1 的绿信比 λ_1：$\lambda_1 = \lambda - \lambda_2$；

(3) 确定相位 1 饱和度 x_1：$x_1 = \frac{y_1}{\lambda_1}$。

由此可见，在给定任一相位饱和度的同时，也就确定了该相位的绿信比，与此同时，另一相位的绿信比、饱和度也便随之确定下来。

在确定了相位绿信比之后，即可以确定相位有效绿灯时间及显示绿灯时间。相位有效绿灯时间为

$$g_{ei} = \lambda_i \times C \tag{6-21}$$

各相位实际显示绿灯时间为

$$G_i = g_{ei} - A_i + l_s \tag{6-22}$$

式中：G_i——第 i 相位实际显示绿灯时间，s；

l_s——第 i 相位起动损失时间，s。

6.2.3 黄灯时间和全红时间

黄灯时间和全红时间是作为相位变换与清场时间段，其目的是提供冲突相位之间的安

全过渡。黄灯时间段的目的在于提醒驾驶人通行权分配即将发生变化,而全红清场时间段用于在允许冲突方向车辆通行之前,为驾驶人提供额外的通行时间以清空交叉口内空间。因此,相位变换与清场时间段必须达到一定的时长以使驶近交叉口的驾驶人能够完成如下行动中的一种:

(1) 安全地停在停车线后;
(2) 在冲突方向交通流驶入交叉口之前能够驶离交叉口。

如果驾驶人无法完成上述行动中的一个,则交叉口会处于一种较为危险的状况。

1. 黄灯时间

黄灯时间的长度通常取决于驾驶人的反应时间,以及安全停车或者安全通过交叉口所需时间。

在美国,通常有两种黄灯使用规则[8]。

"允许"黄灯规则:在整个黄灯时间内驾驶人都可以进入交叉口,如果驾驶人是在黄灯时间内进入交叉口,那么红灯时间内还可以在交叉口内行驶。在"允许"黄灯规则的情况下,必须利用全红清场时间来确保交叉口通行权的安全过渡。

"限制"黄灯规则:这一规则有两种不同形式。在第一种形式中,除非车辆可以在黄灯结束时完全通过交叉口,否则它不能在黄灯时间内进入交叉口。这也意味着如果驾驶人认为他们无法安全停车,那么黄灯时间应该足以让他们完全通过交叉口;在第二种形式中,除非车辆无法安全停车,否则它不能在黄灯时间内进入交叉口。在这种"限制"黄灯规则的情况下不一定要有全红清场时间,设计者需要有良好的工程判断能力。

我国对黄灯的规范不尽明确,只在《道路交通安全法》实施条例中提到"黄灯亮时,已越过停止线的车辆可以继续通行"。类似于美国"限制"黄灯规则中的第二种。

美国 ITE 推荐的确定黄灯时间的方法如下[9]:

$$A = t + \frac{s_{85}}{2a + (19.6 \times G)} \quad (6\text{-}23)$$

式中:A——黄灯时长,s;

t——驾驶人反应时间,s;

s_{85}——85%位车速,或者是限速值,m/s;

a——车辆减速度,m/s^2;

G——进口道坡度,用小数表示;

19.6——两倍的重力加速度,m/s^2。

通常情况下驾驶人反应时间取 1s,减速度取 3.048m/s^2。

式(6-23)反映了车辆安全停车所需时间,包括驾驶人反应时间,这允许驾驶人在距离交叉口大于一个安全距离的情况下停车,或是在距离交叉口小于一个安全距离的情况下安全进入交叉口(同时在限制黄灯规则情况下安全驶离交叉口)。有关反应时间以及减速度的取值与道路几何设计中采用的数据不同,因为这些数据是基于驾驶人对黄灯信号做出的反应,也就是考虑有预见性的情况,而不像没有预见性(意外)情况下需要更长的反应时间。

2. 全红时间

全红时间是指某相位黄灯时间结束变成红灯,而下一个相位还没变为绿灯的时间段,此时所有的信号灯全部为红灯。全红时间的设置目的在于让在黄灯时间内进入交叉口的车辆可以在下一个相位开始之前完全驶离交叉口。

是否使用全红时间是可选的,使用方法和时间长度也没有统一的规定。最近的研究表明使用全红时间可以减少闯红灯行为的发生,在这些研究中,采用全红时间后发生直角碰撞的事故大大减少。其他一些研究认为这种减少可能只是暂时的。为明尼苏达州交通部门做的一项研究[10]表明,全红时间可以在短期内减少事故发生率(大概采用全红时间后一年之间),但是并没有发现长期的减少效果,这也就意味着加长全红时间未必对安全有益。

利用全红时间的一个劣势在于会减少其他相位可利用的绿灯时间,对于次要方向配时受限的交叉口(例如在协调控制情况下的配时),全红时间来自于交叉口其他相位的时间。当主要方向接近或达到饱和时,在分析运行情况时就需要考虑出于安全目的而加长的全红时间对通行能力的负面影响。

美国《统一交通控制设施手册》(MUTCD)提供了制定黄灯时间与全红时间的指导方针,建议时长应该根据交叉口实际情况(进口道车速与交叉口宽度)事先确定。MUTCD 建议黄灯时间持续 3~6s,对于车速较高的方向可采用更长的黄灯时间,而建议全红时间不超过 6s。

ITE 推荐的全红时间的计算方法如下[9]:

如果没有行人交通,则

$$AR = \frac{w+L}{s_{15}} \tag{6-24}$$

如果有大量的行人交通存在,则

$$AR = \frac{P+L}{s_{15}} \tag{6-25}$$

如果行人交通量并不显著,则

$$AR = \max\left[\left(\frac{w+L}{s_{15}}\right),\left(\frac{P}{s_{15}}\right)\right] \tag{6-26}$$

式中:AR——全红时长,s;
w——从出发的停车线到最远冲突交通车道的远端的距离,m;
P——从出发的停车线到最远冲突人行横道的远端的距离,m;
L——标准车长,一般取 5.4~6m;
s_{15}——15%的进口道车速,m/s。

上述 3 种计算全红时间方法的差异主要体现在行人交通流量上,其中第三种方法是常用的方法。

为了提供充分的安全性,黄灯时间和全红时间采用了不同的速度,85%位车速和 15%位车速。因为在黄灯时间的计算公式中,速度出现在分子上,而在全红时间的计算公式中,速度出现在分母上,采用不同的速度来适应绝大多数驾驶人的安全性考虑。如果只知道进口道的平均车速,则可以按照如下方法估计相应的 85%位车速和 15%位车速。

$$\begin{aligned} s_{15} &= s - 5 \\ s_{85} &= s + 5 \end{aligned} \tag{6-27}$$

注意,在式(6-27)中速度的单位为 km/h。

当不知道进口道车速,则使用限速值来计算黄灯时间和全红时间,不过计算结果往往难以令人满意。

交叉口宽度通常由地方政策确定。例如在亚利桑那州交叉口的宽度根据州内法规定义为路缘线延长线之间的距离,而对于那些地方政策没有定义交叉口宽度的道路,应该根据工程判断来测量侧交叉口的宽度 W。一种方法是测量近侧停车线到与行进轨迹冲突的车道中最远的那条车道的远端,也有一些部门使用的方法是测量近侧停车线到交叉口远侧人行横道的远端(针对直行相位),或是测量近侧停车线到左转进入的出口道的人行横道的远端。具体可以参考图 6-5[1]。

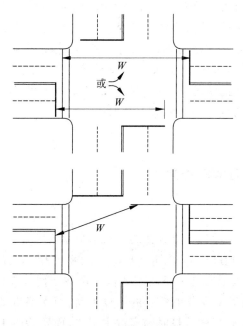

图 6-5 交叉口宽度的计算方法

表 6-2 中的黄灯时间假定车道坡度可以忽略,每 1% 的下坡坡度需要增加 0.1s 黄灯时间,每 1% 的上坡坡度需要减少 0.1s 黄灯时间。举例来说,考虑来车速度为 48.3km/h,交叉口宽度为 21.34m,下坡坡度 4%,那么估算的黄灯时间为 3.6(=3.2+0.1×4)s。

表 6-2 变换时间段长度[1,8]

来车速度/	黄灯	交叉口宽度/m						
(km/h)	时间/s	9.1	15.2	21.3	27.4	33.5	39.6	45.7
		全红时间/s						
40.2	3.0[a]	1.4	1.9	2.5	3.0	3.5	4.1	4.6
48.3	3.2	1.1	1.6	2.0	2.5	3.0	3.4	3.9
56.3	3.6	1.0	1.4	1.8	2.1	2.5	2.9	3.3
64.4	3.9	0.9	1.2	1.5	1.9	2.2	2.6	2.9
72.4	4.3	0.8	1.1	1.4	1.7	2.0	2.3	2.6
80.5	4.7	0.7	1.0	1.2	1.5	1.8	2.0	2.3
88.5	5.0	0.6	0.9	1.1	1.4	1.6	1.9	2.1
96.6	5.0[b]	1.0	1.2	1.4	1.7	1.9	2.1	2.3
104.6	5.0[b]	1.3	1.5	1.7	1.9	2.1	2.3	2.6
112.7	5.0[b]	1.6	1.8	2.0	2.2	2.4	2.6	2.8

注:a. 2003 版 MUTCD 建议黄灯变换时间最小值取为 3s;
　　b. 黄灯时间最大取为 5s,计算出来的黄灯时间如果超过 5s,则多余的部分加到全红时间上。

由式(6-23)和式(6-24)可以得到黄灯时间与全红时间之和的计算公式为

$$CP = A + AR = \left[t + \frac{s_{85}}{2a + (19.6 \times G)} \right] + \frac{w + L}{s_{15}} \tag{6-28}$$

遵循"限制"黄灯规则的州可能会将黄灯时间设置为根据式(6-28)计算得到的值(两项之和),如果需要红灯清场时间,则该值将根据工程判断可能被设置为 0.5~2.0s。

遵循"允许"黄灯规则的州通常会将黄灯变换时间设置为根据式(6-28)第一项计算得到的值(表 6-2 中的第二列)但是不短于 3.0s,这一时间长度使得那些没有足够安全距离停车的驾驶人有时间在红灯开始前进入交叉口。如果需要全红清场时间,那么该值通常根据式(6-28)第二项计算得到的值(表 6-2 中的第三大列)。有些考虑到下一个将被放行的冲突相位驾驶人的反应时间,将全红时间的值减少 1.0s。

拓展阅读 2
黄灯时间及全红时间的推导

6.2.4 行人相位

前面的信号配时方案的设计主要考虑了机动车交通流的需求,然而,有时在信号配时中必须考虑行人的需求,因为有时行人需求与机动车需求存在的差异会导致新的问题。

例如,当一条较宽的主干路与一条较窄的次干路或支路相交时,主干路交通流强度较大,配时结果是主干路机动车辆获得较长的绿灯时间,而支路机动车辆获得较短的绿灯时间,然而,支路的行人需要较长的绿灯时间穿过主干路,而顺沿主干路的行人只需要较短的绿灯时间穿越支路,由此使得机动车与行人对绿灯时间的需求有所差异。

行人相位包括了 3 个时间段:行人过街(行人绿灯)、行人清场[行人绿闪,通常被称为闪烁"禁止过街"(flashing don't walk)]以及完全禁止过街(行人红灯)。行人过街时间段开始于相位绿灯时间开始时刻,该时间段允许行人对该相位开始时的绿灯做出反应并且进入人行横道,这一时间段信号灯显示的通常是一个行走中的人形。行人清场时间段紧接着行人过街时间段,告知行人该相位即将结束。完全禁止过街时间段紧接着行人清场时间段,这一时间段告诉行人他们应该已经离开人行横道并且冲突方向车辆将开始起动。

1. 行人绿灯时间

行人绿灯时间应该提供给行人足够的时间察觉到行人绿灯信号并且在行人绿闪时间段开始前离开人行道路缘,其时间长度应该足以让按下行人过街按钮的行人进入人行横道。在许多情况下当车辆相位是绿灯时,行人相位会被设定为保持绿灯信号来获得最大的绿灯时间,一些控制机可以通过参数设定使得行人绿灯早于或迟于机动车绿灯相位。行人相位"召回"模式可以免除行人按下过街按钮的要求以保证每个周期内都会有行人相位出现。

行人绿灯时间的长度通常由各地根据具体情况制定,美国的 MUTCD 指出最短过街时间不应少于 7s,但也指出如果行人流量很小或是行人需求特性与 7s 时间不符时,可以采用最低值 4s。对于学校地区以及老年行人数量较多区域应当采用大于 7s 的行人绿灯时间,当行人过街按钮与路缘石之间距离较远时应该考虑额外的行人绿灯时间。

表 6-3 根据 MUTCD 和 ITE 的《交通控制设备手册》提供的指导方针总结了推荐的行

人过街时间[8],对于老年行人数量较多的交叉口,MUTCD 建议行人绿灯时间信号的持续时间能够保证行人以 0.9m/s 的步行速度到达道路中心线。

表 6-3 行人绿灯时间段长度

情 形	行人绿灯时间段长度
行人流量较大的区域(例如学校、中心商业区、运动场等)	10~15s
典型的行人流量和较长的周期长度	7~10s
典型的行人流量和较短的周期长度	7s
可忽略的行人流量	4s
有老年人的情况	至道路中心线的距离除以 0.9m/s

需要注意的是:行人绿灯时间如果足以让行人在行人绿闪时间之间到达中央安全岛,那么行人停留在安全岛内的可能性会降低。

2. 行人绿闪时间

行人绿闪时间运行在行人绿灯时间之后,当行人绿闪时间开始时,如果行人已经在交叉口内那么应该继续通过交叉口,否则就不应进入交叉口而要等到下一个行人绿灯时间开始后再过街。MUTCD 现在规定计算行人绿闪时间时选取的距离应当是路缘至冲突方向车道的远端,或者是路缘到具有足够宽度可供行人等待的道路中的安全岛。

行人绿闪时间由过街距离除以过街速度得到,行人过街速度是确定该参数的一个重要基础。MUTCD 建议过街速度为 1.2m/s,美国残疾人建筑与设施可达性指南建议使用 0.9m/s,也有建议采用最大过街速度为 1.05m/s,建议对于老年人与儿童较多的地区应采用更低的过街速度。对于一般行人过街距离的行人清场时间可以从表 6-4 中获得[8]。

表 6-4 行人清场时间

人行横道长度/m	过街速度/(m/s)		
	0.9	1.05	1.2
	行人绿闪时间/s		
6.1	7	6	5
7.6	8	7	6
9.1	10	9	8
10.7	12	10	9
12.2	13	11	10
13.7	15	13	11
15.2	17	14	13
18.3	20	17	15
21.3	23	20	18
24.4	27	23	20
27.4	30	26	23
30.5	33	29	25

注:行人绿闪时间计算公式为:$PCT = \dfrac{D_c}{s_p}$,其中 D_c 是行人过街距离(m),s_p 是行人过街速度(m/s)。

一般来说,可以利用如下两种方法中的一种来确定行人绿闪时间。

(1) 要求行人绿闪时间结束的同时黄灯时间开始,这一方法提供了附加的行人绿闪时间(相位转换时间),有时也有利于那些行走速度低于平均水平的行人。

(2) 允许行人绿闪时间的一部分出现在相位转换时间段内(黄灯时间或是黄灯时间加上全红时间),这一方法使得行人对相位长度产生的影响最小化,使其能够更好地对车辆交通需求作出反应。

第二种方法可能会给行人带来一定的风险,因为可能在黄灯期间许可型的左转交通流看到黄灯后希望能够在黄灯期间通过交叉口。

MUTCD(4E.07 和 4E.10 部分)指出如果使用带倒计时功能的行人信号灯,行人清场时间段必须在黄灯时间开始前结束计时。

3. HCM 推荐值

HCM(第 6 版)中建议行人最小绿灯时间需求为

$$G_p = 3.2 + \frac{L}{s_p} + 0.81 \times \frac{N_{ped}}{W_E}, \quad W_E > 3m \tag{6-29}$$

$$G_p = 3.2 + \frac{L}{s_p} + 0.27 \times N_{ped}, \quad W_E \leqslant 3m \tag{6-30}$$

式中:G_p——最小行人过街时间,s;

L——人行横道长度,m;

s_p——行人平均步行速度,m/s;

N_{ped}——一个人行横道每周期通过的行人数量,人;

W_E——人行横道宽度,m。

式(6-30)中,3.2s 是为行人分配的最小起动时间。一个行人在 3.2s 末起动后安全穿过街道还需要 $\frac{L}{s_p}$ s。式中的第三项是考虑到需要过街的行人流量而分配的额外的起动时间。事实上,这个公式提供最小行人绿灯显示时间,即公式的第一项和第三项:

$$\text{WALK}_{min} = 3.2 + \left(0.81 \times \frac{N_{ped}}{W_E}\right), \quad W_E > 3m \tag{6-31}$$

$$\text{WALK}_{min} = 3.2 + (0.27 \times N_{ped}), \quad W_E \leqslant 3m$$

如果机动车绿灯时间较长的话,行人绿灯时间可以比行人最小绿灯时间长。

行人绿灯时间和行人绿闪时间的总长有多种考虑方式,在美国,ITE 的实践允许行人在机动车绿灯、黄灯和全红时间都可以在人行横道上,有的地方不允许行人在全红阶段还在人行横道上,而有的地方则不允许行人在黄灯和全红时间还在人行横道上。

不同情况下,行人过街最小绿灯时间的设置就会有不同的要求:

$$G_p \leqslant G + A + AR, \quad \text{或者 } G_p \leqslant G + A, \quad \text{或者 } G_p \leqslant G$$

如果在一个信号配时中无法满足行人最小绿灯时间的需求,则有两种方法可以考虑:

(1) 使用行人过街按钮。在此情况下,如果有人按下行人过街按钮,则下一个行人绿灯相位的时间将延长到 $G_p = G + A + AR$(或者 $G + A$,或者 G)。在定时配时方案中,额外需要的绿灯时间可以从其他相位中获得以保持正常的周期长度。如果使用行人过街按钮,则必须使用行人信号灯。

（2）重新进行配时以便在所有的周期内提供最小的行人绿灯时间。由于要维持机动车交通流绿灯时间的均衡，这种方法将导致较长的周期长。

第一种方法的作用有限。例如当大多数周期都有行人过街时，则意味着行人过街按钮经常会被使用，从而将破坏已有的定时配时方案。在这种情况下，应当考虑第二种方案进行重新配时。行人过街按钮主要适用于过街行人量较少的情形或者感应控制的交叉口。

6.2.5 损失时间计算

损失时间包括起动损失时间和清场损失时间，二者的计算方法如下[6]。

1. 起动损失时间

起动损失时间是指在绿灯初期，由于排队车辆需要起动加速而驶出率较低所造成的损失时间。车辆在交叉口的运行过程中，实际上每辆车的平均车头时距将会超过饱和车头时距，尤其是绿灯启亮初期的部分车辆。最初的3～4辆车的车头时距包括了驾驶人对于绿灯的反应时间和加速时间。这部分包括在这些初始的车头时距内的附加的时间（即超过饱和车头时距的时间）用 Δ_i（对于第 i 个车头时距）表示。

将这些附加的时间累加，即形成起动损失时间

$$l_s = \sum_i \Delta_i \tag{6-32}$$

式中：l_s——某相位起动损失时间，s；

Δ_i——车辆 i 附加的车头时距（超过饱和车头时距的部分），s/pcu。

由此可以计算消散完包括 n 辆排队车辆的车队所需要的绿灯时间为

$$T_n = l_s + nh \tag{6-33}$$

式中：T_n——n 辆排队车辆通过信号控制交叉口所需要的绿灯时间，s；

l_s——起动损失时间，s；

n——排队车辆数；

h——饱和车头时距，s/pcu。

尽管该公式不常使用，但是它表示了饱和车头时距和起动损失时间之间的基本概念。起动损失时间被视为损失掉的一部分时间，其余的绿灯时间则假设能够被车辆以 h s/pcu 的通过率使用。HCM（第6版）中给出起动损失时间为2s。

2. 清场损失时间

在每次绿灯结束时，还存在着与车队停止相关的损失时间。该损失时间在现实中更难以观测，因为它需要有足够长的排队能够保持在绿灯期间一直以排队的方式通过交叉口。在这种情况下，清场损失时间定义为最后一辆车的前轮通过停车线的时刻与下一个相位绿灯启亮时刻之间的时间差。即绿灯时间结束后，黄灯期间停车线后的部分车辆已不允许越过停车线所造成的损失时间。

HCM（第6版）中给出了清场损失时间的计算方法

$$l_c = A + AR - e \tag{6-34}$$

式中：l_c——清场损失时间，s；

A——黄灯时长，s；

AR——全红时长，s；

e——被车辆有效利用的黄灯和全红的时间(有效绿灯延长的时间),一般取 2s。也称为后补偿时间,即绿灯时间结束后,黄灯初期已经越过停车线的车辆可以继续通行所带来的补偿时间。

每相位的总损失时间为

$$l = l_s + l_c \tag{6-35}$$

注意根据 HCM(第 6 版)的推荐,由于 l_s 和 e 都等于 2s,因此,每相位的总损失时间就是该相位的黄灯与全红时间之和。由于每相位的黄灯与全红时间不同,因此,整个周期的总损失时间为

$$L = \sum_{i}^{n} l_i \tag{6-36}$$

式中:l_i——第 i 相位的总损失时间;

n——一个周期内的总相位数。

6.2.6 组合信号配时

一般建议不要在信号配时中出现搭接相位(例如保护型左转＋许可型左转或者许可型左转＋保护型左转),但是一旦出现这种情况,本章所述的方法也可以用于这类配时方案的计算。为估计这样的组合信号配时,分析人员首先需要确定多少左转车辆将在许可型左转相位中处理,多少左转车辆将在保护型左转相位中处理。这两部分左转流量确定之后就可以采用本章的方法进行计算:

(1) 将保护型和许可型左转的左转流量视为独立的相位;

(2) 在进行流量转换过程中根据不同的控制模式使用恰当的转换方法;

(3) 将保护型部分和许可型部分视为独立的相位进行周期长和绿信比的计算;

(4) 需要注意的是,在从保护型左转到许可型左转的过程中,箭头绿灯和圆灯绿灯之间有黄灯阶段,对于左转车辆而言,这个黄灯阶段可以视为绿灯。

综上所述,信号配时的阶段主要有如下 8 个:

(1) 基于第 4 章的内容设计合理的相位方案,例如使用一些基本的准则来判断是否需要设置保护型左转相位,在初步的配时方案设计中,建议避免设计组合的左转相位(即保护型-许可型),在后面的深入分析中可以逐步考虑组合的左转相位;

(2) 将所有的左转流量和右转流量转换为等效直行流量;

(3) 为设计的相位方案绘制环图或相位图,为每个交通流转向标注相应的交通流量,从而确定关键路径以及关键路径中的关键车道流量之和;

(4) 为每个相位确定黄灯及全红时间;

(5) 确定周期的总损失时间;

(6) 确定期望周期长,需要考虑使用合理的高峰小时系数和目标 v/c 比;

(7) 在周期内为每个相位根据关键车道流量分配有效绿灯时间;

(8) 检查是否满足行人最小绿灯时间需求并根据需要调整信号配时。

分时段定时控制的信号配时方案切换不宜太过频繁,以免因为配时方案切换导致额外的延误,一般情况下,一个配时方案至少要运行 15min。

6.3 感应控制

定时信号控制是根据交叉口以往的交通状况,预先设定信号周期和绿灯时间等参数,这种预先设定的参数在相应的时段内是不变的,即定时信号控制是不会随着实际交通流情况变化而改变的,因此只有当实际交通状况与设计时采用的交通状况相符时,才能取得预期的控制效果。而在现实中,这种条件并不是常常满足,从而造成了定时信号控制并不能适应实际交通需求的变化。例如,在现实中如果注意观察定时控制的交叉口,有时会发现这样的现象:亮绿灯的车道没有车辆通行,而亮红灯的车道却有车辆排队。

为了使信号控制能够根据交叉口实际状况做出反应,出现了感应式信号控制。感应式信号控制是根据车辆检测器检测到的交叉口车辆到达状况,使交叉口各个方向的信号显示时间适应于交通需求的控制方式。其工作原理如图 6-6 所示[5]。与定时控制相比,感应控制可以提供:①可变的相序;②每个相位可变的绿灯时间;③可变的周期长(由于可变的绿灯时间所导致)。

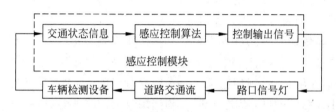

图 6-6 感应控制的工作原理图

感应控制的一个优点就是能够适应交通流的短期波动。定时控制的优化往往考虑的是 15min 的高峰时段流量,而即使在 15min 内,实际上交通流量在每个周期内也是不同的。图 6-7 显示了连续的 5 个周期,总的交通需求与总的通行能力相同,都是 50 辆,然而,在定时控制的方案下,5 个周期后却仍有车辆排队。

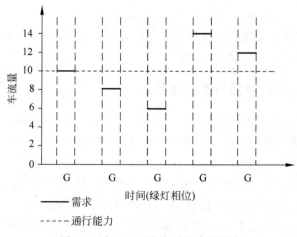

图 6-7 交叉口可变交通需求的影响

在第一个周期内,10 辆车到达,10 辆车驶离;在第二个周期内,8 辆车到达,8 辆车驶离;在第三个周期内,6 辆车到达,6 辆车驶离;在第四个周期内,14 辆车达到,10 辆车驶离,有 4 辆车滞留;在第五个周期内,12 辆车到达,10 辆车驶离,加上第四个周期滞留的 4 辆车,在第五个周期末共有 6 辆车滞留。

定时控制的一个问题就是第二个周期和第三个周期中没有使用的 6 辆车的通行能力无法被第四个周期和第五个周期超过通行能力的车辆所使用。而如果控制方案是感应控制,则在第二个周期和第三个周期中,当无后续车辆到达时,绿灯时间将自动终止,节省的绿灯时间可以给第四个周期和第五个周期所使用。感应控制的配时能够运用短时交通流变化的特点使得信号配时更加有效。

此外,如果允许信号配时每周期都根据交通流状态发生变化,那为何没有所有的信号控制交叉口都采用感应控制呢?一个主要原因就是信号协调控制的需求。对于协调控制而言,为了使得一条干道或一个网络内的所有信号控制交叉口协调运行,一个基本条件是要保持共同周期长(或成整数倍)。当要对某些交叉口进行协调控制时,这些交叉口就很难再实施感应控制。同时,感应控制所需要的额外的设备也是需要考虑的因素。然而,近年来在协调控制系统中也开始使用感应控制,在此情况下,周期长是保持不变的,但是可以每 15min 调整一下共用周期长,而每周期内的各相位的绿灯时间是可以变化的。

感应控制根据车辆检测方式可分为单个车辆检测控制与车队检测控制。单个车辆检测控制的基本工作原理是:绿灯启亮时,先给出一段最小绿灯时间,在这一段最小绿灯时间结束前,如果检测到有车辆到达,则相应延长一小段绿灯时间,如果其后又检测到有车辆到达,则再相应延长一小段绿灯时间,依次类推,直到当绿灯时间累积达到预定的最大绿灯时间或在绿灯时间内没有车辆到达,这才切换到下一信号相位。车队检测控制的基本工作原理是:检测交叉口存在的车队情况,即只有当一个预定长度的车队被检测到时,该进口道才启亮绿灯和延长绿灯时间。一旦车队消失,便切换到下一信号相位。当然,单个车辆检测控制与车队检测控制对于检测器埋设位置的要求也有所不同。

在单点交叉口应用交通感应控制能够使得控制方案跟随交通需求进行相应调整,然后,要想实现延误最小及通行能力最大等目标,在感应控制的实施中需要注意如下方面:安装设备的类型、运行模式的选择、检测器的位置、配时参数的设置。

交通感应信号控制有全感应控制和半感应控制两类,在此先介绍感应信号控制的基本原理,然后分别介绍两类感应控制的方法。

6.3.1 交通感应信号控制的基本原理

典型感应信号控制的基本原理如图 6-8 所示[11]。某一相位启亮绿灯,感应信号控制机内预设有一个"最小绿灯时间"(G_{min}),并且将最小绿灯时间划分为两个时段:初始时段和一个等于"单位绿灯延长时间"(G_o)的时段,当在初始时段内检测到绿灯相位有车辆到达,则不需要延长绿灯时间,因为此时最小绿灯时间内尚有一个等于单位绿灯延长时间的时段;当在最小绿灯时间内的最后等于单位绿灯延长时间的时段内检测到绿灯相位有车辆到达时,则需要在当前时刻的基础上延长单位绿灯延长时间,如图中的 t_1 时刻。如果在每个单位绿灯延长时间内检测器都检测到绿灯相位有后续车辆到达,则每检测到一辆车,绿灯时间便延长一个预置的单位绿灯延长时间。

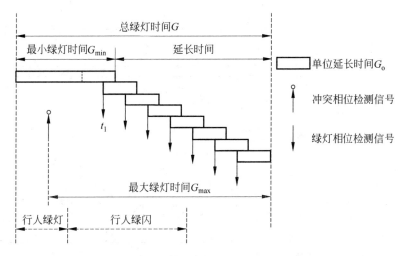

图 6-8 感应信号控制基本原理示意图

G_o—单位绿灯延长时间；G_{min}—最小绿灯时间；G_{max}—最大绿灯时间；G—实际绿灯时间

需要注意的是,单位绿灯延长时间的开始时刻是检测器检测到车辆的时刻,并不是在之前的单位绿灯延长时间的末期继续增加。

感应控制的某相位绿灯结束的 4 个原因如下[12]。

(1) 达到最大绿灯时间：当某相位达到管理人员提前设定的本相位的最大绿灯时间时,本相位绿灯时间结束,放行下一相位。

(2) 绿灯放行车流不再满足绿灯要求：当车头间距大于用于定义的阈值时,控制机将结束本相位绿灯而放行其他相位的交通需求。

(3) 系统强制结束：当一个感应相位是一个协调系统的一部分时,系统将在信号周期内预先确定的时刻强制结束感应相位以实现协调控制。

(4) 强制优先信号：当一个有优先请求的车辆达到交叉口时,没有优先的绿灯相位可能被停止以放行优先通行车辆。

前两种情况可以出现在单点感应控制中,即只要在预置的时间间隔内车辆中断,则改变相位；若连续有车,则绿灯连续延长。当绿灯一直延长到一个预置的"最大绿灯时间"(G_{max})时,即使检测到后面仍有来车,也中断这个相位的通行权。

图 6-8 中并没有包括行人相位的激活,如果行人相位被激活的话,行人相位计时器(行人绿灯与绿闪)会与车辆相位同时计时。在图 6-8 所示的情况下行人相位所需时间少于最大绿灯时间限制,在这种情况下如果持续检测到来车,那么行人信号灯会一直显示"行人禁止通行",直到车辆相位因为没有需求或是到达最大绿灯时间而终止。然而,如果行人相位所需时间大于最大绿灯时间,那么车辆相位会继续放行,直到行人绿闪时间结束。

6.3.2 交通感应信号控制的基本参数

交通信号感应控制涉及的参数主要包括最小绿灯时间、单位绿灯延长时间、最大绿灯时间等,一些参数的概念如图 6-9 所示[1]。

1. 最小绿灯时间

最小绿灯时间的设置是保证无论本相位或其他相位是否有车,对本相位而言必须放完

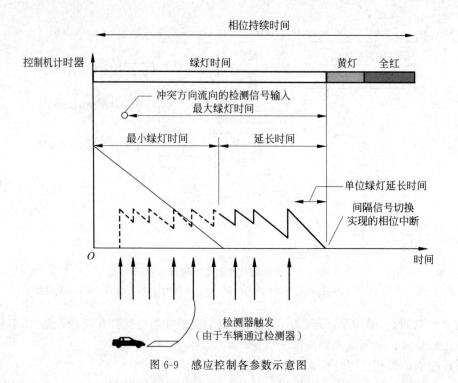

图 6-9 感应控制各参数示意图

这段绿灯时间。因此,对于感应控制而言,所有的相位都必须设置有最小绿灯时间。

设置最小绿灯时间的目的在于保证每一个绿灯时间段的长度足以满足驾驶人期望。最小绿灯时间的长短主要取决于检测器的位置以及检测器到停车线之间可停放的车辆数。设置最小绿灯时间时应考虑以下几个因素:

(1) 保证停在检测器和停车线之间的车辆全部驶出停车线所需的最短时间;

(2) 当没有单独的行人信号时,最小绿灯时间要保证与显示绿灯同向的行人安全过街所需的时间;

(3) 在我国还需考虑保证红灯时停在停车线后的非机动车安全过街所需的时间。

最小绿灯时间确定时需考虑的因素如表 6-5 所示[8]。

表 6-5 确定最小绿灯时间时考虑的因素

相位	是否有停车线检测器	是否有行人过街按钮	以下因素在确定最小绿灯时间时是否考虑		
			驾驶人期望	行人过街时间	排队放空[b]
直行	是	是	是	否	否
		否	是	是(可能)[a]	否
	否	是	是	否	是
		否	是	是(可能)[a]	是
左转	是	不适用	是	不适用	否

注:a. 如果没有行人过街需求,则在最小绿灯时间的估计中就不需要考虑行人过街时间,否则应当考虑行人过街时间;

　　b. 只适用于如下相位:有一个或多个上游前置检测器、无停车线检测器、没有使用可变初始时间。

对表 6-5 而言,考虑一个直行方向的交通流,如果同时存在停车线检测器与行人过街按钮,考虑最小绿灯时间时只需考虑驾驶人期望,但是当没有行人过街按钮(同时行人需要在该交叉口过街)时,最小绿灯时间的确定需要同时考虑驾驶人期望以及行人过街时间。

对某相位考虑最小绿灯时间时,需要对根据上述各个因素考虑所形成的最小绿灯时间进行定量化,之后最小绿灯时间由这些最小绿灯时间来确定[1];

$$G_{\min} = \max(G_e, G_p, G_q) \tag{6-37}$$

式中:$G_{\min}$——最小绿灯时间,s;
  G_e——满足驾驶人期望的最小绿灯时间,s;
  G_p——满足行人过街时间的最小绿灯时间,s;
  G_q——满足排队清空的最小绿灯时间,s。

1) 满足驾驶人期望的最小绿灯时间

实际使用者在确定满足驾驶人期望的最小绿灯时间时有不同做法,一些工程师认为在一些交叉口需要 15s 以上的最小绿灯时间,而另一些工程师使用的最小绿灯时间仅为 2s。事实上,如果绿灯时间过短且与驾驶人期望不符,那么可能增加发生追尾事故的风险。表 6-6[8]中的值反映了对应特定相位与道路类型的最小绿灯时间的典型取值。每个取值范围内的较大值经常用于如下情形:①特别大的交叉口;②交通流流向中有较大量的大卡车;③进口道车速较高。

表 6-6 满足驾驶人期望的最小绿灯时间的典型取值

相位类型	道路类型	满足驾驶人期望的最小绿灯时间(G_e)/s
直行	主干路(限速超过 64km/h)	10~15
	主干路(限速不超过 64km/h)	7~15
	次干路	4~10
	支路	2~10
左转	所有类型	2~5

2) 基于行人过街时间的最小绿灯时间

对于没有行人过街按钮但是有行人过街需求的直行相位而言,最小绿灯时间必须满足行人过街的需求,这种情况下,最小绿灯时间必须在考虑行人的情况下使用式(6-38)计算。

$$G_p = W + \text{PCI} \tag{6-38}$$

式中:G_p——满足行人过街时间的最小绿灯时间,s;
  W——行人过街时间段长度(行人绿灯时间),s;
  PCI——行人清场时间段长度,s。

3) 满足排队清空的最小绿灯时间

最小绿灯时间也受到检测器位置与信号控制机运行特征的影响,下面所述情形针对该相位没有停车线检测器,但同时至少有一个上游前置检测器。如果已知检测器的设计参数,并且不使用附加初值参数(added initial parameter),那么最小绿灯时间就需要放空停车线与上游前置检测器之间的排队车辆,这一时间段的长度在表 6-7 中列出[8]。

表 6-7 满足排队放空的最小绿灯时间的典型取值

停车线与最近上游检测器之间的距离/m	需要满足排队放空的最小绿灯时间(G_q)[a,b]/s
0～7.6	5
7.9～15.2	7
15.5～22.9	9
23.2～30.5	11
30.8～38.1	13
38.4～45.7	15

注：a. 表中列出的最小绿灯时间只适用于有至少一个上游前置检测器、没有停车线检测器的情形，同时也没有使用附加初值参数。

b. 满足排队清空的最小绿灯时间计算式为：$G_q=3+2n(s)$，其中 n 是同一条车道停车线与最近上游前置检测器之间的车辆数，$n=D_d/7.6$；D_d 是停车线与最近上游前置检测器的下游端边缘线之间的距离(m)，7.6 是车辆平均排队长度(m)，各个地区间会有差异。

如果该相位至少有一个上游前置检测器，没有停车线检测器，并且使用了附加初值参数，那么最小绿灯初值等于满足驾驶人期望的最小绿灯时间。

4）考虑检测器位置的最小绿灯时间

针对检测器的性质和位置的不同，最小绿灯时间的计算有如下两种方法。

(1) 点检测器

点检测器只能提供当前相位收到车辆触发的信号，而无法获得有多少辆车在排队的信息。因此，如果一个点检测器距离停车线为 d m 的话，则需要假设这个长度内全部都停有等待红灯的车辆。因此，最小绿灯时间应当能够足以放行在该区域 d m 内排队的车辆，计算方法如下：

$$G_{min}=l_s+2.0\times \text{Int}\left[\frac{d}{7.6}\right] \tag{6-39}$$

式中：G_{min}——最小绿灯时间，s；

l_s——起动损失时间，s；

d——点检测器到停车线之间的距离，m；

7.6——假设排队车辆的车头间距，m。

在此的取整是指要取近似的下一个整数。实际上是要控制在最小绿灯时间内能够放行排队时正好停在点检测器上的车辆。

(2) 存在型检测器

如果使用存在型检测器，则最小绿灯时间根据绿灯初期检测范围内的初始排队车辆来确定。

$$G_{min}=l_s+2n \tag{6-40}$$

式中：l_s——起动损失时间，s；

n——检测区域内的排队车辆数。

该计算方法有一个要求是检测器的前端需要与停车线距离很近，例如 0.5m 以内。如果存在型检测器的前端距离停车线较远，则需要考虑检测器前端与停车线之间的空间有车辆排队的情形。

2. 单位绿灯延长时间

单位绿灯延长时间是最小绿灯时间结束前,在一定时间间隔内,测得有后续车辆到达时所延长的绿灯时间。如果在这段时间内,没有测得来车,则被判为交通中断而可结束绿灯,因此单位绿灯延长时间也是判断车流是否中断的一个参数。单位绿灯延长时间对于感应信号控制的效率起决定性作用。单位绿灯延长时间设置过短,会使得感应相位的绿灯时间过早地中断,从而未能更好的服务交通需求;如果单位绿灯延长时间设置过长,则会导致绿灯时间浪费,使得其他相位的交通流延误增加。恰当的单位绿灯延长时间的设定需要考虑如下一些因素:每条车道的检测器的类型和数量、每个检测区域的位置、检测区域的大小、检测方式(点检测器还是存在型检测器)、进口道速度、分车道检测还是整个进口道整体检测等。

具体而言,确定单位绿灯延长时间时,应考虑以下几个方面:

(1) 单位绿灯延长时间要设置的足够长以使得密度较高的、以安全的车头时距运行的连续车流能够获得绿灯信号(在达到最大绿灯时间之前),不合理的单位绿灯延长时间(如过小的单位绿灯延长时间)会使得部分排队车辆无法得到绿灯服务而造成延误的不断增加乃至排队回溢。

(2) 单位绿灯延长时间的长短必须能使车辆从检测器开出停车线,当使用点检测器及其位置离停车线较远时,这点特别重要。

(3) 单位绿灯延长时间的设置长度应尽可能不产生绿灯时间损失。由于只要检测到的车辆间隔短于这个绿灯延长时间,绿灯总保留在这个相位上,为了提高通车效益,这段时间应按实际需要定得尽可能地短,应使单位绿灯延长时间尽可能只满足实际交通所需的长度,而不应等待不紧跟的车辆通过交叉口。合理的单位绿灯延长时间可以消除为等待少数车辆而浪费的绿灯时间,使绿灯延长时间高效运行,从而可提高通行能力、降低延误。

(4) 在确定单位绿灯延长时间时,必须注意被检测的车道数。对于多车道而言,由于在一个相位上的所有单个检测器通常都是联在一起的,因此,信号控制机所接收到的车辆间隔远比实际的车辆间隔要小得多。

根据检测器类型的不同,单位绿灯延长时间有不同的计算方法。

1) 点检测器

对于点检测器,检测器的长度可视为0。由于一辆车通过一个点检测器产生的脉冲只持续0.1~0.15s。因此,对于点检测器,单位绿灯延长时间等于最大允许车头时距(maximum allowable headway,MAH)。

2) 存在型检测器

图6-10[8]显示了对于存在型检测器而言不同参数之间的关系。关键参数是最大允许车头时距,即为一个车道检测器保持绿灯的最大间隙。如式(6-41)所示:

$$G_o = \text{MAH} - \frac{L_v + L_d}{s_a} \tag{6-41}$$

式中:G_o——单位绿灯延长时间,s;

MAH——最大允许车头时距,s/pcu;

s_a——进口道平均车速($=0.88 \times s_{0.85}$),m/s;

L_v——车辆长度,m(默认每车长为6m);

L_d——检测区域长度,m。

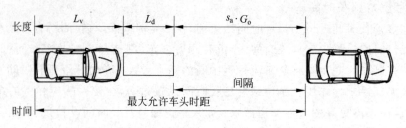

图 6-10 单位绿灯延长时间、间隔、最大允许车头时距之间的关系

在图 6-10 中,单位绿灯延长时间是检测器未被占用时间。这个参数会被设置在信号机中以控制信号灯绿灯的切换。因此,一旦最大允许车头时距确定,则单位绿灯延长时间也可以相应地确定。

一般情况下,最大允许车头时距设置为 2.0~4.5s/pcu。较大值将产生较大的延误。当不使用间隔递减特性时,一般设置为 3.0s/pcu,如果使用间隔递减特性,则设置为 4.0s/pcu。

3) 最小单位绿灯延长时间

无论哪种检测器,基于检测器的位置或者基于检测器的前端与停车线的距离,单位绿灯延长时间都有一个最小值。即单位绿灯延长时间必须能够满足一辆车以 15％位的进口道速度从检测器(或者检测器的前端)行驶到停车线,即

$$G_{o\min} = \frac{d}{s_{15}} \tag{6-42}$$

式中:s_{15}——15％位的进口道车速,m/s。

4) 线圈检测器

表 6-8[1] 显示了停车线检测器对应的单位绿灯延长时间。如果检测器长度可调,则更倾向于采用长一点的检测区域,长一点的检测区域在识别何时能够清空排队方面很有效。

表 6-8 停车线检测器对应的单位绿灯延长时间

最大允许车头 时距/(s/pcu)	检测器 长度/m	85％位车速/(km/h)				
		32.2	40.2	48.3	56.3	64.4
		单位绿灯延长时间*/s				
3	6.1	1.5	2.0	2.0	2.0	2.5
	12.2	1.0	1.0	1.5	1.5	2.0
	18.3	0.0	0.5	1.0	1.5	1.5
	24.4	0.0	0.0	0.5	1.0	1.0

注:* 用于线圈检测器的单位绿灯延长时间,对于视频检测器则采用 0.0。

对于有左转专用车道的左转交通流,其 85％位车速一般是 32.2km/h,类似地,对于有右转专用车道的右转交通流,其 85％位车速一般也是 32.2km/h。

表 6-8 中的单位绿灯延长时间在如下情况下需要增加 1s:①进口道坡度较大;②大型车辆比例较大;③二者兼而有之。

5) 视频检测器

如果使用视频检测器进行检测,则单位绿灯延长时间应当设置为 0,且视频检测的有效

检测长度需增加至使得最大许可车头时距为 3s/pcu。一般而言,使用视频检测器的检测区域长度(单位为 m)大概是 1.47 倍的进口道 85% 车速(单位为 km/h)。

3. 最大绿灯时间

1) 概述

最大绿灯时间参数表示当冲突相位检测到有车到达时,本方向绿灯信号还能显示的最长时间。最大绿灯时间被用来限制其他方向车流的延误,同时将周期长度保持在最大值,也被用来防止持续不断的车流或者损坏的检测器造成过长时间的绿灯。理想情况下一般不会达到最大绿灯时间,因为检测系统会找到间隙来停止该相位。但是如果不断检测到来车,同时至少一个冲突方向也检测到来车,那么最大绿灯时间最终会终止该相位。过大的最大绿灯时间会导致交叉口时间浪费,而该值太小则会导致该相位通行能力无法满足交通需求,从而导致一些车辆在绿灯结束时仍没有被放行。图 6-11 显示了最大绿灯时间的功能[13]。

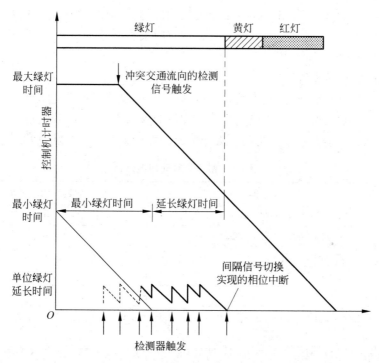

图 6-11 最大绿灯时间的功能示意图

需要注意的是,最大绿灯时间是从冲突方向检测到有车辆到达的时刻开始计算,如果交叉口的交通流量较大,使得各个相位的车辆几乎是连续不断地到达,则最大绿灯时间的起始时刻将与绿灯时间的起始时刻相同,信号配时将被限制在最小绿灯时间与最大绿灯时间之间。

大多数新型信号控制机提供至少两个最大绿灯时间参数,它们根据日时(time-of-day)时间表或是外部输入(例如输入的第二个最大绿灯时间值)被激发运行。如图 6-11[13]所示,当冲突方向检测到来车时,最长绿灯延长计时器开始计时,如果该相位检测到来车而冲突方向没有来车,则最大绿灯时间计时器会被重置,直到冲突方向检测到来车。

值得注意的是,通常如果检测器发生故障,则会处于不断检测到来车的状态,这样的话,该相位的检测器如果发生故障则每个周期都会达到最大绿灯时间。

最大绿灯时间确定以后,会使得在此时刻后紧接的后续车辆突然遇到黄灯而被迫紧急制动。目前改进的感应信号控制对最大绿灯时间做了改进,采用可变最大绿灯时间,如果最大绿灯时间末尾的流量超过一个预置的临界值时,可使绿灯再延长;而这个预置临界值是在不断提高的,直到测得流量小于临界值时,结束绿灯并转换相位。

许多新型信号控制机提供了延长最大绿灯时间的功能,当连续多次达到最大绿灯时间后,最大绿灯时间会增加至一个给定的峰值(或者从 2~3 个最大绿灯时间中选择);当该相位在未达到最大绿灯时间前被切断数次后,最大绿灯时间会自动减少到初始值。不同的厂家对于这个功能使用不同的方法及参数设置,该功能有时被称为"动态最大绿灯时间"。

合理配置的感应信号控制在运行中不应经常出现最大绿灯时间,除非交叉口饱和度较高。当交叉口饱和度较高而各相位经常出现最大绿灯时间时,感应信号控制机实际上是在按定时信号机运行。这时,应根据交通需求,按定时信号确定最佳周期长,而不该按感应信号控制的方式用任意变动的周期长。

2)最大绿灯时间典型值

最大绿灯时间应该超过放空平均排队的绿灯时间,从而使得该相位能够适应周而复始的交通需求高峰值。如果在中低流量情况下相位频繁因为车头间距超过单位绿灯延长时间被切断,则表示这可能是一个可选的最大绿灯时间的设置。表 6-9 列出了典型值[8]。

表 6-9 最大绿灯时间典型值

相位	道路类型	最大绿灯时间/s
直行	主干路(限速超过 64km/h)	50~70*
	主干路(限速不超过 64km/h)	40~60
	次干路	30~50
	支路	20~40
左转	所有类型	15~30

注:* 这一范围假定了上游前置检测器提供犹豫区保护,如果没有这种检测,那么通常最大绿灯时间范围是 40~60s。

HCM(第 6 版)给出的建议为:左转的最大绿灯时间为 15~30s,主要道路直行方向的最大绿灯时间为 30~60s,次要道路直行方向的最大绿灯时间为 20~40s。

3)最大绿灯时间确定方法

一般来说有两种方法来设置最大绿灯时间。两种方法都会估算平均流量情况下所需的绿灯时间,然后将这个值提高至可以满足周而复始的高峰需求。这两种方法都假设上游前置检测器不提供犹豫区保护,如果上游前置检测器提供犹豫区保护,那么两种方法得到的最大绿灯时间都需要略微增加一些,以确保控制器可以找到一个"安全"的时间来切断、停止相位。

第一种方法基于 85%~95%概率的排队放空,且需要知道周期长度,对于感应控制而言可以使用周期长度均值。如果周期长度已知,那么可以从表 6-10 中得到某个信号相位的最大绿灯时间设定值。

表 6-10　最大绿灯时间(作为周期长度与流量的函数)

相位	周期长度/s							
单车道流量/(pcu/(h·ln))	50	60	70	80	90	100	110	120
	最大绿灯时间(G_{max})*/s							
100	15	15	15	15	15	15	15	15
200	15	15	15	15	16	18	19	21
300	15	16	19	21	24	26	29	31
400	18	21	24	28	31	34	38	41
500	22	26	30	34	39	43	47	51
600	26	31	36	41	46	51	56	61
700	30	36	42	48	54	59	65	71
800	34	41	48	54	61	68	74	81

注：*表中列出的数值计算如下：$G_{max}=(v\times C)/(1200n)+1$，其中 v 是该相位的设计小时交通量/(pcu/h)，n 是该相位的放行车道数量，C 是周期长度/s，且计算得到的数值不得小于 15s。

表 6-10 中列举的数值是基于表格下方的公式计算得到的，由于该公式是估算得到，所以对于表 6-10 中列出的值，其真实的排队清空率在 85%～95% 之间。

第二种确定最大绿灯时间的方法基于事先确定的等价最佳配时方案，这一方法需要根据延误最小化的目标事先确定一套配时方案，然后将最小延误情况下的绿灯时间乘以一个 1.25～1.50 的放大系数，以此来获得最大绿灯时间的估计值。

针对高饱和度与低饱和度情况，对于某一个相位的最大绿灯时间计算方法也不同。在低流量情况下，绿灯相位时间很少达到最大值，所以最大绿灯时间可以设置得较高(最多是该相位平均长度的 1.7 倍)，这样可以满足大多数情况下到达率的波动；当接近或到达饱和时，需要将最大绿灯时间设置为近似定时控制，根据本章前面的方法将绿灯时间根据关键车道流量进行分配。

从上述确定最大绿灯时间的方法中可以看出，最大绿灯时间的确定在不同情况下差异较大，最终导致了交叉口周期长度的较大变化。在大多数情况下，最大绿灯时间在一天内被设置为一个值，即不反映一天内不同时间段交叉口交通需求的变化。有时最大绿灯时间设定过长会导致周期过长而影响交叉口的有效运行。

如果已知交通流量，亦可以使用下列方法来初步确定最大绿灯时间[1]。

(1) 对于主要道路进口道的直行交通流，对应相位的最大绿灯时间可以如下估计：最大绿灯时间的数值(单位为 s)等于该相位高峰期流量 v 的 1/10 且不小于 30s，v 为高峰期该相位每车道每小时的流量值，即

$$G_{max,thru} = \max(30, G_{min,thru}, 0.1\times v) \tag{6-43}$$

(2) 对于次要道路进口道的直行交通流相位的最大绿灯时间可以如下估计：最大绿灯时间的数值(单位为 s)等于该相位高峰期流量 v 的 1/10 且不小于 20s，v 为高峰期该相位每车道每小时的流量值，即

$$G_{max,thru} = \max(20, G_{min,thru}, 0.1\times v) \tag{6-44}$$

(3) 对于左转交通流相位的最大绿灯时间可以如下估计：最大绿灯时间的数值(单位为 s)等于相邻直行相位最大绿灯时间的 1/2 且不小于 15s，即

$$G_{max,left} = \max(15, G_{min,left}, 0.5\times G_{max,thru}) \tag{6-45}$$

(4) 最大绿灯时间应当超出最小绿灯时间至少 10s。

4. 黄灯时间和全红时间

感应控制的黄灯时间和全红时间与定时控制的黄灯时间和全红时间的计算方法一致，在此不再重复。

5. 临界周期

对于全感应控制而言，临界周期是指所有的感应相位都达到了最大绿灯时间的周期。对于半感应控制而言，临界周期是指支路的感应相位达到最大绿灯时间而主路的相位是最小绿灯时间。

感应相位的最大绿灯时间和非感应相位的最小绿灯时间可以通过基于高峰分析期内的平均交通需求由定时控制的配时方法获得。

根据定时信号配时方法计算得到的各相位的绿灯时间能够满足分析小时内最高 15min 的流量需求，但是无法满足 15min 内部分周期的交通需求超过通行能力的情况，因此，为了使得信号控制能适应周期性波动，在计算得到的绿灯时间的基础上再乘以 1.25~1.50 的系数作为感应相位的最大绿灯时间和非感应相位的最小绿灯时间。

因此，临界周期长就等于感应相位的最大绿灯时间和非感应相位的最小绿灯时间之和再加上黄灯、全红的过渡时间段。

在实际的感应控制中，由于某些实际应用的需要会对前述计算的结果进行调整。尤其是在半感应控制中，当支路(感应相位控制)的交通流量较小时，计算得到的最大绿灯时间可能会小于最小绿灯时间。当然在全感应控制中这种情况很少出现，但是如果全感应控制中包括保护型左转相位的时候也可能会出现这种情况。在这种情况下，最大绿灯时间就会被设置为最小绿灯时间加上 $2n$，n 为一个绿灯相位内能够被服务的最大车辆数。n 通常为平均每周期服务车辆的 1.5 倍。然而，为了保持各相位之间的均衡，其他相位的最大绿灯时间也会被调整。

6. 行人信号配时

与定时控制类似，感应控制中的行人配时也需要考虑行人安全过街的需要：

$$G_p = 3.2 + 0.27 \times N_{peds} + \left(\frac{L}{s_p}\right) \quad (6\text{-}46)$$

式中：G_p——最小行人绿灯时间，s；

L——人行横道长度，m；

s_p——行人步行速度，默认值为 1.2m/s；

N_{peds}——每周期人行横道平均过街行人数量，人。

考虑行人安全，如果允许行人在机动车绿灯、黄灯和全红时间内都可以在人行横道上，则需要：

$$G_p \leqslant G + A + AR \quad (6\text{-}47)$$

在感应信号控制的情况下，还需要额外考虑一些因素：

(1) N_{peds} 的值随着周期长的变化而变化。对于感应控制，N_{peds} 的值由临界周期长来确定。实际取值是一个周期内过街行人数量的最大可能值；

(2) 由于绿灯时间在不同周期中是不一样的，因此上述公式在 $G = G_{min}$ 的时候才能确保行人的安全。

对于定时控制，如果无法确保行人安全过街，可以增加周期长来适应行人绿灯时间需求或者设置行人过街按钮并安装行人过街信号灯；

对于感应控制，基于最小绿灯时间确定的行人绿灯时间往往无法保证行人安全过街，在此情况下，在每个周期内增加最小绿灯时间来为行人提供足够的绿灯时间并不是可行的选择，因为这将降低感应控制的效率。因此，当最小绿灯时间无法为行人提供安全的通行时间时，需要设置行人过街按钮并安装行人过街信号灯。

当设置行人过街按钮并安装行人过街信号灯时，行人信号将停留在"禁止过街"的指示状态。当行人按钮被按下，则下一个绿灯相位的最小绿灯时间将增加为

$$\begin{cases} G_{\min,\text{ped}} = 3.2 + 0.27 \times N_{\text{peds}} + \left(\dfrac{L}{s_p}\right) - A - \text{AR} & \text{或} \\ G_{\min,\text{ped}} = 3.2 + 0.27 \times N_{\text{peds}} + \left(\dfrac{L}{s_p}\right) - A & \text{或} \\ G_{\min,\text{ped}} = 3.2 + 0.27 \times N_{\text{peds}} + \left(\dfrac{L}{s_p}\right) & \end{cases} \quad (6\text{-}48)$$

上述3式需根据当地政策选择。

显示行人绿灯的时间为

$$\text{WALK} = 3.2 + 0.27 \times N_{\text{peds}} \tag{6-49}$$

行人清场时间（行人绿闪时间）为

$$G_{\text{flashing}} = \frac{L}{s_p} \tag{6-50}$$

6.3.3 检测器位置

由于一些实施感应控制交叉口的交通流量在非高峰期非常小，故为了最小化各相位的车辆等待时间，在信号配时中希望最小绿灯时间尽可能小。例如实际应用中，最小绿灯时间设置为$(l_s+2.0)$s，即只能够处理一辆排队车辆。根据假设的起动损失时间的不同，这个值在4.0~6.0s之间。

在上述情形下，检测器的设置位置可以由 $G_{\min} = l_s + 2.0 \times \text{Int}\left[\dfrac{d}{7.6}\right]$ 反算得到。对于存在型检测器，距离 d 是指检测器的前端到停车线距离（单位：m）。

在实际应用中，对于点检测器还有一个要求，即不能有车辆可以从检测器与停车线之间的位置进入车道。对于存在型检测器，则需要不能有车辆从检测器的前端与停车线之间的位置进入车道。

6.3.4 感应控制类型

1. 半感应控制

只在部分进口道上设置检测器的感应控制为半感应控制，适用于主次道路相交且交通量变化较大的交叉口上，半感应控制几乎都是两相位的控制方案，所有的转弯流量都运行在许可型控制相位模式下。

按检测器的设置位置不同可分为两类。

1) 检测器设在次要道路上

在这种信号控制策略中，仅在次要道路上安装检测器，通行权通常是给予主要道路上的

交通流,根据次要道路的交通需求进行信号控制。此时次要道路通行的信号相位称为感应相位,主要道路通行的信号相位称为非感应相位。其控制原理如下:

只有当在次要道路上的检测器检测到车辆到达,并且主要道路上的最小绿灯时间已运行完毕后,通行权才立即转到次要道路上。当次要道路获得通行权时,信号机首先给该信号阶段一个最小绿灯时间,使已经到达的车辆通过交叉口。如果此后再无车辆到达,初始绿灯时间结束后,通行权又转移到主要道路;如果在最小绿灯时间内检测到车辆到达,则次要道路绿灯将根据车辆的到达不断延长(注意会设置有车辆车头间距的阈值),一旦次要道路的累积绿灯时间达到最大绿灯时间,即使次要道路检测到车辆到达,其绿灯时间也必须结束,通行权转给主要道路。当通行权转给主要道路后,就必须在运行完主要道路的最小绿灯时间后才进行通行权的转换(如果检测到次要道路有车辆到达)。

这种控制方式的周期长和绿灯时间可根据实际需要随时进行调整,当次要道路没有车辆时,主要道路总保持常绿,分配到次要道路的绿灯时间允许被主要道路利用,所有"多余"绿灯时间都分配给主要道路。这种感应控制的运行流程图见图 6-12。

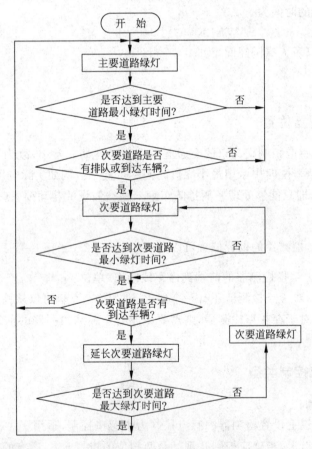

图 6-12　次要道路检测半感应控制流程图

主要道路最小绿灯时间设置的目的是为了避免绿灯时间过短发生交通事故(因主要道路交通量较大)。该时间由交叉口的交通需求来决定。通常如果次要道路偶尔有车辆通过,且主要道路又不是特别重要的城市道路,则取较小最小绿灯时间范围(如 25～40s);如果主要道路交通量较大或次要道路交通量较大,应采取较大最小绿灯时间范围(如 40～75s)。

次要道路单位绿灯延长时间对于这种感应控制的控制效果起着决定性的作用。从理论上讲,次要道路单位绿灯延长时间应尽可能短,刚刚够用就行,以降低绿灯损失时间,提高运行效率;但是从实际情况和交通安全角度考虑,次要道路单位绿灯延长时间不宜设置太短。因为车辆的行驶速度存在一定差异,如果次要道路单位绿灯延长时间设置太短,可能导致某些已经越过车辆检测器的车辆却无法通过停车线,并不能保证取得良好的控制效果,甚至出现紧急刹车的现象,存在交通安全隐患。

在该感应控制方式下,只要次要道路有车到达就会打断主要道路车流。当次要道路车辆很少时,次要道路上的非机动车、行人等往往要等待很长时间,等到有机动车到达时,才可随机动车通过交叉口。所以,这种半感应控制只是在某些特殊需要的地方才比较适用,如消防队、重要机关出入口等。

在实际应用中,如果次要道路上没有车辆到达,则主要道路持续绿灯,而次要道路的行人和非机动车无法通过主要道路,由此会造成行人和非机动车违反交通信号而通过主要道路,在这种情况下,应当考虑行人和非机动车的通行需求,为主要道路设置一个最大绿灯时间,则流程如图 6-13 所示。

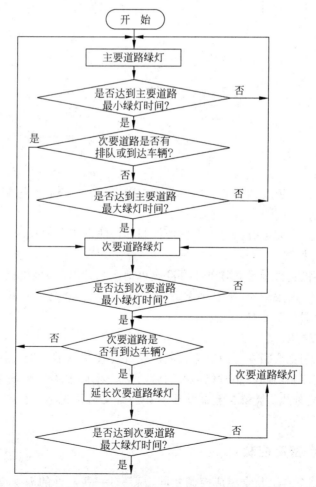

图 6-13 考虑行人和非机动车通行需求的半感应信号控制流程图

2）检测器设在主要道路上

此时主要道路通行的信号相位称为感应相位，次要道路通行的信号相位称为非感应相位。平时主要道路绿灯总是亮的，当检测器在一段时间内检测不到主要道路有车辆时，才转换相位让次要道路通车；主要道路上测得车辆到达时，通车相位返回主要道路。这种感应控制的运行流程图见图6-14。

这种控制方式可避免主要道路车流被次要道路车辆打断，且有利于次要道路上自行车的通行。

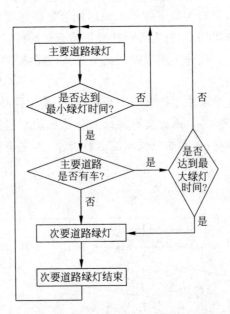

图6-14　主要道路检测半感应控制流程图

2. 全感应控制

所有进口道上都设置检测器的感应控制称全感应控制。全感应控制适用于相交道路等级相当、交通量相仿且变化较大的交叉口上。

全感应控制方式大体可分为基本全感应控制和特殊全感应控制。

1）基本全感应控制

该感应控制的控制机制是：当交叉口没有机动车到达时，信号机以定周期方式按最小周期运行。当某一方向来车时，则对来车方向放绿灯；以后就按感应信号控制的基本机制运行。其运行流程图如图6-15所示[2]。

2）特殊全感应控制

特殊全感应控制主要指在一般感应控制的基础上按特殊需要增加特殊的感应装置，执行特殊需要的感应控制功能。平时仍可按通常的交通需求，执行一般的感应控制，一旦接到特殊感应信息时，立刻执行特殊的控制功能。如公共交通优先感应控制，消防、警卫等特种车辆优先感应控制等。

6.3.5　流量-密度控制

流量-密度控制基本上与全感应控制相同，只是有一些额外的需求-响应特性。流量-密

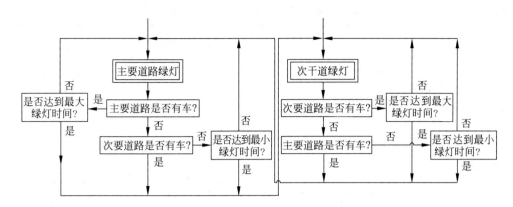

图 6-15 基本全感应控制流程图

度控制的两个主要特性是：间隔(即单位绿灯延长时间)递减和可变初始绿灯时间。间隔递减见第 1 章相应内容，在此主要介绍可变初始绿灯时间。

在某些情况下使用可变初始绿灯时间主要是要确保位于停车线和最近的上游前置检测器之间的排队车辆能够全部在绿灯时间内通过。可变初始绿灯时间使用检测器的触发来确定最小绿灯时间。红灯期间到达但由于车辆排队无法到达上游前置检测器的车辆也将被检测到，从而通过使用单位绿灯延长时间来延长足够的绿灯时间使得这些车辆能够通过交叉口。这个特点主要适用于如下情形：一个或多个上游前置检测器、没有停车线检测器、高峰期和非高峰期间的交通流量波动很大。可变初始绿灯时间通过设置如下参数来实现：最小绿灯时间、增加的初始绿灯时间、最大的初始绿灯时间。3 个参数的关系如图 6-16 所示[8]。

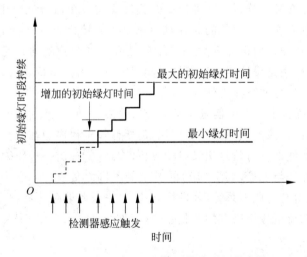

图 6-16 定义初始时间间隔持续时间的参数

增加的初始绿灯时间的确定可以根据检测到车辆数量来确定，如果是一个车道的话，检测到一辆车则可考虑增加 2.0s，如果是两个车道的话，则每检测到一辆车增加 1.5s，如果是 3 条或更多条车道的话，每检测到 1 辆车增加 1.2s。如果进口道有一定坡度或者大车比例较大，则可以考虑适当增加相应数值。

表 6-11 典型的增加的初始绿灯时间设置[1]

上游检测器的数量*	增加的初始绿灯时间/(s/触发)	
	最小值	期望值
1	2.0	2.5
2	1.3	1.5
3	0.8	1.0
4	0.6	0.8
5	0.5	0.6
6 或更多	0.4	0.5

* 与当前相位相关的所有上游检测器,如果当前相位服务两条车道,每条车道有 3 个上游前置检测器,则其数量为 6。

当红灯右转的车辆较多时,表 6-11 中的最小值适用于直行或左转流向,最小值也适用于所服务的交通流向有几乎相等的车道利用率的相位。期望值则适用于禁止"红灯右转"的直行和左转交通流,或者"红灯右转"的流量可以忽略不计。

最大的初始绿灯时间是增加后的初始绿灯时间所能够达到的最大值,最大的初始绿灯时间不能小于最小绿灯时间。一般而言,最大的初始绿灯时间的设置需要由根据表 6-7 所确定的最小绿灯时间来决定。最大的初始绿灯时间的设置取决于停车线与最近的上游前置检测器之间的距离。最大的初始绿灯时间应当比最小绿灯时间大整数倍个增加的初始绿灯时间。

6.4 信号交叉口分析

信号配时和信号交叉口分析是同类模型的相反应用。在信号配时中,结合已知的几何设计和交通需求流量来确定各相位的绿灯时间。而在信号交叉口分析中,则是采用已知信号配时、交通需求流量和几何设计方案,来估计车道组或进口道的通行能力或服务水平。从本质而言,信号配时应用是设置相应的绿灯时间以提供必需的通行能力,而交叉口分析则是根据已知的信号配时进行通行能力估计。

HCM(第 6 版)提供了完善的信号交叉口分析的方法,但是该方法极为复杂且包含了很多迭代的成分,一般而言该方法无法手工使用,需要计算机程序的辅助。

为了能够较为简便地进行信号交叉口的分析,文献[6]提出一种较为简单的基于关键车流的分析方法。该方法与 HCM(第 6 版)的方法的不同之处在于:在 HCM(第 6 版)方法中,对饱和流率应用所有的调整系数(降低饱和流率)来反映非理想状况下的交通流状态,而该方法是对交通需求流量应用所有的调整系数(增加交通需求流量)来反映非理想状况下的交通流状态。

思考题

1. 阐述定时信号控制配时的基本原理及操作流程。
2. 定时信号控制配时的主要配时参数有哪些?
3. 什么是设计交通量?它与到达交通量有什么区别?

4. 感应信号控制的原理是什么？其主要的配时参数有哪些？

5. 全感应控制和半感应控制的主要区别是什么？

6. 某一新设计的定时信号控制交叉口的其中一进口道为左直右混行一车道，车道的基本饱和流量为1500pcu/h。经观测，总流量为830veh/h，其中：大车：小车=1.0：9.0，大车和小车的饱和车头时距分别为4.0s/pcu和2.0s/pcu，当周期的时长取为60s时，该进口道每周期恰好能全部放行该周期到达的车辆，试计算该进口道上每周期平均每辆车的均匀到达延误和有效绿灯时间。

7. 对于一个交叉口，条件如下：平均进口道车速为40km/h，坡度为－3%，相交道路宽度为15m，人行横道宽度为3m，则其转换与清场时间为多少？假设标准车长为6m，驾驶人反应时间为1s，行人流量较大。

8. 对于下面给定的5种交叉口状态[6]，如题图6-1至图6-5所示，进行信号配时的设计。在每个状态下，要考虑机动车和行人的需求。如果需要更改交叉口渠化方案，则重新绘制交叉口渠化图。

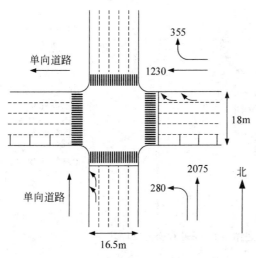

题图 6-1　第一种交叉口状态

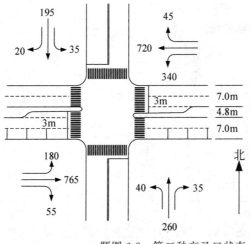

题图 6-2　第二种交叉口状态

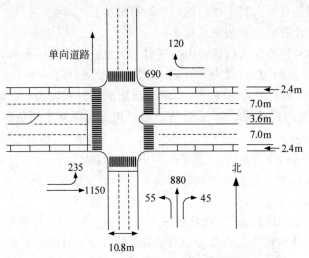

题图 6-3 第三种交叉口状态

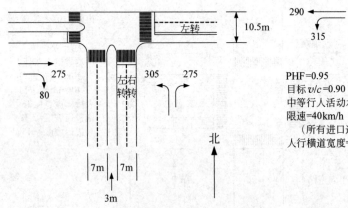

题图 6-4 第四种交叉口状态

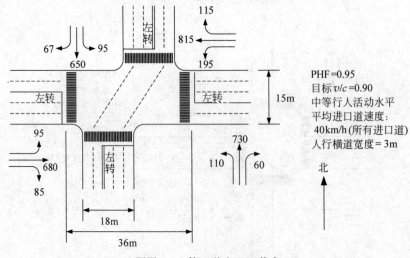

题图 6-5 第五种交叉口状态

一般所需的参考内容如下：

(1) 所有的流量单位都是 pcu/h；

(2) 行人步行速度为 1.1m/s；

(3) 车辆减速度为 3m/s²；

(4) 驾驶人反应时间 2s；

(5) 典型车辆长度为 6m；

(6) 无特殊说明的情况下交叉口无坡度。

如果有需要假设的数值，则在计算过程中给出说明。

9. 一两相位信号控制的交叉口，已知相位 A 关键进口道的高峰小时车流到达率 $q_1 = 490$ pcu/h，相位 B 关键进口道的高峰小时车流到达率 $q_2 = 336$ pcu/h，各进口道的高峰小时系数 PHF=0.85，各相位的饱和流率均为 $S = 1500$ pcu/h，各相位黄灯均为 $A = 3$s，各相位全红时间均为 AR=1s，各相位起动停车损失时间均为 $l = 4$s。试计算：

(1) 该交叉口此时信号控制的周期时长。

(2) 各相位的绿信比。

(3) 各相位的有效绿灯时间。

(4) 各相位的显示绿灯时间和显示红灯时间。

10. 选择你所在学校周边路网中的一个交叉口，观测相关的道路和交通数据，对其进行信号配时参数计算，并对方案进行评价。

11. 如题图 6-6[6]所示的交叉口安装半感应控制信号，由于次要道路的交通流量较小，故最小绿灯时间设置为 6s。使用点检测器。则：

(1) 次要道路的检测器应当安装在距离停车线多远处？

(2) 计算单位绿灯延长时间。

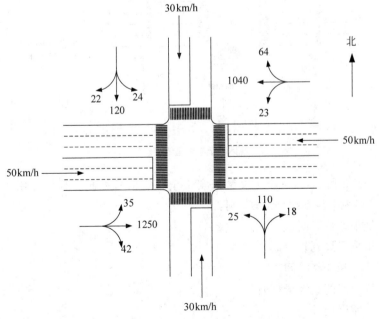

题图 6-6　思考题 11 图

(3) 计算黄灯及全红时间。

(4) 计算次要道路最大绿灯时间和主要道路最大绿灯时间。

(5) 计算关键周期长。

(6) 是否需要为穿越主要道路的行人设置行人过街按钮？

其他参数如下：

驾驶人反应时间 1s；车辆减速度 $3m/s^2$；车长：6m；平面地形；较低的行人活动水平（每个方向人行量为 50 人/h）；PHF=0.9；感应相位的目标 $v/c=0.95$；车道宽度 3.6m；人行横道宽度 3m；行人步行速度 1.2m/s；所有流量单位都是 pcu/h。

12. 对于如题图 6-7 所示[6]的路口需要重新进行全感应控制的优化。检测器的位置是固定的，则：

(1) 提出一个可行的信号相位方案。

(2) 应当使用多长的最小绿灯时间？

(3) 确定单位绿灯延长时间。

(4) 计算黄灯和全红时间。

(5) 为每个相位确定最长绿灯时间。

(6) 关键周期长是多少？

(7) 每个相位是否需要安装行人过街按钮？

其他参数使用与思考题 11 一样的参数。

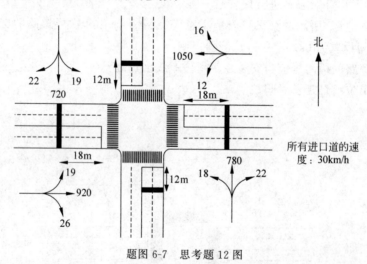

题图 6-7　思考题 12 图

13. 如题图 6-8 所示[6]，主干道交叉口实施全感应信号控制。计划使用 18m 长的存在型检测器，其前端距离停车线 0.6m。则：

(1) 计算最小绿灯时间。

(2) 计算单位绿灯延长时间。

(3) 计算黄灯和全红时间。

(4) 计算每相位的最大绿灯时间。

(5) 计算关键周期长。

(6) 确定是否需要为每相位安装行人过街按钮。

其他参数使用与思考题 11 一样的参数。

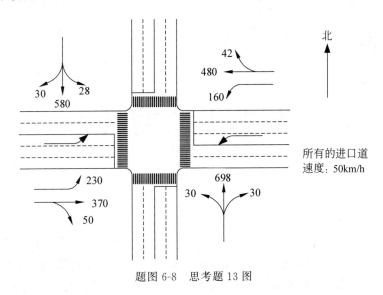

题图 6-8　思考题 13 图

参考文献

[1] BONNESON J,SUNKARI S,PRATT M. Traffic signal operations handbook[R]. College Station,Texas:Texas Transportation Institute,2009.
[2] 吴兵,李晔. 交通管理与控制[M]. 4 版. 北京:人民交通出版社,2010.
[3] HUSCH D,ALBECK J. Trafficware SYNCHRO 7 user guide[R]. Albany:Trafficware,2006.
[4] 翟润平,周彤梅,刘广萍. 道路交通控制原理及应用[M]. 北京:中国人民公安大学出版社,2011.
[5] 徐建闽. 交通管理与控制[M]. 北京:人民交通出版社,2007.
[6] ROESS R P,PRASSAS E S,MCSHANE W R,Traffic engineering[M]. 4th ed. New York:Pearson Higher Education,Inc,2011.
[7] 全永燊. 城市交通控制[M]. 北京:人民交通出版社,1989.
[8] KOONCE P,RODEGERDTS L,LEE K. et al. Traffic signal timing manual[R]. Potlant:Kittelson & Associates,Inc,2008.
[9] ITE Technical Council Committee. 4A-16 Recommended practice:determining vehicle change intervals[R]. Washington D. C. :Insitute of Transportation Engineers,1985.
[10] SOULEYRETTE R R,O'BRIEN M M,MCDONALD T. et al. Effectiveness of all-red clearance interval on intersection crashes[D]. Iowa State:Iowa State University,2004.
[11] GORDON R L,TIGHE W. Traffic control systems handbook[M]. New York:Dunn Engineering Associates,2005.
[12] RIEDEL T. Workshop on traffic control and traffic management[R]. Beijing:Adaptive Traffic Control Ltd,2003.
[13] CHANDLER B E,MYERS M C,ATKINSON J E,et al. Signalized intersections informational guide [R]. 2nd ed. Washington,D. C. :Federal Highway Administration,2013.

第7章

干线协调控制

　　城市道路网往往包含几十个甚至数百个交叉口，一些特大城市可达到数千个。作为城市交通控制的基础，单交叉口信号控制在城市交通信号控制中发挥着重要的作用。但是城市中部分交叉口之间往往距离较近、关系较为密切，其交通流的运行有一定的相关性，路网上车辆行驶的连续性有时在很大程度上取决于各个交叉口信号控制间的有效协调。这种协调主要是交叉口之间的配时协调，即对各个交叉口的周期长、绿信比、相位差等参数做统筹安排，建立一种合理的相关关系。在城市交通网络中，交叉口的协调主要包括干线上交叉口之间的协调和区域网络中各个交叉口之间的协调。本章主要介绍干线协调控制的相关内容。

　　在城市交通中，交通干线承担了大量的交通负荷，交通干线的畅通对改善城市交通状况往往具有较大的作用。在干线协调控制中，往往追求"绿波"的控制效果，即车辆沿某条主要线路行进过程中，连续得到一个接一个的绿灯信号，从而畅通无阻地通过多个交叉口。

　　干线协调控制出现在20世纪初，世界上第一个"线控"系统安装在美国的盐湖城。该系统具有3种同步选择，分别用于早高峰时间、晚高峰时间和平峰时间。从一种同步方案到另一种同步方案的转换是在一天当中的固定时刻进行的，后来这种干线控制得到了迅速的发展和应用。

　　干线协调的基本思想是：把主要干道的所有信号控制交叉口看作是一个系统，在相邻信号控制交叉口的绿灯起始时刻之间建立一种时间关系，使干线行驶的车队每到达一个信号控制交叉口时，正好遇到绿灯，可获得不停顿的通行权，形成干道上的连续交通流，这样可减少主要干道交通流的停车次数和延误时间。

　　协调控制应用的范围很广，最简单的可以是由两个信号控制组成的菱形立交，较为复杂的则是数十个感应控制和定时控制信号灯整合在一起控制一条干道乃至一个区域。协调控制常应用于如下情况：①信号不协调是导致相邻交叉口意外的和(或)非必要的停车的主要原因；②相邻交叉口相距太近，一个交叉口的排队影响到另一个交叉口的运行从而导致拥堵；③由于在每个信号控制交叉口不得不停车导致追尾事故发生概率的增加。

　　某个交叉口进行协调控制的效果取决于信号配时方案和相邻交叉口的运行情况。协调控制可能有益于两个交叉口之间行驶的车辆，但可能会对穿越主要干道的行人或者车辆产生负面影响。

干线协调控制除了使得干道运行效率得以提高以外,还在交通安全方面有良好的效果。相关研究表明通过干线信号协调控制,交叉口的事故频率下降了 25%～38%[1],有效的信号协调控制能够降低闯红灯的比例以及降低某些类型的碰撞事故[2-3],其中追尾事故下降得更为明显[4]。

7.1 干线协调控制目标与类型

7.1.1 干线协调控制目标

协调控制很大程度上是一种战略方法,通过将信号进行同步来满足特定的目标。干线协调控制所要达到的目标往往包括:①最小化车辆延误;②最小化停车次数;③最大化协调联动效率;④最小化各进口道排队长度;⑤最大化系统通过量。

需要注意的是,虽然上述目标都是干线协调控制时所要考虑的目标,但是往往无法同时实现。例如,系统延误最小意味着较小的排队长度,但往往不能产生最大的协调联动带宽,反之亦如此。然而,实践中可能可以先优化一些配时参数来满足最主要的目标,随后通过参数的微调来满足次一级的目标。因此,在进行协调配时的时候,可以首先选择一个最主要的目标,然后再选择一些次要的目标。

虽然交通信号的协调控制有很多个目标,但概括而言,交通信号协调的目的是确保街道和公路上交通流的畅通性,从而减少旅行时间、停车次数和延误。即一个良好配时的协调系统允许交通流沿主干道或主要街道网络连续通行,使得停车次数和延迟最小,并且降低燃料消耗、改善空气质量。

除停车次数、车辆延误、主干道旅行时间等常用评价指标外,协调控制的性能评价指标有时还要考虑公交车延误的变化、短距离交叉口之间回溢排队的存在等。一般而言,有效的信号协调控制应能够满足某项目所确定的目标或者适应本地区的相关政策。因为协调配时方案的有效性与本地发展政策所确定的性能评价指标直接相关,同时也是由用户的体验和他们对信号控制的感知所决定。成功的协调信号配时方案往往需要兼顾出行者和性能指标的需求,例如:

(1) 市中心的商户可能更关注行人交通而非机动车交通;
(2) 居住社区可能需要减少交通量和降低车辆运行速度;
(3) 地方政府可能对于区域性公路的交通量更感兴趣;
(4) 公交公司可能更关心公交车或轻轨车辆的信号控制延误。

最终,协调控制方案的效果将取决于当地的交通政策、决策者、利益相关者和针对具体地区选定的性能评价指标。

从不同的交通状态来分,非饱和状态下的协调控制目标是为车队提供连续通行的可能性,而对于饱和状态而言,其协调控制目标为最大化交叉口及干道的通过量。

拓展阅读1
HCM(第6版)中的队列比

7.1.2 干线协调控制类型

根据实现技术的不同,干线协调控制可以有如下几类实现方式[5]:

(1) 主控制机控制系统:一个"主控制机"提供一系列交叉口之间的关联。大多数这样的主控制机能够连接一条干线或一个路网中的20~30个交叉口。主控制机为相邻的信号灯提供固定的相位差。相位差的设定可以根据一天的不同时段有所不同。

(2) 计算机控制系统:在一个计算机控制系统中,计算机相当于一个超大型的主控制机,协调众多(例如数百个)交叉口的信号配时。基于路网中安装的检测器的检测数据,计算机将选择或计算一个最优的协调方案。这种选择一般只是在早晚高峰前实施一次。在传统的系统中,从一个配时方案到另一个配时方案的转换会对交通流有很大的影响,因此应当避免在高峰期实施。计算机控制系统中的单个交叉口的信号控制一般是按照定时控制的方式运行。

(3) 自适应交通控制系统:1990年以来,自适应交通控制系统得到了快速发展,在该类系统中,基于先进的检测系统的输入,单个交叉口的配时方案和相位差都可实时地进行调整。研究发现在一个固定周期长内合理分配绿灯时间也将有利于减少延误和旅行时间。自适应交通控制系统的关键部分是用于监控系统状态和持续更新配时的软件的运行逻辑。

7.2 干线协调控制基础

7.2.1 时距图

干线协调控制的配时方案常用时距图来表示,图7-1为典型的时距图[6],该图使用图形化的方式表示了运动中的车辆连续通过多个信号控制交叉口构成的系统。时距图描述了车辆在理想情况下以车队形式连续通过一系列信号控制交叉口的轨迹,输入要素主要包括各个交叉口位置、周期长、绿信比、相位差、左转相位及限速等。在通常的应用中,横坐标表示信号配时,纵坐标表示交叉口间距。各个交叉口的位置显示在距离轴上,车辆为双向行驶(如在双向街道上)。每个信号控制交叉口的信号相序和绿灯时间绘制在时间轴上,时间轴显示了干道上的驾驶人在沿街道通行时将经历的情形。时距图的输出主要包括带宽、估计的车辆延误、停车次数、排队长度及排队回溢现象等。

信号协调控制的结果可以通过时距图来表示。绿灯时间的起点和终点显示了街道上行驶车辆可能的运行轨迹,这些运行轨迹决定了协调控制方案的效果。

图7-1还给出了其他几个重要的概念。

(1) 通过带:一对平行斜线(轨迹线)所标定的时间范围称为通过带或绿波带,绘制时应尽可能使两条轨迹分别靠近各交叉口该信号相位绿灯时间的起点和终点。通过带意味着无论在哪个交叉口,只要车辆在通过带内的时刻到达,并以通过带速度行驶,就可以顺利地通过后续的各个交叉口。

(2) 通过带宽度:平行斜线的时间宽度即为通过带宽度(或称为绿波带宽度),简称带宽,表示可供车辆使用以连续通过交叉口的时间。

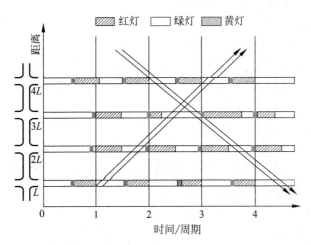

图 7-1 协调配时方案的时距图

（3）通过带速度：平行斜线的斜率就是车辆沿干道可连续通行的车速，称为通过带速度，简称带速。

图 7-2[6]较为详细地显示了一条单向道路内两信号灯之间更为符合实际的各类车辆的轨迹线。

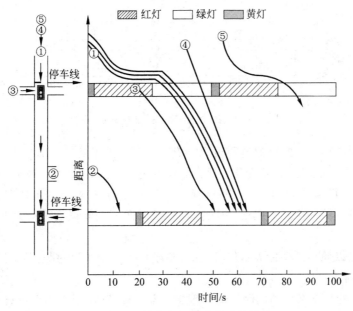

图 7-2 单向交通街道的时距图

在该时距图中，车辆的运行轨迹总是从左往右画，可以是从上到下（例如北向南）也可以是从下到上（例如南向北）。停止的车辆在车辆轨迹线中是一段水平线。假定的协调速度可能是限速值、85%位车速或期望车速。协调方向的车速受到众多因素的影响，包括是否有其他交通流、信号配时设定、车辆的加减速度以及道路的其他一些因素等。相邻两条车辆轨迹线之间的垂直距离是相邻两辆车的车头间距。

车辆组 1~5 分别代表如下 5 种情况：

(1) 一般的车辆运行；

(2) 从两交叉口中间的支路进入主路并通过下游交叉口的车辆；

(3) 从上游交叉口的非协调方向进口道进入主路并通过下游交叉口的车辆，在图中的实例显示为在红灯期间进入主路主要因为该车辆是从非协调方向进口道右转进入的车辆；

(4) 以协调控制速度运行的车辆；

(5) 红灯期间到达上游交叉口并发生延误的车辆。

如图 7-3 所示[6]，左转流向的相位用斜线表示。由于设置有为流向 1、5 提供的保护型左转相位，双向直行带宽有较大比例的缩小。

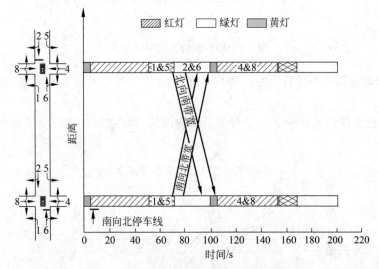

图 7-3 双向街道的时距图（受左转的影响）

在时距图中应用了一些交通流假设，如前所述，时距图主要考虑的是主要干道的直行交通流，而基本没有考虑转弯交通流及其他方向的交通流。时距图和交通流的估计也是比较复杂的，受到如下因素的影响：行人和转弯交通流的影响、路段上进出口车辆的影响、共用车道的影响以及其他一些影响因素。因此，在使用时距图的时候需要对这些因素进行仔细地考虑。

时距图也可以使用纵坐标表示信号配时，横坐标表示交叉口间距（两交叉口停车线间距离）。如图 7-4 所示。

图 7-4 表示的是交叉口等间距情况下理想的双向绿波带，当无法满足这种理想情况时，绿波带宽将会小于部分或全部交叉口的协调相位绿灯时间。

图 7-5 说明了典型的信号控制交叉口双环之间的关系[6]。如图所示，流向 5 的时间比流向 1 少，结果使得在流向 1 结束绿灯时间、流向 2 开始绿灯时间之前，流向 1 和流向 6 同时放行，在时距图中，流向 1 和流向 6 同时运行的时段由向下倾斜的左到右的线条表示，这表明向南的直行交通流能够通过交叉口，而向北的则不能。

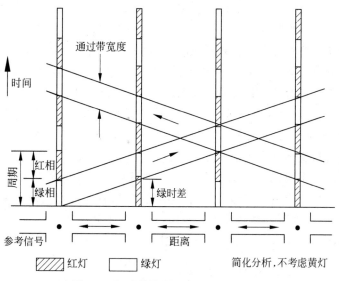

图 7-4 绿波带控制时距图(双向行驶)

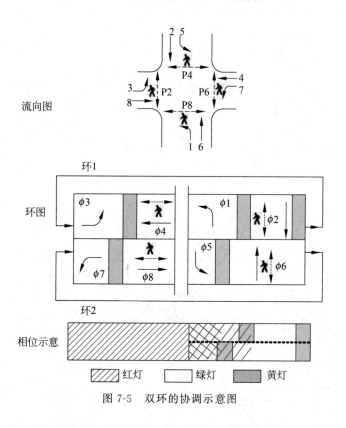

图 7-5 双环的协调示意图

7.2.2 左转相位的影响

左转相位将导致主要干道协调相位绿灯时间减少,不同类型的相位以不同的方式影响着主要干道的运行,在信号控制交叉口如何考虑左转交通流往往是综合考虑交叉口延误和通行能力的结果。有时其他转向也可能被设置为协调控制相位,例如左转流向,主要出现在当左转交通流较大或需要额外配时的时候。

相位的有效利用程度取决于绿灯放行时该相位交通流是否位于停车线后排队。例如，如果交通流尚未达到停车线，则将该交通流的相位推迟是有益处的，即减少了绿灯空放。另外一种情况则可能是上游车流到达下游交叉口的时刻过早。在这两种情况下，考虑采用后置左转相位可能有助于改善协调控制效果或者更有效的利用绿灯时间。

在图 7-6 中[6]，流向 5 的斜线与流向 2 的轨迹方向一致，流向 1 的斜线与流向 6 的轨迹方向一致。如果左转流向同时出现（前置或后置左转），斜线相交形成十字形意味着在该时间段任何方向的直行交通流是不能被放行的。

将主要干道的一个或两个方向的左转相位进行后置经常可以用来提升协调控制的效果；而改变相位的顺序也有可能改善绿灯利用效率，后置一股左转交通流分离了直行与左转相位的起始时间，这在某些情形中尤其有用，例如对于某个中间交叉口而言，两个方向的上游交叉口的间距并不相等或者具有不同的相位差设置。图 7-7 显示相应的案例[6]。

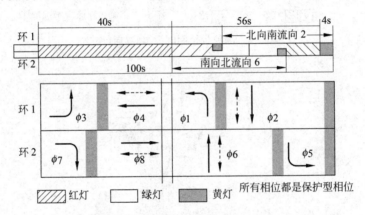

图 7-6 时距图里的左转相位顺序

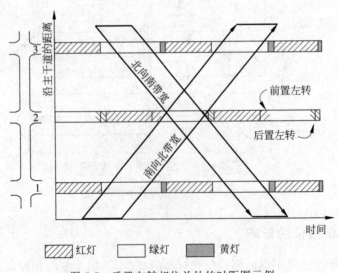

图 7-7 后置左转相位益处的时距图示例

与图7-6相比,通过将后续交叉口的左转相位后置,图7-7中的绿波带宽有所增加。前置-后置左转相位的益处还可以进一步通过保护型-许可型前置-后置相位的设置得以提高。通过允许车辆在许可型相位期间左转,所需要的左转相位时间得以减少,从而可以将更多的绿灯时间分配给协调相位。这项技术尤其适用于如下情形:在协调控制的干线交叉口,两个方向的连续运行的车队没有在同一时间到达该交叉口。

7.2.3 干线控制的主要参数

在干线协调控制中有3个最基本的控制参数:共用周期长、绿信比和相位差。周期长和绿信比这两个基本参数与单点控制中的周期长和绿信比不尽相同;同时,另外一个参数——相位差,在干线协调控制中发挥着重要的协调联动控制作用。

1. 确定协调相位

常见的做法是将具有最大高峰小时交通需求的交通流向确定为协调相位。协调控制的逻辑之一是为协调相位提供未使用的绿灯时间,尤其是当其他流向的交通需求较低时,这样可以使具有最大需求的车流停车次数最少。最典型协调流向是主要干道的直行交通流。

2. 共用周期长

在线控系统中,为使各交叉口的交通信号能取得协调控制,要求相位差能够保持恒定,不随信号周期的重复而发生变化。相位差需保持恒定是进行信号协调控制的必要条件。为了满足此要求,各交叉口的交通信号周期长度必须统一,称之为共用周期长(有的交叉口信号周期也可以取共同信号周期的一半)。

参与信号协调控制的交叉口采用共同信号周期,其作用是使交叉口之间的相位差保持恒定,如图7-8所示[7]。如不采用共同信号周期,则交叉口之间的相位差无法保持恒定,如图7-9所示[7]。

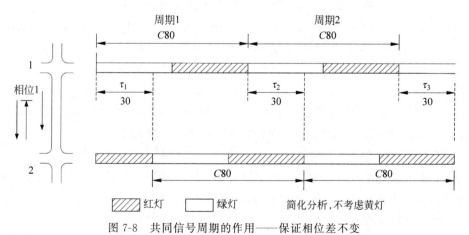

图7-8 共同信号周期的作用——保证相位差不变

图7-8中,两信号控制交叉口1与2的信号周期相等,即$C_1=C_2=80s$。图中所示为单向交通,设单向相位差初始值$\tau_1=30s$。随着信号周期的重复,可以看到:第一个周期$\tau_1=30s$,第二个周期$\tau_2=30s$,第三个周期$\tau_3=30s$。这说明采用共同信号周期可使单向相位差τ保持在初始设置的数值上。对于双向交通可以得到同样的结论。

图7-9中,两信号控制交叉口1与2的信号周期不相等,分别为$C_1=50s,C_2=70s$,没有

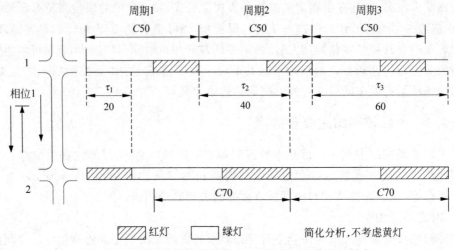

图 7-9 不采用共同信号周期——不能保证相位差的恒定

采用共同信号周期。设单向相位差初始值 $\tau_1=20$s，随着信号周期的重复，可以看到：第一个周期 $\tau_1=20$s，第二个周期 $\tau_2=40$s，第三个周期 $\tau_3=60$s。这说明，由于没有采用共同信号周期，单向相位差 τ 随着信号周期的重复而发生变化，无法保持在初始设定的数值上。对于双向交通可以得到同样的结论。

为确定共用周期长，需先按单点定时信号的配时方法计算出各个交叉口交通控制所需的周期长度，然后从中选出最大的周期长度作为这个系统的共用周期长。此时，对应最大周期（即共用周期长）的交叉口叫作关键交叉口。例如，当 3 个交叉口的单点优化后的周期长是 75s、80s 和 110s 时，则取共用周期长为 110s。还有一种确定共用周期长的方法，就是直接将干道中交通地位最重要的交叉口的最佳周期长作为共用周期长。

在实际的控制系统中，存在一些交通量较小的交叉口，其实际需要周期时长接近共用周期长的一半，这时可以把这些交叉口的周期时长定为共用周期长的一半，这样的交叉口称为双周期交叉口。实施双周期交叉口是为了增加车队通过带宽度和减少延误时间（尤其是次要道路），但同时由于双周期交叉口的周期长仅为共用周期长的一半，车队常常在这样的交叉口被截断为两部分，可能破坏绿波效果。一般而言，当对某些交叉口实施双周期的线控方案优于其他方案时才做此选择。通常可能考虑双周期的情形如下[8]。

(1) 次要流向的交通流量较小；

(2) 主要干道的左转专用车道较短使得交叉口如果运行共用周期长会导致左转车道左转车流排队的溢出而影响直行车道的通行；

(3) 相交道路没有左转相位；

(4) 共用周期长至少 100s。

协调控制共用周期长的确定除了考虑通行能力、延误等因素外，还需要考虑所期望实现的绿波的带速。周期过长可能反而增加拥堵，主要是由于相交道路或主要干道排队过长所导致。共用周期长还可能与交叉口之间的时空关系有关，由于交叉口时空关系的影响，某些共用周期长的效果可能要比其他周期长更好。总体上是基于信号交叉口间距、信号配时、行驶速度和行人过街需求等因素为各种类型的街道确定共用周期长。

需要注意的是,严格的每周期的共用周期长是基于相位差是固定的前提,而在实际应用中,不同周期的两交叉口之间的相位差并不一定完全相同,例如当考虑下游交叉口亦有排队长度的变化时,每个周期的相位差的计算结果可能就会有区别,此时就无法严格保证共用周期长,尤其在饱和度较高的情况下需要注意该问题。

3. 绿信比

在干线协调控制系统中,各交叉口信号的绿信比不一定相同,通常要根据各个交叉口各方向交通流的流量比来确定。一般将周期最长的那个交叉口沿干道方向的绿灯时间定为干道各交叉口的最小绿灯时间,各交叉口沿干道方向的最大绿灯时间则根据相交道路交通流所需要的最小绿灯时间来确定。

分配各相位绿灯时间的一个常用的方法是使得交叉口各个相位的关键流向在协调周期长度内保持相同的 v/c 比。另一个方法是为次要街道分配最小的绿灯时间,将剩余的全部绿灯时间分配给主要街道或者协调相位以提高协调控制的带宽。后一种方法常用在传统的协调控制中,它的一个基本假设是非协调相位是"间隙相位切换"的。这种绿灯分配方法需要考虑众多因素,包括行人、公交相位和单位绿灯延长时间的设定等。

1) 协调相位

协调相位绿灯时长是由其他流向的需求所确定的,协调相位使用周期长中其他相位所没有使用的时间。如果非协调相位的交通需求非常低而没有对绿灯信号的请求,则整个周期长都可以给予协调相位。

2) 非协调相位

要想给非协调相位分配绿灯时间,则必须有相应交通流的请求。

4. 相位差

1) 基本概念

相位差是相邻交叉口建立协调关系的关键参数,相位差设置的好坏直接决定干线协调控制系统运行的有效性。相位差的选取是与相邻交叉口间车辆的行驶速度有关的。在干线协调控制系统中,一般使用绝对相位差。有的信号机使用以秒(s)为单位的相位差,有的信号机则采用以周期长的百分比来衡量的相位差。

相位差分为绝对相位差和相对相位差。绝对相位差是指各个信号交叉口的绿灯或红灯的起点或终点相对于某一个标准信号交叉口绿灯或红灯的起点或终点的时间之差;相对相位差是指相邻两信号交叉口的绿灯或红灯的起点或终点之间的时间之差。为保证协调控制中相邻交叉口车辆运行的连续性,需要使得相邻信号交叉口间的相位差同车辆在其间的行程时间相适应。

相位差通常以协调相位的绿灯启亮时刻为基准点,部分信号控制机选择以红灯启亮时刻为基准点,也有选择以协调相位绿灯时间的终止时刻作为相位差的计算基点。如图 7-10 所示[6]:

在图 7-10 中,相位差的参考点是协调相位的绿灯结束时刻(或黄灯启亮时刻),共用周期长是 100s。南面交叉口是关键交叉口,作为主计时器,其相位差为 0。北面交叉口的相位差设置为 30s,其协调相位黄灯启亮时刻分别在 30s 时和 130s 时(12:00:30AM 和 12:02:10AM),一直比南面交叉口晚 30s。

干线协调控制实施的一个重要基础是每个交叉口都有一致的主计时器来确保分时段定

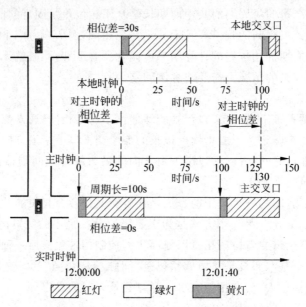

图 7-10 主时钟、本地时钟及相位差的关系图

时配时方案,并优先使用该方案作为一个基本点。同样重要的是当共用周期长发生改变时,大多数的控制机能够基于主计时器参考点重新计算一个新的同步点。

2)理想相位差

相位差的优化与交叉口之间的实际或期望运行速度、交叉口间距和交通流量有关。在一些理想的干线协调控制系统中,在上游交叉口绿灯起始时刻驶离交叉口的车队将在下游交叉口绿灯即将启亮的时刻到达下游交叉口。对于使用者而言,这是一个相对相位差,其时空关系是可以观测到的。

这个理想的相位差计算为

$$t_{\text{ideal}} = \frac{L}{s} \tag{7-1}$$

式中:t_{ideal}——理想的相位差,s;

L——信号交叉口之间的距离,m;

s——车辆行驶速度,m/s。

图 7-11 显示了相位差对延误和停车次数的影响[5],图中两个交叉口的理想相位差是 20s,一旦相位差偏离理想相位差,则延误将会增加,而且需要注意的是,在不同交通流条件下,相位差偏离理想相位差同样的数值导致的结果可能不一样。

3)排队对相位差的影响

需要注意的是,前面所说的理想相位差是假设下游交叉口没有车辆排队的情况,但是这个假设有些情况下是不成立的。对于协调控制的两个交叉口,在上游交叉口的两个车队[①]到达下游交叉口期间通常会有车辆[②]进入交叉口之间的路段,而这些车辆到达下游交叉口

---

① 这两个车队是上游交叉口连续两个周期内协调相位绿灯期间放行的车辆形成的。
② 这些车辆可能是上一次绿灯没有放行完的车队尾部的车辆,或者从路口之间的进出口进入的车辆,或者从交叉口之间的停车场、小区等驶出的车辆等。

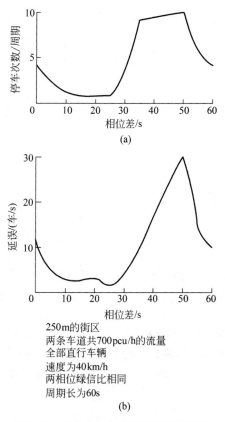

图 7-11 相位差对延误及停车次数的影响
(a) 停车次数；(b) 延误

的时间往往是红灯期间①，因此，这些车辆将在下游交叉口的入口处形成排队，从而在一定程度上影响车队在协调控制交叉口群上的连续运行。在此情况下，需要将理想相位差进行调整以减少协调控制的车队不必要的停车。

一个不根据排队进行调整的相位差导致的交通流状况如图 7-12 所示[5]，由图中可以看出，协调控制的车队到达下游交叉口后由于排队车辆的存在而无法连续行驶被迫停车等待。

考虑已有的排队车辆，理想相位差需要调整为

$$t_{adj} = \frac{L}{s} - (Q \times h + l_s) \tag{7-2}$$

式中：t_{adj}——调整后的理想相位差，s；
　　　L——相邻交叉口停车线间距离，m；
　　　s——车辆行驶速度，m/s；
　　　Q——每条车道的排队车辆数，pcu；
　　　h——排队车辆消散时的车头时距，s/pcu；
　　　l_s——起动损失时间，s。

起动损失时间只是在协调的第一个下游交叉口进行考虑，调整后的相位差能够使得排

---
① 下游交叉口绿灯一般给上游到达的车队显示。

队车辆在车队到达之前消散完毕。图 7-13 显示了使用调整后的相位差的情形[5]。

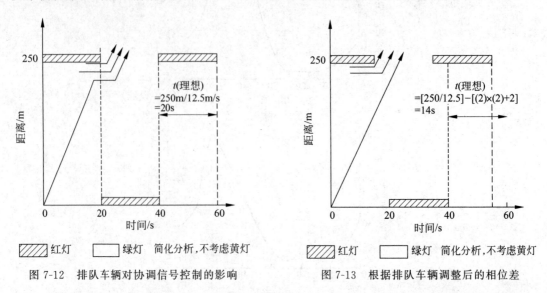

图 7-12　排队车辆对协调信号控制的影响　　　图 7-13　根据排队车辆调整后的相位差

图 7-14[5]显示了某案例在有车辆排队(假设每个路口每个车道有 2 辆排队的车辆)情况下的协调状况(速度假设为 15m/s),从图中可以看出,由于存在排队车辆需要提前清理,故看起来的绿波带的速度要大于车辆行驶速度。具体每条路段的协调速度如表 7-1 所示[5]。

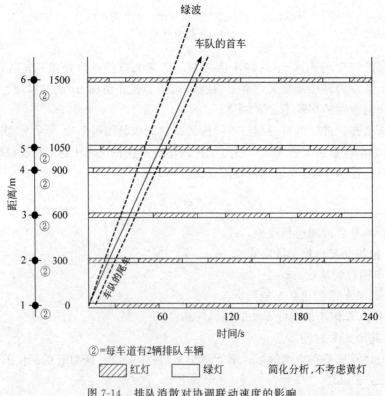

图 7-14　排队消散对协调联动速度的影响

表 7-1　图 7-14 中的协调联动速度

路　　段	路段相位差/s	协调联动速度/(m/s)
信号交叉口 1→2	(300/15)−(4+2)=14	300/14=21.4
信号交叉口 2→3	(300/15)−(4)=16	300/16=18.75
信号交叉口 3→4	(300/15)−(4)=16	300/16=18.75
信号交叉口 4→5	(150/15)−(4)=6	150/6=25
信号交叉口 5→6	(450/15)−(4)=26	450/26=17.3
总相位=78s		

实际的绿波带宽被大大缩小了,也就是说,协调相位上的部分绿灯时间被用来处理排队车辆的消散,用于协调车队通行的绿灯时间将会减少。

HCM 建议分析人员应当仔细审查时距图来分析主干道的协调度及相位差的有效性。若交叉口为感应控制,感应协调逻辑会使得每个周期分配给支路的绿灯时间都不一样,因此,时距图将是不断变化的。

对任何交叉口的相位差的调整必须充分考虑整个协调子区的联动效果,某个交叉口的相位差的调整将会影响到本交叉口及上下游相邻交叉的联动效果。

4) 双向相位差

实际上,求解双向协调的相位差是协调控制信号优化中的最终的基础问题之一。如图 7-15(a)所示[5],可以看到在时距图中,双向的相位差之和等于周期长。如果交叉口间距较大,则双向的相位差之和等于 2 倍或多整数倍的周期长,如图 7-15(b)所示。

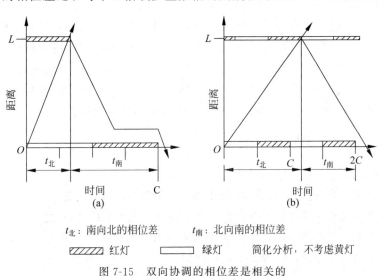

$t_北$：南向北的相位差　　$t_南$：北向南的相位差

▨▨▨ 红灯　　▭ 绿灯　　简化分析,不考虑黄灯

图 7-15　双向协调的相位差是相关的

(a) 相位差之和等于 1 个周期长；(b) 相位差之和等于 2 个周期长

图 7-15 显示了真实的相位差和旅行时间,需要注意的是虽然有时经常希望相位差等于旅行时间,但这两个参数并不需要相等。对于双向协调控制而言,一旦一个方向的相位差确定,则另一个方向的相位差也会相应确定。双方向相位差的关系如下式所示：

$$t_{1i} + t_{2i} = n \times C \tag{7-3}$$

式中：t_{1i}——路段 i 方向 1 上的相位差,s；

t_{2i}——路段 i 方向 2 上的相位差,s;

n——正整数;

C——共用周期长,s。

任一实际的相位差都可以表示为理想的相位差加上一个误差或差异项:

$$t_{\text{actual}(i,j)} = t_{\text{ideal}(i,j)} + e_{ij} \tag{7-4}$$

式中: i——某条路段;

j——道路的方向;

e_{ij}——误差或差异项。

在一些用于主要干道双向信号配时优化的程序中,其中一个优化目标是最小化实际相位差和理想相位差差异的某些函数。

在实际工作中,有时常常希望在双向带宽相关关系的约束之下寻找使得某方向到达最大绿波带的结果,有时也会完全忽略某个方向(例如在潮汐交通流比较明显的主要干道)。当然更一般的情况是希望两个方向的带宽与两个方向的交通流量成比例。

这样的工作很难通过手工来完成,因此,产生了一些能够辅助交通工程师进行信号配时优化的软件,详见第 13 章相关内容。这里只介绍一个简单的案例来看看在协调配时中考虑的一些均衡因素(见拓展阅读 2 协调配时均衡因素)。

拓展阅读 2
协调配时均衡因素

5. 统一时钟

所谓统一时钟,就是所有交叉口都按照一个时间基准运行各自的相位配时方案,以保证交叉口之间协调信号相位差的准确性,从而确保不会发生时间漂移、方案错位现象。由于每一台信号控制机中的时钟都会因准确性不同等原因造成时间漂移、协调失效,故应该在需要协调的几个交叉口信号控制机中设定一台主控机统一报时,或利用收音机的正点报时进行信号控制机时钟校正,亦可使用 GPS 校时模块进行定期时钟校正。

7.2.4 交通流协调联动类型

1. 简单协调联动

如果干线协调控制的交叉口信号配时使得第一个交叉口绿灯启亮后通过的第一辆车能够在后续下游所有交叉口协调相位绿灯启亮时刻恰好通过该交叉口,则称之为简单协调联动,其基本条件是每个交叉口协调方向红灯末期无车辆排队且相位差等于理想相位差。因此,简单的协调联动经常适用于单向道路或者双向道路的主要方向(其次要方向的交通流量非常小)。

2. 灵活协调联动

在一般情况下,由于交通流的潮汐性或者交通流饱和度的不同,使得简单协调联动的方案在一天之内有多种变化,在这种情况下,称之为灵活的协调联动。

3. 反向协调联动

在一些特定情况下,交叉口的初始排队非常长,使得计算的理想相位差为负值(例如过饱和情况下),也就是说,下游交叉口必须先于上游交叉口启亮协调相位的绿灯。图 7-16[5] 显示了一个案例:交叉口间距长度为 150m,车队速度是 15m/s,每个交叉口协调方向上每车道的初始排队是 7pcu,饱和车头时距为 2s/pcu,如图 7-16 所示。这种情形称之为反向协调联动。

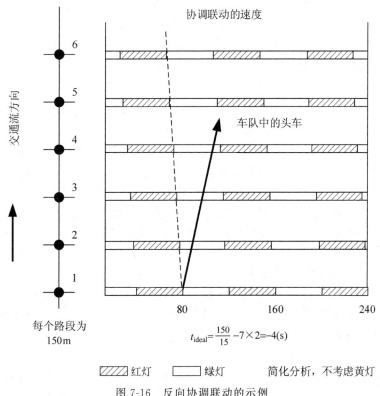

图 7-16 反向协调联动的示例

图 7-16 还显示了一种有关有初始排队的现实情况:车队的第一辆车只能连续通行到达交叉口 4,在交叉口 4 就会遇到红灯。而当车队通过交叉口 3 时,只有 12s 的绿波带宽,使得车队中第 6 辆以后的车辆都被从车队中截断而不得不在交叉口 3 排队等待下一个周期的绿灯。

7.3 协调条件

7.3.1 影响因素

由于城市道路在不同地区的差异,以及交通状况本身的不同,干线协调控制并不是在任何情况下都能达到理想的效果。建立协调控制最简单的方式是判别可能需要协调控制的干道是否有大量的交通量以及交叉口的相似程度。笼统而言,相邻交叉口之间的信号是否有关、是否能够协调主要与以下一些因素有关:①道路设施类型;②相邻信号控制交叉口间距;③道路平均车速;④交叉口间主要干道交通流量;⑤周期长及相位数。

1. 道路设施类型

道路等级及交通组织方式对是否进行协调控制有较大的影响。例如单向交通组织有利于干线协调控制的实施并能达到预期的效果,因此,对于单向交通运行的干道应优先考虑干线协调控制。

2. 相邻信号控制交叉口间距

交叉口间距是影响交叉口协调控制与否的根本原因之一。因为在实际路网中,干线上的交叉口距离从100~1000m甚至1000m以上都是有可能的,但干线协调控制的相邻交叉口之间的距离不能太远,例如MUTCD给出的建议是当干线走廊上的交叉口间距在800m以内时,如果信号周期相差不是很大,则应当考虑协调控制。而当交叉口之间距离较大,如超过1000m时,交叉口之间车流的离散性将会很大,上下游交通流相关性较小,这将不利于进行交叉口的干线协调控制,则没有必要再进行协调控制。

3. 道路平均车速

车速是干线协调控制设计的关键因素。如果在设计干线协调控制时,车速值取得不合适,实际控制效果肯定不会好,甚至导致设计完全失败。

观察车辆在路段上实际行驶状况,不难发现,就单个车辆来说,行驶速度是千差万别的,但就整个车流来说,其平均车速的波动范围则是有限的。实际中所关心的不是车辆通过某一点的瞬时速度平均值,而是在一个区间段(通常是从上游停车线到下游停车线)内全行程速度平均值。前者,称作速度的时间平均值;后者,则称作速度的空间平均值。

在设计干线协调控制方案时,沿整条控制路线,不一定始终采用同一个设计车速,而是应该根据每个路段具体情况分别选用合适的车速,尤其是全线各段交通情况差异很大时更应如此。

4. 交叉口间主要干道交通流量

交叉口间的协调控制与否与主要干道的绝对交通量(尤其是连续通过两交叉口协调相位的交通量)有很大关系,如果主要干道交通流量较小,则意味着从协调控制中获益的车流量较少,结果将是协调控制无法带来明显的效益,因为实现主要干道的协调控制在一定程度上对相交道路会有一定的延误。

沿协调控制路线的各交叉口处可能会有部分车辆转弯而离开协调方向的主路。同样,沿途也可能有若干车流从相交道路转弯汇入主路车流中。这样,沿控制路线持续直行通过的车流量将不是一个恒定的数值,从这方面讲,绿波带宽度也就不应该总是一个不变的定值。绿波带宽度只要与每一区间段上的实际流量(把转弯驶入与驶出的流量考虑在内)相适应即可。需要说明的是:从相交道路驶入协调方向主路的车流和主路上原有的车流,它们可能有一个时间差。因此,到达下游停车线的时间就不一致。在安排下游交叉口的绿灯起讫时间时,应该充分考虑到这一点。但是,这并不等于在任何情况下都要照顾相交道路驶入的车流,要看具体情况而定,需考虑相交道路上车流量大小、与主路车流的时距差大小等。

应综合考虑每天各个时间段内的车流到达的特性以及交通流量的大小变化的特性,在容易形成车队的时间段优先使用干线协调控制。

交叉口间距和交通流量是影响是否进行协调控制的主要因素,例如当两个交叉口相距非常近且主路交通流较大时,一般需要考虑协调控制。同时,进行协调控制要注意关键交叉口的饱和度,一般关键交叉口的饱和度在0.6~0.9之间可以考虑协调控制(《安徽省城市道路交叉口信号控制设计规范》中建议干线协调控制交叉口协调方向交通流的饱和度不宜大于0.85),饱和度再继续增加,则协调效果未必好。

5. 周期长及相位数

对于欲进行协调控制的交叉口而言,如果利用单点定时计算方法计算出来的周期长度相差过大,且无法形成整数比例关系的时候,交叉口间进行协调控制的必要性就会降低,此时如果强行进行协调的话会在很大程度上增大其中某个或某些交叉口的车辆延误和排队长度。因此,欲纳入协调控制的交叉口的周期长应当是相等或相近或成整数倍,而一旦纳入协调控制,则需要统一周期长(或成整数倍)。

信号控制交叉口的几何构造和复杂性是设置相位方案的条件之一,而信号相位越多,对干线协调控制系统的通过带宽影响越大。对于相位方案较为简单的交叉口,选用干线协调控制系统能够取得较为理想的效果,而一些主要干道上的交叉口如有多个左转相位,则不利于选择干线协调控制方式。

一些影响干线协调控制效果的因素主要包括如下方面:①不必要的保护型左转相位;②不必要的信号灯设置;③交叉口几何条件的限制;④信号灯及检测器设置不当;⑤交通拥堵;⑥跨不同的信号控制系统;⑦不断变化的交通流状态;⑧缺乏专业技术水平。

7.3.2 子区划分方法

在对道路交通路网进行干线/区域协调控制时,提前判断哪些交叉口可以进行协调控制是必须进行的第一步工作,通常称之为控制子区划分①。在日常配时过程中,控制子区的划分通常是由交通工程师根据道路状况和积累的经验来完成。由于一天之内的交通流状况不断变化,在一天之内的不同时段,将会形成不同的协调控制子区的划分方案。实际情况中这意味着一个交叉口在高峰时段可能会与周边交叉口构成协调控制子区进行协调控制,但在其他时间段则是单点控制的模式。为了考虑不同交通流状况等因素对协调控制子区划分的影响,国内外学者提出了几个典型的子区划分参考指标。

拓展阅读3
子区划分参考指标

相关研究表明[9],目前似乎没有绝对最好的方法用来进行交通信号控制子区的划分,一些简单计算方法的结果与一些复杂计算方法的结果类似。通常而言在进行子区划分时有如下规则需要考虑:

(1) 750m 内的信号控制交叉口建议划分为一个子区,在我国需要注意的是,由于路段干扰较大,车队离散性较高,这个距离可再调整;

(2) 1500m 以上的交叉口不宜进行协调;

(3) 距离在 750~1500m 之间的两个交叉口需要计算耦合指数,耦合指数在 50 以上的建议协调控制,耦合指数在 1~50 之间的可以考虑协调,耦合指数在 1 以下的不进行协调。

另有其他国内外学者根据不同的考虑提出了不同的协调指数的计算方法[10]。

无论上述任何指标,其计算流程大致如下:首先决定要对路网中的哪部分道路进行协调控制子区的划分,在此基础上在地图上绘制出所研究的路段,而后将各路段的交通流量绘制在相应的路段,如果路段无相应的交通流量,则置为 0(将导致部分计算结果也为 0)。最后计算各个子区划分参考指标,以确定恰当的子区划分。

子区的划分结果应当以小型到中型子区规模为主,例如一个子区不超过 30 个交叉口(在我国可能不超过 10 个交叉口更为适宜),主要是因为小型及中型的子区比较容易进行管理和维护。大型子区则需要较多的资源来开发、实施和维护信号配时方案,而且很难找到其最优配时方案,同时子区规模越大,越容易出现交叉口失效而导致整个子区的控制效果大打折扣。

---

① 虽然将子区划分方法放在了干线协调控制一章中进行介绍,但需要注意的是这里介绍的子区划分方法同样适用于区域协调控制中的子区划分。

在典型的分时段协调控制系统中,子区的划分通常在不同时段有所不同,例如,一条主要干道可能全长都有同样的断面,但是在不同的路段,其具体的断面特性可能会有所不同,且具有不同的交通流特性。如图 7-17 所示[11],一条东西向主要干道,其西侧接一条市区边缘的高速公路,中间与一条南北向主要干道相交,且附近有几所学校、一家医院和几个购物中心,其东端与一条主要干道相交,且附近有一个大的商业区域,该商业区域相关的交通流通过与这两条主要干道相交的道路出入,对于这样一条主要干道,其高峰期的交通流可能是潮汐式的,也可能是均衡式的。例如在上下班时间或者购物时间,其交通流特性会有较大的差异。因此,如果使用分时段控制方式,则图中的交叉口会根据单点优化的配时周期长、交通流量、排队长度等被划分为不同的小区数。同样,在自适应控制的情况下,亦需要考虑信号控制子区的灵活划分。

图 7-17 中阴影表示小区划分结果。

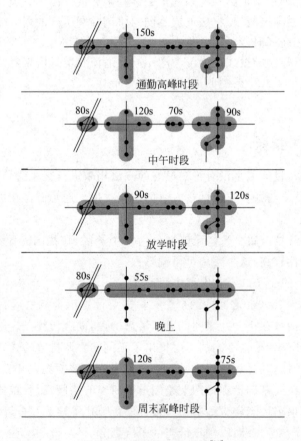

图 7-17　灵活分区的案例[13]

7.4　干线协调控制基本类型

由于城市各交叉口之间的距离不尽相同以及绝大多数道路都是双向行驶等原因,使得只有在一些特定的交通条件下,才有可能实现最理想的干线协调控制。在实际应用中干线协调控制主要有单向协调和双向协调两大类。

7.4.1 单向协调

单向交通街道,或者双向交通量相差悬殊时,只要照顾单向信号协调的街道是最容易实施交通信号协调控制的街道。相邻各交叉口信号间的相位差可按式(7-5)确定

$$O_f = \frac{L}{s} \times 3600 \tag{7-5}$$

式中:O_f——相邻信号间的相位差,s;

L——相邻信号间的间距,km;

s——线控系统车辆可持续通行的车速,km/h。

需注意该相位差的计算方法仅适用于非饱和交通状况下排队车辆较少时或红灯期末无车辆排队。

7.4.2 双向协调

双向街道的信号协调控制,在各交叉口间距相等时,比较容易实现,且当信号间车辆行驶时间正好是共用周期长一半的整数倍时,可获得理想的效果。各交叉口间距不等时,双向信号协调控制就较难实现,必须采取试探与折中方法求得信号协调方案,否则会损失信号的有效通车时间,增加相交街道上车辆的延误。

双向交通定时式线控各信号间的基本协调方式有 3 种。

1. 同步协调控制方式

在同步式协调控制系统中,系统中的全部信号,在同一时刻,对干道车流显示相同的灯色。

当车辆在相邻交叉口间的行驶时间等于共用周期长时,即相邻交叉口的间距符合关系式(7-6)时,这些相邻交叉口正好可组成同步式协调控制。联动的相邻信号灯呈现同步显示时,车辆可连续通过相邻的交叉口。

$$L = \frac{s \times C}{3600} \tag{7-6}$$

式中:C——共用周期长,s;

其余符号意义同前。

同步式协调控制只是在有限的情况下比较有效,其中一种情况就是交叉口间距非常近,例如间距不大于 100m。如果相邻交叉口之间的距离相当短,并且相交道路上的交通量远远小于主要干道方向上的交通量时,可以把这些相邻交叉口看作一个整体,采用同样的信号配时方案,并且每个交叉口的绿灯开始时刻也相同,即形成同步式的协调控制系统,以改善道路的通行,从而使主要干道中的交通流能够顺利通过相邻的信号控制交叉口。其效果图如图 7-18 所示[5]。

对于同步式协调控制而言,其带宽效率取决于所包括的交叉口数量等条件。对于具有 N 个交叉口的主要干道而言,其带宽效率为

$$\text{EFF}(\%) = \left[\frac{1}{2} - \frac{(N-1) \times L}{s \times C}\right] \times 100\% \tag{7-7}$$

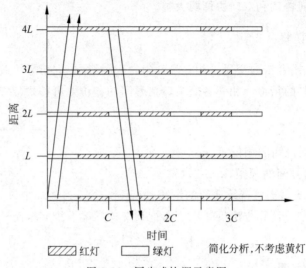

图 7-18 同步式协调示意图

另外一种适用情况是：高峰时刻主要干道的交通量接近整个主要干道的通行能力，主要干道上游交叉口的车辆无法向下游交叉口行驶，此时可以将主要干道上这些交叉口组成同步式的协调控制系统，在这种情况下，同步式协调可以预先阻止车辆排队的回溢，因为可以为下游交叉口留出清理已有排队的时间，并且能够切断车队来阻止交叉口的堵塞。但这种协调控制系统自身在使用条件上存在很大的局限性，例如驾驶人为了在信号交叉口绿灯时间到达交叉口处而加快行驶的速度，很容易造成安全隐患。所以，只有在条件很成熟的情况下才考虑这种干线协调控制方式。

2. 交互式协调控制方式

在交互式（异步式）协调控制系统中，相邻交叉口的信号在同一时刻显示相反的灯色。

车辆在相邻交叉口间的行驶时间等于共用周期长的一半时，采用交互式协调控制系统，车辆可连续通过相邻的交叉口。即相邻交叉口间距符合式(7-9)关系时，可采用异步式系统

$$L = \frac{s \times C}{2 \times 3600} \quad (7-8)$$

在这种情况下，可以获得如图 7-19 的协调效果[5]。

其带宽通行能力计算如下：

$$c_{BW} = \frac{3600 \times BW \times NL}{h \times C} = \frac{3600 \times 0.5C \times NL}{2.0 \times C} = 900NL \quad (7-9)$$

式中：BW——带宽，s；

NL——指定方向直行车道数；

h——饱和车头时距，s/pcu；

C——共用周期长，s。

式中假设饱和车头时距为 2.0s/pcu。实际的车头时距可以实地检测或者估计得到。

注意在这种情况下，如果绿灯时间的分配不是两个相位均分，则①如果协调控制主要干道的绿灯时间较长，则代表主要干道有较长的绿灯时间可以用来为其他的交通流服务；

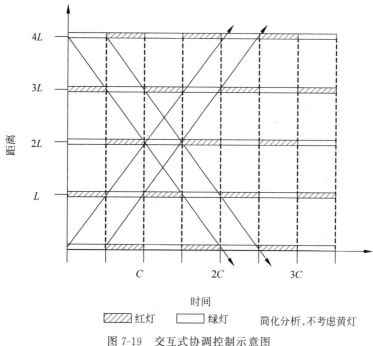

图 7-19 交互式协调控制示意图

② 如果非协调方向的绿灯时间较长,则将会减少绿波带宽。

与同步系统一样,这种系统的适用性受到很大的限制,也甚少单独使用。

洛杉矶在其市内部分区域实施了类似的协调控制[6]。在该区域中,信号交叉口之间的距离是 0.25mile(1mile=1.609 34km),每个交叉口都是许可型左转。设置周期长为 60s,并且被均匀分配到主要干道及相交道路。在这种配时情况下,以 36km/h 行驶的车辆将在 30s 内(半个周期)到达下游交叉口,其结果如图 7-20 所示。该系统能够实现双向协调,但是在这种情况下,周期长必须根据时空关系仔细选择。

双异步协调控制方式:对于某些道路网络,其相邻交叉口间距可能符合式(7-10)关系,此时可采用双异步式系统:

$$L = \frac{s \times C}{4 \times 3600} \tag{7-10}$$

该系统的关键是经过两个交叉口之后相位差才变为周期长的一半。如图 7-21 所示[5]。当站在交叉口 1 向下游观察时,可以看到的信号灯色是每两个一变:绿色、绿色、红色、红色、绿色、绿色、红色、红色,依次类推。

双异步协调控制方式的带宽效率在每个方向都是 25%。而其带宽通行能力相应地为

$$c_{BW} = \frac{3600 \times BW \times NL}{h \times C} = \frac{3600 \times 0.25C \times NL}{2.0 \times C} = 450NL \tag{7-11}$$

3. 续进式协调控制方式

为了得到比较合适的每个交叉口的相位差,根据道路上车辆的连续行驶速度和相邻信号控制交叉口之间的距离,在下游交叉口绿灯启亮时刻使车辆正好能够顺利到达,这样让干道上的车流能够连续地通过若干个交叉口。续进式协调控制系统根据道路上的要求车速与交叉口的间距,确定合适的相位差,用以协调各相邻交叉口上绿灯的启亮时刻,使在上游交

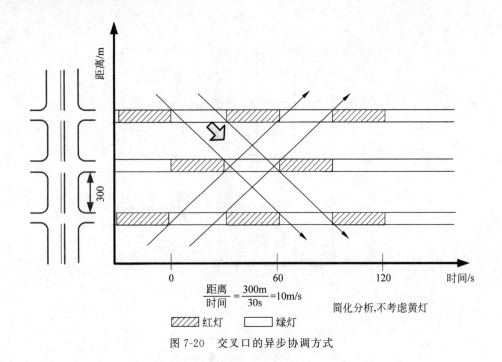

$$\frac{距离}{时间} = \frac{300\text{m}}{30\text{s}} = 10\text{m/s}$$

简化分析,不考虑黄灯

▨ 红灯　□ 绿灯

图 7-20　交叉口的异步协调方式

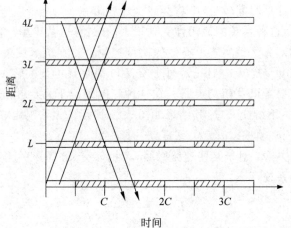

时间

▨ 红灯　□ 绿灯　简化分析,不考虑黄灯

图 7-21　双异步协调控制方式

叉口从绿灯启亮后开出的车辆以适当的车速行驶,可正好在下游交叉口绿灯启亮时到达。如此,使进入系统的车辆可连续通过若干个交叉口。续进式协调控制又可分为以下几种类型。

1) 简单续进式干线协调控制系统

简单续进式干线协调控制系统只使用一个系统周期长度和一套配时方案,通过对各相邻交叉口相位差的调整,保证车辆在各交叉口间以设计车速连续行驶。这种协调控制方式的特点在于根据各相邻交叉口间距调整各路段行驶速度,从而保证主要干道上的车流连续行驶。但主要干道上的交通流的大小和流向是随着时间的变化而不断变化的,具有不稳定性,因此,简单续进式的干线协调控制方式不具有普遍适应性。

2) 多方案续进式干线协调控制系统

多方案续进式干线协调控制系统是简单续进式的改进。在为主要干道信号系统确定配时方案时,往往会遇到交通流变化的问题。一个配时方案对应于一组给定的交通条件,当这些条件发生变化时,这个配时方案便不再适应了。交通流发生变化的可能有两类:

单个交叉口的交通流发生变化:系统中的一个或几个信号控制交叉口的交通流量可能增加或减少,这些变化能改变所需的周期时长或绿信比。

交通流方向发生变化:在双向运行的主要干道上,"入境"交通量和"出境"交通量可能发生变化。变化的可能有以下 3 种:

(1) 入境交通量大于出境交通量:此时,配时方案可对入境方向的交通流提供较多通车时间;

(2) 入境交通量大体上等于出境交通量:此时,配时方案对入境和出境交通流同等对待;

(3) 出境交通量大于入境交通量:此时,要求配时方案有利于出境的交通流。

4. 1/4 周期长的相位差控制方案

该方案在俄勒冈州的波特兰市有应用,主要应用于市中心的网格式路网体系。波特兰市中心的路网非常规整,相距都是 280ft(1ft=0.3048m),且都是单向行驶。相邻两交叉口之间的相位差为 1/4 个周期长,从而能够实现两个方向的协调控制。实施方案如图 7-22 所示[6]。

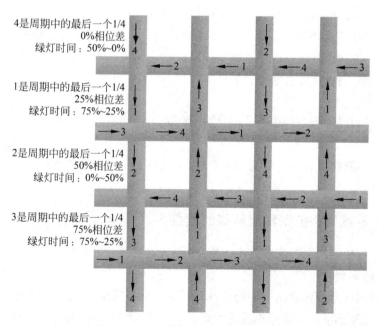

图 7-22 1/4 周期长相位差的示意图

 拓展阅读 4

协调控制案例分析

7.4.3 配时方案转换模式

当协调控制系统要调用一个新的配时方案时,信号控制机需要从旧的配时方案转换到新的配时方案,目前有多种方法可以完成这个转换,这里介绍常用的两种:

(1) 渐变式(short-way):利用这种模式,通过在接下来的几个信号周期内逐渐降低某些相位的绿信比和增加另外一些相位的绿信比,交通信号控制机逐渐转变到新的控制方案。同样地,相位差也在接下来的几个周期内逐渐从旧的方案转变到新的方案。信号控制机中的算法将决定改变哪个相位以及每个周期改变多大的量。该方法的优点是交通信号灯继续保持循环并服务于每个交通流向,缺点是需要 2～4 个周期才能够完成方案的转变。不同信号控制机厂商的这个模式的算法逻辑略有不同。

(2) 驻留式(dwell):利用这种模式,信号机一直保持在交叉口相位差参考点,直到其配时方案与系统中的主控制机同步为止。参考点一般是第一个协调相位的绿灯起始或终止时刻。这个方法的优点是只要 1 个周期就能够完成转变,缺点是对非协调相位会产生额外的延误。有些信号控制机限定了保持在协调相位上的最大绿灯时间来降低对非协调相位造成的额外的延误,这时可能需要多个周期来完成配时方案的转变。

无论采取哪种转变方式,需要注意的是整个控制子区的转变方式需要一致。

对于较短的共用周期长,转变方式对于延误影响较小,因此使用哪种转变方式都会有接近的效果。然而,如果次要流向的交通流量较小,则建议首先考虑驻留式。

对于较长的共用周期长,控制方案的转变会造成额外的延误。渐变式的转换方式将成比例的增加所有相位的延误,需要 2～4 个周期来完成转换。而驻留式的转换方式将显著增加非协调相位的延误,但是只要 1 个周期就可以完成转换。如果非协调相位服务的交通流的排队影响较大,则建议首选渐变式的转换方式。

7.5 干线协调控制参数计算方法

进行干线协调控制需要确定的主要参数包括相位差、共用周期长及各交叉口各相位绿信比。

7.5.1 干线协调控制配时所需的数据

在确定干线协调控制的配时方案之前,必须调查收集一批必要的道路交通数据。

1. 主干道资料

对整个控制区范围内的路网结构要有较详细的调查数据,包括交叉口数目、交叉口之间的距离(通常计算上下游两条停车线间的距离)、干道及相交道路的宽度、车道划分及每条车道的宽度、交叉口渠化情况以及每条进口道的饱和流量等。

2. 主要干道交通状况

主要干道交通状况包括各交叉口的每一进口方向车辆到达率、转弯车流的流量及流向、行人过街交通量、路段上车辆的行驶速度(或规定行驶车速)、车辆延误时间及交通量波动情况、干道上交通管理规则(限速、限制转弯、是否限制停车等)。

3. 主要干道上各交叉口的相位方案

主要干道上各交叉口根据各自几何情况、设置情况及渠化情况等所确定的相位方案。

根据上述数据,尤其是交叉口间距及交通流量数据,根据前述的子区划分指标或原则确定主干道上可以纳入协调控制的交叉口群。对于交叉口间距过长、交通流量相差悬殊、影响信号协调控制效果的交叉口,则需要排除在干线协调控制的范围之外,或单独控制或纳入另外更加适宜的干线协调控制范围。确定干线协调控制的范围后,可以根据下面步骤计算相应的配时参数。

7.5.2 干线协调控制配时步骤

1. 周期时长计算

根据各交叉口的几何尺寸及交通流量等数据,按单点优化配时方法计算各交叉口所需的周期时长。

2. 共用周期长计算

以周期时长最大的交叉口作为关键交叉口,并以此周期作为干线协调控制的共用周期长,即

$$C_m = \max(C_1, C_2, \cdots, C_j, \cdots) \tag{7-12}$$

式中:C_m——干线协调控制的共用周期长,s;

C_j——干线协调控制中交叉口 j 的周期时长,s。

3. 干线协调控制中各交叉口的绿灯时间计算

干线协调控制下计算绿信比时,关键交叉口绿信比的计算方法与单点优化绿信比的计算方法相同,非关键交叉口的算法有所不同,要根据关键交叉口进行调整,具体步骤如下。

1) 确定干线协调控制中协调相位的最小绿灯时间

协调相位即是协调方向的相位。各交叉口协调相位所必须保持的最小绿灯时间就是关键交叉口协调相位的绿灯时间,即为

$$t_{EGm} = (C_m - L_m) \times \frac{y_m}{Y_m} \tag{7-13}$$

式中:t_{EGm}——关键交叉口协调相位的最小绿灯时间,s;

L_m——关键交叉口总损失时间,s;

y_m——关键交叉口协调相位关键车流的流量比;

Y_m——关键交叉口各相位关键车流流量比之和。

2) 确定非关键交叉口非协调相位最小有效绿灯时间

当非关键交叉口非协调相位交通饱和度在满足实用限值 x_p(一般取 $x_p=0.9$)时,非关键交叉口非协调相位最小有效绿灯时间的实用值为

$$t_{EGn} = \frac{C_m \times v_n}{S_n \times x_p} = \frac{C_m \times y_n}{x_p} \tag{7-14}$$

式中:t_{EGn}——非关键交叉口非协调相位中第 n 相位的最小有效绿灯时间,s;

v_n——非关键交叉口非协调相位第 n 相位中关键车流的流量,pcu/h;

S_n——非关键交叉口非协调相位第 n 相位中关键车道的饱和流量,pcu/h;

x_p——非关键交叉口非协调相位的饱和度实用值;

y_n——非关键交叉口非协调相位第 n 相位关键车流的流量比。

3) 确定非关键交叉口协调相位的有效绿灯时间

干线协调控制子区内的非关键交叉口,其周期时长采用子区的共用周期长,协调相位的绿灯时间不应短于关键交叉口协调相位的绿灯时间。为满足这一要求,非协调相位的最小有效绿灯时间按式(7-14)确定以后,富余有效绿灯时间全部调剂给协调相位,以便形成最大绿波带。

非关键交叉口协调相位的有效绿灯时间可按式(7-15)计算得到

$$t_{EG} = C_m - L - \sum_{n=1}^{k} t_{EGn} \tag{7-15}$$

式中:t_{EG}——非关键交叉口协调相位的有效绿灯时间,s;

L——非关键交叉口总损失时间,s;

t_{EGn}——非关键交叉口非协调相位中第 n 相位的最小有效绿灯时间,s;

k——非关键交叉口非协调相位的相位总数。

4) 计算各交叉口各个相位的绿灯显示时间

通过以上 3 个步骤已经求出了各交叉口各个相位的有效绿灯时间,接着可以求出各相位的绿灯显示时间。

4. 相位差计算

相位差是进行干线协调控制的关键技术,它直接影响协调控制效果,总结以往的干线协调控制,相位差优化通常采用的两种设计思路是:①最大绿波带法;②最小延误法。其中以最大绿波带为目标的相位差优化方法主要有图解法和数解法。

 拓展阅读 5

图解法

 拓展阅读 6

数解法

5. 效果评价

干线协调控制配时方案在实施之初,应当实地验证方案的效果。在实施之后,还应当定期到实地验证,即检测车辆平均延误、排队长度等交通评价指标。若发现效果不够理想,应根据实际情况重新调整控制方案。

在应用干线协调控制时,必须注意控制策略应当遵循相关部门为信号控制确定目标。目标一旦确定,就可以建立性能评价指标来判断哪些应用是有益的,例如如果当地部门关注的是机动车的效率,那么目标应该设定为减少旅行时间和特定流向或整个交叉口的延误。

多种不同的性能评价指标可以用于评价协调控制。协调控制的评价指标与单点控制可能会略有不同,例如可能包括排队管理等。而且,如果一个部门关注的是人们的出行,那么就应当考虑公交效率的指标,例如准点率、乘客人数和旅行时间等。

需要注意的是,许多性能评价指标是难以量化或直接检测的,而计算机软件程序可以帮助用来计算很多性能评价指标，如路网总延误、排放和燃油消耗等。

7.6 影响干线信号协调控制效果的因素

1. 交通流离散性

图 7-23[12]显示车队从一个信号交叉口驶离后造成 3 个断面上饱和度随着时间变化的情况。

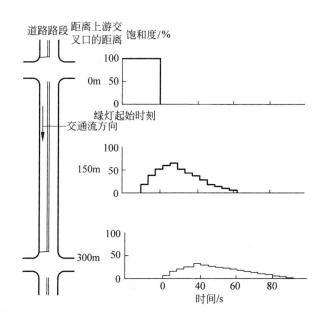

图 7-23 车辆离散的简单示意图

事实上，交通流离散性与道路交叉口之间的间距以及交叉口间路段上车辆的进出有密切关系。如交叉口之间的距离太远，即使是成队的车流，也会因其间距远而引起车辆离散，不能形成良好的车队形态。

干线协调控制要求车辆是以脉冲的形式到达信号控制交叉口，这样可在每个交叉口形成车队，从而使得交通流在干线上是以车队的形式连续通过，这样才能充分利用每个交叉口的绿灯时间，提高协调效果，然而，交通流在两交叉口之间的路段上运行是不可避免要产生离散的。车队离散性主要反映为车队车流在运动过程中其头部和尾部之间的距离逐渐加大，以致整个车流通过下游交叉口停车线所需的时间会加长。

交通流的离散性与多种因素有关：车速，上、下游车流流向构成，车流车辆种类构成，驾驶人特性，道路长度等道路特性，路段中是否有较大的交通发生、吸引点、公交车站位置及形式等。如果交通流离散性较大，将影响协调控制的效果。

在判断是否进行协调控制时往往需要在某交叉口对来自上游交叉口的交通流进行观察，如果到达交通流中含有从上游交叉口放行的车辆所形成的车队，则应当考虑进行协调控制。而如果车辆的到达趋于随机且与上游交叉口的信号运行基本无关，则考虑协调控制可能无法为系统的运行带来什么益处。

交通流的离散性是当前我国城市道路交通信号协调控制所需要关注的重要问题之一,由于当前我国众多城市的交通流以混合交通流为主,除了机非混合外,主干路上还有大量的大型车(公交车、货运车辆等)与小汽车之间的混合,不同的车辆类型由于其运行性能的差异,导致很多情况下虽然路段距离较短,但是车流在交叉口之间的离散性较大。比较明显的案例如单向两条机动车道在没有完善的港湾式公交停靠站的情况下由于公交停车给机动车交通流带来的影响。

如果考虑这种离散影响,在干道协调控制设计时,绿波带宽不应取作常数,而是一种扩散状的变宽绿波带,如图 7-24 所示。带宽应根据首车和末车的速度来确定,但是,如果下游交叉口的绿灯时间都按照扩散的绿波带设计,则最下游交叉口的绿灯时间就会长得无法接受,这是一种对离散性不加约束的控制方式,在实际工作中往往是不可取的。因为沿主要干道方向设置过长的绿灯意味着使支路获得的绿灯时间相应地压缩到很短。这样,一方面主要干道方向绿灯时间利用率很低,另一方面,支路上排队长度却会变得较长,车辆受阻延误时间将大大增加,因此通常情况下不会采取变宽的绿波带。变宽的绿波带也难以适应双向协调的需求,只有在某些

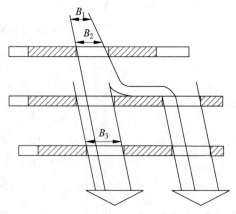

图 7-24　扩散绿波带图

特殊路段,且下游交叉口支路上车流量不大的情况下,经过全面的利弊权衡,才可以考虑采用变宽绿波带,而且这种变宽绿波一般不应持续太多交叉口。在大多数情况下,可考虑采用对离散进行约束的控制方法,即采用等宽绿波,车流在一个路段上产生离散经过信号控制约束,不再继续扩展到下一个路段。这样,位于车流首部或尾部的部分车辆会在每一个交叉口有一定的延误,从行车安全角度来说,以推迟绿灯开始时间,阻挡车速过快的首部车辆为宜。这样做,实际上还可能起到调节车流离散程度的作用,因为较快的前部车辆受到红灯连续阻滞后,驾驶人会意识到应当适当降低速度才有可能不再受阻。

2. 公交协调控制

在主要干道协调控制中,公交车辆也是必须要考虑的。如果沿控制路线有公共汽车行驶,并打算在信号控制方案中对公共汽车行驶给予一定的优先权,那么,就可以设计考虑公共汽车行驶特点的绿波配时方案。

公共汽车有别于其他机动车辆的行驶特点主要有两点:一是车速较低;二是沿途要停靠站台上下乘客。如果不照顾公共汽车行驶特点,按照所有车辆的平均速度设计绿波,则会使公共汽车受到红灯信号阻滞的概率大大高于一般车辆,而且受阻延误时间也会大大超过其他车辆。从交通经济角度来说,这种控制对策显然是不可取的。

为了设计便于公共汽车行驶的绿波方案,必须调查收集如下几项基本资料:

(1) 一个信号周期内到达停车线的公共汽车平均数;

(2) 每一区间路段上,公共汽车平均行驶时间;

(3) 公共汽车停靠站设置情况(在每一区间路段有几次停车);

(4) 在每一个停靠站公共汽车的平均停车时间。

根据以上各项调查资料，在时距图上，不难绘出公共汽车的行驶过程线，然后便可据此选用一个初始的绿波方案。据此确定的初始绿波方案，能够比较理想地满足公共汽车受阻滞最少的要求，但很可能会较大地增加其他车辆受阻延误时间。为了检验方案的可行性，应该把其他车流在初始绿波方案控制下的行驶过程也绘在同一张时距图上，并计算出它们在沿线各个交叉口受阻的平均延误时间总和。利用某种目标函数，可以对这一初始方案的经济效益做出评价。若结果是经济的，便可不再对此方案进行调整，否则应当调整绿波方案，并重复上述步骤，直到得出满意的方案为止。

3. 交叉口相位方案设计

由于信号配时方案和信号相位有关，信号相位越多，对干线协调控制的通过带宽影响越大，因而受控交叉口的相位类型也影响干线协调控制的选用。有些干线具有相当简单的两相位交叉口，有利于选用干线协调控制，而另一些干线由于多个交叉口设有左转专用相位，则在一定程度上不利于选用干线协调控制。

相序对于协调控制有明显的影响。最常用的相序方案，例如是前置还是后置左转相位，会对一条主要干道两个方向的带宽产生较为明显的影响。其他的一些相序方案，例如支路的左转相位的顺序或者支路的单边放行相位的顺序，并不会直接影响到主要干道的绿波带宽，但是会影响到主要干道的延误。

如前所述，将协调控制的主要干道中的某交叉口的干道方向的左转相位的相序进行适当调整，可能会增加协调方向的绿波带宽，提高协调的效率。现代的交通信号机允许一天中的不同时段采用不同的信号相序。

如果对于某交叉口而言，其非协调方向上所提供的绿灯时间超过了该方向实际交通流的需求，则可以考虑提前终止该方向的绿灯时间而返回协调方向的绿灯。然而，虽然该方法可以减少实施协调相位绿灯早启的交叉口的延误，但是可能会增加系统中其他交叉口的延误，例如该延误的增加可能是由于下游交叉口在协调方向上的绿灯时间不足，尤其是由于协调交叉口群中的关键交叉口在协调方向上的绿灯时间不足。

4. 行人因素

行人交通流的运行将对主要干道协调控制的能力有直接的影响。在每个周期内都为行人过街提供绿灯时间可能会导致较长的周期长从而降低用于主要干道的绿灯时间，从而导致非最优的配时方案。

较高的支路流量将会明显影响到主要干道直行交通流的协调控制效果。这些较高的支路流量可能来自协调控制系统中的信号控制交叉口、非信号控制交叉口甚至是交叉口之间的道路进出口。在很多情况下，这些来自支路的交通流会通过剩余的主要干道而成为主要干道上下游交叉口直行交通流的组成部分。然而，由于这些交通流经常是在为主要干道直行交通流所设置的绿波带范围之外进入干线协调控制范围，因此有时需要调整下游交叉口的配时来允许这些交通流以最小的停车可能性通过下游交叉口。在这种情况下，寻求优化主要干道带宽的配时方案可能适得其反，达不到有效的信号控制。

5. 专用转弯车道

专用转弯车道与直行车道的交互作用会明显降低交叉口的有效通行能力。例如当转弯交通流向需求超过可使用的专用转弯车道的长度，或者直行车辆排队较长而阻挡了转弯车辆进入专用转弯车道。因此，如果左转车辆由于直行车的排队阻滞而无法进入专用左转车道,则左转相位将会由于单位绿灯延长时间内无车辆到达而终止绿灯时间。这将导致一部分的左转车辆需要两个或两个以上的周期才能够完成左转,而且,这也会进一步导致左转车辆阻滞直行车辆从而降低直行通行能力。

排队超出专用左转车道也会给协调控制带来负面影响。溢出专用左转车道的左转车辆在直行车道上的排队会阻滞协调控制的直行车队连续驶向下游交叉口。因此,任何通过受到这种影响的交叉口的直行车队都会被迫变得比较离散,从而降低下游交叉口的协调绿灯的有效利用。

在非饱和状况下和过饱和状况下,都可能出现专用转弯车道的回溢现象。即使为转弯交通流提供了足够的绿灯时间,如果专用转弯车道的长度不足以容纳周期中排队的转弯车辆,也会造成专用转弯车道的回溢现象。可以通过如下一些手段来管理专用转弯车道的回溢现象。

(1) 可以根据交通流的需求延长专用转弯车道的长度来满足车辆停车等待绿灯的需求。这是最好的解决方案,但是可能需要用到额外的用地,也会受到道路物理尺寸的限制等。

(2) 采用较短的周期来控制最大的排队长度,从而避免转弯车道阻滞的现象,但是要注意该方案只是适用于缩短周期后还是非饱和交通流状况的情况。

(3) 如果当前实施的是保护型左转导致的专用转弯车道排队溢出,可以考虑采用保护型-许可型左转组合来让一部分的左转车辆在许可时段通过交叉口,这可以减少左转车流的最大排队长度。

(4) 如果左转是许可型左转相位,可以考虑采用保护型-许可型左转组合来提高左转车道通行能力,但是要注意这可能会导致周期长变长。

(5) 为转弯相位实施特别的服务,例如一个周期内为转弯车流提供两次服务。

(6) 如果出口道有足够的车道数,则可以考虑将进口道邻近专用转弯车道的直行车道改为直行转弯共用车道,然后该进口道方向改为单边轮放的放行方式。当然该方式很少用于主要干道,但是可以用在次干道进口道方向。

(7) 如果一个交叉口的主街道有较多的左转流量,可以考虑将该交叉口的左转相位与相邻的直行交通流都作为协调相位考虑。这样可以将一些未能利用的绿灯时间分配给转弯相位,从而降低转弯相位的有效率红灯时间及相应的排队长度。

6. 关键交叉口的控制

为主要干道或路网进行协调控制方案配时优化的一个挑战就是如何为关键交叉口提供足够的通行能力而同时又不给较小的交叉口增加额外的延误。理想的情况是,进行协调控制的各个交叉口都有类似的周期长,然而,大多数的主要干道都无法满足这个理想的情况,由于其相交道路等级的差别、左转交通流量的不同等因素,一条主要干道上相邻的多个交叉口的相位可能会从2相位控制到4相位控制甚至更多相位的控制,因此其根据单点优化的周期长亦相差较大。

对于进行协调控制的多个交叉口而言,当根据单点配时优化方法所得到的周期长相差较大时,可以考虑如下一些方法进行调整:

(1) 将所有交叉口使用共用周期长进行配时优化。这可以确保系统中的所有交叉口都能够进行协调控制,但是这也将给较小的交叉口带来额外的延误;

（2）各个交叉口采用共用周期长或者采用共用周期长的一半周期长，常常可以降低采用半周期长的小交叉口的延误，然而，这可能会使得车队的连续通行变得比较困难。

7. 辅助设施

影响干线协调控制效果的因素很多，为了提高干线协调控制的效益，可在实施干线协调控制的主要干道上设置前置信号和可变车速指示标志。

1) 前置信号

如图 7-25 所示[13]，在主要交叉口前几十米的地方设置交通信号灯，可以使交通流在信号灯控制下集中，放行后在交叉口处不停止地通过，从而可使交叉口上的绿灯时间得到有效利用，提高交叉口的通行能力。在实际应用中，前置信号可以考虑与路段行人过街横道相整合，提高控制效率。

2) 可变车速指示标志

如图 7-26 所示[13]，在交叉口前一个或几个地方设置速度标志，指示驾驶人以提示速度行驶，通过交叉口。可变车速标志上指示的速度数值，同信号交叉口的显示灯色和时间有关，同时受交叉口信号控制机的控制。

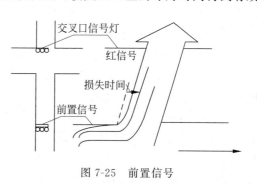

图 7-25 前置信号

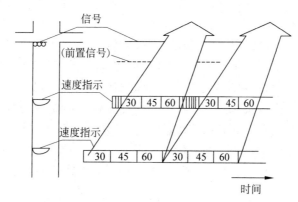

图 7-26 车速指示标志

3) 前置信号与可变车速指示标志合并使用

据有关资料统计，采用前置信号与可变车速指示标志并用的干线协调控制可使在交叉口不停车通过的车辆数从交叉口通行能力的 55% 提高到 70%～77%。

当前阶段我国城市道路交通流以混合交通流为主要特征，因此，在我国城市主要干道实施干线协调控制对干道交通流提出了一些要求，例如：要求交通流在通过交叉口路段时尽量保持队列行驶，车流不能过于离散；在交叉口交通组织上要求交通流冲突得到彻底分离，一般可考虑采用多相位控制；在路段交通组织上要尽量减少纵向和横向干扰，人行横道要纳入信号协调控制；路段一般要禁止停车；公交车站应设置港湾；人行横道应设置与交叉口信号协调的人行信号灯。

7.7 干线协调控制的联结方法

为使干线协调控制各信号灯在灯色显示时间上能按系统配时方案取得协调，必须把设定在系统各控制机的配时方案，用一定的方式联结起来。联结方式按其介质可分为有缆联结和无缆联结两类。

1. 有缆联结

有缆联结是指由中心计算机通过传输线路通知现场信号机操作各信号灯的协调运行。在此干线协调控制中，各控制机配时方案间的联结用电缆做传输介体。

1) 使用主控制机的方式

在使用定时信号控制机的干线协调控制中，设一台主控制机来操纵各个用电缆与之相联结的下位控制机，每周期发送一个同步脉冲信号通过电缆传输给各下位机。时差被预先设定在各下位机内，各下位机都保持在这个时差点上转换周期。下位机从主控机接到同步脉冲信号后都要推迟到此时差点上才转换周期，因此可保持各控制机正确的时差关系。这是一类使用十分广泛的控制系统，其特点是主控制机每个周期都自动地对其各下位机进行时间协调。

传输脉冲信号的电缆可以是专用的，也可利用沿路的电话线。用电话线时，在传送信号的瞬间，自动切断电话通话，传送信号结束后立即恢复正常通话，因传送信号的时间极短，不会对正常通话产生不良影响。

这种系统可执行多时段的配时方案，配时方案的数目视各下位定时控制机的功能而定。在主控制机中可设置一个有定时时钟操纵的配时方案转换点，当时间达到这个转换点时，主控机发出一个转换信号，指定系统中各下位机同时相应地改变配时方案。

这种系统的一种改进方式，是把主控机改为一台同信号控制机完全分开的系统协调机。这台系统协调机并不控制某个交叉口的信号灯，而只是用来发送同步脉冲信号和配时方案的改变指令。这样全系统都可用一样的信号控制机。这台同信号控制机脱离的独立系统协调机，可以不必安装在某个交叉口上，它可安装在交通工程师的办公室、信号维修站或其他合适的地点。

主控机或独立的系统协调机也可做成可编程序式的，具有存储设施，可把各种配时方案及各种方案转换点以程序的方式储存在存储设施内。

这种联结方式的优点是可以简便地在一个地方集中改变全系统各个控制机的配时方案，而其安装费用是随所需使用电缆的长度增加而增加的。当前在我国各城市协调控制机的有线通信方式越来越多地使用光纤。

2) 逐机传递式

在系统内各控制机中没有时差控制设施，对各控制机分别预先设定各机的配时方案及时差，用电缆将系统中各控制机逐一联结。开始运转时，当第一交叉口绿灯启亮时，发一个信号传给下一个交叉口的控制机；第二个控制机接到信号后，按预制的时差推迟若干秒改亮绿灯，再按预置显示绿灯时间改变灯色，并发一个信号传给下一个交叉口的控制机，这样依次把信号逐个传递到最后一个控制机。第一个交叉口绿灯再启亮时，信号仍按该次序逐个传递一遍，以保持各控制机间的时差关系。

2. 无缆联结

无缆联结是指通过电源频率及信号机内的计时装置来操纵各信号机按时协调控制，在无缆联结干线协调控制中，干线协调控制各信号控制机配时方案间的联结，不用电缆作信息传输的介体。

1）电源频率联结

电源频率联结就是利用供电网络在50Hz频率中获取相同周期，固定相位的秒时基信号，并通过人工或自动装置将信号控制器内实时时钟的日、时、分、秒校正至同步的方法，实现无电缆协调控制。

采用这种方法的优点是比较简单易行，在同一供电网络中可获得较精确的同步，但是信号控制器的实时时钟会随供电网络中周波率的波动而产生较大的误差，有时可达到每日数十秒。因此，必须要人工到现场进行校正，这是采用这种方式最大的缺陷。

2）时基协调器联结

在干线协调控制中的每个控制机箱都设置一个十分精确的数字计时和控制器——时基协调器，它们执行各自不同的配时方案，以保持系统中各交叉口之间的正确时差关系。时基协调器可执行每天各时段和每周各天的不同配时方案，所以可用在多时段配时的干线协调控制中。

采用时基协调器的联结方式，不必使用电缆。在配时方案有改变时，必须由人工到现场对各控制机逐一调整。

3）时基石英钟联结

干线协调控制中控制机的时基由标准石英钟和校时装置提供。这种联结方式由于时钟比较准确并辅以校时设施，整个干线协调控制中确定的配时方案产生的误差较小。

4）GPS校时

随着GPS的广泛应用，目前众多的信号机中开始使用GPS校时模块进行校时，GPS校时模块含有高精度时间信息，利用这一功能可以为干线上每个路口信号机校时。利用安装在信号机箱中的GPS校时模块，接收定位卫星的时空数据包，然后解析转化出标准时间，同时根据模块内部设置的校时时间，将标准时间通过串口或串行外设接口（serial peripheral interface，SPI）传给交通信号控制器或信号机箱其他需要校时的设备，以达到校时的目的。

思考题

1. 干线协调控制相位差常用的求解方法有哪些？
2. 阐述干线协调控制优化的步骤。
3. 干线协调控制的主要参数有哪些？
4. 干线协调控制最主要的影响因素有哪些？
5. 如何提高干线协调控制的效果？
6. 实现干线单向、双向信号协调控制的基本条件各有哪些？
7. 某干线上有两个相邻信号交叉口，均为两相位控制，车辆在此之间的行驶时间平均为30s。两信号交叉口的信号周期皆为80s，且各相位绿灯时间相等。试画出沿干线方向相位差分别为0、20s、30s、40s、60s时的单向时距图；并说明相位差取多少时，绿波带最宽。

8. 干线上两相邻信号控制交叉口，间距 $L=600\mathrm{m}$，路口间车队的平均行驶速度为 $V=36\mathrm{km/h}$。已知两交叉口所需的信号周期均不得小于 $50\mathrm{s}$，假设两交叉口在协调方向的有效绿灯和等效红灯相等，试求：

（1）在上述条件下，要实现理想双向绿波的最小周期 C 为多少？

（2）此时的上、下行相位差 τ_1、τ_2 各为多少？

（3）绘制满足上述条件的时距图。

参考文献

[1] ITE. The traffic safety toolbox: a primer on traffic safety[R]. Washington, D. C.: ITE, 1999.

[2] RAKHA H, MEDINA A, SIN H, et al. Traffic signal coordination across jurisdictional boundaries[J]. Transportation Research Record, 2000, 1727: 42-51.

[3] SHINAR D, BOURLA M, KAUFMAN L. Synchronization of traffic signals as a means of reducing red-light running[J]. Human Factors, 2004, 46(2): 367-372.

[4] CHANDLER B E, MYERS M C, ATKINSON J E. et al. Signalized intersections informational guide [R]. 2nd ed. Washington, D. C.: Federal Highway Administration, 2013.

[5] ROESS R P, PRASSAS E S, MCSHANE W R. Traffic engineering[M]. 4th ed. London: Pearson Higher Education, Inc, 2011.

[6] KOONCE P, RODEGERDTS L, LEE K, et al. Traffic signal timing manual[R]. Dotland: Kittelson & Associates, 2008.

[7] 翟润平, 周彤梅, 刘广萍. 道路交通控制原理及应用[M]. 北京：中国人民公安大学出版社，2011.

[8] BONNESON J, SUNKARI S, PRATT M. Traffic signal operations handbook[R]. College Station, Texas: Texas Transportation Institute, 2009.

[9] HOOK D, ALBERS A. Comparison of alternative methodologies to determine breakpoints in signal progression, in transportation frontiers for the next millennium: 69th annual meeting of the institute of transportation engineers[M]. Las Vegas: Nevada, 1999.

[10] CHANG E C-P, MESSER C J. Warrants for interconnection of isolated traffic signals[R]. Texas: Texas Transportation Institute, 1986.

[11] FEHON K, KRUEGER M, PETERS J. et al. Model systems engineering documents for adaptive signal control technology systems-guidance document[R]. Washington, D. C.: Federal Highway Administration, 2012.

[12] HALE D. Traffic network study tool—TRANSYT-7F, united states version[M]. Gainesville: McTrans Center in the University of Florida, 2006.

[13] 吴兵，李晔. 交通管理与控制[M]. 4版. 北京：人民交通出版社，2010.

第8章

公交优先信号控制

广义上的公交优先是指在政策、用地、投资、路权等方面为公共交通提供优先,而狭义上的公交优先主要指在交通管理范畴内通过一定的技术手段在道路上给公交车辆以一定的优先权,主要包括空间上的优先和时间上的优先两种。空间上的优先主要是通过设置公交专用道、专用路或各类专用进口道以及建设高架公交专用道等方式实现,而时间上的优先主要是在信号配时中考虑公交车辆的影响,在尽量不增加社会车辆延误或停车次数的基础上减少公交车辆的延误和停车次数,提高公交车辆的运行效率。

目前在日本及欧美等国家和地区的城市中已经开始在交叉口信号控制中引入公交优先控制策略,而在近年来所研究的多个信号控制系统中亦对公交优先的控制策略有相应的考虑。当前我国部分城市也在部分交叉口实施公交信号优先控制措施。相关研究表明,通过在交叉口处适当给予公交车辆信号控制上的优先,在大多数情况下可以在不明显降低社会车辆运行效率的基础上大幅度地提高公交车辆的运行效率[1]。例如芝加哥的 PACE 公交通过公交信号优先,平均运行时间节约了 15%,而洛杉矶通过公交信号优先其公交车辆的运行时间最大可减少 25%。

8.1 概述

8.1.1 交通信号优先类型

交通信号优先及强制优先主要包括 3 种方式:①铁路优先;②紧急车辆优先;③公交信号优先,前两种可视为强制优先,其中铁路优先具有最高的优先级,一般由人员直接控制。

1. 强制优先

强制优先(preemption)是将正常的交通信号控制模式强制转换成为火车、应急车辆、大运量客运车辆及执行其他特殊任务的特种车辆通行服务的特殊信号控制模式。在这种控制模式下,当车辆到达时,将立即切断正常的信号控制模式,强制进入特定的信号控制状态。强制优先通常用于铁路线上火车经过时和信号控制交叉口应急车辆经过时,最常用的是为消防车辆提供强制信号优先控制,此时由于安全和效率的原因,要求给予高度的优先权。应急车辆强制优先的目的包括减少应急反应时间、改善应急车辆人员的安全水平、减少交叉口涉及应急车辆的交通事故等。当交通信号给予强制优先时,就不再考虑维持已有的信号配时方案以保证相邻交叉口交通信号之间的协调等方面。

实施车辆强制优先所采用的检测器类型也是多种多样的,可以使用灯光(频闪灯)、声音(汽笛)、路面线圈、微波、按钮等方式来进行特殊车辆的检测。

车辆强制优先控制将对信号控制有较大的影响,因为信号机将用强制优先的控制策略来完全替代正常的配时和控制逻辑,以便为特殊车辆服务。强制优先控制系统可以将一个相位的绿灯时间延长到强制优先所允许的最大值,而不需要考虑常态下的最大绿灯时间的限制或协调控制的限制。因此,在强制优先控制之后,需要有一个时间段用来恢复至正常的配时和控制。例如,在华盛顿特区的一个信号强制优先控制系统中,一旦信号控制进入强制优先控制模式,协调控制系统则需要 30s~7min 的时间来恢复至基本的协调配时。

实施强制优先控制的一个难点在于如何从正常信号控制转换至强制优先控制以及如何从强制优先控制转换至正常信号控制,强制优先有一套特殊的配时方案来使得交通信号控制机跳出和回到正常的信号配时方案的协调运行。

正常相位控制转换至强制优先控制:①不应当缩短或者忽略黄灯和全红清场时间;②可以缩短或者忽略行人步行或清场时间;③对于同一个信号灯组,可以忽略红灯清场时间而直接在黄灯信号之后切换至绿灯信号。

强制优先控制转换至正常相位控制:①不能缩短或忽略强制优先相位的黄灯和全红清场时间;②不能直接从黄灯信号切换到绿灯信号。

当一个交叉口信号机收到不同方向的强制优先请求时,应当给予更重要的车辆类型以优先,或者给予那些难以停车的车辆以优先权。切换到强制优先控制所需要的时间则由安装在上游的用以检测获得强制优先权的车辆的检测器的位置所决定。

交通信号强制优先控制主要有如下一些优势:①降低应急车辆、火车及其他获得强制优先通行权的车辆的响应时间或旅行时间;②改善获得强制优先通行权的车辆的安全水平和可靠性;③改善其他类型道路用户的安全,明确路权。

2. 公交信号优先

公交信号优先(transit signal priority,TSP)是一种运行策略,利用交叉口的信号控制改善公共交通车辆的运行状态,包括公交汽车和路面电车。通过减少公共交通车辆在交叉口排队所产生的延误时间,公交信号优先可以减少公共交通车辆的总延误和运行时间、提高公共交通运行时间及服务的可靠性、改善公共交通的服务质量、增加对出行者的吸引力。公交信号优先也减少了每一个出行个体在交叉口的平均总延误。公交信号优先在提供上述益处的同时也尝试最小化对其他交通工具用户的影响,包括相冲突的私家车和行人。公交信号优先的基本形式在本地交叉口层面完成,通过检测公交车辆位置并与本地交叉口信号控制机的交互来实现;更复杂一点的方法是在整个道路网络层面运行,基于一些指标(如晚点时间等)通过利用公交车辆的位置信息来提供可选择的优先策略。

3. 强制优先与公交信号优先的区别

强制优先和公交信号优先经常被认为是一样的,但事实上它们是两种不同的信号控制方法[2]。虽然它们利用类似的设备(例如,射频发射器/检测器,如图 8-1 所示[2]),其运行方式也较为相似(例如,在为其他车辆提供清空间隔信号之后,为驶近的特殊车辆提供由红转绿的信号),但信号优先是通过调整正常的信号配时来更好地方便公共交通,而强制优先则是打断正常的信号配时为特殊的事件提供方便(例如,火车经过信号灯附近的铁路线或者应急车辆接到报警后通过交叉口时)。

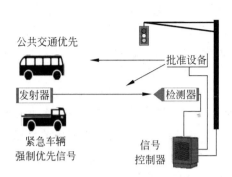

图 8-1　交叉口的信号优先与强制优先的示例

公共交通信号优先是在交通信号协调运行的条件下给予公交车辆一些优先服务的机会,这就使得实现公交信号优先的目标并不会显著干扰其他的交通。公交信号优先将有助于改善调度安排、减少延误和提高公共交通效率、帮助发布公共交通信息、提高道路交通网络的运行效率。通过减少乘车者为了按时到达目的地所需要的额外努力(例如,赶早班公交车、提前出发去公交站点)所花费的时间,改善调度安排能够减少等待时间和降低乘客的焦虑情绪。减少公共交通车辆的延误而非消除这种延误能够改善公共交通效率,同时也能够改善调度安排。通过允许实时检测信息用于其他用途,公交信号优先也能改善乘车者信息服务水平,而由此导致的公交乘客数量及公共交通车辆道路占有率的增加也将有助于进一步应用公交信号优先以减少公共交通车辆的延误。由于公共交通服务显然比火车或者应急车辆服务更加频繁,因此实行信号优先而非强制优先将能够维持系统处于良好的运行状态。需要注意的是,强制优先也可以应用于公共交通信号优先,如大容量快速公交等,但其收益和影响必须进行仔细考虑。

8.1.2　公交信号优先的目标

在先进的公交信号优先控制系统控制下的交叉口,检测器将持续地检测每个进口道的公交车辆,从而可以根据不同的需求为不同的公交车辆提供不同等级的优先。通常通过自动车辆定位(automatic vehicle location,AVL)系统来实现对公交车辆位置的持续检测,从而允许给特定的公交车辆实施相应的优先策略。

优先控制策略能够调整获得信号优先的公交车辆数量以及公交车辆可以获得的优先次数,这些调整能够改变公交车辆的延误,并且对其他交通流产生影响。目前,实施公交信号优先主要有如下一些目标。

1. 减少公交运行时间

公交信号优先控制的主要目标就是减少公交车辆通过信号控制交叉口的旅行时间。较短的公交运行时间能够提高公交系统的竞争力从而鼓励人们改变出行方式。当然如果只追求这一个目标,那么给予全部公交车辆以最高级别的优先将产生最好的效果,但事实上无法如此。

2. 提高公交准点率及规律性

公交准点率是乘客对公交服务性能最关注的指标之一。准点率是用来衡量公交车辆在接受的误差范围内准点的比例,经常用于低频率的基于运行时刻表的公交服务。而公交运行的规律性显示的是公交车的车头时距与运行时刻表的车头时距之间的差异变化,经常用于高频率的基于车头时距的公交服务。这两个指标影响乘客在公交车站的候车时间。如果只考虑这些指标,则晚点的公交车以及较大车头时距的公交车应当被给予优先。

3. 提高经济效益

提高总体经济效益是另一个潜在的公交信号优先控制的目标。该指标基于信号交叉口全部类型的交通流的运行性能进行计算,包括对等候公交车乘客的影响。

具体而言,在实施一个公交信号优先项目时通常考虑的目标包括:

(1) 降低特定交叉口的过多的公交延误;
(2) 降低特定走廊通道的过多的公交延误;
(3) 提高公交运行可靠性(与运行时刻表一致或车头时距管理);
(4) 提高运行效率(降低公交运行所需的车辆和人员数);
(5) 提高乘客通过量;
(6) 为主要干道社会车辆改善信号配时;
(7) 最小化对相交道路交通的影响。

8.1.3 公交信号优先的影响因素

可能影响到公交信号优先控制效率与可行性的因素包括:

(1) 公交运行方面,主要包括公交车流量、公交车站位置、公交车站停靠时间及公交车运行时间、交叉口处的公交延误、是否有公交专用车道、公交车运行时刻表、公交车发车间隔(或车头时距);

(2) 交通需求方面,主要包括到达交叉口的公交车流量、相交道路的饱和度、左转车流量等;

(3) 道路网络方面,主要包括道路网络、是否有行人、信号控制协调、交通信号硬件和软件设施、交通控制的方式(定时或感应信号控制)、信号交叉口的数量、相邻交叉口/道路的协调等。

例如当前路口的周期长对公交信号优先的影响可能体现在两个方面:①一般而言,具有较长周期长的交叉口在提供公交信号优先方面有较大的灵活性。此外,较长的周期长也可能导致红灯期间到达交叉口的公交车辆较大的延误;②较小的周期长可以为周期内随机到达的公交车辆提供有效的运行,但是与较长的周期长相比,在提供公交信号优先方面的灵活性较低。

8.1.4 公交信号优先控制所需要的信息

对于某个特定的公交信号优先控制策略而言,可能需要采集的信息包括如下内容[3]:

(1) 公交车运行时刻表;
(2) 公交车辆实时位置;
(3) 公交车运行速度;
(4) 公交车实时载客量;
(5) 在某公交车站上下车乘客的数据(历史的或实时的);

(6) 同时到达交叉口的多个公交车的优先请求;

(7) 交叉口的交通流量;

(8) 交叉口的车辆排队情况;

(9) 社会车辆的运行速度;

(10) 信号周期中公交相位的位置。

上述信息中有些需要设置专门的检测器来检测,例如公交车实时位置信息等;有些是由普通的信号控制系统所拥有的检测器来检测,例如交叉口的车流量、排队情况等。

8.1.5 公交信号优先控制可能的局限性

根据当前公交信号优先实施的状况及相关研究,当前实施公交信号优先可能带来的问题主要有如下方面:

(1) 为社会交通带来额外的延误,尤其是在饱和度较高的交叉口对于相交道路的交通流而言;

(2) 有时是不需要提供公交信号优先的(例如有些公交车超前于运行时刻表的时间);

(3) 公交信号优先实施后的普通交通信号配时方案的恢复及干线的协调需要多个周期才能够完成;

(4) 在拥挤的干线通道上为发车间隔较短的公交线路提供公交信号优先会存在问题;

(5) 目前较为先进的公交信号优先控制策略的真正实施较少;

(6) 基于自动车辆定位、自动乘客计数系统等的公交信号优先尚在不断发展完善当中;

(7) 公交车的实时信息与公交车的运行时刻表系统之间的交互尚显不足。

然而,随着检测技术的不断完善及先进的公交信号优先控制方法的实施,上述问题基本都可得以缓解或解决。

8.2 公交信号优先方法

提供公共交通信号优先有多种可能的处理方式,主要包括如下类型。

8.2.1 被动优先

被动优先的运行并不考虑公交车辆是否真正出现在交叉口,也不要求有公交车辆检测/优先请求生成系统。一般而言,如果可以预测公交车辆的运行情况(例如停留时间一致)并且公交车辆运行频率很高、道路交通流量较小,则被动优先策略将是一种高效的公交信号优先形式。它可以保证公共交通的信号协调,此时需要考虑一些运行特性,如公共交通站点上的平均停留时间。在进行公交信号优先协调控制的过程中,必须考虑平行于公交信号优先方向的交通流量。

需要注意的是,其他交通信号控制方案的改善对于公共交通也可能是有益的。信号配时方案的改善,例如重新配时或者进行道路信号的协调控制,将改善交通流运行状况并缩短公共交通车辆的运行时间。

8.2.2 主动优先

主动优先是一种针对被检测到的并提出优先请求的特定公共交通车辆的优先策略。主动优先信号控制策略有多种类型。

1. 红灯缩短（绿灯提前）

红灯缩短（绿灯提前）是指缩短公交相位的红灯时间以提前本相位（公交相位）绿灯启亮时间，以方便被检测到的需要进行信号优先的车辆通过。这一策略仅适用于装备有公交信号优先设备的车辆到来时其相位信号灯为红灯的情况。

2. 绿灯延长

绿灯延长是指延长公交相位的绿灯时间，以方便装备有公交信号优先设备的车辆通过。这一策略仅适用于装备有公交信号优先设备的车辆到来时其相位信号灯为绿灯的情况。绿灯延长是公交信号优先最有效的处理方式之一，因为它并不要求额外的清空间隔、同时允许公共交通车辆通过，并且相对于需要等待提前绿灯策略或者插入专用公交相位的车辆而言可以显著减少其延误。绿灯提前和绿灯延长策略可以一起应用，以便最大化信号周期内公共交通车辆可以优先通过的时间。然而，为了保证信号配时的协调，绿灯提前和绿灯延长策略不能同时应用在同一个信号周期内。

3. 感应公交相位

感应公交相位仅当公共交通车辆在交叉口被检测到时应用。一个例子是公交车辆左转专用车道，只有当公交车辆在此专用道内被检测出来的时候，才启用左转相位。另一个例子是"插队"相位，它允许公共交通车辆从队伍下游进入专用车道从而跳到社会车辆队伍的前面。"插队"相位给出一个公共交通车辆专用信号（例如白色信号），允许公共交通车辆先于等待绿灯的其他车辆进入交叉口。

4. 插入相位

插入相位指在正常的信号相位方案中插入一个特殊的优先相位。只有当公共交通车辆被检测到并且提出请求这样一个优先相位时这一相位才能被插入。

5. 旋转相位

信号相位的顺序也可被"旋转"以提供公交信号优先。例如，一个南进口的左转相位通常是一个后置相位，也就是说它是位于对向进口直行信号相位之后的。一辆由南而来要左转的公交车辆就可以请求在直行绿灯之前优先给出左转相位。通过旋转相位的策略，左转相位可成为前置相位以加速公共交通车辆的通过。

8.2.3 实时自适应优先控制

实时自适应公交信号优先策略是如下一种策略：考虑公交车辆与社会车辆延误的均衡，通过适应公交车辆的移动和当前交通状态来恰当地调整信号配时。在提供公交优先的同时也恰当优化相应的性能指标，这些指标包括人均延误、公共交通延误、社会车辆延误，以及/或者这些指标的组合。

通常情况下，一个自适应的公交信号优先需要如下部分：①一种检测手段：当车辆在一个特定范围内时，能够支持实时对公交车辆到达交叉口的时刻进行准确的预测；②交通状态检测系统；③一个信号控制算法：在明确考虑对社会交通的影响和确保行人安全的前提下,能够调整信号配时以提供优先;④车辆与基础设施之间的通信链路。

自适应信号优先控制与自适应信号控制系统中的公交信号优先略有不同。尽管一个建立在自适应信号控制系统上的自适应信号优先控制逻辑能够提供很多益处,但是自适应信号优先控制不一定要建立在自适应信号控制系统之上。相关工作表明自适应信号优先控制也可以建立在闭环系统之上,当然闭环系统在检测手段、通信和信号控制机方面存在一些不足、无效或不灵活,同时也需要一些额外的工作来处理。

建立在自适应信号控制系统之上的公交信号优先在提供信号优先的同时还要尽量优化给定的性能指标。自适应信号控制系统持续检测交通状态并调整控制策略。为了更好地利用自适应信号控制系统的特点,公交信号优先通常需要早早地检测到公交车辆以提供更多的时间来调整信号以便在最小化对社会交通的影响的同时提供优先。整合公交信号优先的自适应信号控制系统也需要能够更新公交车辆的到达时间,而该时间往往会由于车站的数量及交通状态的不同而有所不同。更新的到达时间随后反馈到调整信号配时的调整过程中。

8.2.4 信号的恢复与转换

对于公交信号优先而言,交通信号的恢复与转换也是非常重要的过程。在一些情况下,必须在实施优先前检测到公交车辆,大多数的信号控制机将执行一个恢复操作,使得信号控制能够转换回正常的信号状态(例如协调控制)或者补偿那些在优先控制下被缩短或取消的相位。转换至协调控制可能需要多个周期,这也是很少将强制优先作为公交信号优先策略的常用选择的一个原因。信号恢复的实施在减少对相交道路的影响以及帮助维持干线协调方面具有重要的作用。

8.2.5 无条件/有条件优先

1. 无条件优先

无条件优先是指当所有公共交通车辆到达已安装信号优先设备的交叉口时都给出优先,该方法可最大限度地节省公共交通车辆的运行时间。一个基本的形式是检测到达信号灯控制交叉口上游的公共交通车辆并且向交通信号控制机发送"报到"优先请求。随着公共交通车辆通过交叉口,可能需要再次检测到它,并向控制机发送"离开"信息,以便从控制系统取消优先请求。

公共交通车辆能否得到信号优先,取决于它何时被检测到以及何时发出优先请求。大多数公交信号优先普遍利用简单的方法进行车辆识别,通常使用成本相对较低却更加可靠的技术。在这种情况下,发送的数据往往十分简单(例如,"我是公交车,处于检测区域,并且请求给予优先")。这一请求发送给交通信号控制机,然后进行评价,如果满足标准,将准许最大限度地延长公共交通路径上的绿灯相位或者切断相冲突的相交道路上的绿灯相位。这种信号的切断必须满足由行人过街约束的最短绿灯时间,以满足最低限度的安全要求。

2. 有条件优先

有条件优先使用更加复杂的系统,例如自动车辆定位系统,以便于在公共交通车辆与交通信号控制机进行通信提出优先请求之前,判断其是否晚点,或者是否满足其他预先设定的情况,而近年来各类信息技术的发展保证了这一方法的可行性。如果公共交通实施了更为先进的 AVL 系统(事实上目前已经有越来越多的公共交通系统在应用),将能够了解公共交通车辆的运行与其预先设定的运行时刻表的符合程度。通过使用 AVL 和一种更为复杂的识别/数据发送系统,公共交通车辆能够向交通信号控制机发送更为明确的信息(例如,"我是公交车、晚点运行,并且请求给予优先")。另一方面,如果车载(或者中心 AVL)计算机确认公交车辆提前到达交叉口,或者符合预先设定的参数(例如,晚点不足 3min),公共交通车辆将不会向交通信号控制机发送公交信号优先请求。

有条件优先意味着将有较少的公共交通车辆请求信号优先,事实上这是一种更为可取的方法,因为其重点是改善公交服务的可靠性而非减少绝对运行时间。然而,有条件优先要求更为先进(同时成本更高)的系统(例如 AVL)以及系统逻辑,同时需要包括信息处理系统、公共交通管理系统,以及交通信号控制[和(或)交通管理]系统在内的各类设备的高度集成。

8.2.6 基于配时方法

在具体公交信号优先参数的生成方面,可以大体分为基于规则的和基于模型的两种类型。基于规则的公交信号优先配时方法通过定性分析公交车辆的延误来提供无条件优先或者有条件优先,而基于模型的公交信号优先配时方法则通过定量计算公交车辆的延误来提供有条件的优先。

1. 基于规则的方法

基于规则的公交信号优先配时方法的基本优先规则包括如下内容。

(1) 无优先相位的 v/c 小于某个阈值(例如 0.9);
(2) 公交车的晚点程度;
(3) 实际的公交车头时距大于运行时刻表上的车头时距;
(4) 当前公交车辆的车头时距大于其后公交车的车头时距;
(5) 先到先服务;
(6) 一个周期内只有一次优先;
(7) 当没有优先请求时要给予非优先相位以绿灯补偿;
(8) 没有相位跳跃;
(9) 固定的周期长。

2. 基于模型的方法

基于模型的方法则包括如下内容。

(1) 最小化的目标

公交车延误;

社会交通延误;

公交乘客延误;

社会交通参与者延误。

(2) 输出

最优的信号配时方案。

(3) 约束

最大绿灯时长;

最小绿灯时长;

黄灯和红灯时长。

两种方法的特点如表 8-1 所示。

表 8-1 两种方法的特点分析

方法	优 点	缺 点
基于规则	简单有效； 需要较少的基础设施（如公交车辆检测器、本地信号控制机）； 需要较少的通信（公交车—信号机）； 根据公交车辆是否晚点提供简单的优先（是或否）	使用"先到先服务"的规则来处理多个优先请求； 很少考虑对社会交通的影响； 根据公交是否晚点给予定性的优先； 在同样的进口道无视公交车顺序； 不考虑对相邻交叉口的影响
基于模型	具有 AVL 中心或 UTC 中心的复杂系统； 根据公交晚点（多少分钟）给予定量的优先； 部分考虑对社会交通的影响； 需要优化整个网络的信号配时方案； 公交车延误减少更多	需要更多的数据和基础设施（公交车辆检测器、AVL 中心、本地信号控制机、UTC 中心）； 需要更多的通信（公交车—公交车，公交车—信号机）； 需要更多的时间去给予优先； 在同样的进口道无视公交车顺序； 不考虑对下游交叉口的影响

8.3 系统构成与系统类型

8.3.1 系统总体构成

从逻辑上而言，公交信号优先控制系统主要由三部分构成[2]，如图 8-2 所示。

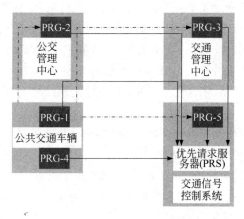

图 8-2 公交信号优先系统构成

注：PRG—priority request generator，优先请求生成器；PRS—priority request server，优先请求服务器。图中的实线代表潜在的可选的 PRG 的位置和 PRS 之间的公交信号优先系统连线；虚线代表 PRG 所请求的信息流，以表示检测到一辆特定的公交车和(或)评价这辆公交车是否满足一些预定的优先请求。

1. 公共交通车辆检测/优先请求模块

一旦公交车辆被检测到或者与 PRG 建立了通信联系，公共交通车辆检测/优先请求模块负责在预先设定的标准的基础上初始化优先请求,可能是无条件的(例如,特定路径上的所有公交车辆都自动请求优先),也可能是有条件的(例如,晚点 5min 以上的公交车辆请求优先)。基于所选择的方法,检测/优先请求模块可能位于本地交叉口层面(公交车辆内)或管理中心层面(公共交通管理中心、交通管理中心)。通过车载发送器和交叉口入口接收器的组合,能够在本地交叉口层面上检测出公共交通车辆。对于交通网络层面的检测,公共交通车辆与公共交通或者交通管理中心进行通信以提供自己的位置。当优先请求生成时,无论是本地交叉口层面还是交通网络层面,优先请求指令都将被发送至本地交叉口控制机,或者首先通过管理中心的批准和(或)处理。

可供选择的生成优先请求的方法有:本地交通信号控制系统的路旁公共交通车辆检测器检测到车辆(PRG-5);从公共交通车辆上直接主动发出通信(PRG-4);基于对公共交通车辆位置的了解,通过公共交通和(或)交通管理中心产生通信(PRG-1,2,3)。

在公交信号优先中用于检测运行在运营线路指定位置上的公交车辆的技术方法有很多种,从线圈到标签识别再到 GPS 技术等。但是出于对以下一些因素的考虑,如较小的误差、检测区域的稳定性、可靠性、技术的实用性、成熟性和互换性以及维护成本等,使得当前只有一小部分类型的公交优先检测技术得到了应用。欧洲很多大的公交公司都安装了基于 GPS 的 AVL 系统,主要服务的是车队管理和实时的出行者信息服务系统。通过对定位精度的校准,也可以用作公交信号优先控制。

在有专用路权的公交线路上(例如公交专用道),由于检测器不需要区分公交车辆和社会车辆,任何检测系统都可以使用,例如传统的感应线圈检测器、红外检测器、雷达检测器、视频检测器、全球卫星定位系统(GPS)/AVL 以及射频标签等。但当公交系统与其他车流共享路权时,把公交车和其他车流区分开是一件比较困难的事。目前,可以胜任该任务的检测手段较少,常见的有射频标签、视频检测器、红外检测器以及 GPS/AVL 系统。

公交车辆检测系统可分为 4 类:驾驶人触发型、点检测器、面检测器和区域检测器。

对公交车辆检测而言,驾驶人触发型检测系统并不是一个理想的检测方法。在美国华盛顿特区进行的 UTCS/BPS 项目的经验表明[2],即使在非必需的情形下,公交车司机仍倾向于触发设备以获得优先通行权。车载驾驶人触动型设备作为一种检测方法,将人为因素引入系统,或可导致前后矛盾的结果。此外,手动触发系统增加了公交车驾驶人的工作负担,带来额外的安全问题。

点检测器是公交优先控制中最常见的一种检测系统,这种检测系统有其局限性,主要是该检测系统不能提供两检测点间的公交车辆信息。例如,两检测点间实际的交通状况可能导致公交车辆加速、减速甚至停车,这些状况可能降低公交车到达交叉口的可预测性,进而降低公交信号优先的运营效率。因此,点检测器最适合的环境是检测器间具有比较稳定的交通状况。在这种情况下,来自于先前通过的公交车辆的信息就可以用来估计两检测点间的通行时间。如果采用点检测器则应尽可能考虑多点检测器,检测器的数量和位置都应根据具体的现场情况来确定。

与点检测器相反,面检测器检测通过某区域的公交车辆的运行。面检测器提高了系统预测公交车辆到达某一交叉口的能力,因此,公交信号优先系统的运行将更有效。面检测器正成为最受欢迎的公交信号优先检测系统,例如 GPS/AVL 系统。然而,由于对车辆位置的检测是连续的,面检测器还需要结合必要的信息(例如,路线/时刻信息),采用某种特定的方法来判断车辆位置以生成期望状态下的优先请求。

区域检测器用于检测交叉口的入口是否有车辆的存在。通常,该类系统只要知道车辆是否在入口道内并需要优先即可,例如车辆是否位于距离交叉口 150m 内。该类系统并不需要知道车辆在检测区内的具体位置、通行方向以及需要服务的相位,所需要知道的就是车辆的存在。最新的研究进展使此类系统具备了在检测区域内提供车辆位置信息的能力,因此可采用与面检测器类似的方法利用这些信息。目前,视频或红外检测器可以提供区域检测。

驶离检测是影响公交优先逻辑的另一因素,许多公交信号优先系统都包含了一种检测公交车辆何时离开信号交叉口的方法。例如,当采用区域检测器时,当车辆仍在检测区域内时,"存在呼叫"为真,当"存在呼叫"为假时,则可判定车辆已经离开了检测区域。同时,驶离检测也能提供更有效的交通运行。例如,在正常配时下信号将在 5s 后变为红灯,此时检测到一辆安装公交信号优先的公交车,因而应用绿灯延长的策略来延长绿灯时间,延时上限是 17s。然而,该车在请求优先 10s 后被驶离检测器检测到(例如,该公交车用了 10s 从入口检测器行驶到驶离检测器)。一旦被驶离检测器检测到就可以结束绿灯信号,因此,在此例中,绿灯实际上只延长了 5s。而如果没有驶离检测器,则绿灯信号将再持续 12s 达到延长上限 17s,那么运行效率就相对较低,因此冲突方向的交通流遭受了不必要的延误,各类公交优先检测系统特点如表 8-2 所示。

表 8-2 各类公交优先检测系统

检测子系统	特　点
司机触发型	增大了司机的工作量,效果不好,准确度无法保证
点式检测	无法知道点与点之间的车辆运行情况
面式检测	成片监控,可预测车辆到达交叉口的时间,例如:GPS/AVL 系统
区域检测	一般采用视频检测器,检测到驶入交叉口的车辆,然后发出信号优先申请
驶离检测	检测优先车辆驶离交叉口的时间,以精确控制信号优先所需配时,减少其他社会车辆的延误

一个应用多个点检测器的公交优先检测器的布设如图 8-3 所示[4]。

2. 通信系统

公交信号优先的通信系统包括从公共交通车辆到本地交叉口或者公共交通车辆到交通管理中心,以及中心之间和中心与交叉口之间的检测/优先请求信息的传输。另外,公交信号优先控制系统应当能够获取关于公交信号优先使用的数据,用以进行离线分析及修正控制策略,这就要求有从单个交叉口控制机到交通管理[和(或)公共交通]中心的数据存档服务器之间的通信。

公交信号优先系统的可靠性完全依赖于通信系统,而且需要明确的是:通信系统成本较高,有时容易成为公交信号优先中成本最高的组成部分。科学合理的通信系统的选择往往决定了项目的成功与否。近年来,新的无线通信技术(如 GSM、3G 等)已经在公交信号优先中获得成功应用。

另一个需要关注的问题是向交通信号控制机发送优先权请求的通信问题。目前,DSRC、光学和红外设备等技术已被应用于公交车辆与交叉口信号控制机间的直接通信。

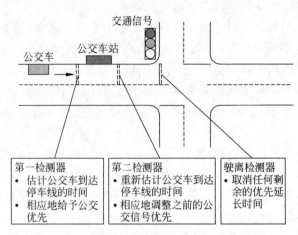

图 8-3　典型的多重检测的检测器布设方案

通信距离将决定提前多远能够收到优先请求。

3. 交通信号控制系统

交通信号控制系统负责处理优先请求,以及通过本地交通信号控制机改变信号显示。对于一个简单系统,本地交通信号控制机就完全能够完成这项功能;而在其他情况下,则需要一个中央控制的交通信号控制系统首先来对优先请求进行判断再指导本地控制机做出反应。根据预先设定的参数,交通信号控制系统将判断是否改变信号指示。例如,如果本地策略对一个周期中优先启用的次数限制为一次,则交通信号控制系统收到的第二个优先请求将不会导致信号显示的又一次变动。交通信号控制系统同时也负责确保高优先级的请求(例如,应急车辆/火车的强制优先)在优先顺序上排在其他请求的前面。

包含在交通信号控制系统中的优先请求服务器用以接收交叉口的优先请求并基于预先确定的公交信号优先准则进行处理。

虽然公交信号优先的设计和实施经常是一个大的交通信号控制(或交通管理)系统的一部分,但它并不依赖于交通信号控制系统。事实上,具有中心交通信号控制系统并不是公交信号优先的先决条件。如果本地的交叉口控制机具有基本的编程能力,那么可以将延长主要干道绿灯时间或切断相交道路绿灯时间的公交信号优先方法设计进交叉口控制机的算法中,而不需要中心交通信号控制系统。当然这种方法不利于中等或大规模的公交运行管理,不过可以为小的公交系统提供一个合理的起点。

除公交车辆检测系统及通信系统外,用于公交信号优先的交通信号控制系统主要包括交通信号控制机硬件和交通信号控制系统软件(具有公交信号优先功能)。

对于公交信号优先控制而言,除了考虑交通信号机的类型外,还需要考虑其他一些重要方面,包括信号机柜尺寸及可利用的空间、信号机柜的位置、通信链接、新增检测器的可利用接口。同时,如果信号控制机和公交信号优先相关的硬件分属两个单位管理,则尚需注意设备的维护问题。

8.3.2 系统类型

虽然公交信号优先系统主要由上述部分构成,但在具体实施中,各地根据各自基础所实施的系统结构各有不同,根据决策单元所在的位置、优先请求的方法以及实施优先控制模块的位置,可以将系统结构分为如表 8-3 所示的一些典型形式[4]。

表 8-3 公交信号优先系统体系结构

类型	体系结构(P:优先请求)	城市	优先选项		
			决策单元位置	优先请求方法	实施决策
1	交通信号 ← P ← 公交车	欧洲很多城市	本地	分布式	本地
2	UTC ↔ 交通信号 ← P ← 公交车	欧洲很多城市	本地	分布式	中心
3	AVL ↔ 公交车; 交通信号 ← P ← 公交车	奥尔堡 赫尔辛基	中心	分布式	本地
4	UTC, AVL, 交通信号, 公交车	伦敦	中心	中心式/分布式	中心
5	UTC, AVL, 交通信号, 公交车	欧洲很多城市	本地	分布式/中心式	中心
6	UTC ← P ← AVL; 交通信号 ← 公交车	南安普顿 图卢兹 都灵 卡迪夫 哥德堡	中心	中心式	中心
7	UTC ↔ P ↔ AVL; 交通信号 ← 公交车	法国很多城市	中心	中心式	中心

续表

类型	体系结构(P：优先请求)	城市	优先选项		
			决策单元位置	优先请求方法	实施决策
8	UTC ↔ AVL，P，交通信号 ← 公交车，P	热那亚	中心	分布式	中心

1. 类型 1

这类结构将公交信号优先包括在独立的交叉口控制中，不需要使用 AVL 或者城市交通管理(urban traffic control，UTC)，一般通过电子标签或者一个红外的区域检测器来进行公交车辆的检测。

2. 类型 2

与类型 1 相似，只是交通信号和信号优先由 UTC 来控制。

3. 类型 3

这类结构使用 AVL 设备来决定特定公交车的优先等级，然后将信息从公交车发送到公交线路上的每个交通信号控制机。不需要 UTC，信号控制是单点或分布式的。

4. 类别 4

该类别与类别 3 相似，只是交通信号控制机受 UTC 的控制，在 AVL 和 UTC 之间没有通信，因此特定公交车的优先需求是通过公交车和信号控制机从 AVL 中心(公交管理中心)传送到 UTC 中心(交通管理中心)的。

5. 类型 5

该类结构在瑞士苏黎世有应用，AVL 主要用来进行车队管理。使用线圈检测器来给予公交车和电车"绝对"优先，通过高效率的运行和强有力的交通/需求管理措施(如在需要的地方进行公交隔离)来保持公交的运行时刻表。在这种情况下，由于公交车和电车几乎一致按照运行时刻表运行，因此只需要"固定"的时刻表。

6. 类型 6

该结构包括从 AVL 中心到 UTC 的单向通信，用来传输公交位置和优先请求。AVL 成为公交位置检测的主要手段，因此与其他基于 AVL 的应用相比，需要一个较高的定位精度(例如 5~10m)。该结构不需要电子标签或线圈检测器(尽管有些混合系统都有)。

7. 类型 7

在很多法国城市比较常见，包括了一个中心式的 UTC/AVL 的集成，UTC 主动通知 AVL 每个交叉口将要执行的信号相位的转变，并且要求提供可能影响相位改变时间的每辆驶近交叉口的公交巴士和电车的位置。

8. 类型 8

这个结构需要全部系统组成部分间的双向通信，在意大利的热那亚，AVL 中心为公交车分配一个优先等级，并且将这一信息由一条 UTC 指令直接传送至交通信号控制机进行实施。在较高的等级上，在 AVL 中心和 UTC 中心之间传送战略数据，以及路网或公交线路上的"全局"状态,这些数据将影响是否允许提供优先。

8.4 公交信号优先系统结构

公交信号优先可以通过多种系统结构来实现。最简单的就是利用本地的信号控制机或与UTC系统的通信,由本地路侧的公交车检测器来提供本地公交车辆优先。最复杂的情况则是在公交车辆、AVL中心(公交管理中心)、UTC中心(交通管理中心)以及本地的信号控制机之间建立单向或双向的通信,来实施信号优先。处于这两种情况之间有多种方案,主要取决于所实施的信号控制和公交运行系统的类型以及它们的集成程度。目前而言没有所谓"最好的"系统架构可以推荐。任何一个城市在进行公交信号优先控制系统架构选择时都取决于如下因素:已有的基础设施、安装和维护系统所能够利用的资源、功能等级及所预期系统的复杂性等。

对于公交信号优先而言,一旦产生了优先请求,则需要将该请求传送至交通信号控制机以实施该优先请求,通过改变交通信号为邻近的公交车辆提供优先。笼统而言,有两种方式可以实施驶近一个交叉口的公交车辆的信号优先请求。控制中心可以直接给UTC发送优先请求以在信号控制机上实施优先,或者由公交车直接给本地信号控制机发送优先请求,根据这两种方法,公交信号优先系统的架构可以被分为两类:分布式信号优先系统和集中式信号优先系统。

8.4.1 分布式信号优先系统

在该架构中,AVL中心在确定需要进行优先控制后,将优先请求发送给驶近信号控制交叉口的公交车,该公交车在到达交叉口信号灯前与交通信号机进行通信以实施公交优先。这类通信架构最早在伦敦实施,英国其他城市近年来实施的一些系统也采用了这种方式。在卡迪夫和莱切斯特结合了基于GPS的车辆自动定位系统实施了该方法[5]。

分布式信号优先系统的主要优势在于公交车到达信号交叉口旅行时间估计的准确性。在进口道上只有检测到公交车时才会提出优先请求,因此可以准确知道公交车的位置,从而能够较准确地估计公交车的到达时间。这样可以减少对信号优先的浪费。而且,这类系统既可以在单点控制的交叉口进行实施,也可以在协调控制中实施。该系统需要一个触发优先请求的检测系统以及将优先请求从公交车传送到信号机的通信链接,因此,有可能使得其投资要比集中式的架构高一些[4]。

分布式信号优先系统可能不包括AVL中心或UTC中心,而是在本地交叉口的层面上完成所有的优先需求请求及信号优先决策。因此该系统的优点是不需要本地到AVL中心或UTC中心的通信或者至少不需要实时的到某个中心的通信。下面介绍为实施分布式信号优先系统开发的两种方案,一种是NTCIP1211中定义的,一种是由TCIP(Transit Communications Interface Profiles,公交通信接口配置)工作组提出的。

1. 第一种分布式信号优先系统

第一种分布式信号优先系统如图8-4所示[6]。

这个方案的特点是公交车辆安装有必需的系统和程序来决定是否基于预定的条件提出

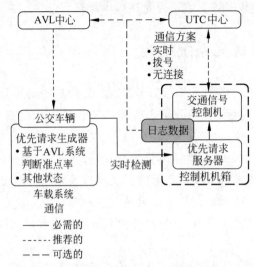

图 8-4　第一种分布式信号优先系统结构示意图

优先请求,预定的条件通常包括准点率、在途、车门关闭、乘客人数等,而且车辆有能力直接给优先请求服务器发送一条 NTCIP1211 兼容的消息以请求优先。

在本系统方案中,如果优先请求是基于准点率而有条件地生成,那么就需要将车载 AVL 系统与车队的运行时刻表进行整合,这可以由安装在车辆上的 AVL 系统通过车辆的位置和运行时刻表的时刻点来实现。运行时刻表可以每天在停车场通过无线局域网上传到车辆上或者通过广播系统上传。一旦车辆落后于运行时刻表的时间差超出了某个预定的阈值,则激活优先系统。这种系统不需要公交车辆与 AVL 中心之间实时的通信,也不需要 AVL 中心与 UTC 中心之间的通信联系。

在这种情况下,各个信号控制机通过位于交叉口的检测设备从公交车辆接收优先信息,优先信息直接从位于道路上的检测器传送至信号机箱,然后信号机同意优先请求并相应调整信号配时参数。

无论信号控制系统本身是中心联网式控制还是独立的单点控制,这种分布式优先控制系统都可以正常工作,因为优先请求和优先服务分别由公交车辆和本地信号机来完成,这种方式适用于那些联网集中式信号控制系统与单点信号控制系统并存的区域。

当然这种系统也有其局限性,如果不存在与 AVL 中心与 UTC 中心之间的连接,AVL 中心就无法从本地信号控制机得到实时反馈。而如果公交运行部门要了解信号优先系统是否工作并能够提供优先以及哪辆公交车获得了优先,那么这个反馈就是必要的。同时这些反馈还能够反映特定交叉口提供公交优先的频率,该信息可以用来调整特定线路的运行时刻表。

2. 第二种分布式信号优先系统

第二种分布式信号优先系统结构如图 8-5 所示[6]。

与第一种分布式信号优先系统不同的是,这种分布式信号优先系统的特点是公交车辆并不生成一个 NTCIP1211 的标准优先请求,相反的是车辆发送一条信息给包含优先请求生成器的交通信号控制系统,是否给予优先的决定也是在信号控制机箱中完成的。

目前对该类分布式信号优先系统结构的实施至少有两种配置方案。在西雅图的金县

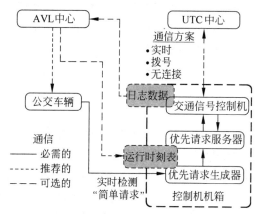

图 8-5　第二种分布式信号优先系统结构示意图

(King County)的实施案例中,每辆公交车有一个自动车辆识别(automated vehicle identification, AVI)系统,该系统向路边读卡器发送相应的信息,例如车辆 ID 号。读卡器检测到有驶近交叉口的公交车辆后将发送一条信息给信号控制机机箱内的公交接口单元。尽管现在金县没有使用基于运行时刻表的有条件优先,但是这个接口单元还是能够包括运行时刻表、线路等信息,并利用 AVI 信息来请求和给予优先。在这种情况下,决定是否提出优先请求的工作在信号机机箱内独立完成。

公交车辆只是简单地提供它正驶近交叉口的信息。这类系统能够对同时产生的相互冲突的优先呼叫/强制优先呼叫进行比较并给予具有高优先级的车辆以优先通行,例如一辆紧急救援车辆或一辆远远落后于运行时刻表的公交车辆。

该分布式信号优先系统的第二种配置是在波特兰实施的。这种配置实际上是两种分散式控制系统的混合,用于支撑是否做出优先请求的所需要的信息存在于公交车上,但是公交车安装的检测设备不能发送一条 NTCIP1211 的标准消息。

因此,当需要优先时,公交车辆只是向信号控制系统发送一个输入,实际上是信号机箱内的硬件所生成的标准模式的优先请求。在这种配置下,可以认为优先请求生成器跨越公交车辆和控制机机箱。这种配置的一个局限性是信号控制机无法判断多个相冲突的车辆的权重,因为无法直接获得运行时刻表等信息。这样导致的结果就是先进先出的运行,即先提出优先请求的车辆先获得信号优先。

如图 8-5 所示,对于第二种分布式信号优先系统架构,不需要 AVL 中心与公交车之间的实时通信,而且也不需要信号控制机与 AVL 中心或 UTC 中心之间的实时通信。然而,该系统架构需要公交运行部门与信号控制机机箱或与公交车队之间的通信连接。在与金县实施的类似配置中,如果使用基于运行时刻表的有条件优先,则需要信号控制机机箱与公交管理中心之间进行通信,以便能够更新机箱中的公交接口单元中的公交车辆线路及运行时刻表信息。这个公交接口单元能够向 AVL 中心发送 AVI 标签及运行数据。这个连接可以通过多种方式完成:光纤、拨号或无线。

在类似于波特兰实施的配置中,在 AVL 中心和公交车之间必须有某种形式的通信来更新运行时刻表信息。就像第一种分布式系统结构,运行时刻表可以在停车场通过无线局域网上传到公交车上,或通过广播系统完成。

第二种分布式信号优先系统结构的局限和优点与第一种类似。由于从本地交叉口到管理中心的反馈可能是有限的,因此,可能无法有效地监视公交信号优先系统的运行。然而,这种系统的优点是可以安装在各类信号控制系统中,无论是中心联网式控制系统还是单点控制系统。

8.4.2 集中式信号优先系统

在这种系统结构中,AVL中心(确定优先请求)直接将优先请求发送到UTC系统以便为驶近某特定信号交叉口的公交车辆实施信号优先。UTC系统随后计算实施相位变化的可能性,然后改变信号配时的信息会被传送到本地信号控制机以进行实施。正有公交车驶近的本地控制机将根据UTC的指令来改变交通信号从而为公交车辆提供优先。由于这种方法包含了两个中心(AVL中心和UTC中心)之间的通信,因此被称为中心式通信。由于优先请求直接由AVL中心传送至UTC中心,这个架构不需要路边设施来检测公交车辆以触发优先请求[4]。

集中式信号优先系统将AVL中心和(或)UTC中心包含在其决策过程中。对于集中式信号优先系统而言,优先请求生成器和(或)优先请求服务器都位于某一个中心之内。这个架构在如下情形下很有优势:本地的交通管理部门通过集中式的信号控制系统连接了所有的信号机并且由UTC中心通过实时通信来对信号机进行管理。

1. 第一种集中式信号优先系统

第一种集中式信号优先系统如图8-6所示[6]。

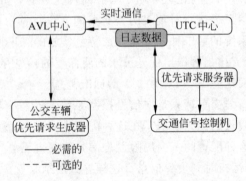

图8-6 第一种集中式信号优先系统结构示意图

在图8-6中,优先请求生成器位于公交车内,在公交车与信号控制机之间没有直接的通信,公交车辆将优先请求发送至AVL中心,AVL中心再通过UTC中心把该请求发送至优先请求服务器。优先请求服务器可以作为一个物理设备存在于UTC中心或者信号控制机中。

这种系统的实施需要公交车辆能够生成并发送一个NTCIP1211兼容的优先请求。因此,如果实施有条件的优先,公交车辆必须能够知道自己的位置并基于特定的运行特性生成一个需求,而且,公交车辆必须具有恰当的通信设备以发送一个NTCIP1211信息。

为使系统有效,这个方案需要公交车辆与AVL中心之间、AVL中心与UTC中心以及UTC中心与本地信号机之间的实时通信,系统的效果和效率将随着通信延迟的增加而迅速退化。因此很多公交运营单位因为其中心与公交车的通信达不到需求而无法实施这种系统。

2. 第二种集中式信号优先系统

第二种系统集中式信号优先结构如图 8-7 所示[6]，与第一种不同的是，优先请求发生器位于 AVL 中心而不是位于公交车辆上。在这种情况下，AVL 中心决定是否提出公交优先需求，然后通过 UTC 中心发送到优先请求服务器。

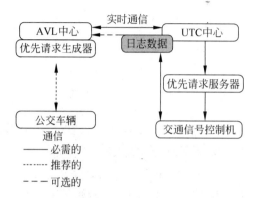

图 8-7　第二种集中式信号优先系统结构示意图

与第一种结构相同的是，优先请求服务器可能位于 UTC 中心或位于信号机机箱中。

为使系统最为有效，AVL 中心将基于从公交车辆实时采集的信息（如位置、乘客数量等）来决定是否提出优先请求，类似于通过一个 AVL 系统来实现。

与第一种集中式信号优先结构相同的是，当 UTC 中心与 AVL 中心之间以及 UTC 中心与本地信号控制机之间有实时的通信连接时才能够最为有效。

相对第一种集中式信号优先结构，本结构的好处在于 AVL 中心管理所有的优先请求，因此这个集中系统可以对车队中的多辆公交车辆进行权重的分配，从而决定为哪些公交车辆生成优先请求。本结构对通信系统的需求也比较大，因为在本结构中每辆公交车都向中心发送信息，而不是像第一种集中式信号优先结构那样只有确定有优先请求的车辆才向中心发送信息。

3. 第三种集中式信号优先系统

在这种结构中，优先请求生成器位于 UTC 中心，如图 8-8 所示[6]。生成优先请求所需要的信息传送到 UTC 中心，UTC 中心中含有用来决定是否提出优先请求的处理过程。决定是基于一些预先定义的条件做出的，例如与运行时刻表的一致性、冲突的请求以及乘客数量等。

将所生成的优先请求发送至优先请求服务器，优先请求服务器可以位于 UTC 中心或者本地信号控制机机箱中。信息传送到 UTC 中心的实际物理路径可能有多种方式，例如可以是公交车辆与 AVL 中心之间建立通信，AVL 中心再与 UTC 中心之间建立通信。一种更可能和更有效的路径是通过本地信号控制机传送到 UTC 中心。在这种情况下，当检测到公交车辆驶近交叉口后，本地信号控制机将给 UTC 中心发送一条信息说明公交车辆正在驶近交叉口。UTC 中心可能与 AVL 中心进行通信以考虑正在驶近的公交车与其运行时刻表的一致性，或者基于 UTC 中心本地存储的公交运行的信息进行判断。基于这些

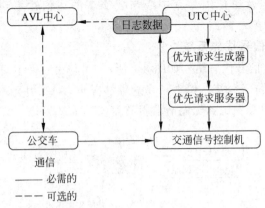

图 8-8 第三种集中式信号优先系统结构示意图

信息和其他的从交通信号控制机接收到的交通信息，UTC 中心将决定是否提供优先，若提供优先则将更新后的信号配时参数发送至本地信号控制机。

与其他的集中式结构一样，系统效率的关键因素是通信设施。而且需要信号机、UTC 中心、AVL 中心（如果包含在内）之间的实时通信，否则任何通信上的延迟都将导致无效的优先系统。

8.5 优先策略

可以根据控制目标的不同给予全部公交车或部分公交车以信号优先。如果目标是降低全部公交车的延误，那就需要给予全部公交车辆以信号优先，但是很多系统更多的是只给晚点的公交车以信号优化，这种方法在提高公交运行的规律性/准点性方面是比较好的，但是当考虑旅行时间节省时，则不如给予全部车辆优先好。

对于一条特定的公交线路，公交信号优先的应用可能因运行策略的不同而有所差异。两种主要的运行策略分别是基于运行时刻表和基于车头时距。

8.5.1 基于运行时刻表

基于运行时刻表的有条件优先的目标是使公交车辆尽可能按照发布的时间到达运行线路上的各个站点。因此，期望能够为落后于运行时刻表的公交车辆提供优先以使其保持与运行时刻表的一致性。相反的，为准点运行或超前运行的公交车提供优先则是不恰当的，因为一辆相对运行时刻表超前运行的车辆也会降低服务的可靠性。

1. 车载优先请求生成器

当在公交车上安装优先请求生成器时，需要公交车不仅能够确定它当前的位置，而且还需要能够确定根据运行时刻表它当前时刻所应该在的位置。一辆能够确定自己与运行时刻表保持一致的"智能公交"经常安装有基于 GPS 的 AVL 系统。运行时刻表信息或者存储在公交车上，或者实时地从中心系统传送到公交车上。

如果信息存储在公交车上而车辆每天运行的路线并不完全一样，那么就需要有效的方法在每个运营日开始时为每辆公交车更新运行时刻表信息。有些应用中使用现有广播系统中的数据带宽来实现这个功能。

而有些现有的系统受到通信带宽的影响或车载设备存储空间的限制,不能每天有效地上载运行时刻表信息。因此,就需要一个专门的过程来向公交车上传运行时刻表信息。

系统的另外一个选择可以是在某特定时间点或通过与"热点"相连来更新运行时刻表。波特兰的 TriMet 考虑使用其在轻轨车站的光纤干线来更新相关信息并进行巴士运行的实时运行决策。

假设公交车能够确定遵守运行时刻表,那么发出一条有条件消息的过程是相当简单的。只有在满足有条件优先的需求时车载优先请求生成器才会发出一条需求信息。理想的情况是,在优先请求生成器发给优先请求服务器的信息中将包括请求类型和等级目标的信息。

2. 车外的优先请求生成器

当优先请求生成器不在公交车上时,则其安放位置是一个非常重要的考虑因素。如果优先请求生成器位于公交管理中心,并且公交管理中心实时监视每辆公交车辆与运行时刻表的一致性,那么公交管理中心就能够直接向优先请求生成器发送必需的信息。

然而,如果优先请求生成器位于信号控制系统内,例如在交通管理中心或者在本地交叉口信号机箱内,那么就必须通过公交车或者公交管理中心将基于与运行时刻表一致性的优先需求信息传送到优先请求生成器。如果优先请求生成器需要做出有条件的决策,那么这条信息需要包括一些原始数据(如车辆 ID 和位置),并且优先请求生成器将需要访问运行时刻表数据库来决定车辆是否与运行时刻表保持一致。

在这种情况下,在交通管理中心或在本地交叉口维护不断更新的公交运行时刻表信息将可能是一个较大的挑战。当然也可能由公交管理中心或公交车辆做出有条件的决策后再传给优先请求生成器,而优先请求生成器只需要接收到这条决策。

8.5.2 基于车头时距

与依赖运行时刻表的时间点不同的是,基于车头时距的公交优先系统的目标在于在公交车辆间维持一个一致的时间间距。因此,应用基于车头时距的有条件公交信号优先需要监视公交车辆之间的间距并且通知优先请求生成器,优先请求生成器的位置是应用基于车头时距的公交信号优先系统的一个关键因素。

1. 车载优先请求生成器

在当前的技术情况下,车载优先请求生成器可能会成为实施基于车头时距的有条件优先的最大困难。与基于运行时刻表的优先系统不同,基于车头时距的有条件优先是基于当前位于某交叉口的车辆与通过该交叉口的前一辆车之间的时间间距来决策的。因此,有条件优先的决策不是一个离散的决策,这与基于运行时刻表的系统不同。

目前,尚没有在公交信号优先的实施中允许车辆与其他车辆进行通信,因此,为了知道一辆车与它前车的间距,就需要从中心的计算机辅助调度(computer-aided dispatch,CAD)/AVL 系统来获得信息,这就需要在公交管理中心和各公交车之间建立实时的通信反馈。

在车辆之间进行车头时距信息通信的一个备选方法是当前正在研究的车车通信和车路通信。通过无线通信手段建立车辆与车辆、车辆与道路之间的实时通信,利用这些通信手段,可以让公交车辆之间实时共享其时空信息。

2. 车外的优先请求生成器

洛杉矶交通部门在目前应用的基于车头时距的有条件优先中使用了公交外的优先请求生成器。洛杉矶交通部门的系统使用中心计算机来监视公交车之间的间距并判断何时超过了期望的车头时距。

8.6 公交信号优先项目的实施

8.6.1 实施步骤

公交信号优先的实施主要包括如下五步：

1. 项目规划阶段

该阶段主要完成如下工作：
(1) 需求评估（为什么要实施公交信号优先）；
(2) 各利益相关者的责任和义务（哪些单位需要参与进来）；
(3) 运行理念和需求文档（公交信号优先能够做什么）；
(4) 主要干道与交叉口的确定（即确定将在哪里实施公交信号优先）；
(5) 技术备选方案分析和系统架构（即确定公交信号优先的工作方式）。

2. 公交信号优先项目设计阶段

该阶段主要完成如下工作：
(1) 交通控制系统精细数据的采集和管理；
(2) 中央控制系统和通信系统的详细设计；
(3) 系统构成部分设计；
(4) 交叉口的详细设计；
(5) 车载设备的详细设计；
(6) 配时方案的优化和准备；
(7) 在特殊的情况下利用微观仿真模型来设计公交信号优先控制策略。

3. 公交信号优先项目实施阶段

该阶段主要完成如下工作：
(1) 采购；
(2) 安装；
(3) 调试和校核。

4. 运营与维护阶段

该阶段主要完成如下工作：
(1) 系统运行效果监测与管理；
(2) 系统运行保障；
(3) 系统维护。

5. 公交信号优先系统的评估、审核

该阶段主要完成如下工作：
(1) 评价研究；

(2) 不间断数据采集；

(3) 优化运行时刻表提升公交信号优先系统效益。

8.6.2 实施事项

公交信号优先的实施必须考虑不同部门之间的责任和关系，首先是交通管理部门与公交部门之间的关系。公交信号优先的管理和协调事宜可以考虑通过两个监管委员会来实现，一个负责技术事务，一个负责政策事务。

具体而言，公交信号优先的实施必须考虑如下因素：①与道路几何尺寸及信号控制系统相关的因素：道路几何形状、交通量、交通信号控制硬件及软件、交通信号的运行状态、人均延误、行人、相邻交叉口/通道的运行状况、交通信号运行政策等。②与公交系统相关的因素：公交系统特征、公交车站的位置及设计、现有公交系统的硬件及软件、公交部门运行的政策等。

在信号控制中引入公交优先将会增加信号控制的复杂性，在考虑控制策略时至少增加了一个优化的目标，而由于交通状态的多样性，在不同的交通流状况下，公交优先的控制效果不同，控制策略也将有所不同。因此，考虑公交优先的信号配时的优化过程将比单纯的机动车统一化的信号控制的优化过程复杂，且具有更强的随机性和非线性。

在信号控制中考虑公交优先时必须注意以下几点：

(1) 根据不同的交通流状况和交叉口特点制定正确的公交优先策略，例如在何种情况下进行公交优先控制，对什么类型进口道的公交车辆进行优先控制等；

(2) 根据公交车辆的运行规律给出合理的公交优先信号控制策略，例如是采用当前绿灯相位延长还是当前红灯相位早断等；

(3) 对信号控制中公交优先的效果进行综合评价，注意考虑在不同条件下公交优先对信号控制所带来的各种影响，甚至公交信号优先的效果评价中要考虑由于公交信号优先带来的方式转移而对整体交通出行的影响[7]；

(4) 如果公交车在交叉口处与社会车辆混行，就需要谨慎地实施公交信号优先。主要是因为公交车经常出现在多个进口方向且与社会车辆混行，给予某些交通流以优先控制将使得其他交通流中的公交车辆经历更多的延误。比较典型的是在一个繁忙的交叉口有较大的公交车流(例如很多大城市)，这将降低公交信号优先的效益，这时要考虑全部的交通。在这一点上，自适应的 UTC 系统可以发挥较好的作用，因为它们能够对交通状态进行实时估计从而影响实施公交信号优先的数量。而且在实施公交信号优先后，这类系统能够以最优的方式恢复正常配时，而定时控制系统则难以做到。

8.6.3 辅助措施

公交信号优先往往不只是实施交叉口交通信号控制的优先，通常为了获得更可靠的旅行时间，也往往需要同时实施如下措施中的一部分。

(1) 增加公交车站空间；

(2) 更新信号配时方案；

(3) 被动优先(重新配时以实现公交车辆的协调)；

(4) 交通流的物理措施优先(如公交专用车道)；

(5) 移除停车或禁止停车；

(6) 在社会车辆禁止转弯的同时允许公交车转弯；

(7) 跳过社会车辆的排队；

(8) 车外收费；

(9) 采用低底板公交车；

(10) 提升站台高度以实现水平上下车。

在公交信号优先的实施中需要注意，目前没有两个公交信号优先系统是完全相同的，而且公交信号优先的设备和控制软件在各应用中也都不相同。

尽管对公交信号优先的概念的理解及接受都没有问题，但是当前在我国公交信号优先并未得到大范围实施，可能的原因包括：①我国城市道路混合交通流的影响；②缺乏支撑公交信号优先的道路基础或交通组织方案；③缺乏准确、可靠、性价比高的检测设备或公交车检测、定位系统覆盖率低；④现有的信号控制机和（或）信号控制优化软件（系统）无法提供公交信号优先功能；⑤各部门间的协作问题；⑥缺乏相应的技术标准。

8.7 应用情况

欧洲自1968年就已出现公交信号优先系统，该时期的信号优先系统主要是为保证轻轨顺利通过信号交叉口服务的，但由于技术上的原因及社会车辆的增加，公交信号优先系统对社会车辆的行车干扰日渐严重，很多此类公交信号优先系统逐渐被终止。

1970年，洛杉矶出现了第一个公交信号优先系统，这是一种强制优先形式，由于采用强制优先通行技术，使得对社会车辆影响较大，反而增加了系统的延误和排队，阻碍了干线的信号协调，使得公交信号优先系统难以进一步实施。

随着科学技术的不断发展进步，实施公交主动优先及自适应控制的条件日渐成熟，20世纪90年代，欧美又开始建立公交信号优先系统。在一些项目的推动下，德国的汉诺威、威斯巴登、奥斯纳布鲁克，法国巴黎，荷兰的阿姆斯特丹，瑞士的苏黎世等都成功实施了公交信号优先系统，在阿姆斯特丹的报告中，公交车辆减少了10%～20%的行程时间；德国的奥斯纳布鲁克在13个交叉口中实施信号优先，公交行程时间降低了10%。

加拿大东南部的夏洛特敦，美国的卡罗来纳州南部、华盛顿、马里兰、俄勒冈州等地区都成功实施了公交信号优先系统，虽然这些系统跟以往的系统没有太大的区别，但是由于计算机性能的大幅提高，这些系统的工作效率更高。在夏洛特敦北部交通走廊的快速公交线路上成功实施的公交信号优先系统，使其行程时间最多可以降低50%，其他成功实施的公交信号优先系统，公交行程时间的降低平均在10%以上。

20世纪70年代以来，伦敦在公交优先的交通信号方面实施多种方法[4]。大部分的实施方法已对检测到的特定的公交车实时"主动优先"的系统，而所使用的检测方式有多种：感应线圈、信标及GPS系统。在伦敦所采用的优先策略与可用的信号控制设备类型及各地区的特性有关。例如：

(1) 在孤立的交叉口，车辆感应控制占主导地位；

(2) 对于自适应控制式的UTC系统中的协调控制的交叉口，可以使用更多的信号优先设施；

(3) 对于定时式的 UTC 系统中的协调控制的交叉口，开发了 SPRINT 系统。

根据公交信号优先实施的情况，一些研究分析了公交信号优先应用的效果与周围交通环境之间的关系。对交通流量而言，当相交道路的饱和度较大时（如大于 0.9），使用绿灯延长策略的公交信号优先对于相交道路的交通流会有明显的负面影响。在车头时距方面，较大的车头时距（如 10min/pcu）在降低主干道延误方面有较高效率，当公交车辆较少时，公交优先对公交旅行时间减少的益处越大，当交通流量大于 40pcu/h，收益将逐渐减少并趋于稳定。

对于公交车站的位置，很明显主动式的公交信号优先倾向于使用距离交叉口较远的公交车站，主要是因为在距离交叉口较近的公交车站，乘客上下车时间的不确定性将增加对公交车辆到达交叉口所需旅行时间预测的不确定性。同时距离交叉口较远的公交车站能够最大化信号优先运行的效率。

在信号控制方面，只有信号周期内有充分的空余时间时才应当保障公交信号优先，这就意味着在高峰期或者在一条交通繁忙的通道上可能很少有公交车能够获得信号优先，甚至没有公交车能够获得信号优先。

目前实施公交信号优先的一些分析报告给出的公交优先的益处各不相同。在延误减少方面，比较典型的数据是每个交叉口每辆公交车节省 3~10s，当然也取决于具体的应用情况和其他交通条件情况。

例如，如果没有协调控制的需求，独立交叉口的公交信号优先益处要大于考虑协调控制的交叉口。欧洲的经验表明公交信号优先在公交车延误减少方面能够提供显著的效益，如果实施的控制策略正确，对非优先的交通流的影响是无关紧要的。

当然，如果希望促进交通方式的转变，则可以采取其他的信号优先控制策略，给予公交车更高的优先权而对其他交通产生更明显的负面影响。

从当前的公交信号优先控制系统的实施中可以看到如下经验：

1. 理念

交通系统关注的应该是人与货物的移动，而非车辆的移动，要优化城市中人们的出行，就需要交通系统能够使人们的出行延误最小化。很多"标准"的交通控制系统的目标是寻找机动车延误最小化，然而，这并不是一个恰当的目标。从优化"人的移动"的角度出发，目前大多数交通信号控制系统也都开发集成了公交优先。

2. 公交优先措施

随着城市中信号控制交叉口的不断增加以及道路空间的限制，由于信号灯所造成的公交车延误成为了公交运行时间中的重要组成部分。公交优先可以通过物理隔离提供，这通常是降低交通拥堵影响的最有效方法，例如尽可能连续地提供公交专用道，但是依然无法避免由于交叉口信号灯周期变化所导致的延误（例如由于红灯导致的延误）。

3. 未来的研究

1）物理隔离与信号配时的整合

当前在信号控制交叉口实施公交信号优先的主要目标是通过调整信号配时降低公交延误。理想的情况是通过物理隔离和交叉口的信号优先为公交车在运行线路上提供畅通无阻的运行，然而由于不同程度的交通拥堵，除了极个别案例外，这样的方案尚无大范围应用。通常信号控制交叉口的公交信号优先无法解决拥堵问题，而往往交通拥堵给公交车带来的延误要比信号控制大得多。解决交通拥堵问题需要其他一些措施,例如公交专用路/道、需求管理以及公交车的拥堵管理战略等,需要集成物理隔离和实时的 UTC 控制。

2)性能指标

公交性能指标对整个公交运行有影响。例如,如果目标是最小化公交旅行时间,则会建议在所有交叉口为全部的公交车提供信号优先,而优化公交运行的规律性则需要基于不同公交车的状态给予不同的优先策略。未来的研究需要发现目前全球范围的实施应用与选择的公交性能指标之间所隐含的联系,同样也需要包括这些性能指标对公交信号优先系统实施的影响。

未来需要注意的其他方面包括：公交信号优先策略的选择及应用；对公交信号优先技术的有效应用；不断改进公交信号优先的设计与实施(尤其对于 BRT 快速公交系统);发展适当的分析工具；有条件优先的技术改进；公交信号优先实施的评估等。

  拓展阅读
信号控制系统中公交信号优先模块发展情况

思考题

1. 公交信号优先与紧急车辆强制优先有何区别？
2. 主动优先的典型类型有哪几种？
3. 基于运行时刻表与基于车头时距的优先策略有何差异？
4. 基于规则的优先方法和基于模型的优先方法各有何优缺点？

参考文献

[1] SMITH H R, HEMILY B, IVANOVIC M. Transit signal priority (TSP): a planning and implementation handbook[R]. Washington, D. C. : ITS America, 2005.

[2] BAKER R J, COLLURA J, DALE J J, et al. An overview of transit signal priority[R]. Washington, D. C. : ITS America, 2002.

[3] HUNG S. Transit signal priority algorithm research and development[R]. Markham, Ontario: LEA Consnlting Ltd. , 2005.

[4] GARDNER K. Review of bus priority at traffic signals around the world[R]. Belgium: UITP, 2009.

[5] GILLAM W J, WRIGHT D A. An innovative approach to real-time bus information and signal priority[C]// Tenth International Conference on Road Transport Information and Control. London: Institution of Electrical Engineers, 2000.

[6] LI Y, KOONCE P, LI M, et al. Transit signal priority research tools[R]. CA: California Department of Transportation, 2008.

[7] ABDELGHANY K F, ABDELGHANY A F, MAHMASSANI H S, et al. Modeling bus priority using intermodal dynamic network assignment-simulation methodology [J]. Journal of Public Transportation, 2006, 9(5): 1-22.

第9章

城市快速路控制

近年来我国很多大城市都在建设城市快速路系统,作为城市道路网络的骨架,城市快速路对城市交通的影响举足轻重。在交通控制方面,提高城市快速路运行效率的方法目前主要包括匝道控制和主线控制。

9.1 匝道控制

快速路匝道控制指的是使用控制设施,如信号灯、标志标线等,来引导驶入和驶出快速路主线的车辆,通过控制进入主线的车流量,可以使主线上的交通流保持更好的一致性,从而达到快速路运行的各项控制目标。匝道控制通过平衡快速路的使用需求量和道路容量,来减少交通事故的发生频率、维持快速路主线较高的服务水平、改进快速路周边道路网的安全状况,并可实现对特定车辆给予特殊的管理措施。

快速路的匝道用于连接快速路与快速路或者快速路与其他城市道路。快速路功能的实现得益于对进入车流的控制,而控制快速路的车辆出入只能在匝道实现。通过合理的匝道设计、控制和维护,车流可以在不同交通设施之间实现安全、便捷、舒适的连接,对交通流造成较小影响或者几乎不造成影响。而现实中,匝道的设置很少会如设计时的假设一样,如当匝道设置的间距太小时就无法提供足够的距离使车流加速到限速值附近。当类似情况出现时,匝道以及匝道连接的道路设施的交通效率和交通安全将会受到影响。

匝道控制可以选择性的在某些时段关闭某些出入口匝道或者永久关闭某些匝道,这样可以有效地减少甚至消除由于车辆出入造成的碰撞,从而可以使原本事故多发路段的交通流变得更加顺畅。匝道控制也可以控制车辆进入主线的方式,比如当车辆以车队的形式进入主线时,会对主线交通流造成较大的扰动,这会使得主线和匝道上的车辆减缓速度来安全合流。匝道控制策略可以动态控制进入主线的车流量,从而保证主线交通流畅通。

1963年,匝道信号控制首先在芝加哥高速公路上使用,信号灯由交通管理员手动控制,在接下来的几年中匝道信号控制在底特律和洛杉矶得到成功应用。随着匝道信号控制实践的成功,其他的匝道控制措施如匝道关闭等也相继出现,并得到成功应用。截至2002年,总共有 2160 个匝道信号在美国的高速路网中工作,到 2005 年这个数字增加到 2370 个。

此外,匝道控制也可能存在一些潜在的负面影响,如:

(1) 增加绕行——车辆为了避开匝道排队从而选择与快速路平行的地面道路。这种情况在短途出行中更易发生,因为匝道的排队时间可能超过因使用地面道路而增加的旅行时间。当绕行车辆较多的时候,附近的地面道路交通状况会恶化。

(2) 公平性——匝道信号控制对住在近郊的远距离出行者比对住在匝道控制范围内的近距离出行者更有利,因为远距离出行者不需要经历匝道信号灯造成的控制延误就可以穿越匝道控制区。匝道信号控制有时候甚至被认为鼓励人们远距离出行。

(3) 社会经济影响——匝道信号控制可能将交通拥堵及其影响从一个地方转移到另一个地方。在某些区域,交通问题缓解或者消除后,不动产价格会上涨,反之交通拥堵增加的区域就会看到不动产价格下降。匝道信号控制后造成的车辆排队可能延伸至地面道路,从而影响附近区域的商业。

9.1.1 匝道信号控制

匝道信号对交通流的控制可以是手动的也可以是基于实时交通流由信号控制机自动实现。匝道信号控制可以允许每次通过一辆车也可以允许每次通过一小队车(通常是两辆)来减少驶入车辆对主线交通流的影响。单个匝道信号灯可以与其他的匝道信号灯一起协同控制来控制一段快速路的交通流甚至一个区域内快速路网的交通流。

1. 控制机制

成功的匝道信号控制策略需要在主线交通流改善程度和匝道车辆的延误及排队情况之间寻找恰当的平衡点。换句话说,匝道信号控制的策略是在改善主线交通流的同时最大限度地减少对匝道交通流的影响。排队和延误是交通流量接近主线道路容量的表征,显示了主线交通状况开始恶化。

匝道信号控制保持主线交通流量低于最大容许流量。随着主线流量的增加,车流密度不断增加而车速逐渐减小。当车流量接近道路容量时,交通状况开始恶化,交通流开始不稳定。匝道信号控制有助于平衡主线的交通供给和交通需求,即使在非拥堵状态,从入口匝道进入主线的车队也有可能在匝道附近造成局部拥堵,而匝道信号控制可以根据主线接收合流车辆的能力来控制汇入流率从而降低合流造成的负面影响。

如图 9-1 所示,随着主线流量增加,一开始由于车速可以保持在自由流速度附近,平均车流密度几乎成线性增长直至 A 点。由于道路容量有限,当流量超过 q_a,车流量与密度的关系不再沿大致直线的 AB 发展,而是发生转折,交通流变得不稳定,交通流特征表现为低流量、低车速和高密度,最后有可能达到 K_j 点——完全静止的拥堵车流。

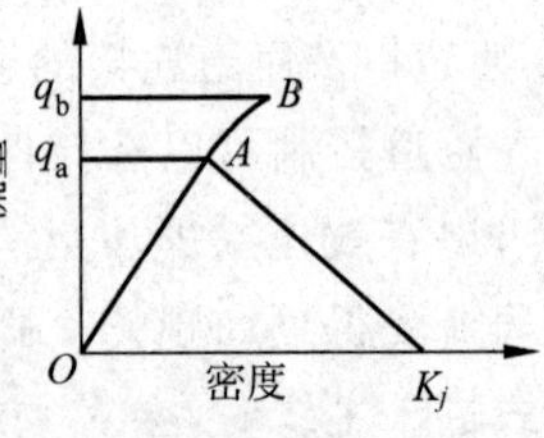

图 9-1 流量-密度关系

2. 控制策略

匝道信号控制可以分为单个匝道独立控制和多匝道联合控制。单个匝道独立控制指对单个匝道根据交通流特征独立实施信号控制。也可以同时对多个匝道实施信号控制,但是匝道信号控制之间不进行协调。多匝道联合控制指考虑多个匝道的交通特征对多个匝道进行协调信号控制。匝道的流出率不仅依赖于本匝道的流量，也与上下游各匝道的流量有关。相较于单个匝道独立控制，多匝道联合控制的优势较为明显可以更好地处理由于延误、事故、拥堵造成的道路容量减少。多匝道联合控制通常能保证单个匝道的有效控制，这样即使信号灯之间失去联系，单个信号依旧可以顺利工作。

1）匝道定时控制

定时控制采用定时调节方法限制进入主线的交通量，其目的是为了改善主线的交通状况或改善车流汇合时的安全状况。如果匝道的几何形状合理，则其可能的通行能力为800～2000pcu/h。匝道调节交通量的范围在正常交通量和某个合理最小交通量(180～240pcu/h)之间。调节控制使用匝道上的交通信号(标准信号或改进型的两灯信号)来实现，每一控制时段允许一定数量的匝道车辆驶入主线。

定时限流是最简单的匝道调节控制形式，其精确性与城市交叉口信号控制相同。其限流率主要根据主线上游交通量、下游通行能力和匝道进入主线的交通量来设定。定时调节系统主要包括设置在匝道上的一个或两个信号灯、信号控制机和某种形式的标志(这种标志警告驾驶人匝道正在执行限流控制)及可能有的检测器所构成，如图9-2所示。

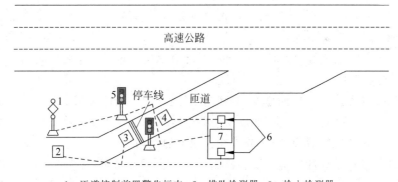

1—匝道控制前置警告标志；2—排队检测器；3—检入检测器；
4—通过检测器；5—匝道调节信号灯；6—检测放大器；7—控制器。

图9-2 入口匝道定时调节系统构成

定时控制的匝道调节率根据历史交通流数据计算而得，在每天的各时段都是固定不变的，信号灯按照事先设定的配时方案工作。采用定时控制方法来消除主线上的交通拥堵现象，就必须保持整个交通需求量小于主线的交通容量，因此匝道调节率 r(pcu/h)的取值主要取决于匝道上游交通需求 q_d(pcu/h)、匝道下游交通容量 C_a(pcu/h)和匝道处期望进入主线的交通流量 q_r(pcu/h)这三者之间的关系上。当 $C_a \geqslant q_d + q_r$ 时，不需要进行调节，因为在正常情况下匝道下游不会发生拥堵；如果不满足上式并且 $q_d > C_a$，此时即使进行匝道调节也无法消除拥堵，只能短时关闭匝道，并在上游匝道处减少调节率，以减少本匝道上游的交通需求；而当 $q_d < C_a < q_d + q_r$ 时，可进行匝道调节，调节率(pcu/h)为：$r = C_a - q_d$。

以图9-3为例，已知匝道下游瓶颈的通行能力为5400pcu/h，匝道上游交通需求量为5100pcu/h，匝道交通需求量为500pcu/h。要使匝道上的所有车辆都能汇入主线车流，则对匝道上游之交通量应限制在4900pcu/h为佳。这样做后，显然将在匝道上游引起交通拥堵或车辆停停开开的状况。为此，应对匝道上的交通量采取限流调节控制，控制流率选择

300pcu/h，那么，主线对5400pcu/h的交通需求量是适应的，且能维持较好的交通条件。如果认为此控制流率太小，则可以调节其他一些上游匝道的交通量。

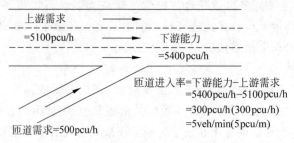

图9-3 交通需求超过主线容量的例子

因为不需要将匝道信号灯与某个交通控制中心建立通信联系，定时控制是建设和安装成本最低的控制方式。由于信号配时是根据历史数据计算而得，因此实际应用的控制流率通常会高于或低于实际交通需求。过高有可能导致主线交通过于拥堵，而过低会导致匝道或地面道路上排队过长。显然定时控制无法适应交通流的随机变化，如无法处理由于天气条件、事故等原因导致的非周期性延误，但是当交通流在一段时间内波动不大时，这种控制方法十分有效，而且定时调节很容易实现多个匝道口的协调控制。定时控制更适用于解决周期性拥堵或者局部的交通安全问题。如果匝道和主线没有安装检测器，则需要采用其他方法周期性地收集交通流数据来调整定时信号配时以更好地控制交通流运行。

2）匝道感应控制

匝道感应控制方法就是根据速度、密度、流量这三者之间的关系实时测定快速路主线的运行状态，通过调节入口匝道流量，使反映主线运行状态的基本交通变量的值保持在交通流曲线上的不拥堵交通流区域内，防止或消除主线上的拥堵。

感应控制通过在主线和匝道上安装检测器获得交通流数据，来分析匝道口上游点主线外侧车道的交通流状况，然后通过本地控制机或中心计算机，计算调节流率以实施限流控制。各类检测器的安装位置如图9-4所示（在大多数情况中，不是全部检测器都是必需的）。主线上的交通量检测器可以是简单的通过型检测器，也可以是最常见可用来测量平均速度和占有率的存在型检测器。

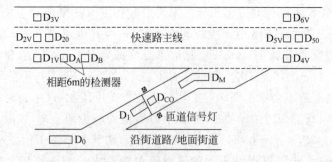

D_{1V}、D_{2V}、D_{3V}、D_{4V}、D_{5V}、D_{6V}为主线上的交通量检测器；D_{2O}、D_{5O}为占有率检测器；D_A、D_B为用于测量速度和车辆间隔的存在型检测器；D_M为交汇区的存在型检测器；D_0为等待队列检测器；D_1为"登记"检测器；D_{CO}为"检验"检测器。

图9-4 主线及入口匝道上检测器的位置

D_A、D_B 这两个检测器,相隔大约 6m,它们构成速度检测器,获得的速度数据可以用于设计路肩车道交通的间隙;

D_M 检测器用来检测停在匝道端部和驶入加速车道起始部分的车辆;

D_0 检测器用来检测等待进入主线的车队;

D_1 检测器用来检测等候在信号灯前的车辆;

D_{co} 检测器用来检测离开信号灯(停车线)的车辆。

因为速度、交通量、占有率可以用车辆检测器直接测量,因此在匝道感应调节中,一般使用交通量、速度和占有率这些交通变量来描述主线的运行状况,并用作控制参数。

交通感应控制可以分为局部感应控制和全局感应控制。

局部感应控制指的是匝道信号的配时方案是根据匝道交通流和匝道交汇口附近主线上下游的交通流条件来决定。与定时控制相似,当全局感应控制失效时,局部感应控制方案应该能承担局部交通控制的功能。局部感应控制又优于定时控制,一般能较定时控制提高效率 5%~10%,原因在于其可以根据实际交通流做出反应提供更合适的配时方案,但是建设和安装成本有所增加。局部感应控制可以与定时控制相结合,在一天中的某些时段实施感应式控制。

全局感应控制的目标是优化整体路段或整个区域的交通流,而不只局限于单个匝道口。匝道信号的配时不仅仅受本地交通流的影响,还需考虑其他匝道处的交通流特点。全局感应控制需要采集匝道和主线上的交通流数据,还需要采集附近地面道路的交通流数据以更好地实现控制目标。全局感应匝道信号控制具有最复杂的硬件系统,成本也最高。

3) 匝道系统控制

当一条快速路的多个入口匝道均进行调节控制时,较好的状态是统筹考虑各个匝道的调节率,实行系统控制。将一系列匝道集中起来作为一个整体统一考虑入口交通控制的系统,称为匝道系统控制。其控制流率根据整个系统的交通需求与通行能力之差确定。与独立的限流控制相比,匝道系统控制的优点是能够兼顾整个系统。

全局交通感应控制能适应交通量变化要求,使整个系统的车流保持最佳化。若主线某路段发生交通事故,这种控制就显得特别有效。此时,发生事故的下游匝道,其控制流率会自动增加,而上游匝道的控制流率会自动减少。全局控制系统操作复杂,需用中心计算机进行控制。

几种匝道控制方法的比较见表 9-1。

表 9-1 多种匝道控制方式的比较

控制方式	优势	劣势
定时控制(局部、全局)	(1) 不需要在主线安装检测器; (2) 不要求与交通管理中心建立联系; (3) 与其他方式相比,硬件布置简单; (4) 通过中断进入快速路的车队提高设施安全性; (5) 如果每天的交通流相对恒定,能够有效缓解常发性拥堵	(1) 需要进行频繁的观测,调整控制流率以适应变化的交通条件; (2) 经常出现过于严格的控制流率而导致不必要的匝道排队和延误,同时也会影响主线交通流; (3) 不能对不常见的交通条件进行响应,如偶发性拥堵,这一点可能会导致出行者的不满

续表

控制方式	优势	劣势
局部交通响应控制	(1) 比定时控制方法能更好地处理快速路的拥堵状况； (2) 较定时控制方式具有更低的运营成本(由于是自动，而非人工进行控制调整)	(1) 较定时控制具有更高的安装和维护成本； (2) 由于主线的检测设备，增加了维护成本； (3) 较被动，改进是在事实发生之后，而不是问题发生之前； (4) 不需要考虑邻近快速路区域以外的交通条件，因此无法消除下游交通瓶颈
全局交通响应控制	(1) 比定时控制方法能更好地处理快速路的拥堵状况； (2) 较定时控制方式具有更低的运营成本(由于是自动，而非人工进行控制调整)	(1) 需要安装主线检测器(上、下游均需设置)； (2) 需要与交通管理中心建立连接； (3) 需要校正和应用系统的技术专家； (4) 相比于局部交通响应控制，需投入更多的人力物力，通信维护费用也更加昂贵

3. 流率控制算法

本节介绍几种应用于全局感应式匝道信号控制的流率计算方法。

1) 明尼苏达匝道信号区域控制算法

该算法是一种分层的区域控制算法，整个研究区域被划分为 3～6mile(1mile＝1609m)不等的控制子区，有时也可以包含一些不设置信号控制的匝道。每个控制区的上游部分通常为自由流区域，较少发生交通事故。控制区的下游通常包含交通瓶颈区，为交通需求最大的地方。算法试图平衡每个控制区域内的流出量和流入量，以保证每个区域内交通流的稳定性。算法检测每个区域的流出量和流入量，然后通过匝道信号来控制驶入车流以保证主线交通流的稳定性。该算法从预先给定的 6 档流率中选择实际控制流率，从不限制(3600pcu/h)到以 24s 为周期(150pcu/h)。

该算法的主要特点包括：

(1) 匝道排队长度根据排队检测器数据计算得到。排队等候时间不能大于某个临界值(如 4min)，如果超出这个值，将增大控制流率来满足条件；

(2) 主线检测线圈数据以每 30s 为间隔收集，用于流率的计算；

(3) 主线的富余容量根据测得的交通量和车速计算而得；

(4) 匝道信号灯以控制区分组，区域又属于不同的层，越高层次控制区域越大，区域之间的重叠也越大；

(5) 将控制区内的富余容量按匝道划分后得到每个匝道的控制流率。如果某匝道分得的控制流率小于设定的最小流率，那么所有匝道的控制流率将在更高层的区域内重新计算，直到所有的最小流率都满足要求。

算法用到的参数如表 9-2 和表 9-3 所示。

表 9-2 明尼苏达算法的输入变量

输入变量	描述
M	受控进口道的车流量:实施匝道控制的任何快速路入口匝道
A	上游主线流量:进入区域起点检测器的总车流量
U	未控进口道的车流量:非匝道控制的任何快速路入口匝道

表 9-3 明尼苏达算法的输出变量

输出变量	描述
X	出口流量:快速路出口匝道的流量
B	下游主线流量:驶离某区域末端检测器的总车流量
S	富余通行能力:如果区域内交通流为自由流,则称主线有富余通行能力,这时匝道控制流率可以适当加大

如前所述分层区域控制算法通过调节流入量使得驶出某区域的流量大于驶入该区域的流量。在这个原则下,区域内的驶入量和驶出量之间的关系应符合下式:

$$M+A+U \leqslant B+X+S \tag{9-1}$$

可得

$$M \leqslant B+X+S-A-U \tag{9-2}$$

M 是可以允许通过受控匝道进入控制区内的最大车辆数,可以根据各匝道处的交通需求来按比例进行分配,如下式:

$$R(n)=M \times \frac{D(n)}{D} \tag{9-3}$$

式中,$R(n)$——第 n 个匝道分得的流率;

$D(n)$——第 n 个匝道处的驶入需求量;

D——总的驶入需求量。

2) 西雅图瓶颈算法

西雅图瓶颈算法不仅计算本地控制流率,还计算另一流率:瓶颈流率。当下面两个条件满足时,系统开始计算瓶颈流率:

(1) 主线达到某个密度临界值;

(2) 车辆不断在控制区域内囤积。

当不满足这两个条件时,只采用本地控制流率。

本地控制流率是根据匝道附近主线的车道占有率来计算的。对于每个匝道,控制流率与主线占有率根据 5 对预先设定的值来计算。首先根据主线占有率选择相应的控制流率值与主线占有率值,然后再插值决定实际的控制流率。

瓶颈流率由匝道下游的交通流量决定。主线上两邻近线圈之间路段作为控制对象,对每段主线选择一定数量的上游匝道。根据每段主线现有的车辆数来控制这些相应上游匝道的瓶颈流率。每个上游匝道可能对应很多个主线路段,因此系统会计算出多个不同的瓶颈流率值,并采用最小的瓶颈流率值。

所得的瓶颈流率将和本地控制流率进行比较,然后选择较小的一个作为备选的控制流率。最后一步是根据匝道的交通条件如排队情况再调整控制流率值。每个匝道将安装两个线圈来检测实时排队长度,当排队长度超过一定值时,控制流率将调大来释放挤压的车流,经过调整后的流率将被用于实际控制。

3) 华盛顿州交通部模糊逻辑算法

华盛顿州交通部开发模糊逻辑算法是为了弥补西雅图瓶颈算法的缺陷,包括下面两个方面:

(1) 当某匝道排队过长时,该匝道的控制流率将会被调大而没有减小附近匝道的控制流率,这样有可能破坏原本已经稳定的主线交通流。而主线的交通情况恶化后算法又会减小匝道的控制流率,这样就使匝道车队又增加。最后形成一个重复的过程,匝道排队过长问题并没有解决。

(2) 瓶颈算法属于被动型的算法,只有当交通问题出现后,解决方案才会产生。

模糊逻辑对数据的容错性高,这样可以避免线圈数据不完整而对计算结果造成较大影响。模糊逻辑可以处理多目标问题,在各目标之间寻找平衡点,这样可以解决上述匝道排队过长重复出现的问题。另外模糊逻辑不需要对系统进行复杂的建模,也比较容易调试。

对于某个匝道,算法使用离该匝道最近的上游主线线圈数据、下游若干主线线圈数据以及匝道检测器数据来决定最优控制流率。匝道的排队长度直接在算法中考虑,不再额外调整。算法的输入量包括:匝道口主线车速及占有率、下游车速及占有率、匝道排队长度。

模糊化过程将每个输入量转化成一组模糊类。匝道口主线车速及占有率被分成 5 类,分别为非常小(VS)、小(S)、中(M)、大(B)、非常大(VB)。模糊类的激活程度由 0~1 之间的一个小数表示,如图 9-5(a)所示,如果主线占有率为 20%,那么中占有率(M)的激活程度为 0.3,大占有率(B)的激活程度为 0.8,而其他类的赋值为 0。下游车道占有率仅使用非常大这一类,在占有率为 11% 时激活,在 25% 时达到最大,如图 9-5(b)所示。匝道占有率定义的类在占有率 12% 时开始激活,30% 时达到最大。每个匝道信号控制处,所定义的模糊类的赋值范围、分布和形状都可以在后期进行修改。

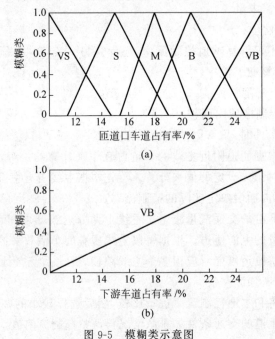

图 9-5 模糊类示意图

定义为模糊类后,建立加权的模糊规则,表 9-4 所示。

表 9-4 模糊算法控制流率的规则示例

规则	默认值	前 提	结 果
6	3.0	匝道口速度为 VS,匝道口占有率为 VB	控制流率设为 VS
10	4.0	下流速度为 VS,下流占有率为 VB	控制流率设为 VS
12	4.0	前进队列的占有率很高	控制流率设为 VB

算法的最后一步是根据模糊规则和激活程度得到控制流率值。

4. 交通流控制方式

交通流控制方式指的是车辆从匝道进入主线的形式和流量。理论上,匝道上匝道流率的最大值和匝道排队长度都与交通流控制方式有关。流率的选择与匝道长度、匝道车道数、交通流量等有关。表 9-5 给出了 3 种典型的控制方式。

表 9-5 3 种典型的控制方式

交通流控制方式	车道数	周期/s	控制流率范围/(pcu/h)	控制容量/(pcu/h)*
一个绿灯时长一辆车	1	4~4.5	240~900	900
一个绿灯时长多辆车	1	6~6.5	240~1200	1100~1200
并列控制	2		400~1700	1600~1700

* 取决于驾驶行为,实际的匝道容量可能比表中的值略大。

(1) 一个绿灯时长一辆车(单车道)

这种控制方式允许车辆逐个进入主线。当车辆驶近匝道信号灯时,经过起始检测器后系统会通知信号灯转绿,当经过末端检测器后,系统则调节信号为红灯。如果检测器没有检测到车流,那么匝道信号灯一直显示红色直到有车辆到达。一个绿灯时长一辆车的控制方式下,最大流率为 900pcu/h。如果需求流量大于 900pcu/h,那么需要采用一个绿灯时长多辆车的控制方式了。

(2) 一个绿灯时长多辆车(单车道)

这种控制方式允许多辆车在同一绿灯间隔内进入主线,通常为 2 辆或 3 辆。虽然单个绿灯时长内通过的车辆数倍增,但是由于信号周期变长了,所以较一个绿灯时长一辆车的控制方式,最大流流率也只能增加 200~400pcu/h。

(3) 并列控制(多车道)

这种控制方式允许多辆车在同一绿灯间隔内进入主线,数量由总共并列的车道数决定,一般每车道允许通过一辆车。当交通需求特别大的时候,可以与一个绿灯时长多辆车这种方式结合增加流出量,以保证匝道的服务水平。为了使匝道车流与主线车流汇合较平顺,匝道各车道可对车辆进行交错放行。

9.1.2 其他匝道控制方法

1. 匝道关闭

匝道关闭就是在匝道处对所有交通都实行关闭,不允许车辆进入主线,维持主线交通不拥堵。匝道关闭属于匝道控制的极端情况,可以是永久性的,也可以是临时性的。匝道关闭会改变经由长期的交通经验形成的交通流分布,因此当可以采用其他匝道控制策略解决问题时尽量不要采用匝道关闭的方式。在匝道关闭实施前,应对可能发生的情况做充分考虑,及时发布关闭信息,为受限车辆提供绕行选择等。通常在以下情形下考虑匝道关闭:

(1) 互通式立交非常接近,交织问题十分严重的地方;
(2) 有较多车辆要在匝道上排队,但没有足够长度的容纳排队车辆的匝道;
(3) 附近有良好的道路可供绕道行驶;
(4) 在发生交通事故情况下。

关闭匝道常用的做法有:①人工设置栅栏,②自动弹起式栅栏(如洛杉矶已使用),③采用"不准驶入匝道"标志(如底特律已使用),第③种方法可能导致违章率增加,不建议采用。

匝道关闭的主要作用包括:
(1) 减少总的事故率,尤其是追尾和刮蹭;
(2) 减少交通流对邻近区域的影响;
(3) 增加主线车流吞吐量;
(4) 增加主线车流速度。

匝道关闭的负面影响主要包括:
(1) 可能增加绕行,从而增加燃油消耗和尾气排放;
(2) 增加长距离出行;
(3) 改变社会经济形态(改变社区和商业形态);
(4) 改变土地价值。

匝道关闭的方式主要有如下几种,优缺点比较如表 9-6 所示。

表 9-6 几种匝道关闭方法的优缺点比较

关闭方法	优 点	缺 点
永久关闭	(1) 只需一次性花费(如没有运营成本); (2) 不再需要运营	(1) 对现有驶离车流影响显著; (2) 社会经济影响显著
临时关闭	(1) 和永久关闭相比,较少的永久性影响; (2) 在匝道或匝道附近施工和维护时,可以显著地减少不同种类车辆的冲突	对现有驶离车辆影响适中
分时段关闭	(1) 和永久关闭相比,较少的永久性影响; (2) 在高峰时段或者其他拥堵时段能显著的提高机动性	(1) 对现有驶离车辆影响适中; (2) 需要运营成本; (3) 当关闭方式为人工关闭时会有较大的人车冲突危险

1) 永久关闭匝道

永久关闭匝道对现状交通流的影响最大,因此也是最不建议使用的方式。永久关闭匝道影响出行分布,因而会影响周边区域的吸引量,继而对周边的土地价值产生影响。当出现严重的交通安全问题,或匝道交通流对周边区域造成严重影响而其他交通措施无法解决问题时,才考虑永久关闭该匝道的必要性。

2) 临时关闭匝道

在设施建设、匝道维护、管理特殊事件或当出现恶劣气象条件时可以考虑临时关闭匝道。在设施建设、维护时关闭匝道可以避免一般车流与工程车辆发生碰撞,冲撞工程人员的危险也可以完全避免,这样可以保证作业区安全的工作环境。在特殊事件发生后,过量的交通需求可能导致交通系统瘫痪,在这种情况下,关闭匝道可能是唯一有效可行的管理方法。匝道关闭也可以稍作改变,禁止一般车辆通行,但允许某些特殊车辆通行,比如应急车辆、运输车辆或高乘坐率车辆等。当恶劣天气影响交通安全时,如有大量雨、雪、冰覆盖车道的时候,入口匝道也应考虑关闭。直到天气条件改善,或者维护车辆清理完路面后再启用匝道。

3) 分时段关闭匝道(间歇关闭)

高峰期间过大的交通量造成常发性的拥堵可能带来严重的交通安全问题,分时段关闭匝道措施在每天的固定时段关闭某些匝道,通常是早晚高峰期间。匝道和主线的交织区的安全问题,以及匝道排队延伸至地面道路后造成的安全问题都可以通过临时关闭该匝道消除。

对分时段关闭措施不熟悉的驾驶人可能会对该措施产生误解,因此需采取其他辅助措施来减少可能带来的误解,如设置标志牌或者每天固定关闭的时间尽量少做改变。

2. 匝道特殊使用

匝道特殊使用指对于某些进入或驶出主线的特殊车辆给予特殊的路权。例如,当匝道排队过长时,可以划出专门的车道给公交车辆或者其他高乘坐率车辆通行,即使不考虑排队的情况,也可以根据交通构成为这些车辆专门设置车道。匝道特殊使用最好与其他的特殊交通措施协调使用,例如,公交管理系统设计时可以考虑哪些匝道给予公交优先。

匝道特殊使用可能带来的好处包括:

(1) 鼓励了高乘坐率出行方式;

(2) 某些类型的车辆节省了出行时间;

(3) 减少尾气排放;

(4) 增加了特殊事件处理机动性;

(5) 通过限制或分离不同的车辆类型减少控制区的车辆延误;

(6) 通过控制交通流构成来增加安全性。

可能带来的负面影响有:

(1) 增加合流复杂度而影响交通安全(如高乘坐率车道车流和普通车流合流);

(2) 可能增加其他匝道的拥堵程度(如果特殊匝道是由其他匝道改建而来)。

1) 高乘坐率车道

高乘坐率车道是较为常见的匝道特殊使用形式。在匝道受信号控制时,高乘坐率车道允许高乘坐率车辆如公交车辆、合乘车辆或者应急车辆无须停留便可进入主线。当匝道信号没有启用时,高乘坐率车道也可以让这些车辆避免在匝道排队而直接汇入主线。高乘坐率车道在设计时需要防范单乘坐车辆为了跳过匝道信号灯而违规进入,从而对高乘坐率车辆造成的危险。

2) 专用匝道

另外一种匝道特殊使用形式是为特殊的车辆设立专用的匝道,只允许这些车辆从此处上主线,其余车辆禁止使用。工程车辆、运输车辆和卡车是3种主要目标车辆,有时也可以考虑为公交车辆和高乘坐率车辆建立专用匝道。

对于工程车辆、运输车辆和卡车,设立专用匝道是为了减少这些特殊车辆与其他车辆之间的冲突,另外也可以减少这些车辆对周边社区的影响。对于公交车辆和高乘坐率车辆,专用匝道可以用来连接主线和P&R停车换乘设施,可以为这些车辆节省时间,从而鼓励公共交通和共乘模式出行。

3. 匝道终端改进措施

在匝道的终端可以使用一些措施，如设置信号灯、标志标线、拓宽道路、增加转弯道等来改善交通流。这些措施既可以在入口匝道使用也可以在出口匝道使用，主要用于处理匝道与地面道路连接处、匝道与主线连接处的交通问题。对出口匝道而言，可采取措施加快流出率来减少流出车辆在主线上的排队长度，也可以是限制流出量以减小流出车流对地面道路的影响。对入口匝道而言，控制目的可能有：

(1) 协调好匝道终端信号灯[①]的配时和匝道信号控制灯的配时；

(2) 在入口匝道或地面道路的转向车道上提供足够的空间给由于匝道信号控制造成的在匝道上排队的车辆；

(3) 给过往车辆提供匝道的相关信息，如匝道信号控制是否开启、主线交通拥堵程度或匝道关闭情况等。

匝道终端处理可能带来的好处包括：

(1) 减少延误；

(2) 减少排队长度和时间；

(3) 增加安全性；

(4) 减少对下游道路的负面影响。

具体的作用与在终端采取的何种措施有关。

匝道终端处理后可能带来的负面影响：

(1) 如采取转弯限制，出行距离和时间将增加；

(2) 如采用信号控制措施，可能会增加某些方向交通流的延误。

匝道终端处理的方法主要有如下几种：

1) 信号配时和相位调整

调整匝道、地面道路的交叉口以及邻近的地面道路交叉口的信号设置，可以使流入和流出匝道的交通流更流畅。将匝道信号灯与地面交叉口进行协调控制已被证明有利于改进控制区域及周边的交通状况。在地面道路调整左转相位或者整体配时有助于处理匝道端的交通流，也可以使主线上过大的交通量及时转移出快速路而避免造成排队回溢。除了可以改善交通流运行外，调整优化地面信号配时可以有效减少车辆延误以及尾气排放量。

2) 匝道拓宽

入口匝道在下面几种情况下应考虑拓宽：

(1) 匝道上排队车辆经常溢出进入相连地面道路，匝道拓宽可以增加匝道的存储能力；

(2) 拓宽匝道以使匝道信号控制设备可被后车观察到；

(3) 匝道缺少维护空间时也应考虑拓宽；

(4) 当为特殊车辆提供专用匝道而现有匝道容量不足时需要拓宽匝道。

出口匝道在下面几种情况下应考虑拓宽：

(1) 驶出主线的车流在匝道末端信号灯处排队后溢出进入主线，应考虑拓宽匝道来增加存储能力；

---

① 设在与地面道路相交处。

(2) 出口信号灯处将各方向的交通流分流后能提高车流效率时,应考虑拓宽匝道来划分车道;

(3) 驶出车流量过大,需提供转弯车道时,应考虑拓宽匝道。

3) 转弯车流与存储车道

由于匝道信号控制造成的车辆排队应储存在匝道上而不影响地面交通。当匝道的存储量被超过,而控制流率不能继续调整,且匝道也无法拓宽的情况下,应考虑在邻近地面道路为上匝道车辆设置专门的转弯车道或存储车道。图 9-6 给出了地面道路有无转弯车道的两种交通状况。比较(a)、(b)两图可以发现,在地面道路增加一条右转车道可以允许匝道排队后溢,而又不影响地面道路直行车辆正常行驶。若没有这条右转车道,如图(a)所示,匝道排队后溢到地面道路,增加了追尾的可能性,一部分直行车辆必须换道以达到通行目的。

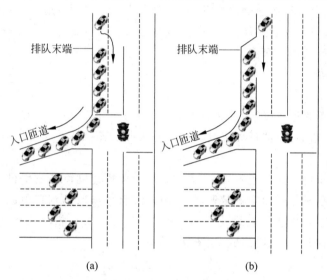

图 9-6 主干道上有无右转专用车道对排队存储的比较

地面转弯车道或存储车道可以和其他措施一起实施,如调整地面信号配时,以达到更好的控制效果。对于出口匝道,有必要时也可以建设存储车道以防排队车辆后溢进入快速路主线。

转弯限制可以根据需要限制转弯车流进入匝道或者地面道路。限制转弯车流进入匝道,将这些车辆引导到其他入口匝道可以避免由于匝道容量有限而导致排队后溢出。转弯限制有时候可以用来减少交通冲突(与其他车流或者人流)而改善交通安全,有时候可以用来改善交通流或减少对下游的影响。在应用转弯限制前,应该考虑好被限制车流是否有绕行路线选择,以及这些路线是否有足够的容量来满足这些绕行需求。

9.2 主线控制

快速路主线控制的方法包括限速控制、特殊红绿灯控制、车路协同控制等。其中特殊红绿灯设于龙门架上,采用非常短的运行周期,每次绿灯时间允许 1~2 辆车通过,车辆不一定需要在信号灯前停车,而可以提前适当减速来躲过红灯。这样控制车流可使主线交通流更加有序,这个控制方法尚处于科研阶段,实际应用还需要建立相应的信号使用法规来配合。

车路协同控制也是通过车辆减速来实现交通流的有序可控,至今尚无完整的现实应用,控制算法等仍需进一步研究。在实际应用中,目前快速路主线控制基本上都是采用限速控制。

2003 年《世界预防道路交通伤害报告》中指出,十大引发交通事故的因素之中,超速排名首位,由于违法违规驾驶而造成的死亡率可达到 80%。据统计,美国 30% 的致命车祸和 12% 的交通意外都与车速相关,我国道路系统发生的重特大交通事故主要原因中超速行驶、疲劳驾驶占事故死亡人数比例也较大。另外,由于行车速度的不适宜所引发交通拥堵,继而造成的车辆延误时间也相当可观。因此对快速路主线的交通流进行限速控制也是非常有必要的。

9.2.1 快速路主线的交通流特征

快速路交通流具有行车速度快,通行能力大的特点,车辆行驶过程中的跟驰、变道等过程较一般公路显得复杂且动态性更强,存在多种交通流运行状态。快速路交通流状态大致可分为自由流、同步流和堵塞流。

1. 交通流分类

1) 自由流

在自由流中,车辆运行顺畅,且交通流量 $q(\text{pcu/h})$ 和车辆密度 $\rho(\text{pcu/km})$ 存在正相关性。这一关系的上边界,也即最大流量,在 ρ_m 处取得,见图 9-7。

2) 同步流

在同步流中,车辆多处于跟驰状态,交通流量和车辆速度可能发生显著的变化,相对于自由流,同步流的车辆行驶速度将显著下降,但主线流量可以达到自由流水平,通常情况下同步流的下游分界面固定在瓶颈处不动。根据 Kerner 的三相交通流理论,同步流在流量——密度平面占据一个二维区域,如图 9-8 所示。

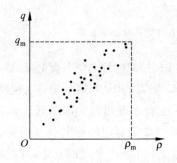

图 9-7 自由流中流量与密度关系图

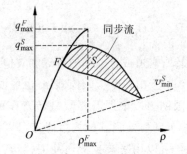

图 9-8 同步流中流量与密度关系图

3) 堵塞流

堵塞流在通过快速路瓶颈时,其下游分界面向上游的平均传播速度 v_g 保持不变,车辆加速驶离拥堵,进入同步流或自由流路段,这是堵塞流的本质特征。在堵塞流中,车流行驶速度要大大低于自由流中的行驶速度。在堵塞流的下游分界面处,车辆有可能加速到自由流速度,而在其上游分界面处,驶入的车辆将减速。在堵塞流状态下,交通流量将大幅下降。堵塞流下游分界面的移动用一条叫作堵塞 J 线的直线表示,其斜率为 v_g,且与横轴的交点在最大密度处,见图 9-9。

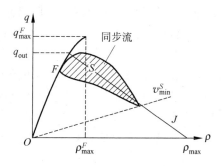

图 9-9 堵塞流中流量与密度关系图

2. 限速控制策略分析

快速路系统的速度控制是一个非常复杂的问题,由于影响快速路运行状态的不确定性因素非常多,没有一种控制方法可以通用于快速路的所有交通流形态。因此,只能针对快速路的某种运行状态而提出相应的控制策略。这里主要分析 3 种交通相状态下快速路相应的控制策略。

显然,并不是任何时候快速路都需要进行控制。自由流情况下,车辆可顺畅运行,一般不需要控制。同步流状态下车辆会发生自拥堵现象,若此时入口匝道流量较大,这样通过入口匝道进入主线的车辆将在交汇处干扰主线车辆运行以及增加主线车流密度,进而导致主线交通恶化。这样的情况常发生在高峰时段,高峰时段主线车流较大,多处于同步流状态,而此时各入口匝道交通需求较大,若不对主线各入口匝道车流放行率进行调节,势必会造成主线交通恶化,若以较小的匝道调节率来限制入口匝道处车辆进入主线,则容易导致入口匝道处车辆排队,进而影响城市交通。因此,需协调各入口匝道车辆放行情况以保证主线交通运行平稳且使入口匝道处的车辆较少影响与之相连的城市道路。交通事故容易产生瓶颈,造成交通拥堵,进而影响事故处上游交通。快速路在发生交通事故时,事故附近的车流由于受到事故影响,车辆以较低速度驶过事故路段,若事故上游车辆没有在第一时间获知前方路况,依旧以较高速度行驶,则势必在事故路段产生冲击波,且容易导致二次事故的发生,进一步加剧交通阻塞。因此,需要调节上游驶入的车流率来缓解当前路段的交通拥堵。

9.2.2 限速控制方法

快速路的交通组成复杂,具有车辆机械性能差距较大以及载重车辆混入率较高等特点,同一条快速路的不同路段其道路条件、交通流状况也可能存在明显差别,要充分发挥快速路的运输效能,根据实际行车条件,选取适宜的限速方法。本节将介绍各类限速方法的优缺点及适应性。

1. 全线统一限速

统一限速主要依据设计车速确定速度限制标准,实施方便,但是这种速度设定模式无法体现并反映出车辆在快速路中实际运行的状况,普遍的情况表现为速度限制标准低于运行车速,由此引发驾驶人的抱怨,并产生一系列的安全及社会问题,诸如对速度差控制不力、限速标志可信度的下降以及道路使用者对执法公信力的怀疑等。

为了更好地发挥统一限速方法的作用,使得该法获得满意的适用性、可实施性及公众可接受度,就要求限速值在设计车速的基础上,充分考虑实际道路条件及行车环境等诸多因素,对应技术指标不同的快速路,制订与之匹配适合的最高限速值与最低速度限制标准。

2. 特殊点段局部限速

特殊点段局部限速通常与全线限速方法配合应用,首先依照道路线形以及交通流特点,综合考虑历史交通事故数据,将快速路分为若干段,再针对各不同的路段,确定适宜的速度限制值、制订单独的限速标准。此法主要适用于以下两种情况:

(1)一般由于地形条件限制,设计速度偏低或技术等级较低、极限技术指标路段及弯道、急道、路坡等潜在危险路段;

(2)桥梁隧道分布较集中、不良线形组合路段及交通事故情况较为严重的路段,常见用于长大隧道。

该限速方法旨在保障交通安全,选取的路段长度较短,一般不超过5km(特大隧道除外),确定的限速标准通常低于其他一般路段。应于路段的起始处设置限速标志,并配套设置速度限制解除标志。

特殊点段局部限速的优点在于更切实地反映了各限速路段线形条件、交通流、交通事故状况等因素所反映的道路行车条件。首先更有助于引导驾驶人对安全适宜的运行速度的选择,当驾驶人在接收了限速标志信息提示的情况下,选择按照建议速度行驶,车辆便可舒适地通过建议速度路段,若驾驶人选择高于偏低的建议速度值的速度行驶,也会降低事故发生的概率,当然一些不适应无可避免;其次,有利于保障驾驶人在潜在危险点段的行车安全,若在线形组合不良及技术等级较低的路段强制限速,必然会频繁变换限速的值,导致驾驶人难以适应,更为严重的是驾驶人可能会对限速标准置之不理,从而给执法带来压力。

驾驶人较容易接受分段的限速模式,在特殊路段的划分显得尤为重要,但目前尚无定量的方法严格划分路段并说明参照的具体准则。

3. 分车道、分车型限速

对快速路不同车道采用不同限速标准即为分车道速度限制方法,由于不同车型之间动力性能的明显差异,行驶速度必然存在差值,因此,分车道限速方法适合与分车型限速方法结合应用,降低车辆的运行速度差值,减少恶性追尾事故的发生。各车道上方正对的限速标志标明该车道的限速标准,限速标志的形式一般采用门架式或附着于跨线桥桥梁上。限速值也可以采用在路面上施划文字标记的方式。

1)分车道限速

分车道车速限制潜在的作用包括:

(1)减少驾驶人变化车道的次数,使得车辆运行环境平稳,从而提高行车安全;

(2)降低了同一车道的车速离散性,有利于降低交通事故的发生概率。

分车道限速时,需考虑道路的设计半径和车辆的转弯半径,否则有可能出现一定程度的安全隐患。

分车道车速限制方法的适用条件如下:

(1)当快速路上同一车道上的速度离散性较大或快、慢车辆混行时,宜采取分车道限速;

(2)通常单向3车道及3车道以上的快速路比较适合采用分车道限速的方法;单向2车道则由于难以实现交通量的平衡分布可能会带来通行能力下降的问题,需要进行多方面研究论证来确定是否需要实施分车道限速。

2) 分车型限速

在某种车型的车辆发生交通事故的特点较为明显,且对其他不同车型的正常运行带来安全隐患时,需要从限速角度对不同的或特定的车型进行单独考虑,以减少交通事故的发生。分车型限速方法即根据交通流运行特点、车辆运行安全和运营管理的需要,对不同车型实施不同的限速标准。

分车型限速方法的优点在于:考虑了不同车型间的性能差异,有助于改善特定类型车辆的安全运行状况。但是,由于车型分类的多样性或不确定性,会带来该方法在具体实施过程中的不足和影响。在实施中应以实际所测得的各车型作为主要参考依据,车型须划分明确。

4. 不利天气条件下限速

在特殊天气条件下,道路条件、交通环境及车辆性能均会较路面干燥、能见度良好时发生变化,因此除常规限速标准外,应制订相应的不利天气条件下的限速标准,以提醒驾驶人及时调整运行车速。提高驾驶人的警觉性,降低由于天气因素而引发的交通事故发生率。

表9-7中详细列出了美国华盛顿州车速管理系统的限速策略,这些速度控制管理策略由决策支持系统根据空气温度和湿度、风速、空气沉淀物浓度、路面温度与湿度等环境数据而制订,不仅包含车速管理策略同时给出了相应的车辆管理策略,环境数据由行驶传感器测定。

表9-7 美国华盛顿州车速管理系统的限速策略

天气状态描述	路面状态描述	速度限制策略
下雨或中雨,能见度>800m	干燥或潮湿	车速<104.5km/h 无轮胎要求
大雨或雾,能见度<320m	泥泞或有冰	车速<88.4km/h 建议使用斜胶轮胎
大雨或雪、飞雪,能见度<160m	浅的积水、雪或冰覆盖	车速<72.4km/h 推荐使用斜胶轮胎
雨夹雪、大雨或很深的积水、积雪,能见度<160m	深的积水、深的积雪或融雪	车速<56.3km/h 建议使用防滑链

5. 可变限速控制

引发拥堵和事故的主要原因是速度的不均匀性。这种不均匀主要表现在两方面:某一路段上速度分布不均匀,相邻路段平均速度相差较大。由此会导致超车和刹车的比例增加,从而增加发生事故的概率。我国多以85%位车速作为限速值,然而85%位车速在车流速度分布的离散程度较低时作用比较明显,而在交通拥堵时,车辆行驶速度分布的离散程度较高,利用85%位车速控制效果并不明显。可变限速控制正是基于此方面的考虑而提出的,见图9-10。

可变限速控制就是在城市快速路主线上每隔一段距离设置一个可变限速标志,以检测器、闭路电视、紧急电话和巡逻车等作为信息获得手段,用计算机对可变限速标志的限速值进行控制。

快速路主线可变限速控制是通过设置可变速度标志来限制行车速度,使主线交通流能随实时的道路交通状态、气象条件及车流密度等改变而变化,从而确保主线车辆运行平稳,减少交通事故,提高道路通行能力。另外,恶劣天气情况下,主线可变限速控制也是最为常用的控制方法,交通管理部门针对不同程度的恶劣天气专门制定了相应的限速标准。

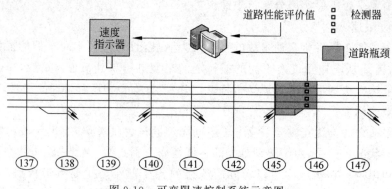

图 9-10 可变限速控制系统示意图

1) 控制原理

可变限速控制是根据实时检测到的路段上交通流量以及当前的路面状况、气象条件等,对快速路主线交通流安全高效运行的限制要求和路段交通流的流量、速度、密度关系,确定能够允许最大交通量的最佳速度和最佳密度,并据此采用可变限速标志等方法对快速路主线交通流进行速度控制。

假设可变限速标志沿着行车方向等间距布置,在逻辑上将道路分成若干小段(控制单元),每个小段至少包含一个可变速度标志。如图 9-11 所示,假设初始的限速值为 80km/h,若交通事故等突发事件发生在第 6 小段上,路段 5 与路段 6 交界处出现排队。可变限速控制算法将根据交通需求(或到达率)的变化而改变路段 5 的限速值。随着交通需求的增长,排队将向上游逐渐扩散,可变速度控制为了减小相邻路段的速度差,将进一步减小上游各路段的限速值,增加限速路段数,从而平滑交通流。图 9-11 给出了一套可变限速控制方案,上游路段的限速值由远及近逐渐减小,距离路段 6 一定距离以外的小段的限速值保持为原来的值不变。

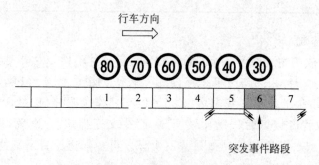

图 9-11 可变限速控制方案示例

拥堵状况下,车辆速度下降,车速离散性增大,而车速离散性大正是引起事故的主要原因。可变限速控制可以从根本上减小车速离散性,在缓解拥堵的同时改善了行车安全。当交通事故等突发事件引起交通拥堵时,有效的可变限速控制,既能降低单个路段内高速车辆的比例,使车辆运行速度均匀,亦可根据相邻两路段限速值的配合减小其速度差,在拥堵发生的时候,减少首尾冲撞,从而降低事故发生概率、保障交通安全。

最佳限速值的确定有两种方法:①经验统计法。根据使用可变限速控制的快速路上交通流状态的历史统计数据来确定。②数学模型法。通常来讲,交通流状态控制变量速度是交通流流量、密度或占有率的函数,再加上道路状况、气象条件等对交通流运行安全和效率的约束条件,建立交通流限速控制的数学模型。实际应用中可依据交通流状态和道路、气候等条件,通过修正数学模型参数来获得不同交通环境条件下的最佳速度控制目标值。

2) 软硬件系统

可变限速控制系统的典型构成如图9-12所示。

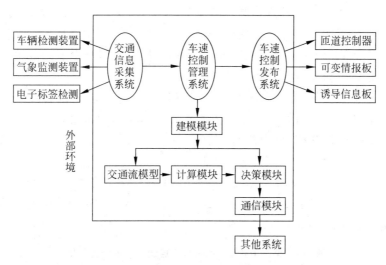

图9-12 可变限速控制系统构成图

(1) 交通信息采集系统

交通信息采集系统的主要信息来源如下:

① 交通流量检测设备:这些设备(传感器)分布在各个路段,用于测量指定时间段内该路段的平均交通量。

② 车流密度感应器:该感应器用于检测相继通过该路段的前后两车的平均时间间隔,间隔越短,则该路段车流密度越大。

③ 车辆检测器:可采用线圈车辆检测器,当车辆通过埋设在路面下的环形线圈时,车辆检测器检测出通过该车道的车流量、车辆速度、车辆占有率等。

④ 路况传感器:主要用于检测干燥、结冰、潮湿打滑等路面情况。

⑤ 气象检测设备:采集路段温度、湿度、雨量、风向、风速、能见度等;气象信息是计算综合路况的重要依据,直接影响限速值的设定。

⑥ 道路建设情况:道路禁止通行、绕行及道路变更,因施工而引入的弯道及施工人员数量等信息由当地交通管理部门向中央控制服务器提供。

(2) 车速控制管理系统

车速控制管理系统是基于GIS技术、数据库管理技术、信息融合技术以及智能控制技术来构建的,对快速路的车辆运行和监控进行一体化管理,在线分析处理系统所采集的车速信息,快速准确地评价车速安全,计算各路段合适的限速值,通过车速控制网络系统将限速值传送至驾驶人,指导驾驶人将车辆运行速度控制在最佳状态。车速控制管理系统功能分布如下:

① 建模模块：模块中应包含快速路网基本拓扑结构的 GIS 数据库和交通状态数据库，两个数据库应达到灵活交互及多种数据无缝集成。

② 交通流模型：接收来自交通信息采集系统的实时路况信息以便更新交通状态数据库，建立路段车速安全预警机制，通过分析路段拓扑结构和车速值，及时对不安全路段进行车速预警，优化生成限速值，实现路段交通状态的动态管理。

③ 计算模块：基于当前各条路段上的交通状态信息，并结合 GIS 数据库中的各条路段的空间地理信息、主线的可变速度控制模型、匝道与主线可变速度的协调控制模型，生成各条路段的速度限制值，并将限速值传递给车速控制网络系统，及时将限速信息发布出去以调节路网中目标路段和区域的车辆平均速度，使其达到较高的安全水平。不同的可变限速系统的计算方法也有所不同，主要有以下几类：

根据流量调节限速值：如美国 M25 公路可变限速控制系统，当流量大于 2050pcu/h，限速值为 80km/h；当流量大于 1650pcu/h 且小于 2050pcu/h，限速值为 96~112km/h。又如瑞典 E6 可变限速控制系统，自由流时限速值为 90km/h，当流量为 950pcu/h，限速值为 70km/h，随着流量的继续增大，限速值会降低到 30~50km/h。

根据道路占有率调节限速值：如美国 I-4 公路可变限速控制系统，将交通流状况按道路占有率分为 3 个等级，自由流、轻度拥堵和重度拥堵。限速值根据交通流变化的状态进行计算。变化规则如表 9-8 所示。

表 9-8 美国 I-4 公路可变限速控制系统的限速规则

占有率判定条件	限速值降低			限速值增加	
	自由流	轻度拥堵	重度拥堵	重度变轻度拥堵	轻度拥堵变自由流
	<16%	16%~28%	>28%	25%	12%
限速值/(km/h)	80	64	48	64	80

根据平均行程速度调节限速值：快速路可变限速值也可根据路段平均行驶速度来调整，如表 9-9 所示。

表 9-9 根据平均行程速度的限速设置

限速值/(km/h)	平均行程速度/(km/h)
50	<60
60	60~70
70	70~80
80	>80

根据流量、占有率和平均行驶速度调节限速值：综合考虑路段上的流量、占有率和平均行驶速度，来确定路段的限速值，如图 9-13 所示。

根据天气及路面情况调节限速值：如荷兰 A16 公路可变限速控制系统，在正常天气及正常路面情况下限速值为 100km/h；当能见度<140m 时，限速值为 80km/h；当能见度<70m 时，限速值下降为 60km/h。又如芬兰哈米纳（Hammina）到科特卡（Kotka）一段 25km 长的可变限速控制系统，在路面条件良好的情况下限速值为 120km/h；在潮湿的路面条件下，限速值为 100km/h；在恶劣的路面条件下，限速值为 80km/h。

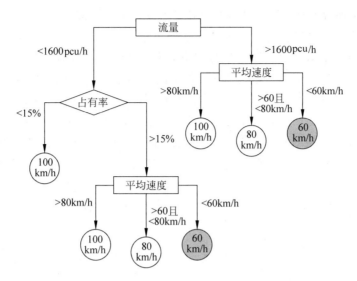

图 9-13　根据流量、占有率和平均行驶速度的限速设置

3）车速控制发布系统

可变情报板及可变限速标志是可变限速系统的重要信息发布设施,由监控中心计算机通过通信网络实行远程控制,显示各种图文信息,以减少快速路上的常发性阻塞和偶发性事故。

通过这些设备,控制系统向司机及时发布不同路段的路面情况及交通流信息,实现可视化的静态交通信息浏览和可视化的实时动态交通控制信息浏览,从而有效疏导交通,提高快速路的使用效率。

信息发布设施一般设置于主要的快速路出入口附近。

4）可变限速控制的作用

可变限速控制通过在主线上设置可变限速标志来限制各路段的行车速度,以保证交通流的均匀、稳定。其作用主要表现在:

(1) 保证交通安全的前提下提高了道路的通行能力;

(2) 在交通需求小于通行能力的情况下,当快速路主线上的车辆数变化而引起交通密度变化时,可通过速度调节改善交通流的稳定性,避免冲击波的产生,并有助于保证达到最大交通量;

(3) 当交通需求大于通行能力时,可变限速控制能够延缓交通拥堵的出现,但不能完全避免拥堵(避免拥堵需要同时采用如匝道控制或通道控制等策略);

(4) 当发生交通拥堵时,可变限速控制通过改善快速路上交通流速度的均匀性并在高峰时刻充分地降低行车速度,从而平滑交通流,减少追尾事故;

(5) 降低交通事故频率及事故的严重程度,减少车辆因交通拥堵而加、减速造成的能源消耗及尾气排放带来的环境污染;

(6) 在非高峰交通期间作为一种提前报警系统来防止事故发生;

(7) 在雨、雪、雾等特殊气候条件下,给出能保证安全行驶的行车速度。

5）可变限速控制应用情况简介

在美国,可变限速控制广泛用于学校、建筑工地周边或者道路施工区。近些年的研究更多的关注可变限速控制在交通拥堵或交通瓶颈的条件下如何改善交通流条件。美国第一个可变限速控制系统于 1960 年在密歇根州底特律市 M-10 公路介于埃兹尔·福特(Edsel Ford)快速路(I-94)和戴维森公路之间的路段实施。之后,可变限速控制很快在新泽西、新墨西哥、田纳西、科罗拉多、亚利桑那、内华达、佛罗里达、明尼苏达等州得到应用。欧洲国家如荷兰、英国、芬兰等也陆续安装了多套可变限速控制系统。在国内,可变限速标志正在被广泛地应用,但是一般只限于人工调节。改变限速的目的主要是为了降低不利天气下的交通事故发生率,保障交通安全。国内尚缺乏完善的可变限速控制系统,各个可变限速控制标志之间不能形成有效的串联,只能单一地工作。目前采用的主线控制措施一般很少应用于提高交通通行效率。

 拓展阅读

多车道汇入控制

思考题

1. 高速公路控制有哪些主要控制方式?
2. 高速公路入口匝道控制的基本思想是什么?

参考文献

[1] PIOTROWICS G, ROBINSON J. Ramp metering status in north america-1995 update [R]. Washington, D. C. : Federal Highway Administration, 1995.

[2] FHWA. Federal highway administration, ramp management and control handbook[R]. Washington, D. C. : Federal Highway Administration, 2006.

[3] ARNOLD E D. Ramp metering: a review of the literature[R]. Richmond, VA: Virginia Department of Transportation, 1998.

[4] DAVIS G, CONTRERAS-SWEET M, MEDINA J. Ramp meter design manual[M]. Sacramento: California Department of Transportation, 2000.

[5] 陈新,刘英舜,曹从咏. 中美高速公路雾天通行管理分析[J]. 交通科技,2003,199: 92-93.

[6] 朱炯. 高速公路入口匝道与路段可变限速控制方法研究及实现[D]. 杭州:浙江工业大学,2012.

[7] 秦利燕,邵春福,贾洪飞. 高速公路交通事故分析及预防对策研究[J]. 中国安全科学学报,2003,13(6): 64-67.

[8] ROBINSON M D. Examples of variable speed application[R]. Washington, D. C. : Speed management Issues Workshop, 2000.

[9] LEE C, HELLINGA B, SACCOMANNO F. Assessing safety benefits of variable speed limits[J]. Transportation research record, 2004, 1897: 183-190.

[10] ALLABY P, HELLINGA B, BULLOCK M. Variable speed limits: safety and operational impacts of a candidate control strategy for freeway applications [J]. IEEE Transactions on Intelligent Transportation Systems, 2007, 8(4): 671-680.

第10章

交通信号控制系统基本原理

交通信号控制系统是公路和城市道路交通管理系统中对道路交叉口、行人过街以及快速路出入口采用信号控制的系统,它是运用交通工程学、应用数学、自动控制与信息网络技术以及系统工程学等多门学科理论的应用系统。

交通信号控制系统的实施主要包括交通工程设计、交通流信息采集、数据传输与处理、控制模型算法与仿真分析、优化控制信号、调整交通流等。国内外各大、中城市已有的交通信号控制系统就是根据不同环境条件,基于各自城市道路的规划和发展水平建立起来的。

交通信号控制系统的目标主要包括如下方面:①为交通管理提供控制交通信号控制机的手段,以便能够对交叉口交通信号控制进行维护与管理;②将单独的交叉口信号控制机进行协调以实现干线乃至网络层面的协调运行;③除对信号控制机进行管理外,先进的交通信号控制系统还能够实现对城市道路网络交通流的检测和监视。

从交通信号控制系统的发展历程中可以看到,有效的交通信号控制系统和交通信号优化可以显著减少交通延误、停车次数、油耗、车辆尾气排放。然而,传统的交通信号控制系统(如非自适应交通信号控制系统)则需要根据更新配时方案的频率来确定是否会有效益。

10.1 发展历程

城市道路交通信号控制系统的发展是以城市交通信号控制技术为前导,与汽车工业并行发展的。在其各个发展阶段,由于交通的各种矛盾不断出现,人们总是尽可能地把各个历史阶段当时的最新科技成果应用到交通控制中来,从而促进了交通控制系统的不断发展。

1917年,盐湖城引进了互联的信号系统,包含了6个手工控制的交叉口[1]。1918年,纽约街口安装了一种手动操作的三色信号灯。

1922年,休斯敦有12个交叉口由交通控制台中的同步系统所控制,这个系统因使用自动电子计时器而与众不同。

1928年,灵活的协调定时控制系统诞生,城市居民很快就接受了这些定时系统并且后来广泛安装在几乎所有美国城市。它们的成功源自如下特点:简单(几乎所有的电子工程师能够理解它)、可靠(坚固的组件只需要极小的维护)、相对较低的成本。

然而,早期的定时控制系统不够灵活,它们只能通过提前设置好的配时来适应预测的交通变化。但是,由于需要收集数据使得预测交通状态在当时是困难的,因此,交通管理部门通常会避免配时的调整。

1928—1930年,使用压力检测器的交通感应本地控制机开始出现,这些控制机向交通感应控制迈出了第一步,但仅应用于孤立的交叉口。

1952年,丹佛通过开发和安装一个模拟计算机控制系统来推进交通控制系统的发展。该系统应用一些单点感应控制的概念来控制交通网络,采样检测器输入交通流数据,其后系统根据交通需求来进行配时,而不是简单的根据时段(time-of-day,TOD)配时。在1952—1962年期间,超过100套此类系统被安装在了美国的各个地方。

1960年,多伦多实施了一个示范研究,尝试运用数字计算机来执行中心控制功能。虽然这次试验中使用的计算机今天看来低级很多——IBM 650,2000字节的磁鼓处理器,但是该控制系统的成功推动了多伦多进行大规模的实施,多伦多在1963年用计算机控制了20个交叉口,之后在1973年又将其拓展到了885个交叉口。

1964年,IBM和圣何塞市合作开发,进一步发展计算机交通控制系统。这个项目运用了IBM 1710计算机。所开发和实施的控制概念显著减少了停车、延误和事故。

1965年起,威奇托福尔斯(Wichita Fall)市应用IBM1800来进行交通控制。1966年系统进入日常运行阶段,控制了中心商业区的56个交叉口,之后又扩展到了78个交叉口。圣何塞市也很快转为应用IBM 1800计算机,并且一些类似的系统在奥斯汀(Austin)、加兰(Garland)、波特兰(Portland)、韦恩堡(Fort Wayne)和纽约(NewYork)得以安装。在这些系统中,交通信号由存储的离线开发的配时方案进行控制。

1967年,美国联邦公路管理局(FHWA)开始开发城市交通控制系统(UTCS)项目。这个系统被安装在华盛顿特区,用来开发、测试和评价交通控制策略[2]。该系统1972年完成的时候包含了512个车辆检测器,其输出能决定113个交叉口的信号配时。

20世纪70年代同样有很多后续的软件包和模型方面的研究,主要用于基于数字计算机或微处理器的交通控制系统。在20世纪70年代,英国的交通和道路研究实验室(Transport and Road Research Laboratory,TRRL)开发了中心控制交通系统——SCOOT(split,cycle and offset optimization technique,绿信比、周期长、相位差优化技术)。该系统安装在了格拉斯哥和其他城市。SCOOT也被安装在了北美的一些城市。另一个先进的系统——SCATS(Sydney coordinated adaptive traffic system,悉尼协调自适应交通系统)由澳大利亚开发,在全世界很多城市都有应用。SCOOT和SCATS开辟了响应式(responsive)控制系统的先河。目前,以OPAC和RHODES为代表的自适应控制技术也开始得到应用。

近年来,随着信息技术及控制技术等的不断发展,为应对各种交通运行状况,部分国家和科研机构研究了一些新的控制系统,并且在一定范围内得到了应用,例如SPOT/UTOPIA、VS(Verkehrs-System)-PLUS、MOVA(microprocessor optimised vehicle actuation,微处理器优化车辆驱动)、SMART NETS/TUC(signal management in real time for urban traffic networks/traffic-responsive urban control,城市交通网络的实时信号管理/城市交通响应性控制)等。

总之,交通信号控制系统的发展是与科学技术发展水平同步的,不同时代的交通信号控制系统产品代表了不同时代的科技水平。近年来,随着信息技术和通信技术的飞速发展,交通信号控制系统也进入快速发展阶段,在线的城市交通信号控制系统的发展主要经历了如下阶段：

(1) 第 1 代交通控制系统是定时控制系统,离线分析,代表是 TRANSYT；

(2) 第 1.5 代交通控制系统包括方案选择式系统、方案生成式系统及本地自适应,典型代表是 SCATS；

(3) 第 2 代交通控制系统是在线实时生成控制方案,根据实时检测数据 5～10min 更新一下控制方案,SCOOT 是其代表；

(4) 第 3 代交通控制系统是完全的实时在线控制系统,根据流量情况实时更新,前述的 OPAC 等几个系统是其代表。

1. 交通调节控制和 UTCS1.5 代系统

第一代联网交通信号控制系统的特点是根据每天的不同时段或每周的不同日期来从预先设定好的配时方案中进行选择,这些配时方案都是离线优化得到的。交通调节控制(如 UTCS1.5 代系统)增加了基于检测到的流量和占有率进行方案选择的能力,目标函数通常为流量和占有率的加权,即:$V+KO$(即流量 V 加上加权的占有率 O,K 代表占有率的权重系数)。图 10-1 显示 1.5 代 UTCS 信号配时方案选择的过程。

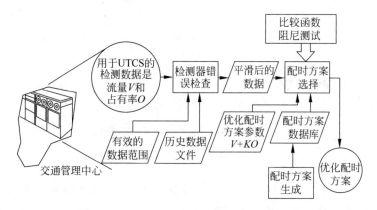

图 10-1 1.5 代 UTCS 信号配时方案选择过程

对应于系统中的每个检测器,每个配时方案都有一个 $V+KO$ 的值。将检测器的实际检测输出与每个配时方案的 $V+KO$ 的值进行比较,最为接近的方案作为选中的方案。如果发现一个潜在的配时方案比当前的配时方案更合适,则该方案会接受一个测试,该测试的目的是验证新的方案确实比原有的方案显著好(超出一个预先设定值)。这可以避免在一些效果类似的配时方案之间进行不必要的转换。用户可以设定对比分析的频率,例如 4～15min 一次。

交通调节控制(如 UTCS1.5 代)可以对一些预先计算好的交通需求做出成功的响应,包括运动会、球赛结束后其停车场产生的大量的短时交通流。然而,1.5 代的信号控制系统无法克服未实施 UTCS 系统之前的全部缺陷,例如突发的交通流状况(如交通事故等)。

交通方案选择系统的系统检测器可以分为 3 类[3]：

(1) 周期层面的检测器：这些检测器的检测信息主要用于确定恰当的周期长度,因此应当安装在关键交叉口附近。

(2) 主要干道检测器：这些检测器的检测信息主要用于确定恰当的相位差,因此应当被安装在主要干道的出口或入口方向。

(3) 非主要干道检测器：这些检测器的信息主要用于确定恰当的绿信比，因此应当安装在支路上。

一旦数据（通常是占有率和流量）被检测上来，主控制机则通过 3 个参数来进行计算以选择恰当的配时方案。

(1) 比例系数：用于将流量和占有率转换成一个合并的值，比例系数表示进口道接近通行能力的比值。通常需要两个比例系数，一个用于流量，一个用于占有率。

(2) 平滑系数：平滑系数用来对流量和占有率进行加权处理以降低交通流的短时随机波动的影响。通常采用两种方法：一是滤波法，二是使用过去多个时段的平均值。

(3) 加权系数：每个系统检测器都被分配一个加权系数，从而在集计的过程中与检测数据进行相乘。

配时方案选择式控制模式事实上是对交通流状态的模式识别问题，不同的交通流参数构成了表示交通流状态的多维状态空间。

在进行方案选择式系统的安装时，有 3 个问题需要解决：

(1) 要开发/选择能够适应交通流状态较大范围分布的最优配时方案；

(2) 要将较大范围内的每个交通流状态与信号机中能够存储的配时方案进行匹配；

(3) 设置相应的交通响应方案选择参数以使在交通流状态发生变化时总能选择正确的配时方案。

2. 第 2 代交通控制系统

第 2 代 UTCS 是第一次尝试实时、在线的计算优化的绿信比和相位差，同时在不同的信号控制交叉口组内保持固定的周期长度。该系统的测试显示主要干道的旅行时间有所下降。

3. 第 3 代交通控制系统

第 3 代交通控制系统主要为交通自适应控制系统，该类系统能够克服那些仅仅基于预先设定的配时方案的控制系统的很多局限。例如，离线开发的预设的配时方案主要适应于常态下的交通流，或者是可预测的事件情况下的交通流状况。其主要的优点是可以在预先规划好的交通事件的初期就进行实施，例如从体育馆停车场大量驶出的车辆。其主要的缺点是这些配时方案都是为特定的交通流情景开发的，因此，无法适应与其开发时对应的交通流状况差异较大的交通流状况。而且，数据采集和人力成本限制了很多交通管理部门来维护这些离线生成的配时方案从而适应当前不断变化的交通流量和交通模式。交通自适应控制系统致力于通过采用实时响应交通流状况的信号配时方案来克服这些缺陷。

相对于传统的第 1 代交通控制系统，交通自适应控制系统通常需要更多的检测器且需要较多的初始化标定与验证。因此，如果对交通信号控制的策略进行评价，则其整个系统生命周期的成本（包括软件授权、外场信号机和中心计算机的购置费用，以及日常的运行和维护费用）往往并不小于预期收益。然而，当前不断发展的检测器技术和计算机系统技术以及不断改进的交通控制算法使得交通自适应控制系统变得越来越有吸引力，尤其当交通流量和路网结构需要这种控制策略的时候。能够自动适应未来的交通流变化的能力是交通自适应控制系统的关键因素。

10.2 信号控制系统组成

交通信号控制系统的基本组成如图 10-2 所示[4-5]，主要包括检测器、交叉口信号控制机、主控制机、交通控制中心以及通信系统。

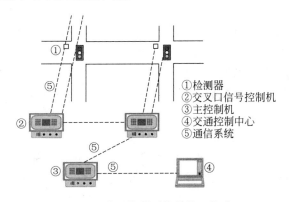

图 10-2 信号控制系统的物理构成

1. 检测器

道路交通流信息的自动检测、自动采集是交通信号控制系统工程中最基本的要素之一。交通流检测器用来收集每个交叉口的本地交通信号控制机所使用的有关当前交通流状态的信息，以便为绿灯时间的分配提供支撑；交通流检测器还用来采集数据以支持监测、管理和评价交通系统的性能指标，但是很少有管理部门能够利用它们的检测系统同时实现上述 3 个功能。

2. 交叉口信号控制机

交叉口信号控制机通过使用用户设定的配时方案来控制显示信号灯色。本地控制机根据本地的特定数据实施特定的控制策略或者直接执行来自中心信号系统的控制策略。

交叉口信号控制机一般具有的主要功能：

(1) 交通流信息检测采集；

(2) 信号灯控制；

(3) 执行信号控制方案表；

(4) 交叉口本地感应控制；

(5) 交叉口本地多时段定时控制；

(6) 执行控制中心的协调控制方案；

(7) 向中心（或分控中心）上传交通数据。

3. 主控制机

主控制机是控制系统的可选组成部分，是中心信号系统与本地控制机之间的装置，路面上的主控制机的主要功能是为一组交叉口选择配时方案、处理和存储检测器数据以及监视设备运行状态。

4. 交通控制中心

交通控制中心功能较多，一方面可以替代主控制机并且存储有运行数据库，该数据库能够存储信号控制机数据、监视系统运行及修改配时参数及其他参数,同时还可以实施其他先进的信号控制方式。

交通控制中心由主控制中心、分控制中心和构建在其上的智能交通管理综合平台组成,实现交通信号控制系统在业务上的集中和综合。管理综合平台把采集的交通流数据集中管理,以此为基础,利用系统的智能控制策略,实现信号的优化及协调控制。

5. 通信系统

信号控制系统的多个部分之间通过多种通信系统实现通信。通信系统由数字、模拟电话专线、光纤和通信终端组成,实现控制中心和现场设备间的通信。

上述这些系统组成部分共同工作以实施某个控制策略,例如协调控制等。

需要注意的是,交通信号控制系统的核心是交通节点、网络信号控制模型算法软件,体现着交通管理者的控制思想。

更为广义一点的交通控制系统构成可以理解为如图 10-3 所示[6],交通需求和道路几何尺寸作为基本的系统输入,交通控制系统主要由四部分构成:系统用户、检测器、信号控制机、交通信号灯。这四部分之间相互关联、相互响应。

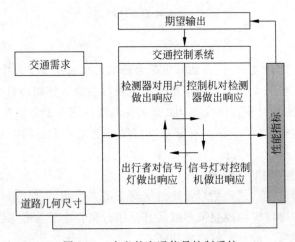

图 10-3 广义的交通信号控制系统

系统用户主要是指交通参与者,如驾驶人、自行车骑行者、步行者等。这些用户将会对交通信号灯的不同显示做出相应的反应,取决于信号灯的状态、离交叉口停车线的距离、行驶速度等。

检测器检测到达交叉口的各类用户,形成相应的检测信号。

这里的信号控制机的指代范围较广,包括了图 10-2 中的交叉口信号控制机、主控制机、控制中心及部分的通信系统。信号机接收来自检测器的信息并对其做出响应,信号机根据检测信息决定实施哪个相位、相位的持续时间等。

交通信号灯则根据信号控制机确定的配时方案进行信号灯红、黄、绿的颜色切换。

目前,国内外应用的信号控制系统大多是以优化周期方案、优化交叉口绿信比以及协调相关交叉口通行能力为基础的,是根据历史数据和自动检测到的车流量信息,通过设置的控制模型算法选取适当的信号配时控制方案,属于一种被动的控制策略。

随着网络技术的发展,交互式控制策略使信号控制由感应控制发展到自适应控制,实现了真正的智能化,交通信号控制系统不仅可以检测车流量等交通信息参数,调控交叉口绿信比,变化交通限行、禁行等指路标志,还可以根据系统连接数据完成与交通参与者之间的信息交换,向交通参与者显示道路交通信息、停车场信息,提供给交通参与者合理的行驶线路,以实现均衡道路交通负荷的主动控制策略。

交通信号控制系统应该具有的功能主要包括:
(1) 基本控制和管理功能;
(2) 实时监测和报警功能;
(3) 信号控制功能;
(4) 系统管理功能;
(5) 数据库管理功能;
(6) 动态交通流信息采集;
(7) 动态交通流数据的统计分析;
(8) 交通流优化控制计算和执行。

10.3 交通信号控制系统结构

交通信号控制系统在控制模式上可以实现集中与分散相结合;在控制方式上可以实现自适应区域集中式与线控、单点控制相结合;在控制方法上可以实现常规控制与特殊优先控制(公交优先、特种车优先)相结合;在控制范围上可以实现市区平面交叉口与城市快速路进出口控制相结合,协调、优化交通流,从而提高点、线、面及整个路网的通行能力。

从系统结构类型来分,交通信号控制系统可以分为分布式系统与集中式系统两大类。

10.3.1 分布式系统

分布式系统是指信号控制机主要负责本地交叉口的控制决策[7]。分布式系统有多种形式,从小的闭环控制系统到强有力的大规模系统。根据是否有控制中心,还可以把分布式控制系统分成有区域控制中心的分布式控制结构和没有区域控制中心的分布式控制结构。

1. 分布式系统特点

(1) 依赖于强大的本地交叉口信号控制机:由于系统的能力主要在于本地信号控制机,这些信号控制机必须具有所有交叉口信号控制所需要的全部特性,目前大部分的本地交叉口信号控制机都具有充分的能力在分布式系统中进行有效运行。

(2) 鲁棒性较好,不受通信故障的影响:分布式系统不需要通过通信网络传输强制的实时控制指令,因此,即使在通信和中心计算机出现故障时,系统也可以保持基本正常的运行。

(3) 一直保持基于时钟的协调:中心计算机和通信网络只是用来维护内置时钟的准确性。当出现失效时,它们不需要转换到备份运行状态,而是已经在备份运行状态。

(4) 易于扩展:每次建设一个新的信号控制交叉口,系统的计算能力(包括本地信号控制机)可以充分地扩展以包含新的交叉口,所必须增加的只是通信基础设施。

(5) 相对而言成本较低:不需要足够可靠的通信网络来实现强制的实时通信,而且,相对便宜的通信方式(包括无线通信)都可以使用,这可以显著降低构建一个新系统的成本。

通信基础设施节省的费用通常用来补贴本地交叉口信号控制机的潜在高成本。

(6) 往往不能提供实时的数据：分布式系统不需要实时轮询所有的交叉口，而且有些系统安装的通信设施也不允许实时的轮询，因此，无法提供实时的检测数据。

(7) 不能提供中心式的自适应控制算法：一些使用集中式优化工具的自适应控制算法需要集中式控制结构，例如 SCOOT。而这些集中式的优化工具在分布式系统中是不可能的，因为无法提供实时可靠的通信。

(8) 中心处理器主要限于操作员界面和显示功能。

2．应用条件

分布式系统主要有如下应用条件：

(1) 有强大的本地交叉口信号控制机；

(2) 预算有限而无法安装可靠的中心计算机网络；

(3) 需要通过使用微处理器和多级替补控制来提高可靠性；

(4) 信号控制系统几乎没有什么现有设施（例如计算机等）；

(5) 需要使用无线通信设施；

(6) 不需要实时数据；

(7) 不需要集中式的最优化自适应控制。

3．典型案例系统

OPAC 和 ROHODES 可以视为两类分布式的交通自适应控制系统。这些分布式系统在现场交叉口处使用先进的信号控制机（如 ATC2070）来执行。它们使用一个移动平滑窗，每秒都要为未来数秒重新计算、预测及优化。停车线上游的检测器至少提供 10～15s 的旅行时间直到上游车队达到下游交叉口。

分布式体系结构又可分为如下两种：①具有本地主控制机的分布式体系结构：这个系统结构代表了大多数闭环系统，在该系统中本地主控制机每秒向交叉口控制机发送指令。只有在失效时，或中心处理器要求时，本地控制机才与中心处理器进行通信。该体系结构通常被用于分布在较大范围内的交叉口的控制。②无本地主控制机的分布式体系结构：这个体系结构类似于集中式体系结构，然而，它需要的通信速率较低，这个体系结构依靠本地信号控制机来提供本地的配时方案。

10.3.2 集中式系统

在集中式控制系统中，由一台中心计算机直接控制每个信号控制机。每个交叉口只需要一个标准的信号控制机和显示单元即可，不需要执行任何软件功能。这种控制系统的控制原理与结构较为简单，具有操作方便、研制和维护相对容易的优点。然而，当需要控制的交叉口数目很多且分散在一个很大的区域内时，采用集中式控制系统就必须特别谨慎。

1．集中式系统特点

(1) 依赖于可靠的通信网络：由于需要实时地将控制指令从中心计算机传输到本地交叉口，因此，通信网络的任何中断都将强迫本地信号控制机无法运行实时控制而转入备份方案。在传统的集中式系统中，备份控制往往是孤立的感应式控制。最近的系统开始采用基于时间的协调，但是这仍需要从中心控制到本地控制的转换。在这个转换过程中，往往在一个较短时间内无法使用信号协调。由于该原因,集中式系统的通信网络往往包括一些固定的通信形式,大多数的交通管理部门倾向于拥有自己的通信基础设施。物理可靠性往往在99.995%~99.99995%之间,每年的故障时间只有几秒到几分钟。在实际的系统中,故障的时间比理论上要高,主要是由于对通信基础设施的物理性侵入,尽管一些光纤网络的布设方法能够最小化这种危险的影响。

(2) 依赖于可靠的中心计算机:没有中心计算机,集中式控制系统就没有任何意义。中心计算机出现问题和通信系统出现问题一样会导致系统出现问题,而且中心计算机出现问题将影响全部交叉口。传统的集中式系统往往忽略这个问题,新的集中式系统采用先进的计算机可靠性技术,如故障容错的方法。容错系统采用两个完全一样的中心计算机互为备份,并且通过一个高速网络连接。两个中心计算机包括同样的软件、共享同一操作系统。当其中一个计算机失效,则由另一个计算机运行信号控制系统。

(3) 不易扩展:很多传统的集中式系统有一个最大路网规模。增加路网规模需要中心计算机的升级及投资,通常还需要升级软件。

(4) 非常昂贵:通信系统往往占用2/3的投资。集中式系统需要高可靠性的通信网络,这往往无法通过无线网络实现,因此,系统的成本就包括了有线通信基础设施的建设或者租用费用。

(5) 可以提供良好的检测响应时间和数据:由于系统的通信网络足够可靠,因此可以进行实时控制通信。在大多数情况下,这个需求能够确保每秒回传检测信息。

(6) 使用集中式的控制算法:这是集中式系统明显区别于分布式系统的一个领域。一些控制算法,例如SCOOT,需要一个中心计算机去为整个网络运行最优化算法,只有集中式系统能够提供这种能力。

2. 应用条件

集中式系统的应用条件如下:

(1) 有足够的预算能够布设通信设施并且能够使用容错的中心计算机网络;

(2) 希望使用集中式的最优化自适应控制算法;

(3) 系统可以与其他系统(如应急管理系统)共享资源,尤其是通信和信息资源。

近年来分布式系统与集中式系统之间的区别越来越模糊,很多现代的集中式系统具备分布式系统的重要特性,而分布式系统也具备很多有效的集中控制功能。

3. 典型案例系统

SCOOT和SCATS是典型的两种集中式的交通控制系统。

SCOOT系统持续的检测路网中交叉口的主要进口道的交通需求并优化信号周期长、绿信比及相位差以最小化延误和停车次数。SCOOT的检测器位于停车线上游,大概距离上游相邻交叉口15m。每周期的配时方案变化都比较小以避免引起交通流的剧烈波动,但是会频繁变动以快速响应变化的交通状况。

与SCOOT类似,SCATS也实时调整周期长、绿信比和相位差以适应实时的交通需求和系统通行能力。SCATS的主要目标是当交通需求小于系统通行能力时,最小化停车次数和延误。当交通需求接近系统通行能力时,SCATS将最大化系统的通过量和控制排队的形成。SCATS的检测器安装在每条车道的停车线之后来采集绿灯期间的流量和占有率。

集中式与分布式控制系统结构如图10-4所示[8]。

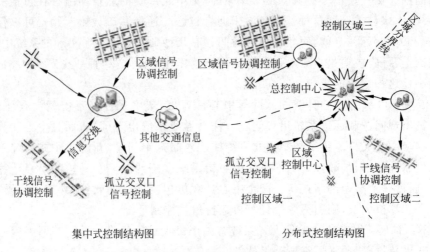

图 10-4　集中式与分布式控制系统结构图

10.3.3　多层分布式控制系统

多层分布式控制系统是指各个子系统的控制作用是由按照一定优先级和从属关系安排的决策单元实现的。同级的各个决策单元可以同时平行工作并对下级施加作用,它们又要受到上级的干预,子系统可通过上级相互交换信息。城市交通信号控制多层分布式结构就遵循这样的层次关系。

无论是集中式的交通信号控制系统还是分布式的交通信号控制系统,都有一台中心服务器作为高级控制中心,或者有一个通信中心作为各交叉口控制机的协调控制中心。交通信号控制机或者是直接连接到其系统中心服务器上,或者是通过一台区域控制计算机或通过通信中心与中心服务器保持联系,另外还有许多单点交通信号控制机,这种多个控制层次需求并存、多种控制方式并存的情况,迫切需要一个结构合理的交通信号控制系统来进行统一的管理和控制工作,从而使这些控制系统不但能够独立完成本系统的交通信号控制工作,而且也能够接受统一的控制命令。多层分布式交通信号控制系统就是为了适应多种控制层次的要求和多种控制方式并存的情况而提出的。

与传统的 3 层交通信号控制系统不同,多层分布式交通信号控制系统可以在 3 层到多层不等的层次上进行控制。从整体而言,可以将系统分为 3 个大的层次,即中心控制层(战略层)→分中心控制层(战术层)→协调控制单元层(执行层)。战略层主要控制较大的区域,其策略更新的时间较长,例如每分钟或 15min;战术层主要控制较小的区域或交叉口群,其更新频率为每秒或每分钟更新;执行层直接控制设备,其更新频率为每秒或 1/10s 更新。

中心级控制平台是整个控制系统的战略制定者。它负责对整个城市交通路网状况以及控制状态的监测、控制和管理,具有最高的决策权力,并可在此层次上进一步与智能交通系统中的其他系统(如专家决策系统、诱导系统、GPS 定位系统等)进行协作,共同完成城市道路交通系统的管理。该控制层所制定的宏观控制战略方案应当通过交通信号控制系统的网络被各个已有的交通信号控制子系统所接受并变换成自己系统内部的相应的控制命令来执行。在该层应当安装有制定宏观战略的系统软件,应该能够接收从下级控制平台传来的交通统计信息。

按照区域控制的思想，多层分布式交通信号控制系统应当建立分中心级的控制平台，负责管理所辖区域内的已有的交通信号控制系统和交通信号控制机。该控制层可以负责将某个区域范围内的交叉口统一协调控制，或者负责两个或者多个区域范围内的交叉口统一系统控制，是区域间控制的策略协调者和交叉口控制单元的策略制定者。该层一方面和已有的信号控制系统交换信息，从已有的信号控制系统的中心服务器中得到交通流数据，这些交通流数据转化为统一的数据格式，用于分中心控制策略的制定。宏观的控制策略也发送给已有信号控制系统的中心服务器，通过中心服务器转化为其系统内部能够执行的控制命令格式；一方面该层可以直接同一些具有微处理器的单点交通信号控制机相联系，基于从这些单点控制机传来的交通流信息，经过分中心的控制策略程序分析后，将控制策略下发给这些单点信号控制机，能够起到在同一控制策略下的点控、线控甚至面控的效果；另一方面该分中心控制层具有系统扩展的功能，可以在该层上添加控制和诱导综合优化的算法模块，能够与路侧可变情报板、GPS车辆定位系统、广域双向无线通信系统、交通广播等建立通信连接，可以进行自动降级控制，最大限度地避免局部故障造成的损失。在控制分中心或部分信号传输线路失效时，控制权力能够被原有的信号控制系统接管。

分中心控制层下的各个控制协调单元(包括已有的交通信号控制系统和一些基于微处理器的信号控制机)通过已有的交通信号控制系统的中心服务器或者直接通过信号控制机的微处理器来和分中心控制层的服务器进行信息交换。这些控制协调单元可以是已有的交通信号控制系统，也可以是已有的信号控制系统的通信中心或控制分中心，还可以是连接到一台计算机上的多个交通信号控制机，甚至是多个基于微处理器的单独的交通信号控制机。

如果进一步划分，可以根据控制协调单元的组成把该层继续分为：协调单元控制中心→协调单元控制分中心→协调单元交叉口层。如果控制协调单元是某控制系统的中心服务器，那么控制层次最多可以达到5层；如果控制协调单元是某控制系统的通信中心，那么控制层次是4层；基于微处理器的信号控制机直接作为控制协调单元，控制层次就成为3层结构。

协调单元交叉口层作为整个多层分布式控制系统中最基本的控制单元，是区域控制系统的控制策略执行者。该层主要的硬件设备是信号控制机和一些辅助的信息提供设备如可变情报板、可变限速标志等。信号控制机可以是任何生产商的产品，无论是基于微处理器的信号控制机还是普通的信号控制机。

协调单元控制分中心负责将该协调控制系统中某个区域范围内的交叉口统一协调控制，是交叉口控制单元的策略制定者和控制中心控制策略的执行者。该层应当具有实时统计、分析处理所管辖交叉口交通流量等参数的功能，同时该层汇总了区域控制和诱导综合优化的算法，能够与路侧可变情报板、GPS车辆定位系统、广域双向无线通信系统、交通广播等建立通信连接，可以进行自动降级控制，最大限度地避免局部故障造成的损失。

协调单元控制中心层是某个已有控制系统的战略制定者。它负责对所有管辖区域的交通路网状况以及控制状态的监测、控制和管理，具有较高的决策权力。

10.4 交通信号控制系统分类

根据交通信号控制系统性能的差异,主要有以下几种类型的交通信号控制系统:

1) 基于时间的协调控制(time-based coordinated control)

没有有线或无线连接的现代交通信号控制机可以提供基于时间的信号协调控制。这种控制类型无法为交通管理中心提供交通运行状态的信息。

2) 联网控制系统(interconnected control)

能够与交通管理中心实现有线或无线的通信联系。从而使交通管理中心能够监测交叉口相关设备的运行状态并且进行配时方案的调整。除了能够根据时段划分表进行配时方案选择外,运行人员可以随时选择配时方案。

如果提供了系统检测器,则可以用来辅助系统运行人员进行交通状态监测并用于配时方案选择。这类系统通常提供3个以上的工作日配时方案,以及用于周末、节假日、交通事件等情形的配时方案。绝大多数能够联网通信的交通控制系统都可以提供这类系统的功能。

3) 交通调节控制系统(traffic adjusted control)

可以利用交通流检测数据以比较慢的速度自动选择配时方案。通常由 UTCS 系统第一代控制算法或闭环系统的算法来提供控制。UTCS算法基于检测到的交通状态选择整体的配时方案,闭环系统则根据检测到的交通状态分别调整周期长、绿信比和相位差。

配时方案通常15min以上才进行调整,配时方案调整过程中可能会有交通流的紊乱。在这个系统中需要系统检测器,一般而言,系统检测器数量大约等于信号控制交叉口的数量。大多数的商业化交通控制系统都可以提供交通调节控制功能。

4) 交通响应控制系统(traffic responsive control)

基于上游交叉口的交通流检测数据改变信号周期中的每个相位的绿信比。周期长和相位差可能在每个周期或几分钟内有小的变化。

交通响应控制系统的最大益处在于能够对意外事件或难以预测的事件(如事故)进行响应。其他的益处包括不需要人工生成新的方案就能够调节配时方案等。

5) 交通自适应控制系统(traffic adaptive control)

例如 RHODES 和 OPAC,该类系统可能不使用定义的交通信号周期长或信号配时方案。这些系统使用交通流模型来预测车辆的到达,并且通过调整每个相位的配时来优化目标函数(如延误最小等)。由于强调交通流预测,因此,这些系统能够对如下情况进行响应:交通流中的自然统计变化、由于交通事故或其他难以预测事件导致的交通流变化。该类系统所需要的交叉口控制的设备也比其他类型的系统要复杂。

有时可以笼统地将后两种乃至后三种系统都视为自适应交通信号控制系统。

10.5 自适应交通信号控制系统的特性对比

从控制逻辑的角度而言,交通信号控制系统的差异主要体现为:①对交通流运行模式的基本假设不同;②交通流估计模型有所不同;③信号相位优化的方式有所不同[9]。

每个自适应交通信号控制系统在某种程度上而言都是独一无二的,因此对每个系统进行详尽的对比几乎是不可能的,在此主要对影响自适应交通信号控制系统运行的一些主要方面进行对比分析[10]。

1. 检测器

不同的自适应交通信号控制系统使用不同的检测器的布设来估计交通流状态,进而用于开发调整网络中交通信号控制的策略。大多数自适应交通信号控制系统主要应用的几类检测器布设类型如下:

(1) 停车线检测器(例如美国常用的感应控制以及 SCATS 中使用的检测器);

(2) 距离停车线较近的检测器(10~60m 范围),无法用来轻易地根据出入流量的均衡计算排队长度(主要是因为它们与停车线的距离)(例如德国的 BALANCE 和 MOTION 系统使用的检测器);

(3) 上游(道路中段)检测器,可以用来较为合理地估计较长的排队长度(例如加利福尼亚州的一些交叉口使用的检测器);

(4) 上游(远端)检测器,位于上游交叉口的出口处[SCOOT、UTOPIA、ACS Lite 以及 RHODES(可选的)]。

上述的每种检测器的布设类型都在一定程度上显示了自适应交通信号控制逻辑的类型。

2. 反应类型

一些自适应交通信号控制系统在车辆到达前主动地调整交通控制策略来满足每个交叉口估计的交通流需求。其他的交通信号控制系统则通过之前一个时段检测器的交通状态提供反馈来做出反应。这两种控制概念通常与检测器的位置有关。如果只是使用停车线检测器,则自适应交通信号控制系统通常对特定的延误提供反馈和响应。上游检测器通常允许一定的主动性,尽管使用这些检测器的系统更依赖于交通模型和对交通流需求的估计。尽管一个通常的信念是主动的系统工作效果要比反应式系统好一点,但是目前尚未有明显的证据能够证明这一点。而一些当前的主要自适应交通信号控制系统则整合了这两种概念。例如 ACS Lite 的绿信比是反应性确定的,而相位差则是主动性确定的。

3. 调整的方法

人们大都相信大多数的自适应交通信号控制系统能够优化信号配时。而现实是,一部分的自适应交通信号控制系统能够执行某些种类的优化,但是通常受到执行优化程序所需要时间等的限制。一些优化程序使用启发式技术,其他的则使用扩展搜索技术来寻找最优的配时方案。另有其他的一些自适应控制系统则没有搜索程序和目标函数,相反,它们使用一些启发式方法来调整信号配时。基本上有 3 种主要的调整方法:

(1) 域约束优化(domain-constrained optimization):优化搜索域是非常有限的,以避免信号配时变化的高度波动从而防止一些负面的配时方案转换效应[例如 SCOOT(所有的参数)、ACS Lite(相位差)]。

(2) 时间约束优化:优化搜索过程受到时间和(或)本地信号机的结构边界的限制(例如 RHODES、OPAC、BALANCE 和 MOTION)。

(3) 基于规则的调整:包括了那些用来开发描述交通状况变化的参数与相应的信号配时之间的简单函数关系的任何方法。

4. 实施新配时方案的时间范围

一些自适应交通信号控制系统每隔数秒调整一下它们的部分参数，其他的系统则每 10min 或 15min 调整一下参数，有点类似于模式匹配的响应式交通控制系统。虽然有些案例表明有时快速响应的系统要好一些，但并没有证据证明快速响应的系统总是好于反应较慢的响应式系统。

5. 系统层级

目前而言，大多数的自适应交通信号控制系统的结构都是两层或者三层。尽管一部分系统看起来比另一部分系统层级更多，但是所有的系统都有一个组成要素就是使用本地信号机，还有其他的一些战术（或战略）组成要素在较高的层级上来监督交通控制的响应效果，无论是对于集中式控制系统还是分布式控制系统都是如此。

6. 利用交通建模进行估计

这里的"建模"一词意味着使用宏观、中观或微观的模型来估计交通流的当前状态，从而作为调整信号配时的输入。SCOOT 以其基于上游检测器的流量-占有率图示进行排队长度的估计而闻名。而 SCATS 在其运行过程中不使用任何的交通模型。其他的自适应交通信号控制系统使用较为广泛的交通模型。一般而言，模型能够帮助自适应交通信号控制系统更主动地进行控制，尽管在控制过程中可能会导致误差的传递。

7. 进行调整的信号配时参数

大多数自适应交通信号控制系统调整 3 类主要的信号配时参数：绿灯时间、周期长和相位差。然而，有些自适应交通信号控制系统并不如此，一方面可能是因为它们尚未开发完善（例如 ACS Lite），另一方面可能是因为它们的运行并不是基于全部的这 3 类参数（例如 RHODES 并不使用周期长）。只有很少的自适应交通信号控制系统会实施调整相位顺序（例如 BALANCE、MOTION 等），主要是因为频繁调整相序有可能会导致负面影响。

8. 形成小区的灵活性

一些自适应交通信号控制系统（如 SCOOT、SCATS 和 LA ATCS）而言，需要将其覆盖的全部区域划分为一些控制区域或者子区，这些区域或子区由需要进行协调控制的交叉口所组成。在这种情况下，一个边界交叉口离开当前所在子区加入到相邻的子区中可能会更有利。如果一个自适应交通信号控制系统支持子区的自动调整，则可以说该自适应交通信号控制系统支持灵活的控制区域。基于预定义的判断准则，SCATS 著名的"结合和分离"逻辑就支持子区的自动调整。尽管 SCOOT 也有类似的功能，但是大多数其他的自适应交通信号控制系统或者不支持这个功能，或者无法在公开的文献中查到这样的功能。

9. 支持感应控制

感应控制意味着本地信号机可以执行通常的间隔信号切换的运行方式，大多数的自适应交通信号控制系统都会设置绿灯时间的下限和上限。进一步说明是否支持感应控制，就需要区分清楚如下两种情况：①当检测器没有交通需求的情况下，由自适应交通信号控制系统来负责结束绿灯相位；②当检测器没有交通需求的情况下，将结束绿灯相位的职责转移给本地交叉口控制机。例如，RHODES 不允许本地信号机基于本地的检测信号进行决策。而 SCATS 及其他的一些自适应交通信号控制系统（如 BALANCE、MOTION 和 ACS Lite）则允许本地信号机执行感应控制。

10. 公交信号优先

就目前而言,众多的自适应交通信号控制系统都具有了某些公交信号优先的功能。然而,公交信号优先经常是在本地信号机的层面上进行实施,而并不是经过综合优化的结果。这里的综合优化是指将公交的旅行时间(或延误)整合进在网络层面考虑车辆及公交车性能的优化结构中。

10.6 信号控制系统的发展方向

10.6.1 信号控制系统的发展特点

综观目前国内外交通信号控制系统的发展,可以看出近年来在城市交通信号控制系统的研究发展中有如下几个特点。

1. 特殊车辆优先的考虑

随着人们对公共交通系统功能及地位的再认识,众多城市开始日益重视公共交通在整个城市交通系统中的地位和作用,开始将"公交优先"作为城市交通系统发展的重要准则。交叉口的公交车辆的信号优先是"公交优先"重要组成部分,因此在已经成熟或正在开发的信号控制系统中都开始增加公交信号优先的功能,如 SCOOT 的公交优先信号控制功能以及 SPOT/UTOPIA、MOVA 等多个系统中的公交优先功能。

2. 对饱和状态下路口控制的研究

数十年前开始开发的交通信号控制系统的模型及优化方法主要是基于非饱和交通流所开发的,而随着全球机动化水平的不断提高,交通拥堵已经成为全球大中城市所面临的共同问题,因此在近年来研究的交通信号控制算法与系统中,开始出现专门针对饱和或过饱和交叉口的控制模型及策略,并且在一些城市的交叉口进行现场测试,取得了良好的效果,未来需要继续完善针对饱和及过饱和交叉口的交通信号控制模型及策略的研究与应用。

3. 标准化的发展

传统的交通控制领域没有完善一致的标准体系,在一定程度上造成了硬件平台的混乱状态,近年来,为了实现硬件平台之间的互换,实现各系统间的信息共享,部分国家和地区开始对交通控制系统采用统一的标准体系。以美国为例,在硬件方面正在逐步形成 ATC 标准,而在交通控制系统的通信协议方面,也开始应用 NTCIP 的相关标准实现不同系统之间的信息交互。

4. 变被动适应为主动调节

按照控制思想来划分,城市交通控制系统可分为被动式控制和主动式控制两种。目前既有的城市交通控制系统大多数都属于被动式控制,其控制思想多是以在道路上的交通个体(车辆或人)为主体,通过事先人工调查或实时自动检测的方法,了解其变化规律和实时状态,在此基础上选取或实时生成适当的控制方案(或控制参数)来控制信号变化,使之适应交通的需求。从表面上看,交通是受信号指挥的,而实质上交通信号是根据交通需求的变化而变化的,即交通信号是被动式地控制交通流的变化。

从交通管理的主动性思想出发,希望交通信号控制能够通过对交叉口交通流的调节作用实现对交通流的主动控制,使交通流按照管理者的意愿去运行,从而来控制或减少不希望的事件或现象的发生。随着智能交通系统各种技术的发展,在交通信号控制中实施主动控制的思想将逐渐显现。

5. 智能控制理论的应用

智能控制系统由于引入了专家系统、模糊逻辑、人工神经网络、遗传算法等人工智能技术,在自适应、自组织和自学习功能的实现上,不再单纯依赖于模型;同时更加重视知识的核心作用,通过把人类专家的管理控制经验转化为系统可利用的启发式知识或运用机器学习等手段实现知识的自动获取,从而使其在复杂系统控制领域展现出相当的优势,并倍受青睐。近年来,智能控制技术开始被应用到交通信号控制领域的研究中,并开发出基于智能控制技术的相关信号控制模型或系统。

6. 交通控制与仿真的集成

作为交通信号控制优化及评价的重要支撑工具,除了使用仿真软件来进行交通控制方案的评价外,近年来交通控制与仿真的集成日渐凸显,主要体现在了半实物仿真(hardware-in-the-loop)的应用。最近的研究成果已经开发完成了能够让信号控制机在仿真的交通状态下进行测试的系统,图10-5提供了这个概念实施的案例。

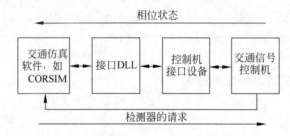

图10-5 信号控制机在仿真状态下的实施

现在的一些微观仿真软件如 CORSIM(CORridor SIMulation)、VISSIM、PARAMICS 等都可以通过信号机界面设备与信号控制机进行交互,一般采用 DLL 的形式开发软件接口来实现在运行仿真的计算机与信号机设备之间进行信息交换。通过这种方式可能可以将网络内的全部信号机都与仿真平台相关联。

半实物仿真的技术提供了如下功能:在现场实施信号机的设置之前进行信号机设置的高水平微调;验证信号控制软件是否是恰当的;研究新的或修改后的交通控制算法的性能。

10.6.2 信号控制系统的发展趋势

近20多年来,无论是在国际上还是在国内,城市交通信号控制系统的研究已经有了飞速的发展,同时在城市交通控制系统的研究中逐渐重视控制协作与控制方式、系统体系结构以及系统控制的优化模型等多个方面。随着现代科技与基础理论的不断发展,城市交通信号控制系统也逐渐向着智能化、集成化的方向发展,逐步形成具有分布协同功能的集成化的城市交通智能控制系统。

1. 智能化

智能控制与人工智能等技术近年来在城市交通控制系统中的应用逐渐提高了城市交通控制系统的智能化水平。城市交通控制系统的智能化主要体现在两个层面:一是控制策略选择的智能化;二是控制方案生成的智能化。

城市交通控制方式有定时控制、感应控制、自适应控制等不同的方式以及单点控制、干线/区域协调控制等不同的模式,且有不同的控制目标,如延误最小、停车次数最少、通行能力最大、特殊车辆优先等。同时每种控制策略都有自己的控制优势、适用的交通状况以及适用环境的局限性等,如何根据不同的外部状况选择适当的控制策略是城市交通控制中必须解决的问题。近年来遗传算法、强化学习、专家系统等技术开始应用到城市交通控制策略选择中,提高了控制策略选择的智能化水平,相应地形成了交通控制系统高层的决策机制。

同时,在信号配时方案参数优化中,最初的信号配时计算以数学解析为主,然而,由于交通系统本身的非线性、复杂性等特点以及过多的人为假设等因素,影响了信号控制的效果。随着智能控制及人工智能技术的发展,模糊控制、神经网络、遗传算法、多 Agent 系统等理论与技术在信号配时的优化计算以及协调控制等方面获得了相应的研究和应用,智能控制方法的最大特点是其控制算法具有较强的逼近非线性函数的能力,不依赖于精确的数学模型,这对于交通系统这样复杂难以建立较好数学模型的系统是一个有效方法,智能控制及人工智能技术对城市交通系统的特点有良好的适应性,因此相应的信号控制模型及参数优化方法提高了信号控制对城市交通系统的适应能力。美国和荷兰等国目前正在研究基于智能 Agent 的 UTC,主要原理是在城市交通网络中的一系列重要节点部署智能 Agent,用于对所属的网络区域实现信号灯控制,它不但具有交通管理专家的经验知识,还具有不断学习的能力,具有本区域的交通流信息。这些智能 Agent 之间通过通信层(规范、内容、协议)进行信息(路由信息、交通流信息、控制信息)交流,解决单智能 Agent 信息不完整性,并通过协调层进行目标协同,解决交通网络中的资源、目标和结果冲突,最终实现交通控制的优化。

2. 集成化

在智能理论与技术及信息技术迅速发展的推动下,城市交通控制系统的集成化趋势日益明显:一是功能层面上的集成化,二是技术层面上的集成化。

在功能层面上,随着人们对城市交通管理认识的逐渐深入,单纯的某种管理手段(如信号控制、交通诱导、交通组织等)无法实现对城市交通拥堵、事故等状态的最佳化管理,因此,人们开始研究以城市交通控制为核心的集成化城市交通控制管理系统,以综合交通信息平台为基础,以信息和数据的共享与交换为纽带,通过交通控制系统与其他管理手段的协调运行,如与交通信息诱导系统以及城市交通应急系统等的集成,实现对城市交通系统的最佳管理和控制。

在技术层面上,一方面在交通控制系统中开始综合运用包括各种传统交通控制方法和智能控制方法在内的控制策略与模型,从而力求克服传统方法的固有缺陷及每种控制方式与控制模式的局限性,取得较好的整体效果。伴随城市交通系统的规模复杂性特征的形成及发展,汇集多种控制方法的交通控制集成策略应运而生,实时交通自适应信号控制系统(real-time traffic-adaptive signal control systems,RT-TRACS)、Multialgorithmics 是其中颇具代表性的两种。集成智能城市交通信号控制系统中基本控制层的建设应充分吸收与借鉴有关思想,以实现不同控制方法的有机集成和综合利用。另一方面信号控制的硬件设备也不再局限于仅仅完成信号控制功能,而是通过模块化的设计将信息发布、监控等功能集成起来,实现对终端设备的集成化控制,第三个技术层面的集成则体现在交通信息获取手段的集成化,除了传统的地埋型检测器以外,目前的一些移动式检测手段(如车牌识别、电子标签、卫星定位技术等)可以提供较为精准的旅行时间(延误)、交通流量等参数,可以为交通信号控制的实时优化及评估提供支撑。

3. 多模式化

在系统结构上应当充分考虑分布式系统、集中式系统、多层分布式系统的特点和优势，采用灵活、可转换、能适应不同控制范围的系统结构，从而使得交通信号控制系统更能够适应交通流的区域特点。同时要注意充分利用微处理器技术的发展，充分考虑控制中心平台、主控制机与信号控制机的分工协作，将一些交通流信息分析、短时预测、配时参数的优化等工作交给智能化程度日渐增加的交通信号控制机，使系统的实时性、可靠性等进一步提高。

10.6.3 信号控制系统的适应性问题

信号控制系统的总目标一般是在未饱和交通条件下，通过采用相应的交通信号控制措施，降低车辆行驶延误，减少停车次数，缩短车辆在路网内的行驶时间，提高路网的整体通行能力。因此，各种类型的交通信号控制系统均对交通流提出了一定的要求。只有通过相应的交通管理使交通流达到信号控制系统的应用要求时才能取得好的控制效果。目前国内众多的大中城市纷纷从国外引进比较成熟的交通信号控制系统，而应用效果往往难以达到预期目标，其中与国内交通流状况与信号控制系统的协调程度有一定关系。无论是哪一种交通信号控制系统，都对交通流的运行规律性有一定的要求，只有交通流的规律满足系统的适用条件，才能产生良好的协调，取得好的控制效果。

拓展阅读

NTCIP 中有关信号控制内容的介绍

思考题

1. 简述信号控制系统的组成部分。
2. 简述信号控制系统的分类。
3. 简述信号控制系统的不同结构类型。

参考文献

[1] SESSIONS G M. Traffic devices-historical aspects thereof[M]. Washington, D. C.：Institute of Traffic Engineers, 1971.
[2] Federal Highway Administration, USDOT. The urban traffic control system in Washington, D. C. [R]. Washington, D. C.：1974.
[3] ABBAS M M, et al. Methodology for determination of optimal traffic responsive plan selection control parameters[R]. College Station, Texas：Texas Transportation Institute, 2004.
[4] 周蔚吾. 道路交通信号灯控制设置技术手册[M]. 北京：知识产权出版社, 2009.
[5] KOONCE P, RODEGERDTS L, LEE K. et al. Traffic signal timing manual[R]. Potland：Kittelson & Associates, Inc., 2008.
[6] KYTE M, URBANIK T. Traffic signal systems operations and design：an activity-based learning approach book 1：isolated intersections[M]. Pacific Crest：Plainfield, IL, 2012.
[7] HALKIAS J A, MALEK S. Advanced transportation management technologies[R]. Washington, D. C.：Federal Highway Administration Office of Technology Applications, 2007.

[8] 向怀坤,张新宇,杨绍鹏.道路交通控制技术[M].北京:人民交通出版社,2014.
[9] SHELBY S. Design and evaluation of real-time adaptive traffic signal control algorithms, in systems and industrial engineering[D]. Tucson: The University of Arizona, 2001.
[10] TRB. Adaptive traffic control systems: domestic and foreign state of practice[R]. Washington, D. C.: Transportation Research Board, 2010.

第11章

典型交通信号控制系统

先进的交通控制系统能够根据道路交通需求、交通状况及系统通行能力实时调整配时方案。先进的交通控制系统的定义是较为广泛的,虽然都可以称为先进的交通控制系统,但是其响应水平、算法框架以及检测手段和方式等都可以有很大的区别。现在所说的先进的交通控制系统一般不包括方案选择式控制系统以及感应控制系统。一个先进的交通控制系统一般会包括相应的控制优化算法,对绿信比、相位差、相位长度以及相序等进行优化以最小化延误和降低停车次数等。先进的交通控制系统需要有相应的检测设备以及连接交叉口现场信号控制机和控制中心服务器的通信系统。

20世纪七八十年代先进的交通控制系统开始出现的一个原因是交通响应模式的方案选择式系统无法有效地应对交通需求的变化。在20世纪70年代初期,人们开始开发先进的交通控制系统,然而,这些初始的尝试未有成功案例。在当时,交通信号控制工程师们认为交通流中的震荡变化可以通过开发涵盖多种交通流状况的方案选择式系统来进行应对。然而,全球的一些试验表明(其中FHWA进行了大量的工作)交通响应的方案选择式系统有一些明显的不足。这些试验表明基于交通响应模式的方案选择式系统效率不高。随着配时方案从一个模式转变到另一个模式,交通需求也可能发生变化,而新实施的控制模式可能无法反映当前的交通状况。

而且,方案之间的转换也会对交通流带来影响。虽然增加模式转变的频率能够更好地改善配时方案和交通流状况之间的匹配,但是这样的话系统将花费更多的时间用于进行配时方案的切换。为了解决这个问题,澳大利亚和英国的交通工程师开始探讨信号配时的自适应控制,从而形成了目前全球范围内广泛应用的两个先进的交通控制系统:SCATS和SCOOT。

随后有一系列新的先进的交通控制系统得以开发,一部分新的先进的交通控制系统放弃了传统的信号配时方案的表达结构(由周期长、相位差和绿信比所确定),相反地,提供了一些新的方法,主要是基于各种数学规划的技术,例如OPAC和PRODYN。开始OPAC、PRODYN和SPOT主要关心单个交叉口的运行。之后不久,UTOPIA和SPOT综合起来考虑网络层面的控制问题。

尽管这些发展主要发生在欧洲,但是几乎同时美国FHWA也开始开发和实施先进的交通控制系统,"先进的控制软件"(adaptive control software,ACS)计划包括了一个研究项目,名为"实时交通自适应信号控制系统"(real-time traffic-adaptive signal control systems, RT-TRACS),该项目经过了多个阶段,且在美国多个城市进行了实验。尽管该计划最初支持开发 5 个控制策略,但是只有两个被成功地进行了现场测试,一个是 OPAC 的改进版,另一个为 RHODES 系统。值得注意的是,北美最早完全运行的先进的交通控制系统——洛杉矶 DOT 的先进的交通控制系统,并不是 RT-TRACS 项目的一部分,而是由洛杉矶市在 2003 年独立开发的。

尽管早期的测试表明,与定时控制和感应控制相比,实施 OPAC 和 RHODES 有明显的效益,但是这两个系统并没有在美国得到广泛应用。这些系统无法广泛应用的一个主要原因就是系统的复杂性,包括控制逻辑、额外的检测设备、必要的硬件升级以及对新知识的需要,即增加了运行和维护的成本。为了应对这些问题,FHWA 启动了另一个先进的交通控制系统的开发,其主要特点是更简化、用户友好且与当前的基础设施兼容(包括检测设备和硬件设备),即总体上运行和维护费用较低。该系统被称为 ACS Lite,尽管已在全美的 4 个地点进行了现场测试,但是还处于不断的改进过程中。

同时,欧洲各国也花费了大量的时间来跟上英国、澳大利亚和美国的先进的交通控制系统的发展。两个法国系统 CRONOS 和 PRODYN 是欧洲大陆早期的先进的交通控制系统的领先者,但并没有在法国或欧洲其他地方得以广泛实施。UTOPIA/SPOT 似乎在具有很多公交线路的意大利城市的路网内运行良好,但是 SPOT 在意大利之外的第一次实施(主要是机动车环境)并不成功。德国的先进的交通控制系统的开发和应用也经历了很多年才实现现实状况与系统实施需求的匹配,在德国,SITRAFFIC MOTION 和 BALANCE 代表了最新的系统。德国的系统面临着一系列的地方体制障碍,很长时间以来只是被专业人士视为科研工具。直到 20 世纪 90 年代末期,交通信号工程师才认识到这些系统的益处。德国的先进的交通控制系统的两个特点是:通过考虑估计的网络起讫点(origin destination, OD)交通流,它们尝试基于网络交通需求的变化来优化交通信号;它们的逻辑被调整以便能够与现场交通信号控制机和公交信号优先的德国工业标准一起工作。

总体而言,从 20 世纪 80 年代初期开始先进的交通控制系统就得以应用。尽管在美国至少开发了 25 个先进的交通控制系统,然而这些系统并没有被美国的交通信号工程师很好地理解。虽然这些系统的效益通过一些示范得以展示,但是一些专业人士认为这些系统并不会比基于时间的感应协调控制方案更优,而因为检测器的维护和通信等问题使得这些系统变得较为昂贵和复杂。

截至目前,SCOOT 和 SCATS 是在全球范围内应用最为广泛的两个先进的交通控制系统,本章在此主要介绍世界范围内的几个典型的先进的交通控制系统。

11.1 SCOOT 系统

SCOOT 即"绿信比-周期长-相位差优化技术",是一种对交通信号网络实行实时协调控制的自适应控制系统。由英国 TRRL(现为运输研究实验室,transport research laboratory, TRL)为主于 1973 年开始研究开发,1975 年在格拉斯哥市进行现场试验,1979 年正式投入使用。目前全世界已有超过 200 个城市在使用 SCOOT 系统。SCOOT 当前的版本是 SCOOT MMX SP1[1]。

11.1.1 SCOOT 基本原理

SCOOT 是在 TRANSYT 的基础上发展起来的,其模型及优化原理均与 TRANSYT 相仿。不同的是,SCOOT 是方案形成式控制系统,通过安装于各交叉口每条进口道上游的车辆检测器所采集的车辆到达信息,联机进行处理,形成控制方案,连续实时地调整绿信比、周期长及相位差 3 个控制参数,使之与变化的交通状况相适应,是一种在线交通信号控制系统。

SCOOT 主要由以下部分组成:交通量检测数据的采集与分析、仿真模型、交通信号配时参数的优化及调整、信号系统的控制。

SCOOT 系统由车辆检测器获得交通流信息,经过处理后形成周期流量图式(cycle flow profiles,CFP),然后与预先存储在计算机中的静态参数如连线上车队运行时间、信号相位顺序及相位时间等一起在仿真模型中进行计算。SCOOT 优化程序由此计算得到信号配时的最优组合,得到的最佳配时方案立即被送到信号机予以实施。

SCOOT 优化采用小步长渐近寻优方法,无须过大的计算量,从而可以跟随 CFP 的瞬间变化,使得配时方案的调整对交通流的连续性影响较小。

SCOOT 系统是一种两级结构,上一级为中央计算机,下一级为路口信号机。交通量的预测及配时方案的优化是在中央计算机上完成的;信号控制、数据采集、处理及通信是在信号机上完成的。

此外,对交通网络上可能出现的交通拥挤和阻塞情况,SCOOT 有专门的监视和应对措施。它不仅可以随时监视系统各组成部分的工作状态,对故障发出自动报警;而且可以随时向操作人员提供每一个交叉口正在执行的信号配时方案的细节情况、每一周期的车辆排队情况(包括排队队尾的实际位置)以及车流到达图式等信息,也可以在输出终端设备上自动显示这些信息。

11.1.2 系统架构

图 11-1 表示了 SCOOT 系统运行的概况。

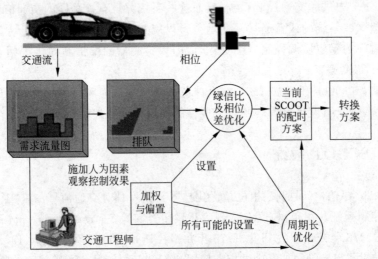

图 11-1 SCOOT 系统运行概况

图 11-2 显示了一个典型的 SCOOT 系统架构,SCOOT 系统可以实施集中式战略交通控制策略,对交通流的波动做出实时响应。集中式的系统也允许实施系统范围层面的控制策略。

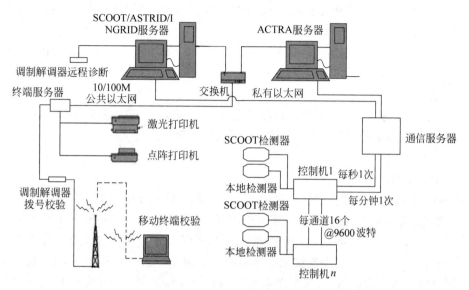

图 11-2 典型的 SCOOT 架构

11.1.3 SCOOT 优化过程

本节主要介绍一下 SCOOT 优化配时方案的主要环节。

1. 检测

SCOOT 主要使用环形线圈检测器实时地检测交通数据。为避免漏测和复测,线圈采用 $2m \times 2m$ 方环形。路边不允许停车的情况下,可埋在车道中间。所有车道都要埋设检测器,一个检测器检测一条或两条车道,两条车道合用一个检测器时,可跨在分道线中间。

SCOOT 通过实时检测来实现实时预测停车线上的到达图式、计算性能指标(performance index,PI)值的目的,因此检测器的合适位置是位于离停车线有相当距离的地点,一般希望设在上游交叉口的出口处,离下游停车线尽量远。选择设置检测器地点时,应考虑下列因素:

(1) 当两交叉口间有支线或中间出入口且其交通量大于干线流量的 10% 时,应尽可能把检测器设在该支线或中间出入口下游,否则须在支线或出入口上设置补充检测器。

(2) 检测器应设在公共交通停靠站下游,避免其他车辆因绕道而漏测。

(3) 检测器应设在行人过街横道下游。考虑到车辆通过检测器的车速要求基本上等于该路段上的平均车速,检测器离过街横道至少应为 30m。

(4) 检测器设在离下游停车距离至少相当于行车时间 8~12s 的路程或一个周期内车辆最大排队长度以上。

这样设置检测器的好处有以下几点:

(1) 可实时检测当时流量,实时预测到达停车线的周期流量图;

(2) 可实时检测当时排队长度,避免因车辆队尾越过上游交叉口而加剧交通堵塞;

(3) 可实时检测车辆拥挤程度。

这样设置检测器的缺点是不如设在靠近停车线处能实时检测饱和流量和执行感应控制的功能。

SCOOT 检测器可采集的交通数据有以下种类：①交通量；②占用时间及占用率；③拥挤程度，用受阻车队的占用率衡量。SCOOT 检测器每 0.25s 自动采集一次各检测器的感应信号，并作分析处理。

仿真研究表明，当检测器的损坏率达到 15% 以上时，SCOOT 的自适应控制的益处就会消失。

2. 子区

SCOOT 系统划分子区由交通工程师预先判定，系统运行就以划定的子区为依据，运行中不能合并，也不能分拆，但 SCOOT 可以在子区中有双周期交叉口。

3. 模型

1) 周期流量图——车队预测

SCOOT 中的周期流量图式同 TRANSYT 一样。不同的是 SCOOT 根据检测器检测到的交通信息（交通量及占用时间）经实时处理后，实时绘制成检测器断面上的车辆到达周期流量图。然后在检测断面的周期流量图上，通过车流离散模型，预测到达停车线的周期流量，即到达图式。SCOOT 周期流量图纵坐标的单位为 lpu(link profile units)，是一个交通量和占用时间的混合计量单位，其作用相当于 pcu 的折算作用。由于交通量的计量单位用了 lpu，相应地，停车线上的饱和流量的单位也改用 lpu。

2) 排队预测

图 11-3 说明了停车线上车辆排队长度预测的基本原理，右上侧是检测器实测的检测器断面上的到达图式，这个图每个周期都在更新；右下侧是停车线断面上预测的排队图。SCOOT 由计算机控制着信号灯的时间，因此计算机总知道信号灯的当前状态，并把在红灯期到达的车辆加入排队行列。绿灯启亮后，车辆以确定的"饱和流率"（事先储存于计算机数据库中）驶出停车线，直到排队车辆全部消散。由于车速、车队离散等都难于精确估算，因此，对预测的排队必须实地检验并给以修正，检验通常用实际观测的车辆排队长度同显示的预测排队长度作对比，例如预测排队长度未到达检测器断面，但实际上检测器已被车辆所占，说明 SCOOT 模型低估了排队长度。

3) 拥挤预测

为控制排队延伸到上游交叉口，必须控制受阻排队长度。交通模型根据检测的占用率计算拥挤系数，可以反映车辆受阻程度，同时因 SCOOT 检测器设在靠近上游交叉口的出口道上，当检测器测得有车停在检测器上时，表明排队即将延伸到上游交叉口。

4) 效能预测

同 TRANSYT 一样，SCOOT 用延误和停车次数的加权值之和或油耗作为综合交通性能指标 PI，但 SCOOT 有时也用拥挤系数作为效能指标之一。SCOOT 通过排队预测可预测各配时方案下的延误与停车次数。

拥挤程度对信号配时优化的影响随拥挤程度的加剧而增长，在配时优化中考虑降低拥挤程度时，也可把拥挤系数列为综合效能指标之一。

综合性能指标中取用的指标，应视控制决策而定。例如，在高峰时以降低车辆延误为主要控制目标；在短距离交叉口间，考虑到要避免车辆排队堵塞上游交叉口，可把拥挤系数作

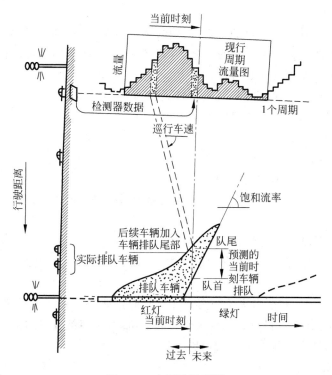

图 11-3 车辆排队预测

为控制目标之一。

另外,SCOOT 把饱和度作为优选周期长的依据,因为饱和度随周期长的加长(减短)而降低(增加)。饱和度达到 100% 时,势必发生严重的交通阻塞,所以 SCOOT 控制饱和度不超过 90%。

4. 优化

1) 优化策略

SCOOT 的优化策略:对优化配时参数随交通需求的改变而作频繁的适量调整。适量的调整量虽小,但由于调整次数频繁,就可由这些频繁调整的连续累计来适应一个时段内的交通变化趋势。这样的优化策略是 SCOOT 成功的主要原因之一,它有以下好处:

(1) 各配时参数的适量调整,不会出现过大的起落,可避免因配时突变而引起车流的不稳定;

(2) 由于对配时参数只需作适(定)量的调整,大大简化了优化算法,实时运算的自适应控制才可能得到实现;

(3) 频繁的调整,可避免对车流状况作长时间预测的难题;

(4) 配时参数每次调整量不大,但因调整频繁而总能跟踪交通变化的趋势。

2) 绿灯时长优化

绿灯时长优化即绿信比优化,有如下要点:

(1) SCOOT 对每个交叉口都单独优化其绿灯时长;

(2) 每一相位开始前几秒钟都要重新计算现行绿灯时长是否需要调整;

(3) 绿灯时长的调整量是 ±4s;

(4) 优选绿灯时长,即以调整 ±4s 后的 PI 值同维持原状的 PI 值作比较,选其中 PI 值小的方案；

(5) 调整量±4s是下一相位的所谓"周期性调整"，在下一次再要调整时，随正负方向保留1s的所谓"趋势性调整"，下一次的调整量，即在保留这1s基础上再进行调整4s，以利于跟踪在一个时段内的交通变化趋势；

(6) 此外，SCOOT在确定绿灯时长时，还须考虑交叉口总饱和度最小、车辆排队长度、拥挤程度及最短绿灯时长的限制等因素。

3) 相位差优化

相位差优化有如下要点：

(1) SCOOT以子区为单位优化相位差；

(2) SCOOT对每一个交叉口(无论其相位起始时间是否改变)在每周期前都要做一次相位差优化计算；

(3) 相位差的调整量也是±4s；

(4) 优化相位差的方法与优化绿信比一样，但以全部相邻道路上的PI值总和最小为优化目标；

(5) 优化相位差时，必须考虑短距离交叉口间的排队，SCOOT首先考虑这些交叉口间的通车连续性。必要时，可牺牲长连线上信号间的协调(可容纳较多的排队车辆)，以保证短连线上不出现排队堵塞上游交叉口的现象。

4) 周期长优化

周期长优化有如下要点：

(1) SCOOT以子区为单位优化周期长。

(2) SCOOT每隔2.5～5min对子区每个交叉口的周期长作一次运算。以关键交叉口的周期长作子区内的共用周期长。

(3) 周期长优化以子区内关键交叉口的饱和度限于90%为目标。饱和度小则递减周期长，减小通行能力，可使饱和度上升；接近90%时，停止降低周期长；饱和度大则递增周期长，提高通行能力，可使饱和度下降。

(4) 周期长的调整量为±4s～±8s。

(5) SCOOT在调整周期长时，同时考虑选择双周期信号，如因配双周期信号而能使整体PI值最优时，对选定的周期长可另作调整。

(6) SCOOT还考虑最短周期长与最大周期长的限制。

(7) 在周期长优化中，不考虑交通拥挤系数，所以SCOOT系统中，仅在绿信比与相位差优化中考虑拥挤系数。

$$LT = \sum l_t \times \Delta T \tag{11-1}$$

式中：LT——拥挤时间；

l_t——时刻拥挤长度，km；

ΔT——量测时间间隔，通常为5min。

该公式作为表示拥挤总量的指标，用于拥挤对策的事前、事后评价。调查地点可选瓶颈交叉口、路段、区域等。

5) SCOOT的数据库

SCOOT的数据库是按照从宏观到微观的模式分层组织的，主要包括如下层次。

区域：SCOOT 控制的整个区域，是 SCOOT 小区的集合。

小区：由一组节点构成，这些节点由 SCOOT 以同样的周期长进行控制。小区是由协调的节点构成的。

节点：在 SCOOT 控制中，一个交叉口就是一个节点。

连线：连线表示进入节点或离开节点的路段。基于与节点的位置关系，可以分为进入连线、普通连线、离开连线或过滤连线。

检测器：为特定连线检测交通流状况的线圈检测器或其他类型检测器。

相位：在一个周期内允许一组交通流同时通行的一段时间。

11.1.4 SCOOT 的扩展功能

近 20 年来，SCOOT 的功能不断扩展[1]。1995 年的 SCOOT 3.1 版已发展到包括支持公交优先、自动的 SCOOT 交通信息数据库（automatic SCOOT traffic information database，ASTRID）系统、综合事故检测系统（integrated incident detection，INGRID），以及车辆排放物的估算。

1998 年的 SCOOT 4.2 版新增了车辆排放估计的功能，可以基于道路或者区域估计车辆排放的 CO、CO_2、NO_x、微粒及挥发性有机化合物等污染物。

SCOOT 4.5 版提供了如下新的功能：①改进的公交优先控制策略——差别化优先；②改进的 gating 控制逻辑；③用户能够选择相位差优化模型中的目标函数，可以从平常使用的延误和停车次数的加权和改为估计的排放的加权和；④来自补充检测器的信息可以增加到常规的 SCOOT 检测器上或从常规的 SCOOT 检测器中去掉。

随后的 SCOOT MC3（managing congestion，communications and control，管理拥堵、通信和控制）在如下 4 个领域改进了 SCOOT 的运行：通信、拥堵控制、公交优先（开始使用跳相）和 Puffin 行人设施。

过去的多年里 SCOOT 开发了一系列的附加模块来控制拥堵。在 SCOOT MC3 中，通过增加拥堵监督器模块，将这些拥堵管理的特性进行了提升。拥堵监督器在后台持续运行来搜索和分析拥堵问题。它将报告它的结果并帮助工程师对 SCOOT 中可用的拥堵管理设施进行最优化的利用以管理交通拥堵。拥堵监督器是基于 SCOOT 系统已有的信息进行开发的。其目标是持续的在 SCOOT 控制的路网中监视拥堵，识别导致严重问题的连线并诊断源于这些连线的拥堵的可能的原因。拥堵问题和推荐采取的措施将直接通过 SCOOT 或监控系统报告给用户。拥堵监督器的目的是处理常发性拥堵而非由事故引起的偶发性拥堵。

SCOOT MC3 Service Pack 1 最大的特点在于考虑了行人优先。

2010 年推出了 SCOOT MMX（SCOOT Multi Modal 2010），SCOOT MMX 为交叉口的行人优先提供了附加的工具，改善了排放估计模块，提高了低交通流量期间的运行效率。

SCOOT MMX Service Pack 1 提供了一个新的工具来帮助改善关键路径的旅行时间可靠性。

11.1.5 SCOOT 系统的特点

SCOOT 系统具有如下特点。

(1) 它具有一个灵活的、比较准确的实时交通模型，不仅可以用来制定信号配时方案，还可以提供各种信息,诸如延误、停车和阻塞数据,为交通管理和交通规划服务。

(2) 它舍去长预测而采用短预测的形式,只对下一周期的交通条件做出预测,并对预测的结果进行控制,大大提高了预测的准确性和控制的有效性。

(3) 在信号参数优化调整方面,它采用频繁的小增量形式,一方面避免了信号参数的突变给受控路网内的运行车辆带来的延误损失;另一方面由于频繁调整产生的配时参数的累加变化,又可以与交通条件的较大变化相匹配。

(4) 它的车辆检测器埋设在上游交叉口的出口处,为下游交叉口信号配时的优化调整提供了较充足的时间,同时,又可以预防车队阻塞到上游交叉口——在这种危险状况出现之前采取措施予以防止。

(5) 它具有鉴别检测器运行状况的能力,一旦检测器出现故障,它能及时做出相应的决定,以减少检测器故障对系统的影响。

SCOOT 系统也存在一些不足之处:交通模型的确定需要大量的路网几何尺寸和交通流数据;相位不能自动增减,相序不能自动改变(在最新的 MC3 版中,有时为了极端的公交优先可以跳过无公交的相位);独立的控制子区的划分不能自动解决,需要人工确定;饱和流率的校核不能自动化,现场安装调试较为烦琐;初次安装需要现场实测众多数据用以系统校核,如路段走行时间、最大车队消散时间、饱和占有率等。

11.2 SCATS 系统

SCATS 控制系统是一种实时方案选择式自适应控制系统,由澳大利亚开发,20 世纪 70 年代开始研究,80 年代初投入使用。目前在数十个国家的 100 多个城市得到了应用。

11.2.1 SCATS 系统的结构

SCATS 的控制结构为分层式三级控制,由中央监控中心、区域控制机和信号控制机构成。

1. 中央监控中心

中央监控中心除了对整个控制系统运行状况及各项设备工作状态作集中监视外,还有专门用于系统数据库管理的计算机。对所有各地区控制中心的各项数据以及每一台信号控制机的运行参数作动态储存(不断更新的动态数据库形式)。交通工程师不仅可以利用这些数据作系统开发工作,而且全部开发与设计工作都可以在该机上完成(离线工作方式)。

2. 区域控制机

在 SCATS 系统中,可根据情况安装区域控制机,每个区域控制机可控制 250 个交通信号控制机。区域控制机的主要功能是:分析各交叉口控制机送来的车流数据,确定控制策略,对本地区各交叉口进行实时交通控制。同时,区域控制机还要将所收集的交叉口的各种数据送到控制中心作为运行记录保留并用于脱机分析。此外,区域控制机还要记录各交叉口控制机出现的故障。

3. 信号控制机

在 SCATS 系统中,每个交叉口都安装一台以微处理器为核心的交通信号控制机,其主要功能是:①采集交叉口各检测器提供的实时交通数据并加以初步分析整理,通过通信网络传送到区域控制机,用以调整配时方案;②接受区域控制机的指令,控制本交叉口各信号灯的灯色变换;③在实施感应控制时,根据本交叉口的交通需求,自主地控制各入口信号灯的灯色变换。

SCATS 在实行对若干子系统的整体协调控制的同时,也允许每个交叉口"各自为政"地实行车辆感应控制,前者称为"战略控制",后者称为"战术控制"。战略控制与战术控制的有机结合,大大提高了系统本身的控制效率。SCATS 正是利用了设置在停车线附近的车辆检测装置,才能这样有效、灵活。所以,实际上 SCATS 是一种可用感应控制对配时方案作局部调整的方案选择系统。

11.2.2 SCATS 的子系统及关键参数

1. 子系统的划分合并

在地区控制中心对信号控制机实行控制时,通常将每 1~10 个信号控制机组合为一个"子系统",若干子系统组合为一个相对独立的系统。系统之间基本上互不相干,而系统内部各子系统之间,存在一定的协调关系。随着交通状况的实时变化,子系统既可以合并,也可以重新分开。3 个基本控制参数的选择,都以子系统为计算单位。

SCATS 对子系统的划分,由交通工程师根据交通流量的历史及现状数据与交通网络的环境、几何条件予以判定,所定的子系统就作为控制系统的基本单位。在优选配时参数的过程中,SCATS 用"合并指数"来判断相邻子系统是否需要合并。在每一信号周期内,都要进行一次"合并指数"的计算,相邻两子系统各自要求的信号周期长相差不超过 9s 时,则"合并指数"累积值为 +1,反之为 -1。若"合并指数"的累积值达到 4,则认为这两个子系统已达到合并的"标准"。合并后的子系统,在必要时还可以自动重新分开为原先的两个子系统,只要"合并指数"累积值下降至零。子系统合并之后,新子系统的信号周期长,将采用原来两个子系统所执行的信号周期长中较长的一个,而且原来子系统的另一个随即放慢或加快其信号周期的增长速度,直到这两个系统的外部相位差方案得到实现为止。

2. 饱和度

SCATS 所使用的饱和度(degree of saturation, DS),是指被车流有效利用的绿灯时间与绿灯显示时间之比。

$$DS = \frac{g'}{g} \tag{11-2}$$

$$g' = g - (T - t \times h) \tag{11-3}$$

式中:DS——饱和度;

g——可供车辆通行的绿灯时间总和,s;

g'——被车辆有效利用的绿灯时间,s;

T——绿灯期间,停车线上无车通过(即出现空当)的时间,s;

t——车流正常驶过停车线断面时,前后两辆车之间不可少的空当时间,s;

h——必不可少的空当个数。

参数 g、T 及 h 可以直接由系统提供。

SCATS 系统认为:传统的饱和度通常与车辆尺寸和车头时距有关,对于混合交通流而言,各种不同尺寸的车辆到达检测器所在点的次序又是随机的,因此必须采用一种与车身尺寸无直接关系的参数来反映实时交通负荷情况。利用 SCATS 中提出的饱和度的概念，可以在一定程度上摆脱车辆尺寸及车头时距的影响，从而能够客观地反映真实的交通需求。

3. 综合流量

为避免采用与车辆种类（车身长度）直接相关的参量来表示车流流量，SCATS 引入了一个虚拟的参量即综合流量来反映通过停车线的混合车流的数量。综合流量 q' 是指一次绿灯期间通过停车线的车辆折算当量，它由直接测定的饱和度 DS 及绿灯期间实际出现过的最大流率 S 来确定。

$$q' = \frac{DS \times g \times S}{3600} \tag{11-4}$$

式中：q'——综合流量；
 S——最大流率。

11.2.3 SCATS 的参数优化

1. SCATS 控制参数优化机制

在所有交叉口的每一进口道上，都设置车辆检测装置，检测器分设于每条车道停车线后面。根据车辆检测装置所提供的实时交通数据和停车线断面的绿灯期间的实际通过量，算法系统选择子系统内各交叉口的共用周期长、各交叉口的绿信比及相位差。考虑到相邻子系统有合并的可能，也须为它们选择一个合适的相位差（即所谓子系统外部的相位差）。

作为实时方案选择系统，SCATS 要求事先利用脱机计算的方式，为每个交叉口拟订 4 个可供选用的绿信比方案、5 个内部相位差方案（指子系统内部各交叉口之间相对的相位差）以及 5 个外部相位差方案（指相邻子系统之间的差）。信号周期和绿信比的实时选择，是以子系统的整体需要为出发点，即根据子系统内的关键交叉口的需要确定共用周期长。交叉口的相应绿灯时间，按照各相位饱和度相等或接近的原则，确定每一相位绿灯占信号周期长的百分比。不言而喻，随着信号周期长的调整，各相位绿灯时间也随之变化。

SCATS 把信号周期长、绿信比及相位差作为各自独立的参数分别进行优化，优化过程所使用的算法以综合流量及饱和度为主要依据。

2. 信号周期长的选择

信号周期长的选择以子系统为基础，即在一个子系统内，根据其中饱和度最高的交叉口来确定整个子系统应当采用的周期长。SCATS 由前一周期内各检测器直接测定出的 DS 值中取出最大的一个，并据此定出下一周期内应当采用的周期长。

对每一子系统范围，SCATS 要求事先规定信号周期长的 4 个限值，即信号周期最小值（C_{min}），信号周期最大值（C_{max}），能取得子系统范围内双向车流行驶较好连续性的中等信号周期长（C_s）以及略长于 C_s 的信号周期长（C_x）。在一般情况下，信号周期长的选择范围只限于 C_{max} 与 C_s 之间，只有当关键位置上的车辆检测器所检测到的车流到达量低于预定限值时，才采用小于 C_s 乃至小于 C_{min} 的信号周期长。高于 C_x 的信号周期长是要由所谓关键进口车道上的检测数据（DS 值）来决定选用。这些关键车道是饱和度明显高于其他车道、需要较多绿灯放行时间而需要从信号周期的加长中得到优惠的那些车道。

为了维持交叉口信号控制的连续性，信号周期的调整采取连续小步距方式，即一个新的信号周期与前一周期相比，其长度变化限制在 6s 之内。

3. 绿信比方案的选择

在 SCATS 中，绿信比方案的选择以子系统为基本单位。事先为每一交叉口都准备了 4 个绿信比方案供实时选择使用，这 4 个方案分别针对交叉口在可能出现的 4 种交通负荷情况下，各相位绿灯时间占信号周期长的比例值（通常表示为百分数）。每一绿信比方案中，不仅规定各相位绿灯时间，同时还要规定各相位绿灯出现的先后次序，不同的绿信比方案中，信号相位的次序也可能是不相同的。也就是说，在 SCATS 中，交叉口信号相位的次序是可变的。

在 SCATS 的绿信比方案中，还为局部战术控制（即单个交叉口车辆感应控制方式）提供了多种选择的灵活性。受车流到达率波动影响，某些相位按既定绿信比方案享有的绿灯时间可能有富余，而另外一些相位分配的绿灯时间又可能不足。因此，在不加长和缩减信号周期长的情况下，有可能也有必要对各相位绿灯时间随实时交通负荷变化作合理的余缺调剂，这就要求在绿信比方案中对可能采用的调剂方式做出具体规定。在某些交叉口，可能有些相位的绿灯时间不宜接受车辆感应控制的要求而缩短，那么也要在方案中特别注意这些相位的绿灯时间只能加长而不能缩短。

绿信比方案的选择，在每一信号周期内都要进行一次，其大致过程如下：在每一信号周期内，都要对 4 种绿信比方案进行对比，若在连续 3 个周期内某一方案两次"中选"，则该方案即被选择作为下一周期的执行方案。在一个进口道上，仅仅把饱和度 DS 值最高的车道作为绿信比选择的考虑对象。

绿信比方案的选择与信号周期的调整交错进行，二者结合起来，对各相位绿灯时间不断调整的结果，使各相位饱和度 DS 维持大致相等的水平，就是"等饱和度"原则。

4. 相位差方案的选择

在 SCATS 中，内部、外部两类相位差方案都要事先确定，并储存于中央控制计算机中，每一类包含 5 种不同的方案。每个信号周期都要对相位差进行实时选择，其具体步骤如下。

5 种方案中的第一方案，仅仅用于信号周期长恰好等于 C_{min} 的情况；第二方案，则仅用于信号周期满足 $C_s < C < C_s + 10$ 的情况；余下的 3 个方案，则根据实时检测到的综合流量值进行选择。连续 5 个周期内，有 4 次当选的方案，即被选为付诸执行的方案。对于每一有关的进口道，都要分别计算出执行 3 种相位差方案（第三、四、五方案）时该进口道能够放行的车流量及饱和度。实质上，这与最宽通过带方法相似，SCATS 是对比上述 3 种方案所能提供给每一条进口道通过带宽度。当然，所能提供的通过带宽度越大，说明这一方案的优越性越明显。

外部相位差方案，也采用与内部相位差方案相同的方法选择。

11.2.4 SCATS 的特点

SCATS 具有如下一些特点。

（1）检测器安装在停车线处，不需要建立交通模型，因此，其控制不是基于模型的。

（2）周期长、绿信比和相位差的优化是在预先确定的多个方案中，根据实测类饱和度值挑选一个。

（3）SCATS 系统可以根据交通需求改变相序或跳过下一个相位（如果该相位没有交通请求的话），因而能及时响应每一个周期的交通请求。

(4) 具有局部车辆感应控制功能。

(5) 每个周期都可以改变周期时间。

(6) 可以自动划分控制子区。

11.2.5　SCOOT 系统与 SCATS 系统的分析与比较

SCOOT 与 SCATS 是当今世界上比较成功的先进的交通控制系统,这两种控制方式或系统是有区别的。具体不同点如下[2]:

1. 优化方法的不同

1) 周期时长

SCATS 和 SCOOT 都是根据交通拥挤程度来改变周期时长,但它们在下面几个方面是不同的:

(1) 在 SCOOT 中,改变周期时长的频率受到限制,最短为 2.5min 一次。而 SCATS 能够做到每一个周期都改变周期时长。但在更新周期时长时,这两个系统都采用几秒的小增量形式。

(2) 在 SCOOT 中,路径上的饱和度是通过停车线上游测量以及预先决定的饱和交通流的数值来估算的。而在 SCATS 中,拥挤程度是由在网络中道路的停车线处测量的饱和度来指示的。SCATS 还具有这样一个优点,即可以按照交叉口几何形状、车道利用情况、气候条件和驾驶人行为的变化,自行对饱和交通流进行校准。

(3) 在 SCOOT 中,周期时长的计算是在交通流分布图预报下游车队长度之后进行的。而在 SCATS 中,周期时长是由直接测得的所谓"饱和度"(DS)计算的。

(4) SCOOT 有双周期运行能力,即当网络周期时长太长时,交叉口能以它的一半作为周期时长运行;而当这个交叉口的交通需求较少时,它又能回到单周期运行。SCATS 则没有双周期功能。

在实际交通条件下,这两种系统选择合适的周期时长的精度是近乎相同的。

2) 绿信比

SCATS 中的绿信比是以周期长度的百分比表示,比例系数预先确定,并且每个路口都有 4 个。其预先确定的 4 种绿信比方案为 4 个不同的交通流模型规定了相应的车辆感应(vehicle actuated,VA)策略,这些模型通常对应于一天中不同的时间段。在 SCATS 系统中,这些 VA 策略借助于安装在停车线处的车辆检测器来实现。所以,SCATS 能及时响应当地交叉口的动态交通请求而不需通过一个周期时长的滞后。

SCOOT 没有 VA 功能,不能逐个周期地优化绿信比。在 SCATS 中,相位优化主要在车辆感应控制器中完成,这与将当地控制器进行分散控制的趋势是一致的。简言之,在绿信比最佳化以减少车辆延误和停车次数方面,SCATS 系统表现出更强的能力。

3) 相位差

相位差是和周期时长及绿信比紧密相关的,使这 3 个被控参数同时最佳化是最理想的。在 SCATS 系统中,相位差方案被预先确定并通过选择来与现行周期时长、相位方案或绿信比相匹配。由于检测器安装在停车线处,难以检测车队的行进,所以通常不能获得关于所采用的相位差的性能、效果的反馈信息。

SCOOT 的优越之处在于使用交通模型来使包括相位差在内的所有被控参数最佳化。

交通流模式被用来预报相位差的微小改变对网络中车辆排队长度的影响。所以,系统所优化的目标是明确的,它可按照选定的路径或子区域显示出来。

SCOOT 环形检测器安装在紧靠上游交叉口的地方,因而能指示出车队是否已经占满了两个交叉口之间的所有位置,并能采取特别行动以防止上游交叉口堵塞。所以,SCOOT 相位差优化方法显得比 SCATS 的选择方式要好。

2. 硬件及软件特点的区别

SCATS 系统采用三级分布式控制,早期的 SCATS 控制方式只能在 PDP11/34 系列数字计算机上实施,因为所有的 SCATS 软件是用特定的数字计算机汇编语言编制的。最新的 SCATS 已升级为可在各种计算机上运行的高级通用程序。

SCOOT 系统采用集中式控制(中心两台主机或一台主机)。与 SCATS 相反,SCOOT 软件最初就是用高级语言写成并能移植到其他任何计算机系统上。

另外,SCATS 系统的检测器是安装在停车线处,而 SCOOT 检测器则是安装在停车线的上游处。

3. 使用场合的不同

SCATS 系统适用于以干道为主的城市或交叉口间距较大的路段,SCOOT 系统适用场合则要求:①交通需求与交叉口容量接近;②交通需求难以预知;③交叉口间距小。

4. 其他方面

由于两种系统的结构不同,其数据传输过程也不同。SCATS 是由监控级到分区级,再由分区级到终端;SCOOT 直接由交叉口信号机到中央计算机。在控制效果方面,两者类似。

综上所述可知,在周期时长的优化方面,SCATS 和 SCOOT 性能接近。SCATS 能比 SCOOT 更好地估计拥挤程度,但没有 SCOOT 那种自动转换双周期运行的能力。在绿信比优化方面,SCOOT 比 SCATS 要差一些,这是由于它不能把复杂的车辆感应运行模型化,而且在停车线处没有检测器。SCOOT 的类似 TRANSYT 的相位差优化方法在确定优化目标(网络中的排队长度)以及实际优化过程方面都是比较好的。SCATS 系统由于在停车线上游处没有检测器,因而不能提供车道行进的反馈信息。

从现场评价看来,无论是 SCATS 还是 SCOOT,都还不能说是完美的动态控制技术。所以很有必要进行进一步的研究与开发,例如 SCOOT 需要进一步改善其建模能力,以及将局部交叉口的车辆感应控制策略包括在其交通数学模型之中。而 SCATS 则可以在相位差的优化方面通过交通建模或行进车队的信息反馈来加以改善。

11.3 SPOT/UTOPIA 系统

SPOT/UTOPIA 系统是意大利 Mizar Automazione 公司开发的分布式实时交通控制系统。其最早版本于 1985 年安装在意大利的都灵(Turin)市,现已有 150 个路口安装了 UTOPIA,取得了比较满意的效果。目前,Peek 公司拥有 SPOT/UTOPIA 系统的版权。该系统在意大利、挪威、荷兰、瑞典、芬兰和丹麦等国应用较多,在英国和美国有个别城市在使用该系统[3]。

SPOT/UTOPIA 系统由两部分组成:区域和本地。其结构如图 11-4 所示,UTOPIA

是比较高级的区域控制,其优化过程使用基于历史数据的宏观交通模型。SPOT 完成本地优化工作,在每个交通控制机上使用微观模型,利用本地控制机和区域模型的数据优化单个交叉口控制。

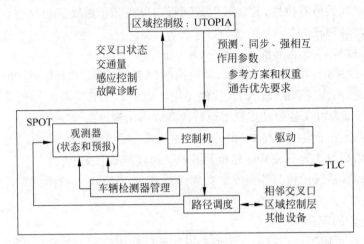

图 11-4　SPOT/UTOPIA 系统的结构

11.3.1　SPOT

SPOT 独立工作时是一个小型的分布式交通控制系统,一个 SPOT 系统管理的交叉口一般不超过 6 个。当用于 6 个交叉口以下时无须安装中心计算机,当系统较大时,需要增加 UTOPIA 中心计算机控制系统。每一个交叉口机必须安装一个 SPOT 单元(要求为一 386 以上的工控机),可以与交通灯控制机(traffic light controller,TLC)及其他路口机通信。

在每个交叉口,SPOT 寻求使总费用函数最小,这个"费用"函数主要考虑了延误、停车次数、剩余通行能力、上级控制所建议的区域控制策略、公交车辆或其他车辆的停车以及行人过街请求和其他特殊状况。SPOT 不断地进行重复和调整来使交叉口费用函数最小,在每个计算周期,所有的 SPOT 单元都与它们相邻的 SPOT 单元交换有关交通状态和优先策略的信息。优化目标是:尽可能保证在公交车不遇红灯的前提下,私家车总的旅行时间最短,因此最大权重赋予了公交车辆在交叉口的损失时间项。

SPOT 在优化时有两个控制原则:预测(每个 SPOT 单元从上游交叉口接收实时的到达预测)和强交互(在局部优化时,每个控制单元都考虑它可能给下游交叉口带来的负面影响)。相邻的交叉口每 3s 交换一次数据,同时各交叉口信号控制机在滑动时间窗(rolling horizon)上进行一次优化,该时间窗的长度为 2min,这意味着每次优化的结果只能运行 3s。需要时,区域控制级 UTOPIA 可以参与进来调整交通需求的预测并修改本地参数。

事实上城市交通需求是在持续不断变化的,虽然有快有慢。在 SPOT 和 UTOPIA 中都有一套完整的用于估计交通需求和交通模型参数的运算规则。在 SPOT 中,每 3s 估计一次排队长度,每个周期改进一次转弯比例和路段通行能力。同时还有一个拥挤检测模型,这些特征大大降低了系统调整和反复的时间。

SPOT 能够为所有的交通状况提供良好的自适应控制,当交通流有较大的、突然的、不可预知的变化时可以发挥更大的作用,例如在高速公路进入市区时或者市内铁路与公路交叉处,这主要是因为 SPOT 是真正的实时自适应。在不牺牲自适应性能的前提下 SPOT 可以给予公交车辆或者其他特殊车辆以绝对优先。

SPOT 控制单元并不直接控制信号灯,而是控制交通信号控制机,同时从交通信号控制机处获得传感器数据或者直接从车辆检测器获得数据。SPOT 控制单元还可以与可变信息标志、导航系统的信标控制器等相连。

SPOT 单元被连成一个局域网,通信结构可以是放射状的、栅格状的或层状的。每个 SPOT 单元都是网络的一个节点,具有完全的消息链路能力,从而任何一个 SPOT 单元都能把信息传送到恰当的终端。这个特征大大降低了安装和维护费用,并且增强了系统的鲁棒性。

11.3.2 UTOPIA

UTOPIA 使用一个网络中的中心计算机来运行,UTOPIA 为网络中的每个子区计算优化的控制策略,每个子区有共同周期长度。UTOPIA 提供一个事件调度程序和一个转换模型,它可以为其他系统提供 TCP/IP 协议接口。在运行过程中,系统维护着一个历史数据库,包括有规则的流量、转弯比例、饱和流量和使用的周期等。UTOPIA 还维护着一个统计数据库,主要是对历史数据库进行特定的统计计算。

UTOPIA 主要提供如下功能。

设备诊断:实时监视交叉口设备的状态(TLC、路旁单元、检测器、通信线路、其他外围设备)。

交通数据检测:持续地实时监视控制区域内的交通数据(周期时长、排队长度、饱和流率、交通流量和转弯比例等)并定期更新。

性能监测:通过交叉口设备的有效性指标和失效指示器来实时监视系统性能。

历史数据分析:对关于测量的和估计的交通数据及诊断信息的文件进行自动管理,包括分析检测数据、历史状态的可视化、历史数据与当前数据的比较等。

定期报告的生成和传输:通过电子邮件(E-mail)定期传输有关系统和设备功能的统计报告,报告形式和配置可以由用户进行个性化定制。

自动报警生成:可以通过短信服务(short message service,SMS)和(或)E-mail 来传送报警的自动生成。报警生成可以在以下方面进行个性化定制:与报警有关的交叉口的选择、为选定设备和参数定义报警阈值、为每个收件人选择报警类型、报警接收者的数目和 E-mail 地址。

服务管理:这项功能允许对其他人员进行权限设置。

为规划提供仿真环境:在线的网络仿真工具可以进行不同场景的比较分析。它能使交通工程师们基于不同场景的拓扑结构和 OD 矩阵在路网上模拟交通分配。可以仿真传统的系统控制和 UTOPIA,从而可以用来评价 UTOPIA 安装后的影响或者评价对现有系统改进的影响。

与系统的灵活交互:在监视系统和机器性能的同时,授权用户可以直接进行功能参数的设置并将命令发送给 UTOPIA 系统。

根据 UTOPIA 的体系结构,交叉口控制机通过与相邻交叉口控制机进行交互以及与中心系统计算的区域控制参考策略进行交互来控制信号交叉口。

11.3.3 中心软件

SPOT/UTOPIA 系统的中心软件主要包括如下几个模块。

1. 监视器模块

监视器模块的主要作用是：验证由区域控制机提供的交通和控制数据，维护历史数据库并进行相关统计；计算动态交通参数和改进交通控制中心（traffic control center，TCC）使用的模型。

数据存储和统计功能是在线工作的，直接接收 Log 文件系统验证和处理的数据，并将这些结果存储在历史数据库和统计数据库中。交通模型函数将从计算模型动态参数和更新网络目前状态的数据库中选择数据。

2. 区域控制模块

区域控制模块在区域层次上计算网络的最优控制并为 SPOT 控制机提供实施控制所必须的协调参数，这些参数主要包括参考方案和权重。

区域控制机将从监视器模块接收网络的当前状态（交通流量、转弯比例、饱和流量），而监视器模块的数据则由来自 SPOT 控制机的数据进行更新。同时它还将接收来自集成控制模型的有关目前网络中特殊状况的信息以及目前的网络控制策略（目标参数）。在这些信息的基础上它将计算网络的最优稳态控制。最优稳态控制并不计算整个网络，而是计算网络中一些独立的子区，这些子区包括了那些具有类似交通特征的交叉口，从而在一个子区内的所有交叉口都可以利用同样的周期长度。

3. 事件管理器模块

事件管理器模块能够自动管理路网中的特殊事件，在不需要操作者干涉的前提下尽可能自动地进行设备的中央集中控制。这个模块将基于以下原则来设置 TLC 是基于中央控制还是局部操作：相关 SPOT 单元的状态、相邻交叉口的 TLC 状态、其他 SPOT 的故障。

它能在特定的时间或以特定的频率为本地单元制定命令分派的进度表，从而来对可预测的或周期性的事件提供最优化的管理。

4. 中继模块

使用中继模块主要是为下面两种状况提供接口：

在 TCC 和其他将来的可能给 TCC 发送有用信息的系统之间；

从 TCC 到其他服务或功能之间，这些服务或功能必须接收交通数据（交通流量、转弯比例、实时周期）、环境数据或设备故障监测信息等。

5. 前端处理器

前端处理器软件由两个模块组成：前端模块和故障管理模块。

前端模块：提供 TCC 软件和 SPOT 控制机网络之间的接口。它应当采集来自 SPOT 控制机的数据并把它们传送给 TCC，应当能使 TCC UTOPIA 软件的其他模块也可以给 SPOT 控制机发送信息和命令。对于那些只是经过 TCC 而要到达其他节点的信息而言，前端模块还充当一个路由器的作用。

故障管理模块：故障管理模块（fault manager module，FMM）在前端模块与组成交通控制中心的其他模块之间形成一个接口。这个程序模块运行在与前端模块分离的机器上，它将监视、分析和报告 SPOT 控制机的运行状态,而这些状态对 TCC 模块来讲也是可用的。故障管理模块不需要操作者的干预就可以自动地执行所有维护交通控制系统效率的动作,它定期检查 SPOT 控制机的状态,存储检查结果,跟踪 SPOT 单元性能并为以后的评估提供信息。

11.3.4 交互和监视工具

1. 操作者终端模块

该模块为操作者提供交互环境,从而使得操作者可以监视网络的状态、向本地单元发送命令以及接收历史交通数据。

对于故障管理功能,通过对路网的图形和表格显示,终端模块可以显示不同外围设备的状态,包括 SPOT 单元、交通控制机、通信线路等。

通过并行处理,操作者能够通过发送命令(对 TLC 进行中心控制还是本地控制)与本地单元进行交互,或者通过修改交叉口的控制参数或对相位的限制来与本地单元进行交互。交通监视功能可以以图形化方式显示各个交叉口目前的命令和信号控制周期的平均持续时间。所有观测值的统计信息可以通过图表的格式显示。

2. 远程分析工具

远程分析工具通过图形用户界面来分析对 SPOT 控制器的操作。它对一些参数保留有非常详细的信息,例如排队长度计算、目前的信号方案、反映交叉口特征的参数的计算等,将显示出用于计算的参数和变量的当前值。

通过不同的程序可以实现对单元的实时操作或者离线操作。离线程序可以显示几个单元的信息,而在线程序只能显示一个单元的信息。

3. 本地分析工具

利用图形界面,可以通过本地连接的笔记本电脑提供本地分析程序来分析 SPOT 单元的操作。它将提供以下全部信息:排队长度计算、目前的信号方案、反映交叉口特征的参数的计算。

它可以显示用于重新计算中使用的参数和变量的数值,能够传输命令从而将控制中心的特定功能传送到本地层,包括 SPOT 单元的再次初始化和操作状态的修改等。

4. 预测监视工具

提供预测监视工具的主要原因是监视传送给本地控制机的优先通行请求,它允许对进入交叉口的车道进行图形化显示并且允许观测如何改变交通信号控制策略来给特定车辆以优先通行。它能够直接通过读取或者打印来自 Log 文件系统的信息来进行在线或离线分析。

5. 公共交通定位

该模块为中心系统的可选模块,接收来自公共交通检测器的信息,描述车辆在下一个交叉口的到达预测,在控制路网内估计公共汽车的旅行时间。该模块与预测监视工具联合使用。

6. 报告工具

这个模块可以对数据库进行打印输出,用来进行分析和排除故障。SPOT 数据库的任何一部分都可以被查看和打印,可以为一个或每个控制进行报告打印。

7. 数据库管理者

系统提供以下的数据库和数据库管理者。

1) 拓扑数据库和维护管理者

拓扑数据库包括了路网模型和所有位于它之上的外围必需信息。这个数据库将形成一些通用的参考，或者作为一个信息源或者作为一个译码参考，可以被中心和本地所有的子模块使用。

该数据库是 MS Access 格式，由一个指定的维护模块进行加载，这个模块为操作者提供一个简单的界面。在加载和数据修正阶段这个加载模块可以自动更新数据库，同时执行真实性和一致性检查来确保维护数据库的完整性。

2) 模块数据库和配置管理者

模块数据库(module database, MDB)是由控制中心不同模块在初始化阶段所使用的一系列二进制文件所组成。这些文件描述了交通控制系统网络组件。

模块数据库由配置管理者根据拓扑数据库自动产生，主要为以下模块所用：故障管理者/监视器/操作者终端模块、区域控制模块、前端模块、SPOT 控制机等。

3) 历史和统计数据库

历史和统计数据库将提供交通控制系统的长期信息，它由一系列文件组成。这些文件包括了由不同层次的检测器计算和度量的各变量的日常变化，主要的变量包括：检测的交通流量、转弯比例、饱和流率、执行周期。

11.3.5 SPOT/UTOPIA 系统特点

SPOT/UTOPIA 系统具有如下几个特点。

(1) 系统在设计和开发过程中考虑了公交优先的功能，因而其控制目标是：在尽可能保证公交车不遇红灯的情况下，使私家车总的旅行时间最短。为了实现这一目标，该系统在最小化目标函数中，引入权重的概念。最大权重赋给公交车在交叉口的损失时间项。

(2) 系统为了保证子区控制的最优性和鲁棒性，采用的"强相互作用"概念，即本交叉口的目标函数要考虑相邻交叉口的状态及区域控制级给出的约束条件。

(3) UTOPIA 要为整个网络进行最优控制决策，它接收各 SPOT 单元发来的交叉口状态信息，确定子区的划分、子区的最佳周期(每个子区在同一周期下运行)、最佳权重等。该系统除了与 SPOT 通信外，还可通过 TCP/IP 接口与更上一层的系统(如交通指挥中心)交换信息。UTOPIA 在运行过程中还建立了一个实际状态信息数据库，以便在系统故障时，可进行后备方案选择。

欧洲的公共交通比较发达，而 SPOT/UTOPIA 系统的公交优先功能比较完善，因而应用较多，并且在多个城市的实际应用表明，SPOT/UTOPIA 在公交优先方面可以得到良好的效果。但 SPOT/UTOPIA 系统在美国内布拉斯加州(Nebraska)奥马哈(Omaha)市的应用情况并不理想，一方面说明美国的公共交通并不发达，该系统发挥不了其特长；另一方面说明该系统在交通信号控制策略上还存在不足，需要进一步改进。

本章在此结合交通信号控制系统的应用介绍了几个较为典型的系统,目前全球范围内应用着多个交通信号控制系统,其他一些系统可以参见拓展阅读。

拓展阅读 1
VS-PLUS

拓展阅读 2
MOVA

拓展阅读 3
MOTION

拓展阅读 4
CRONOS

拓展阅读 5
SMART NETS/TUC

拓展阅读 6
OPAC

拓展阅读 7
RHODES

拓展阅读 8
PRODYN

参考文献

[1] SCOOT. SCOOT—The world's leading adaptive traffic control system. [EB/OL]. (2015-2-5) [2020-06-01]. http://www.scoot-utc.com/.
[2] 罗霞,刘澜. 交通管理与控制[M]. 北京:人民交通出版社,2008.
[3] 李瑞敏. SPOT/UTOPIA 交通信号控制系统[J]. 中国交通信息产业,2004(6):69-71.

第12章 交通信号优化软件

如果说单点信号控制尚可以考虑采用手工计算的方法来进行配时参数的优化,那么对干线或区域协调控制的情况,已经难以采用手工的方法来进行信号配时的优化计算。因此,根据信号配时优化工作的需要,逐渐出现了一些计算机软件可以协助交通工程师们进行配时优化。所有的这些软件都是基于对真实世界的抽象,因此都有其内在的缺点和特长。

2004 年开始,FHWA 持续进行一项关于交通分析工具的研究工作,将交通分析工具分为 7 类,其中一类即为交通信号控制优化软件,其设计用来开发最优化的相位方案和配时方案,可以用于单点交叉口、干线及区域路网的信号控制。其功能也可能包括通行能力计算、配时参数(周期时长、绿信比、相位差)优化等,有些信号配时优化工具也可以用来进行匝道控制的优化。

本章介绍几个目前常用的交通信号配时优化软件及仿真工具,主要介绍各个软件的特点及功能,本章附录给出一些典型的信号配时优化工具及其访问地址。

12.1 Synchro Studio

12.1.1 主要模块

Synchro Studio 是一套提供交通规划及分析、优化和仿真的产品组合,由 Trafficware 公司开发,2019 年的最新版本是 Synchro Studio 11 版,该版本支持 HCM(第 6 版)、HCM2010 及 HCM2000 中的方法。Synchro Studio 的主要模块包括:Synchro——建模及配时优化、SimTraffic——微观仿真及动画功能、3D Viewer——三维查看器。另有两个支撑模块:Warrants——基于 MUTCD 的标准评估交叉口网络、TripGen——基于 ITE 的出行生成手册计算预期出行量。

Synchro 是一个微观分析及优化软件。Synchro 实施交叉口通行能力利用率(intersection capacity utilization,ICU)分析方法来确定交叉口的通行能力。对于信号控制交叉口和环岛,Synchro 也支持 HCM 中的方法,可以与公路通行能力软件(highway capacity software,HCS)交互使用。由于该软件非常易于使用,使之成为领先的交通分析工具之一。

SimTraffic 是一个功能强大、易于使用的仿真软件,其在驾驶人和车辆性能的定义方面和 Corsim 相同,但它数据输入更简单,结果输出更快,可以执行有关车辆和行人的微观仿真及动画演示。通过 SimTraffic,可以对每辆车进行建模并显示车辆通过路网的情况。SimTraffic 可以对信号控制交叉口及无信号控制交叉口进行建模,也可以对高速公路路段进行建模,车辆种类则包括小汽车、卡车、行人及公交车。与其他一些仿真软件不同,SimTraffic 的动画在仿真进行的同时就能够演示。SimTraffic 的仿真步长为 0.1s,模拟结果较为准确。

在 SimTraffic 中使用 3D Viewer,用户可以自动生成任何二维模型的三维视图,通过使用模型库中的三维模型或用户自己的三维模型(.3ds 文件)可以个性化地定制场景。

Synchro Studio 软件还有其他一些附带的规划和分析组件,包括:

(1) Warrants 模块:这是一个易于使用的模块,通过该模块,交通工程师能够确定一个交叉口是否需要进行信号控制。它可以一次性地评估整个路网中的全部交叉口,并且可以为每个交叉口分析多个流量时段。如果用户在 Synchro 里创建模型,则可以将这个模型的交叉口数据如几何渠化和流量信息等方便地传送到 Warrants 中。同样,也可以将 Warrants 中的交通流数据传送到 Synchro 中。在 Warrants 里可以创建一份包含所有交叉口的专业报告,且可以从报告预览屏里复制相关内容到其他应用程序里,如 Word。

(2) TripGen 模块:最初由 Microtrans 开发,是一个简单易用的计算出行生成的工具,其理论基础是美国 ITE 的第九版的交通生成手册。分析人员可以选择期望的独立变量,随后通过交通生成手册中的比率或公式计算机动车流量。该模块可以考虑混合土地开发的支路出行和内部出行,允许自定义根据当地研究所确定的个性化出行比例。该模块未来的版本将会整合到 Synchro 中,从而显著降低分析交通影响的时间。

(3) CID(controller interface device,控制器接口设备)模块:该模块衔接 SimTraffic 控制机界面软件和交通信号控制机。这种软硬件之间的链接以实时半实物仿真著称,允许分析人员使用实际的信号控制机硬件来微调信号配时方案。CID 的半实物仿真允许分析人员在办公室就能够方便地测试交通信号控制机的特征,而不需要去现场作业。

(4) ICU 模块:ICU 方法对于应用操作而言更精确且问题更少,可以用于规划应用,例如未来道路的设计和地点影响研究。ICU 的目标函数是 v/c 比而不是延误,其设计目标是衡量一个交叉口的真实的通行能力。ICU 方法可以用来与基于延误的方法同时使用,例如 Synchro 和 HCM 中的方法。ICU 最终可以给出一个交叉口的性能指标。

12.1.2 Synchro 的主要功能

总体而言,Synchro 主要能够实现如下功能:
(1) 单一交叉口/干道/网络系统的通行能力分析;
(2) 单一交叉口/干道/网络系统的现状服务水平分析;
(3) 单一交叉口/干道/网络系统的现状信号运行效果评估;
(4) 单一交叉口的信号配时设计;
(5) 干道/网络系统的信号协调配时设计。

具体而言,Synchro 的典型功能包括如下四方面。

1. 通行能力分析

Synchro 采用 ICU2003 方法计算交叉口的通行能力,把当前流量同交叉口最大通行能力相比较。Synchro 采用了 HCM 中城市道路、信号交叉口和无信号交叉口的计算方法。Synchro 是进行单交叉口通行能力分析的易用工具,所有的参数都被输入到一个简单易用的表格中,计算过程和中间结果也显示在同一个表格中。

2. 信号配时优化及协调控制优化

除了计算通行能力外,Synchro 还能优化信号周期时长、绿灯时长和相位差,其无须测试多种配时方案,可以快速生成最优方案。Synchro 的优化目标是最小化停车次数和延误。Synchro 在优化时直接考虑各类延误,总延误包括传统的控制延误和排队延误。Synchro 的交互性很强,如果输入数据改变,计算结果会自动更新。配时方案用易于理解的配时图表进行显示。如果交叉口为协调控制,Synchro 则考虑绿波带宽最大的控制目标,可以直接计算绿波带系数并估计协调控制的效果。

Synchro 中使用的周期时长的优化指标为[1]

$$PI = \frac{(D + 10S_t)}{3600} \tag{12-1}$$

式中：PI——性能指标；
　　　D——总延误,s；
　　　S_t——车辆停车次数。

Synchro 沿用了 HCM 中提供的 Webster 延误模型,并提出了一种更为复杂的百分比延误计算方法(percentile delay method,PDM)来计算延误。与 HCM 所采用的 Webster 延误计算模型相比,PDM 方法在计算以下 3 种情况的延误时更占优势：①相邻路口协同式信号配时；②全感应与半感应式信号配时；③接近饱和或过饱和情况下的信号配时。PDM 方法需要首先计算某一百分比车道组流量下的每周期延误和车辆平均延误；然后计算百分比车道组调整流量和平均百分比延误。每周期延误的计算式为

$$V_{D_P} = \frac{V_P \times (C - G)^2}{2(1 - V_P/S)} \tag{12-2}$$

式中：V_{D_P}——选用百分比 P 时的每周期车辆延误；
　　　V_P——百分比情形 P 时的车流量；
　　　S——饱和流率；
　　　G——绿灯时间,s；
　　　C——周期时长,s。

Synchro 优化后生成的报告中,分别给出的有 95% 排队长度及 50% 排队长度两个结果。排队长度是指在一个信号周期内车辆排队的最大距离。

3. 感应式信号控制优化

Synchro 提供了一个详细的、自动的感应式信号控制模型,可以直接对跳相和空相进行建模,并把这些信息应用到延误模型中。

Synchro 的优化过程可以分解如下：
(1) 为每个交叉口单独设置最初配时方案；
(2) 系统将网络划分为子网络；
(3) 对每个子网络优化其共用周期长；
(4) 优化各个交叉口的相位差和绿信比。

4. 时距图

Synchro 中的时距图为用户提供了大量信息,用户可以在表中直接修改绿灯时间和相位差。Synchro 有两种形式的时距图,绿波带形式的时距图显示了车流在干线上的畅通程度;交通流形式的时距图显示了停车、排队、起动的个体车辆,以此更加清楚地描述了交通流的实际状况。

12.1.3 SimTraffic 的主要功能及特点

SimTraffic 是配合 Synchro 所开发的微观仿真软件,可以对由信号控制和无信号控制交叉口(包括环型交叉口)构成的路网进行建模及仿真。用户使用 Synchro 构建路网模型及配时方案后,即可通过单击相应按钮立即执行 SimTraffic 进行仿真,并在 SimTraffic 的界面下观察该路网的交通流运行状况。SimTraffic 的主要目的是检查和调整交通信号运行状况,尤其适用于分析不易宏观建模的复杂情况,包括:

(1) 存在堵车问题的距离很近的交叉口;
(2) 存在换道问题的距离很近的交叉口;
(3) 信号灯对附近无信号交叉口和车道的影响;
(4) 严重拥堵的交叉口。

SimTraffic 可仿真的内容包括:定时信号、感应信号、双向停车交叉口、全停交叉口、环形交叉口、高速公路、弯道、车道增减、小汽车、卡车、公交车、行人、右转交通岛、曲线路线等。

SimTraffic 的性能指标主要包括:减速延误、停车延误、停车次数、排队长度、车速、行驶时间和距离、耗油量和耗油效率、尾气排放量、观测到的感应绿灯时间等。

目前 SimTraffic 不能为匝道控制、公交车站、公交车路线、公交车和共乘车专用车道、轻轨、路边停车和短时事件建模,以后的 SimTraffic 版本可能会增加这些内容。

SimTraffic 的几个主要功能领域如下。

1. SimTraffic 仿真模拟

SimTraffic 对机动车交通流进行微观模拟并可用动画展示,可以为单个车辆建模,显示它们在路网上的运行状况。SimTraffic 能为信号控制和无信号控制交叉口、高速公路路段建模,交通流包括小汽车、卡车、行人和公交车。与许多其他建模应用软件不同,SimTraffic 在进行模拟的同时显示动画。用户可以直观有效地输入数据,可以在 SimTraffic 中对用 Synchro 创建的数据集进行模拟。

2. 3D 动画

SimTraffic 可以创建 3D 文件,这些文件可用 Trafficware 3D Viewer 观看。用观看器的 3D 环境回放 SimTraffic 数据时,可以选择 3 种主要的模式:scene、ride 和 track。在 3D Viwer 中,还能创建风景图像,以改进默认的背景。

SimTraffic 可以在 3D 播放器里创建 AVI 格式的数字视频。在 3D 视图窗口里,用户可以在视图里靠近模型的位置处添加建筑物、树木或者其他模型,创建具有真实感的仿真模型。

3. 控制器界面(controller interface,CI)

SimTraffic CI 模拟车辆和检测器的运行。检测器发出的信号通过控制器界面 CI 装置传给控制机,让控制机如存在实际的交通流一样运行。控制机得出的当前相位信息再通过 CI 装置返回给 SimTraffic CI。SimTraffic CI 和 CI 装置软件每秒进行 10 次数据交换。

Synchro 软件由于同时结合了道路通行能力分析、服务水平评估及信号配时优化等多项功能，且同时适用于城市单一交叉口、干道系统与网络系统等多种道路网络类型，亦可以处理无信号控制交叉口、环岛及立交桥等类型设施，故被世界各国的交通工程师广泛使用。

由于 Synchro 软件所依据的 HCM 标准中的参数是根据美国的情况（如汽车性能、驾驶人的行为习惯、交通法规、饱和流率等）设定的，没有计入非机动车对交通的影响，故在使用默认参数值的情况下难以较准确地模拟中国城市交叉口的交通状况。但是 Synchro 在信号配时优化、性能指标评价等方面有其独特的优势，当能够对一些相应参数进行本地化修正的情况时，可以为我国的交叉口优化、评价等工作提供一定参考意义。

12.2 PASSER

12.2.1 概述

PASSER(Progression Analysis and Signal System Evaluation Routine，进程分析与信号系统评价程序）是得克萨斯交通研究所（Texas Transportation Institute，TTI）的一个注册商标。30 多年前开发时，PASSER 的第一个版本是期望能够实现实时应用，当时成功地安装到了达拉斯的 4 个交叉口提供实时控制。PASSER 也是第一个能够优化多相位交通信号相序的软件。PASSER 系列目前主要包括如下 4 个软件包用来分析和优化信号配时。

(1) PASSER Ⅱ-02：基于 Windows 的用户界面友好的信号配时优化程序，主要用于主要干道协调控制。该程序寻求双向干道绿波带宽最大化及信号控制延误最小化，能够用于评价单点信号控制交叉口或信号控制的干线的运行效果。（详见本章拓展阅读 1）

(2) PASSER Ⅲ-98：基于 Windows 的用于分析和优化信号控制钻石型交叉口的程序。该程序能够评价现有的或建议的信号控制策略，确定车均延误最小的信号策略。可以为最多 15 个单行通道上的连续立交交叉口提供信号配时方案，对于相邻立交交叉口，PASSER Ⅲ最大化道路的通过带宽。（详见本章拓展阅读 2）

(3) PASSER Ⅳ-96：基于 DOS 的用于由多条干道构成的道路网络的信号配时工具，它能够最大化全部干道方向的绿波带宽。PASSER Ⅳ既能够优化单条干道的配时也能够优化多条干道构成的闭环网络的配时。（详见本章拓展阅读 3）

(4) PASSER Ⅴ-09：基于 Windows 的用户界面友好的信号配时程序，可同时用于主干道和钻石型交叉口。PASSER Ⅴ包括了图形界面下 PASSER Ⅱ的关键特征，并且提供了新技术来生成最小化系统延误的配时方案。

拓展阅读 1

PASSER Ⅱ-02

拓展阅读 2

PASSER Ⅲ-98

拓展阅读3
PASSER Ⅳ-96

12.2.2　PASSER Ⅴ-09

PASSER Ⅴ-09 是 PASSER 系列软件的最新版本，具有图形化用户界面并集成了当前最好的优化技术。程序主要功能集中在沿干线的两个或多个交叉口的协调控制上，同时也提供分析单点信号配时的基本功能。PASSER Ⅴ能够生成以最大化绿波带宽或最小化系统延误为目标的信号配时方案，它的交通仿真部分能够分析沿信号控制干线的非饱和及过饱和交通状态。

1. PASSER Ⅴ中的优化算法

PASSER Ⅴ使用了一系列优化算法，包括干扰最小化、穷举搜索及遗传算法。

1) 干扰最小化算法

该算法是 PASSER Ⅱ使用的算法的改进版。在此首先介绍 PASSER Ⅱ使用的干扰最小化算法，然后描述 PASSER Ⅴ中的修改。

类似于其他很多程序，PASSER Ⅱ基于 Webster 方法计算每个信号最初的绿信比，随后 PASSER Ⅱ应用优化方法调整这些绿信比从而使得交叉口延误最小，这些计算所得的绿信比随后被输入到带宽优化算法中。对于带宽优化，PASSER Ⅱ首先选择一个周期并且计算某一方向 A（主观选择）最好的单向协调，然后，通过调整相序和相位差来最小化另一方向 B 的带宽干扰。最大的总带宽计算如下：

$$总带宽 = G_A + G_B - I \tag{12-3}$$

式中：G_A——A 方向的最小绿灯时长，s；

G_B——B 方向的最小绿灯时长，s；

I——最小可能的带宽干扰，s。

在 B 方向实现最优带宽（最小化干扰）后，程序将根据用户定义的方向优先度调整两个带宽，在此这个干扰最小化算法将智能化地搜索可能的信号配时组合。最后程序将计算延误、带宽有效率及带宽利用率，带宽有效率和带宽利用率用来衡量带宽的优劣程度。内部直行流向的延误基于宏观交通模型进行计算，而其他所有流向的延误则使用 HCM 中的延误计算公式计算。

PASSER Ⅱ-90 倾向于选择较大的周期时长，近年来 TTI 的研究人员发现这个趋势是由 PASSER Ⅱ中实施的绿信比优化算法所导致。在 PASSER Ⅱ中，随着周期时长的增长，绿信比优化将给直行交通流越来越多的绿灯时间。由于 PASSER Ⅱ优化带宽，它会倾向于选择较大的周期长，因为可以得到较大的带宽和效率。而且，研究人员发现在某些情况下，PASSER Ⅱ中的干扰最小算法会在找到最优结果前提前终止，原因在于算法本身的启发式本质且只考虑全部可行解中的一部分而已。PASSER Ⅴ对 PASSER Ⅱ中的算法做了改进，提高了该算法寻找更优解的能力。

2) 穷举搜索算法

PASSER Ⅴ在如下情况使用穷举搜索算法：①单点控制的周期时长与延误的对比分析；②同干扰最小化算法一起用于周期时长优化；③单独的菱形立体交叉口的配时优化。

3) 遗传算法

PASSER Ⅴ使用遗传算法,为生成最小化延误或最大化带宽的信号配时方案提供了新方法。

2. PASSER Ⅴ中的分析模型

PASSER Ⅴ中包含一些仿真或评价模型,可结合优化算法或其他工具进行分析计算。

1) 基本计算分析模型

PASSER Ⅴ分别使用 HCM 和 Webster 的方法来计算饱和流率和绿灯时间。共享车道的饱和流率使用一个迭代过程进行计算,该过程基于共享车道所服务的转向流量将饱和流率按比例分配。PASSER Ⅴ使用 HCM 中的延误计算公式中的前两项来计算单交叉口进口道的延误。由于 Webster 公式在交叉口接近饱和、饱和及过饱和的情况下失效,故 PASSER Ⅴ为一定范围内的每个信号周期时长计算绿信比和延误,以决定和推荐延误最小的周期时长。PASSER Ⅴ使用 Akcelik 模型来计算车均停车次数、平均排队和最大排队长度。车辆的燃油消耗计算仍沿用了 PASSER Ⅱ中的模型。具体使用的各个模型在此不再展开[1]。

2) 带宽分析程序

对于一个给定的配时方案(包括周期时长、绿信比、相位差和相序),带宽分析程序可计算干线两个方向的带宽。在计算过程中,该程序生成所有信号交叉口对之间的带宽。程序可以用于生成时距图,也可以用于基于遗传算法的带宽优化。计算完带宽后,程序还能计算带宽效率和带宽可获得性。

3) 延误分析程序

PASSER Ⅴ的延误分析程序使用中观仿真策略,它仿真分步流量且每秒钟更新一次。程序使用两步过程进行交通状态的分析:初始化;仿真和记录性能指标。

分析过程分别对这两步使用两个子程序:非饱和状态子程序和过饱和状态子程序。PASSER Ⅴ用两个周期完成初始化步骤:第一个周期使用非饱和状态程序获得对排队长度的初步估计;第二个周期使用过饱和状态程序来确保排队估计是真实的。在初始化步骤之后,分析程序在一定数量的周期中应用过饱和程序,目前版本的 PASSER Ⅴ使用两个周期。延误分析程序分别对 4 种流向的交通流进行分析:外部到外部、外部到内部、内部到内部及内部到外部。

3. PASSER Ⅴ中的优化和分析工具

PASSER Ⅴ提供了一系列的分析和优化功能用于干线及一个信号机控制的钻石型交叉口。在 PASSER Ⅴ的辅助下,用户可以开发产生最大带宽效率或最小系统延误的配时方案。所有这些工具都使用 Webster 方法计算等饱和度的绿信比,使用延误分析程序来计算所有内部流向的性能指标,使用 HCM 延误模型计算所有外部流向的延误。

1) PASSER Ⅱ工具

PASSER Ⅱ工具可以用于不包含立交桥的信号控制干线,与 PASSER Ⅱ程序类似,该工具能够形成提供最大通过带宽的干线信号配时方案。它在用户选择的周期时长范围内(最小周期时长、最大周期时长、增量)执行穷举周期时长搜索,并且使用干扰最小化算法为每个周期计算最大带宽效率。由于具备这一功能,对于每个周期时长都可以得到一个配时方案。该工具能够输出包括最优配时方案和性能指标的报告。用户也可以要求该工具为所有的周期时长输出最优配时和性能指标的报告。对于后一种情形,该工具只显示所有方案的性能指标摘要信息,同时它允许用户将任何选中的配时方案加载到内存中以查看详细的结果。

PASSER Ⅱ工具能够为选定的车流方向提供完美的单向协调,或者为双向交通流提供加权的带宽。用户可以使用该工具调整相位差,在不影响协调带宽的情况下进一步减小延误。当用户选择这项功能后,程序使用遗传算法进行带宽约束的延误最小化优化。

2) PASSER Ⅲ工具

与 PASSER Ⅲ程序的功能类似,这个工具适用于单独的三相位或四相位控制的钻石型立交桥。它对周期时长、绿信比和相序执行穷举搜索并且选择最小化总延误的配时方案。由于穷举搜索,该工具可为基于用户要求的所有可能配时组合提供配时方案和性能指标。与 PASSER Ⅲ程序不同的是,该工具能够准确预测所有交通状态的延误,而在 PASSER Ⅲ 程序中,延误模型只适用于非饱和状态。

3) 基于遗传算法的工具

这个工具使用遗传算法为信号控制干线提供最大化通过带宽或最小化系统延误的配时方案。根据所选择的优化目标的不同(基于延误或基于带宽),在优化过程中,它使用延误分析程序或带宽分析程序来计算种群样本的适应度值。由于与带宽分析程序相比,延误分析程序的每次运行都要执行多步较高强度的计算,因此,与基于带宽的优化相比,延误最小化需要更多的计算时间。使用工具找到良好的配时方案要求用户选择足够大的种群规模以及进化代数。这些值应当基于如下因素来选择:问题规模(信号控制交叉口个数);优化的配时参数数量(周期时长、相位差、绿信比及相序)。应当注意的是,一般而言,较大的种群规模和进化代数将导致较长的优化时间。

需要注意的另一个情况是,PASSER Ⅱ工具能够比基于遗传算法的工具产生更好的带宽优化结果。因此,只有当需要将钻石型交叉口和邻近干道上的交叉口整合考虑的时候才推荐使用该工具进行协调带宽的优化。

4) 流量分析工具

当一个或多个交通流向达到最大通行能力时,使用流量分析工具对交叉口的周期时长与理想通行能力关系进行分析。该工具提供图形化及表格形式的分析结果,并且能够识别瓶颈流向;该工具能够用于单独的钻石型交叉口、干线或是两者结合情况。

5) 时距图工具

该工具为当前加载的配时方案提供时距图。时距图为分析人员提供了沿干线各个交叉口的交通运行和信号配时的全局视图。每条线的斜率代表实现图中所示的绿波带所需要的行车速度。时距图工具能够提供详细的报告,这在手工调整配时方案时尤其有用。

6) 延误/周期分析工具

对于用户定义范围内的全部周期时长,这个工具能够计算和绘制延误分析程序和HCM 模型估算的延误。

4. PASSER Ⅴ 的局限

PASSER Ⅴ的分析和优化能力局限于定时信号控制交叉口,具有 3～8 个信号控制进口方向。支持具有双环和多个隔离线的控制机。程序对于多个信号交叉口(钻石型或干线)所有的分析和优化都假设系统中的信号采用统一的共用周期长。PASSER Ⅴ不支持双周期或半周期。

12.3 TRANSYT

12.3.1 概述

TRANSYT(TRAffic Network Study Tool,交通网络研究工具)是世界上应用最广、效果最好的定时离线式区域信号控制系统计算软件,最初是英国 TRRL 的 D.I.罗伯逊先生于 1967 年提出的脱机优化网络信号配时程序。随着在交通工程中的应用实践,TRANSYT 自问世以来,也在不断地进行改进完善。经过 40 余年的发展,目前已经形成两个版本:TRL(其前身是 TRRL)的 TRANSYT-16(2019 年 6 月版本为 16.0.1)和美国佛罗里达(Florida)大学的 TRANSYT-7F11 版。

在 TRANSYT 的核心模块中,关于任意交叉口或交通网络的模型会以货币形式计算一个性能指标(PI)(主要基于延误和停车次数),优化算法将考虑各种约束和权重系数来搜索 PI 最小的配时方案。TRANSYT 提供了多个优化算法,包括快速高效的爬山法、较慢但更优的"鸟枪"爬山法(shot-gun hill climb)和模拟退火法。TRANSYT 的基本原理如图 12-1 所示。

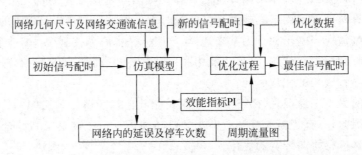

图 12-1 TRANSYT 基本原理

系统将网络的几何尺寸、交通流信息及初始交通信号控制参数送入系统的仿真部分,通过仿真得出系统的性能指标,即 PI 值,作为优化控制参数的目标函数。TRANSYT 系统的两个主要组成部分:

仿真模型:用来模拟信号控制下交通网络中车辆的行驶状况,以便计算在一组给定的信号配时方案下交通流的运行指标。

优化算法:改变信号配时参数并确定指标是否减小,用"爬山法"等来求得最优配时方案。

12.3.2 仿真模型

建立交通仿真模型的目的是用数学方法模拟车流在交通网络上的运行状况,研究交通信号控制参数的改变对车流运行的影响,以便客观地评价任意一组交通控制参数的优劣。为此,交通仿真模型应当能够对不同的控制方案下的车流运行参数(延误时间、停车率、燃油消耗量等)做出可靠的估算。

下面就 TRANSYT 系统的几个主要环节作简要说明。

1. 基本假设

TRANSYT 系统中对路网及交通流状况进行了如下假设：

(1) 在路网上，所有主要交叉口均由信号灯控制（或由优先通行规则控制）；

(2) 在模拟的路网范围内，所有信号交叉口均采用共同的周期时长；或者某些交叉口采用共用周期长的一半作为其信号周期；

(3) 每一股独立的车流，无论是直行还是转弯，它们的流率均为已知且假定为常量。

2. 交通网络的抽象与简化

TRANSYT 把一个复杂的交通网络简化成适于数学计算的图式，这个图式由"节点"及"节点"间的"连线"组成。在交通网络图上，每一个"节点"代表一个由信号灯控制的交叉口；每一条"连线"表示一股驶向下游"节点"的单向车流。一条"连线"可以代表一条或几条车道上的车流，而一个进口道上的几条车道则可用一条或数条"连线"来表示。划分"连线"的原则是：凡是可能在交叉口停车线后面单独形成不可忽视的等待车流，均应以一条单独的"连线"表示。相反，对于某些排队长度微不足道的次要车流，则不一定要用单独的"连线"表示。但是，有左转专用信号的左转车流，则要单独设一条"连线"。如果几条不同车道上的车流到了停车线后，以差不多同等比例加入同一等待车队中，而且这几条车道上的车流均属同一信号相位时，就可以只用一条"连线"来代表这几条车道上的所有车流。网络图上应标出所有节点和连线的编号，还应以小汽车当量为单位标出平均小时交通量（包括转弯交通量的大小）。

3. 周期流量变化图式

周期流量变化图式是纵坐标表示交通量、横坐标表示时间的交通量在一个周期内随时间变化的柱状图。

为计算方便，通常将一个信号周期等分成若干时段，每个时段为 1~3s。在 TRANSYT 交通模型里，所有计算过程的基本数据均为每个时段内的平均交通量、转弯交通量及该时段的排队长度。

需要指出的是，在 TRANSYT 中，周期交通量图式虽然以周期的等分时段为单位，但控制参数优选则以 1s 为单位，其优点在于一方面提高了控制优化精度，另一方面能节省计算 CPU 时间。有时在控制参数优选中，所得到的有效绿灯时间长度不是周期等分时段的整倍数，在这种情况下，TRANSYT 便按时间比例取用交通量图中相应部分的交通量值。

4. 车流在连线上运行状况的模拟

描述车流在一条连线上运行的全过程，TRANSYT 使用如下 3 种周期流量图式，即：

(1) 到达流量图式（简称到达图式）。这一图式表示车流在不受阻滞的情况下，到达下游停车线的到达率的变化情况。

(2) 驶出流量图式（简称驶出图式）。这一图式描述了车流离开下游交叉口时的实际流量的变化情况。

(3) 饱和驶出图式（简称满流图式）。这一图式实际上是一种以饱和流率驶离停车线的流量图式。只有当绿灯期间通过的车流处于饱和状态时才会有这种图式出现。

某一连线的到达图式直接取决于上游连线的驶出图式。在确定一条连线的车流到达图式时，不能忽略车流运行过程中车队的离散特性。离散特性可用离散平滑系数 F 表示。

$$q'(t+T) = F \times q'(t) + (1-F) \times q'(t+T-1) \tag{12-4}$$

式中：T——车队在连线上行驶时的平均行程时间的 0.8 倍；
$q'(t+T)$——预测车流在时段 $t+T$ 的流率；
$q'(t)$——内部车队在时段 t 的流率；
F——平滑系数：

$$F = 1/(1+\alpha T) \tag{12-5}$$

式中 α 是常数，称为车队离散系数（platoon dispersion factor, PDF），其推荐值如表 12-1 所示。

表 12-1 车队离散系数推荐值

α 值	道路特征	交 通 状 态
0.5	强干扰	有停车、中等或较大的转弯比例、中等或较大的行人流量以及较窄的车道宽度，通常在 CBD 区域
0.35	中等干扰	较少的转弯流量、较少的行人流量以及 3.4～3.7m 的车道宽度，例如良好设计的 CBD 区域干道
0.25	弱干扰	没有停车、有专门的转弯车道（3.7m 宽），例如郊区的典型干道

综上所述，不难推算出第 i 个时段内被阻于停车线的车辆数 m_i：

$$m_i = \max(m_{i-1}+q_i-s_i, 0) \tag{12-6}$$

式中：m_i——第 i 个时段内被阻于停车线的车辆数；
q_i——第 i 个时段内到达的车辆数（由到达图式求得）；
s_i——第 i 个时段内放行的车辆数（由饱和图式求得）；
m_{i-1}——第 $i-1$ 个时段内被阻于停车线的车辆数。

由式（12-6）便可求得第 i 个时段内驶离连线的车辆数，即

$$n_i = m_{i-1} + q_i - m_i \tag{12-7}$$

式中：n_i——第 i 个时段内驶离连线的车辆数。

由 n_i 值便可求得连线的驶出图式，并由此推算下游连线的到达、满流和驶出图式。

5. 车辆延误时间及停车次数

TRANSYT 计算的车辆延误时间包括如下三部分：均匀到达延误、随机延误、过饱和延误。TRANSYT 计算的停车次数也包括如下三部分：均匀到达停车率、随机停车率、过饱和停车率。

12.3.3 优化原理与方法

TRANSYT 将仿真得到的性能指标 PI 送入优化程序作为优化的目标函数，用"爬山法"优化产生优于初始配时的新的控制参数，然后把新的控制参数再送入仿真部分，反复迭代，最后取得 PI 值最小的系统最佳信号控制参数。"爬山法"优化计算原理如图 12-2 所示。

下面对 TRANSYT 优化过程的主要环节作简要说明。

1. 相位差的优化

计算原理如图 12-2 所示，在初始配时方案的相位差的基础上，以适当的步距调整控制对象区域内某一个交叉口相位差，计算性能指标 PI。若求出的 PI 值小于初始方案的 PI 值，

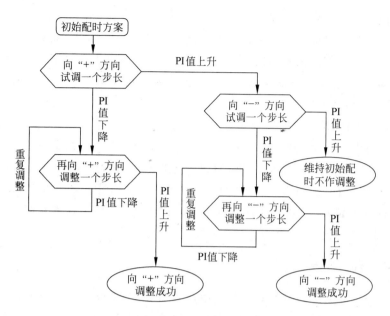

图 12-2　TRANSYT 优化算法"爬山法"计算流程图

说明这种调整方向是正确的,还应当以同样的步距沿同一方向(指正与负而言)对该交叉口的相位差作连续调整,直至获得最小的 PI 值为止。反之,假若第一次调整后的 PI 值比初始方案所对应的 PI 值大,则应朝相反方向调整相位差,直至取得最小 PI 值为止。

按上述步骤,完成一个交叉口的相位差调整之后,依次对所有其他交叉口作同样的调整。对所有交叉口的相位差依次调整一遍之后,还要回过头来再从第一个交叉口开始依次对所有交叉口作第二遍调整。如此反复多遍,直至求得最后 PI 值最小的理想方案为止。

2. 绿信比的优化

TRANSYT 同样也可以对各信号相位的绿信比进行优化调整。做法是不等量地更改一个或几个乃至全体信号相位的绿灯长度,以期降低整个交通网络的性能指标 PI 值。在做上述调整时,不允许任何一个信号相位调整后的绿灯时间短于规定的最短绿灯时间。

3. 控制子区的划分

一个范围较大的交通网络,在实行信号联网协调控制时,往往要分成若干个相对独立的部分,每一个部分可以有自己独特的控制对策,各自执行适合本区域交通特点的控制方案,这样的独立控制部分称为控制子区。

在一个实际网络中,一方面各个部分交通状况存在较明显的差别,不宜整齐划一地执行同一种信号配时方案;另一方面,确实存在一些不必实行协调控制的连线。因此在实际工作中,就往往以这些不宜协调的连线作为划分控制子区边界的参考依据,即子区边界点基本上均位于这些连线上。

4. 周期时长的优化

TRANSYT 可以自动地为交通网络各子区选择一个 PI 值最小的共用周期长,同时还可以确定哪几个交叉口应当采用双周期。

5. 遗传算法的引入

"爬山法"在优化过程中可能存在的一个问题：有可能使性能指标落入局部最小值，从而错过了真正的最优值。虽然可以采用交替使用大步长和小步长进行调整的方法，但作为一个非凸的最优化问题，目前的解析方法还不能确保找到全局最优。为克服此问题，在美国佛罗里达大学的 TRANSYT-7F8.1 之后的版本中增加了遗传算法进行优化。

6. 饱和及过饱和的处理

在 TRANSYT-8 之后的版本中，对饱和及过饱和情况进行了相应的考虑。采用的方法是在 TRANSYT 中加入一个新的功能，用户能够为指定的连线确定一个车队长度极限，然后信号优化器去寻找配时方案，得到的配时方案很少有可能使最大车队长度超过该预设位置。实现的方法如下：在性能指标 PI 中加入一个惩罚系统，一旦信号配时长度超过预定的极限，将使 PI 值增大，优化器将寻求新的配时方案。

12.3.4　TRANSYT 16

TRANSYT 16 主要在建模、数据处理及各种用户界面方面进行了改进，从而使得 TRANSYT 更为强大并且使用起来更容易、更快速。TRANSYT 16 的一个关键的改进是首次引入了一个仿真模型，该模型源自经过验证的排队仿真技术，而该技术已被地方当局和咨询公司在 TRL 的交叉口产品中使用了数年。这个新模型使用户能够对以前无法建模的场景进行建模。

TRANSYT 16 的一些新特征简介如下。

1. 仿真建模

作为首个 TRANSYT 仿真模型，主要通过如下功能实现一些以前不可能或缺乏精度的建模场景：

(1) 非周期性的(基于需求的)场景，即间歇性阶段(stage)。
(2) 可以对排队溢出效果进行清晰的建模。
(3) 可以对不均匀的车道使用/车道空放(starvation)进行建模。
(4) 可以对信号控制交叉口的复杂展宽(short bays / pockets)进行建模。
(5) 完整的建模时间：允许在任何时点详细检查网络性能。
(6) 单个车辆的动画。

其他功能：

(1) 信息丰富的图形动画可以显示网络内的交通流行为。
(2) 能够显示单个车辆运行位置的动画。
(3) 支持在整个建模时间段内通过信号日志进行深度分析。
(4) 显示百分位排队长度。
(5) 增加可将行人从交通模型中排除的选项来提高运行速度。
(6) 在每个分析集中存储不同的优先对象数据。

2. 工作流程的改进

TRANSYT 16 的另一个显著特性是数据处理的改进。尤其特别的是，有几个改进集中在加快 TRANSYT 的数据输入输出方法，以方便数据在不同应用程序之间的使用，例如：

(1) 动态链接到 Excel 电子表格数据(支持 Excel 中的各种数据布局)。
(2) 可以复制/粘贴所有的需求数据集到剪贴板上,加快进出 TRANSYT 的数据流动。
(3) 可以导入 SCATS 的"dump file"。
(4) 可以部分导入 LINSIG 3 数据(通过 RTF 文件)。
(5) 批量运行(优化)多个数据文件(包括可能存在于各个文件中的多个数据集)。
(6) 通过对网络组件进行重命名加快初始的网络搭建。

12.3.5 TRANSYT-7F 11

1. 简介

TRANSYT-7F 源于 TRANSYT,截至 2019 年的版本为 TRANSYT-7F 11(11.3 版),其最初的应用是信号配时设计和优化。TRANSYT-7F 中采用了遗传算法来对周期时长、相序、绿信比和相位差进行优化。TRANSYT-7F 是实用的包括多种先进优化方法的软件包(包括遗传算法、多时段方法和 CORSIM 优化方法),还包括一套先进的优化模型(包括排队消散模型、车队扩散模型和感应控制仿真)。

内置于 TRANSYT-7F 中的宏观交通模型最鲜明的特点是能够对车队扩散、排队溢出、感应控制以及具体各车道的情况进行详细仿真。另外,很多其他的模型仅仅能够分析 4~5 个交叉口,但是 TRANSYT-7F 没有这方面的限制。TRANSYT-7F 可以适用于左行和右行的情况,内部语言为英语,单位为公制。

TRANSYT-7F 优化过程的核心部分包括了多种搜索技术(爬山法和遗传算法),多个优化目标函数(例如延误、停车次数、燃油消耗量、流量和排队长度等),可以根据用户需求定制优化过程,而且能够优化全套的信号设置参数(周期时长、相序、绿信比和相位差)。

TRANSYT-7F 目前的版本能够处理单个网络最多包含 99 个交叉口,这个数字远远超过了大部分实际需要的数字。虽然很多城市的交叉口不止 99 个,但是这些交叉口往往是被分为若干个小的控制区域,仅是这些区域内的交叉口能够协调控制。TRANSYT-7F 对于每个交叉口能够分析最多 7 个相位,这对于实际的定周期和感应控制方案的制定来说也是足够的。

除了信号控制交叉口,TRANSYT-7F 还能够清晰地模拟主路优先停车控制交叉口和让行控制的交叉口。全部停车控制的交叉口以及环形交叉口可以通过观测其对车队扩散和信号交叉口的影响来间接地建模,但是无法估计或提供这两类交叉口的效用指标。

2. 交通流仿真

如前所述,TRANSYT 主要功能之一就是对信号控制交通网络的交通流进行仿真。仿真是一个分析的过程,旨在再现交通网络中车流的通行、在交叉口红灯时的停车以及绿灯亮时的通行行为等。

TRANSYT-7F 的交通仿真模型是宏观交通模型中最接近真实状态的模型之一。这里的宏观模型考虑的是车队的情况而不是单个车辆的情况。TRANSYT-7F 在模拟交通流时考虑了较小的时间增量,这样相对于其他假设车队呈平均分布的宏观模型来说更加细致。该模型还采用了车队扩散算法来模拟当车辆向下游行驶时车队的正常扩散,同时还考虑了交通延误、停车、燃油消耗、旅行时间和其他系统观测参数。

虽然 TRANSYT-7F 对交通流进行的是较为宏观的仿真,但是采用了步长的方式,把周期长度划分为若干个小的、平均的时间长度,叫作步长。一个步长一般取为 1~3s,秒和步长的关系并不需要进行整数转换。一个步长的时间是仿真模型里信号设计最佳的时间长度。步长时间越短,所获得的仿真结果就越精确,但采用小步长的缺点是会增加计算机的运算时间。

每个相位持续时间由相位开始时刻和结束时刻来决定,后来改为由起始损失时间和有效绿灯时间的延长来计算有效绿灯时间。由于某个信号时段内哪条连线的车辆可以通行是已知的,所以可以很容易地建立交通流运行模式和流量图式。

在以连线为导向的仿真中,只是模拟一个周期的情况,在这个周期内交通运行情况假设为该分析时段内平均的情况。而在以步长为导向的仿真中,仿真的周期数取决于分析时段长度以及是否采用多周期仿真。

3. 交通信号配时优化

在交通流仿真后,TRANSYT 第二个重要功能是生成优化的信号配时方案,优化过程包括了一系列试验性的仿真运算。每一个仿真过程由优化处理器分配一个唯一的信号配时方案。优化程序采用爬山法和(或)遗传算法进行最优解的搜索,产生最佳效能指标的仿真即为优化的结果。

相比于爬山法,遗传算法从数学角度讲可以获得更好的全局优化结果,但是遗传算法要求更长的计算机运行时间。基于方程式的解析优化方法和模式匹配算法[暴力(brute force)算法、穷举算法]可以在其他某些软件包里找到,但没有包含在 TRANSYT-7F 中。

在现有计算机速度条件下,模式匹配算法(该算法对每种可能的信号配时都进行评价)除了单个交叉口外在其他情况下均无法获得可接受的运算时间。4 种信号配时优化算法:基于方程式的解析算法、爬山法、遗传算法、模式匹配算法,对同一交叉口而言,运算速度逐渐降低,但其运算结果的有效性逐步提高。

4. 其他功能介绍

1) 许可的车辆运动

TRANSYT-7F 中对许可的车辆运动进行了界定,一个许可的车辆运动定义为一种车辆的运行行为,该行为必须让步于相反方向的或有冲突的车流或人流。相反方向的车流或人流一般指从相反方向到达交叉口的车流或人流,有冲突的车流或人流是指与已知车流或人流呈 90°方向的车流或人流。例如向西行驶的车流右转时让步于有冲突的由南直行而来的车流。当南北直行左转在同一相位放行时,南向西的左转车流要让步于北向南直行的车流。在 TRANSYT-7F 中有专门的文件示范相应的许可的车辆运动,对这些许可的车辆运动可以用专用相位或许可通行等方式进行控制。

2) 共用车道和单车道分析

在交通网络研究中,"共用车道"通常是指一条单一的车道(接近交叉口处),在该车道中的车辆可以有不同的转向(左转、直行、右转)。一个"共用车道组"通常是指一个共用车道与直行车道的组合或一个共用车道与左转或右转车道的组合。在 TRANSYT-7F 里,共用车道里转弯的转向被称为次要的共享停车线连线,而直行的转向被称为主要的共享停车线连线。

在使用中需注意共用车道组里每一条车道的使用率(输入流量需求)和下游流入车流。当每一条车道的利用率接近时,整个车道组可以建模为一条单一的连线。而当每一条车道的利用率相差较大时,把每一条车道看作单一的连线会得到更加精确的模型。下游流入车流应该能够反映用户选择的连线定义。

一般而言,如果一条连线可以代表多条车道的话,可以使软件运行效率较高。但是对于一些比较特殊的交通网络,例如同一车道组中有一条车道的情况明显与其他车道不一样,那么对于每一条车道单独建模会获得更加贴近实际的结果。

3) 多周期和多时段仿真

在版本 8 之前,TRANSYT-7F 只是基于单周期的仿真,无法对跨越两个周期的交通状况的影响进行建模,模型总是根据一个周期内的交通模式去估计整个分析时段的性能。这种单周期、连线导向的仿真在非饱和交通状态下具有良好的性能,但无法体现剩余排队现象。

在单周期步长导向的仿真中,排队溢出现象可以在一个周期内很真实地进行模拟,但是对于经过多个周期后才出现的排队溢出现象就无能为力了。而且,即使排队溢出现象从来没有出现过,多周期仿真对于在过饱和条件下准确地估计排队长度、延误和其他效用指标也是非常必要的。

TRANSYT-7F 的新版本采用了多周期和多时段仿真(基于步长的仿真)来更好地模拟过饱和情况,但同时也带来了一些应用上的缺点。首先,多周期的仿真要求更长的计算机运行时间。一个单周期仿真程序运行时间往往只需要几秒,多周期仿真运行时间虽然对于优化来说是可接受的,但是要求成百上千的交互式程序运行;其次,多周期仿真要求用户必须输入更多的数据。

基于步长的仿真适用于过饱和交通状况的分析和配时优化。

4) 非协调控制

用户可以利用 TRANSYT-7F 对非协调控制进行仿真,在此情况下不同交叉口使用不同的信号周期时长。非协调控制的交叉口一般总是采用统一的流量图式进行仿真。如果一个交叉口采用了不同于交通网络周期时长的周期,但是仍然是协调控制的话,则它仍能够观察到从其他信号交叉口驶来的车队。

非协调控制在仿真的同时也可以进行优化,但是只能通过遗传算法进行优化。对于非协调控制交叉口,绿信比和周期时长可以相对于网络背景周期时长独立进行优化。对于孤立的交叉口和非协调的交叉口,不再应用相位差,也就不需对其进行优化。对于相序优化,虽然在孤立的交叉口也可以进行,但主要是在协调控制的交叉口才能发挥较好的效果。

5) 标志控制

由停车和让行标志控制的交叉口可以被建模为具有单个相位的节点,在一个相位里考虑交叉口所有的车辆运动。如果现场观测表明标志控制连线上的交通影响到非控制连线时(路段平均速度也可能受到影响),在非控制连线上的饱和流率很可能降到正常饱和流率以下。标志控制连线可能会根据实际观测或其他通行能力估计来分配饱和流率。

TRANSYT-7F 11 不能对环形交叉口和全停控制交叉口进行建模,但是这些类型的交叉口对其邻近信号控制路网的影响的建模却是比较简单的。环形交叉口和全停控制交叉口一般会扰乱主要道路上的交通流量图式,因此,环形交叉口和全停控制交叉口可以看成外部连线信号分支,或者作为网络分割的位置(分割为两个数据文件)。

6) 中途交通流生成源

停车场、购物中心、高速公路匝道口和其他交通设施作为交通流中途生成源在 TRANSYT-7F 模型中被视为连线统一地输入交通流,交通流流量的数值应为这些生成源总的输出流量。TRANSYT-7F 自动计算进入这些设施的流量损失,因此没有必要再考虑这些设施的"沉没"流量。

一般而言,当某一中途交通流生成源产生的交通流量超过了路段流量的 10% 以上时,或在每个周期内为交叉口增加了 2 辆车以上时,该生成源就应该在模型中进行考虑。

7) 对公交车和共乘小汽车的考虑

在 TRANSYT-7F 中可以直接或间接地对公交车进行建模。直接建模是指为公交车分配单独的连线,这些"公交连线"可能全部是分离的,以此用来对公交专用车道进行仿真,或者它们可以与其他交通流共享一条或几条车道,用于对与其他车辆混合行驶的公交车辆进行仿真。模型还能考虑公交车在公交车站的停留时间。对于公交优先,可以通过给公交连线较高的延误或停车权重值实现。共乘小汽车在建模时类似于公交车,不同之处是没有在公交站的停留时间。

从实用的目标而言,尤其对于共享的公交车道,更倾向于采用直接建模方式。在这种情况下,可以采用一个调整后的饱和流率来考虑公交车的阻塞影响。这样模型的性能评估和优化的信号控制方案能够恰当地反映公交车运行所带来的影响。当路段上的公交车密度相对较高时,用户可以选择性地增加模型中的平均车辆间距来考虑公交车辆的长度及性能在车队中的影响。

8) 对行人和自行车的考虑

行人和自行车可以用单独的连线进行建模,但一般情况下在模型中是不考虑它们的。如果考虑的话,当需要单独的相位时,可以给行人和自行车一个单独的没有机动车参与的相位。

9) 道路瓶颈

通常道路上会存在一些瓶颈,比如狭窄的桥梁、车道数减少、路边停车等,这些都会降低瓶颈处的通行能力,使其小于下游路段通行能力。TRANSYT-7F 能够模拟这些道路瓶颈,每个瓶颈被处理为一个虚拟节点(例如不分配节点编号),有瓶颈的路段车辆一直保持通行,该路段的饱和流率为瓶颈处的通行能力。

 拓展阅读 4

OSCADY

12.4 CROSSIG

CROSSIG 软件用于交通信号配时优化,适用于单点及干线协调控制,可以优化周期时长、绿信比、相位差和相位相序。CROSSIG 由 Gevas 软件股份有限公司(Gevas 软件)、Munich 和 PTV 联合开发,它集成了 Gevas 的软件 CROSS 和 PTV 的软件 VISSIG,可以直接导入两个程序的数据记录。此外,CROSSIG 也是生成交通工程数据的基础平台,这些数据可应用于其他很多软件,如 Trelan/Trends(Gevas 软件)、VISSIM(PTV)以及 Fas(Gevas 软件)中的运行监控和分析系统。

CROSSIG 系统运用现代面向对象工具(cincom systems)编程实现,程序语言是 Smalltalk,使得该程序可以应用到几乎所有的计算机平台上:配置 Windows 的个人计算机,带有 UNIX 操作系统的工作台和 Apple-Macintosh 计算机等。

CROSSIG 也可以用面向对象数据库来存储数据,以满足未来的数据使用需要,无论是简单数据还是文件、计划书、相片和视频都属于信号控制系统的设计和管理范畴。该数据库可供单个用户或多用户工作平台使用。

12.4.1 CROSSIG 的功能与特点

CROSSIG 具有强大的运算能力,设计者只需对交通流进行调查和分析后,取得该交通流的交通特性参数(如饱和流率、设计交通量等),经过初步的相位设计便能计算出信号配时的基本参数并生成信号方案,且可通过 CROSSIG 进行方案的比选。具体来说,CROSSIG 的主要功能包括:

(1) 绿间隔矩阵计算;
(2) 信号灯组之间的关系表制作;
(3) 相位相序图的自动绘制与输出;
(4) 相位周期的优化,信号方案的输出;
(5) 相位过渡方案的输出;
(6) 绿波控制方案设计;
(7) 公交优先控制方案设计;
(8) 信号方案与版本的管理与调整。

CROSSIG 通过绿灯间隔矩阵保证通行安全,在此基础上以通行效率优先。CROSSIG 以允许饱和度为约束来优化周期,可以保证通行效率和可靠性,但是在某些情况下(过饱和)会出现无解,而且允许饱和度取值也比较灵活,需要一定的信号配时经验。

CROSSIG 无最大周期约束,所以可能出现周期超过 150s 的情况(当允许饱和度设置的比较小的时候),这时的配时方案可能是不合适的。CROSSIG 相位结构简单而且容易理解,但不是很灵活,处理搭接相位相对烦琐。

CROSSIG 控制方案以每个信号灯组的红、绿及黄灯的开始和结束时间为输出。CROSSIG 也可以定义非机动车信号灯组,实现机动车和非机动车信号一起优化,在工程上比较实用。

12.4.2 CROSSIG 优化的简要流程

(1) 进入 CROSSIG 基础控制窗口,创建文件并配置一般的共同参数(车辆基本尺寸、数据舍入规则等)及基本的打印输出属性;
(2) 创建"交叉口",并定义其进口道的拓扑结构;
(3) 配置交叉口的基础数据以及参数;
(4) 根据标准的信号灯组类型,定义信号灯组;
(5) 结合交叉口的渠化方案,定义交叉口各个流向交通流与信号灯组的对应关系;
(6) 按车道或信号灯组定义交通流量、饱和流率;
(7) 定义交叉口绿灯间隔矩阵计算的基本参数,或直接输入绿灯间隔矩阵;
(8) 定义冲突交通流之间的冲突情况,如进入和清空距离、车道转弯半径等,以便于计算绿灯间隔时间;
(9) CROSSIG 进入自动计算信号阶段,然后再由用户修改相位;用户也可以自行定义相位,绘制相位相序图;
(10) 计算信号控制方案,根据定周期、最佳周期或信号相位的顺序计算信号周期方案;
(11) 信号方案的通行能力评价及方案优选。

图 12-3 为 CROSSIG 的优化流程图。

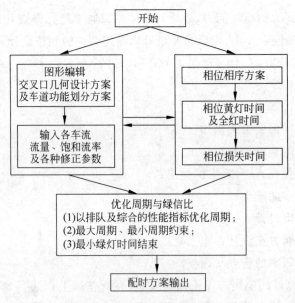

图 12-3　CROSSIG 的优化流程图

12.4.3　CROSSIG 中信号配时参数的确定方法

在 CROSSIG 中,定时控制的单点交叉口基本控制参数包括:饱和流率、绿灯间隔时间、周期时长、绿信比等。

(1) 饱和流率:在 CROSSIG 软件的应用中,必须根据不同时段、信号灯组或车道定义设计流量和饱和流率,饱和流率由调查所得的饱和车头时距算出。

(2) 绿灯间隔时间：在常规的配时方法中，该值一般根据公式来确定或采用推荐值（缺乏精确性）。CROSSIG 中绿灯间隔时间的计算方法基于德国、奥地利、波兰、卢森堡等国的交通信号控制规范。

(3) 周期时长：CROSSIG 通过计算得到信号交叉口的绿灯间隔时间、初步设计相位方案、选择相位顺序，程序便会在信号方案里自动生成周期时长。

(4) 绿信比：在 CROSSIG 中没有具体给出绿信比的值，但是可以在信号配时方案中读出绿灯时间，然后根据定义来求该值。

12.4.4 CROSSIG 信号配时设计流程

利用 CROSSIG 软件，并结合 Webster 配时方法进行单点信号交叉口的配时设计流程如下：

第一步：选取高峰小时为设计时段，根据实测饱和车头时距计算饱和流率，并算出设计交通量。在交叉口几何构成要素调查数据比较详细的基础上，还应绘制交叉口的渠化信息详图，在计算绿灯间隔时间时可直接将图导入。其他参数视具体情况设置。

第二步：为使交叉口的流量流向可视化，需在 CROSSIG 中定义信号灯组（在 CROSSIG 中信号灯组表示一股或几股车流，它们在一个信号周期内，不管任何瞬间都获得完全相同的信号灯色显示），其次定义信号灯组对应的车道方向及进口道名称。之后便可生成行驶方向的草图。

第三步：定义绿灯间隔时间。绿灯间隔时间矩阵可通过手动输入，绿灯间隔时间（I）与停车线到冲突点距离（Z）、车辆行驶车速（U_a）、制动时间（T_a）的关系为

$$I = \frac{Z}{U_a} + T_a \tag{12-8}$$

若掌握交叉口的详细几何构成，可通过输入清尾距离、进入距离来自动计算出绿灯间隔时间。还可将交叉口的渠化详图导入，利用软件的绘图功能将车流轨迹线绘出，由此确定间隔时间。

第四步：相位定义和相序选择。设计者需要根据实测交通量来设计相位。相位相序的安排又与交叉口设计之间存在密切关系，交叉口设计与相位相序安排的不适应可能会造成交叉口时空资源损失并带来交通事故隐患。将相位设计定义在 CROSSIG 中，选择不同的相位过渡时间便可形成不同的相位顺序图，而每一种相位顺序又代表着一种信号控制方案。在生成的信号方案中可以清楚地看到不同相序的最小周期、信号灯方案，如绿灯时长、绿灯间隔时间等信息。

第五步：对计算出的信号方案进行评价，可采用 CROSSIG 提供的通行能力计算指标。然后设计者根据实际情况选择信号控制方案。

12.5 信号控制优化软件选择

12.5.1 各软件对比分析

目前已有研究对一些信号配时优化软件的性能进行了对比分析。其中 TTI 对 TRANSYT-7F、Synchro 5 和 PASSER Ⅱ 进行了对比分析[2]，使用的是得州的一些主要干道数据，运行评价指标值使用 CORSIM 仿真获得。结果如下：

(1) Synchro 和 PASSER Ⅱ在所有方面都优于 TRANSYT-7F；

(2) TRANSYT-7F 提供了较差的协调带宽，同时选择了不一致的周期时长且具有较大的延误；

(3) 对于距离较短的主要干道，Synchro 和 PASSER 形成的带宽差不多，但对于较长的主要干道，Synchro 形成的带宽会越来越小；

(4) Synchro 能产生较低的延误。

在 TTI 的另一份研究中[3]，对比分析了 TRANSYT-7F、Synchro、PASSER Ⅱ 和 PASSER Ⅴ 4 个软件，使用了一些真实的主要干道上的交通流数据。结果表明：

(1) 当以延误最小为最主要目标时，Synchro 产生了最好的配时方案；

(2) 当以带宽最大为最主要目标时，PASSER Ⅴ 产生了最好的配时方案；

(3) PASSER Ⅴ 的延误最小工具产生的配时方案与 Synchro 类似。

另一份研究[4]使用了美国劳伦斯(Lawrence)市爱荷华(Iowa)街道的数据(具有 9 个信号交叉口的主要干道)，对比了 TRANSYT-7F、Synchro3 和 PASSER Ⅱ-90，利用 CORSIM 来对优化方案进行评估，结果如下：

(1) PASSER 产生了最低的延误和停车次数，其次是 TRANSYT-7F 和 Synchro3；

(2) 对该条主要干道，PASSER 产生了最好的配时方案；

(3) Synchro3 是唯一能够协调街道网络的软件；

(4) TRANSYT-7F 产生了较长的周期，同时产生了较大的延误。

另一份研究[5]利用了西雅图大学周边的一条协调控制的主要干道数据，对比分析了 TRANSYT-7F、Synchro3 和 HCS，该条主要干道使用的是感应控制。仅考虑使用延误作为评价指标。结论如下：

(1) HCS 的延误最低；

(2) TRANSYT-7F 的延误比 Synchro3 低。

需注意的是，这些结果是基于各自特定场景得出的，因此不具有通用性。

12.5.2 软件选择

在干线协调控制优化中，配时软件的选择主要基于协调控制的目标，即如下两个方面：

1. 最大化通过带宽

当以提供最大化通过带宽为主要目标时，用户可以考虑选用 PASSER Ⅴ。PASSER Ⅴ 提供了两个工具(PASSER Ⅱ 和基于遗传算法工具)来帮助用户实现该目标。

通过带宽的最优化也使得通过量最大以及停车次数最小，为了确保该方案能够同时产生较低的延误，推荐使用延误/周期分析工具来选择一个恰当的周期范围作为 PASSER Ⅱ 工具的输入。用户可以获得 PASSER Ⅱ 工具分析的所有周期的运行指标(带宽效率、延误、排队长度及绿灯浪费量)，并使用这些指标结果来选择配时方案。使用这个工具的时候，用户还能够让软件对基于带宽的相位差进行微调以使延误最小化。

2. 最小化系统延误

当用户希望实施产生最小延误的配时方案时，可以选择 Synchro。对于非饱和交通流而言，Synchro 是最好的基于延误的优化程序。然而使用时需要注意，因为 Synchro 的交通流模型不考虑排队回溢现象，尤其对于短路段，用户应当强制干线上的所有信号控制交叉口一起协调控制并且选择外部相位差最优化。作为替代选项,用户也可以选择 PASSER V 并使用基于遗传算法的延误优化器,该工具生成的配时方案与 Synchro 的结果类似。

交通信号优化软件为进行交通信号配时优化提供了良好的支持,然而,需要注意的是,由交通信号优化软件所确定的信号配时方案除不能适应随机的交通变化的缺点外,还有容易"老化"的缺点。原因是其配时方案是根据当时的交通量优化计算得到的,而当交通量增长后,原配时方案就不能适应变化的交通需求。若重配方案,又需做大量的调查,因此不适用于交通流变化较大、通行条件较差的路网。但由于定时离线系统不需大量设备、投资低、容易实施,对交通流已趋于稳定、交通流单一并有明显的规律性的地区,或通行条件较好的路网是比较适用的。

12.6 微观交通仿真软件

微观交通仿真软件可以仿真交通网络中每辆车的运动,努力去模拟每个驾驶人真实的决策和动作。尽管微观交通仿真软件只有非常有限的信号控制机功能,但是一些研究正在通过嵌入式模块或半实物仿真来提高微观仿真软件在该方面的能力。通过与现场交通控制机功能的结合,微观仿真能够用来评价配时方案、配时优化程序乃至信号控制系统。实际上,一些信号配时优化软件已经为微观仿真软件的应用提供了便利,例如在 TRANSYT-7F 和 Synchro 中都可以生成用于 CORSIM 的输入文件。此外,一些微观仿真软件也提供与信号配时优化软件一起工作的界面,如 AIMSUN 就提供了与 TRANSYT-7F 交互的界面,用户可以将 AIMSUN 的网络转换为 TRANSYT-7F 的网络,也可以在 AIMSUN 中使用 TRANSYT-7F 的控制方案,同样 VISSIM 通过车辆感应逻辑编程(vehicle actuated programming,VAP)向用户提供了进行任意模拟控制逻辑的工具以及方便的数据接口和错误校验功能,允许连接 VISSIM 和其他的信号控制系统,如瑞士的 VS-PLUS 系统、德国西门子的交通语言(traffic language)系统等。而 S-Paramics 则开发有与 SCATS、SCOOT 等信号控制系统的接口。

利用微观仿真软件对信号控制交叉口进行仿真分析的主要步骤如下:

(1) 识别模型的研究范围。对于信号交叉口或者主要干道,这将包括目标交叉口及干道通道,同时在模型的边界处要有足够长度的路段以允许换车道的行为以及为模型中的信号交叉口及无信号交叉口提供足够的排队长度。

(2) 收集整理实地数据。数据需求包括交通流量数据(依据不同模型可能需要主要干道交通流量和交叉口各个转向的流量或者是道路流量和 OD 路径信息等)、几何数据(道路路段长度、车道数、转弯车道长度及数量等)、交通控制信息(车道标志、信号及其配时等)。有时还需要收集一些实地的性能指标数据,例如干线平均速度、平均排队长度等,这些数据用来进行模型的标定与校核。

(3) 在微观仿真工具中创建基准状态模型。几乎所有现代微观仿真模型都允许建模者通过利用地图背景来绘制创建交通网络,这样可以大大减少建模的时间。

(4) 确保模型的运行与现实一致,要不断修正任何逻辑或编码的错误并重新运行模型。对驾驶人驾驶行为的标定调整是保证模型反映实际情况的必要前提之一,所有的标定调整都需要记录下来。

(5) 模型的校验。微观仿真模型的校验是获得可靠仿真结果的很重要的一个步骤。典型的校验是对模型多次的输出结果统计后与实际测量的结果进行比较。

(6) 模型的运行及汇总输出结果。仿真模型运行的次数取决于网路的尺寸及性能指标的变异性,对于较大的网络和拥堵的网络,则需要运行更多次以确保结果的统计有效性。一般而言微观仿真模型需要至少运行 5 次,然后利用其输出结果的平均值作为结果。

(7) 设计替代方案。利用基准模型为出发点,可以为每个替代方案创新版本的网络并进行分析。要确保在各个替代方案中已经校验的模型条件不发生改变。

(8) 运行替代方案的仿真并输出结果。和第 6 步相同,仿真模型运行的次数取决于网路的尺寸及性能指标的变异性。一般采用和原有仿真次数相同的策略。

(9) 结果评价及报告。最后一步是利用微观仿真模型是对实际情况及替代方案仿真结果的评价及报告。现代仿真工具的二维或三维展现效果是一种非常有价值的工具,可以让专业人士和公众更加熟悉建模过程并增加仿真工具和结果的可信度。

需要注意的是,应用国外的微观仿真软件时,其内部的多个交通流参数等都是各个国家根据本国的道路交通状况研发的,如果要应用于中国的道路交通系统,软件中的众多参数都需要重新标定。

附录:
- PASSER™ II-02(Progression Analysis and Signal System Evaluation Routine):http://ttisoftware.tamu.edu/fraPasserII_02.htm
- PASSER III-98:http://ttisoftware.tamu.edu/fraPasserIII_98.htm
- ASSER IV-96:http://ttisoftware.tamu.edu/fraPasserIV_96.htm
- ROGO:http://mctrans.ce.ufl.edu/store/description.asp?itemID=78
- SOAP84:http://mctrans.ce.ufl.edu/store/description.asp?itemID=435
- Synchro:www.trafficware.com
- TEAPAC/NOSTOP:www.strongconcepts.com/Products.htm
- TEAPAC/SIGNAL2000:www.strongconcepts.com/Products.htm
- TEAPAC/WARRANTS:www.strongconcepts.com/Products.htm
- TRANSYT-7F:http://mctrans.ce.ufl.edu/store/description.asp?itemID=437
- TSDWIN:www.fortrantraffic.com/whatsnew/new2.htm
- TS/PP-Draft:www.tsppd.com

参考文献

[1] GROUP T O. PASSER V-09[R]. College Station,Texas:Texas Transportation Institute,2009.
[2] CHAUDHARY,N A,et al. Software for Timing Signalized Arterials[R]. College Station,Texas:Texas Transportation Institute,2002.
[3] CHAUDHARY N A,KOVVALI V G,ALAM S M M. Guidelines for selectiing signal timing software[R]. College Station,Texas:Texas Transportation Institute,2002.
[4] YANG X K. Comparison among computer packages in providing timing plans for iowa arterial in lawrence,kansas[J]. Journal of Transportation Engineering,2001,127(4):311-318.
[5] WASHBURN S S,LARSON N. Signalized intersection delay estimation:case study comparison of TRANSYT-7F,SYNCHRO,and HCS[J]. ITE Journal,2002,72(10):30-35.

第13章

交通信号控制机

交通信号控制机是"能够改变道路交通信号顺序、调节配时并能控制道路交通信号灯运行的装置"[1]。交通信号控制机是城市交通信号控制系统的核心组成部分,是交通信号控制系统中位于交叉口现场的底层执行单元,其核心功能是实现交叉口交通信号控制,兼有交通信息采集、通信、交叉口监控等功能。

交通信号控制机一般指用于控制交通信号灯运行的安装在机柜中的全部电子机械,包括机柜。其中信号控制单元是交通信号控制机的核心部分,用来选择信号灯显示顺序及调节配时,同时控制道路交通信号灯的运行。目前,随着交通管理集成应用的发展,出现了一类更为集成化的交通信号控制机,除了传统的信号灯控制功能外还包括车道控制单元及其他应用(如可变信息板控制等)。

交通信号控制机的发展与相关的电子工业的发展基本同步。信号控制单元硬件逐渐从电动机控制单元发展到现在广泛使用的微处理器控制单元。

电动机械控制机利用轮轴定时切换信号灯的供电。采用机械方式不需要任何软件,也没有相应的标准。直到目前这种控制机在美国的部分城市仍有使用。

后来,一些制造商开始生产采用真空管电路的半感应和全感应交通信号控制机。交通工程师通过控制面板上的把手来调节时间间隔和相位的配时。类似单元里的转换器和真空管在运行时会产生很大热量,需要机柜里保持空气流通。一些制造商保留了由螺线管驱动凸轮轴来实现灯色的转换,而其他制造商则使用了步进继电器驱动旋转开关和封装继电器,零部件寿命较短和时间漂移是这些信号控制机的不足。

取代真空管的是低压电路晶体管,产生的热量大幅减少。20世纪60年代中期,晶体管电路第一次在配时及相位功能中使用。较低的运行温度提高了组件的寿命,电子计时确保了配时的准确性。在此期间,不同制造商使用不同的组件,组件布置也有所不同。

集成电路的应用是交通信号控制机发展史上又一重大的进步,微芯片技术显著减少了组件的大小。将微芯片通过电路连接起来,然后布置在主板上便构成了微处理器。交通控制行业迅速地将微处理器整合到新的交通信号控制机的设计中,目前它们被广泛应用于所有现代的交通信号控制机中。

现代交通信号控制机的功能和特点更多地是由软件而不是硬件来决定。同样物理设备的交通信号控制机可能因为安装了不同的软件而在功能上有很大差异。

现代交通信号控制机的标准也一直在不断演化，以美国为例，包括由 NEMA 制定的 NEMA-TS2 标准、加州交通部(California Department of Transportation，Caltrans)、纽约交通部和美国联邦公路管理局(FHWA)制定的 Model 170 标准以及最新制定的 ATC2070 标准等。

13.1 交通信号控制机构成及功能

13.1.1 交通信号控制机的构成

大部分现代交通信号控制机主要由以下几部分组成：控制单元、灯相输出单元、闪烁单元、输入/输出接口、电源配置和机柜。图 13-1 为典型交通信号控制机机箱内部正面图[①]。

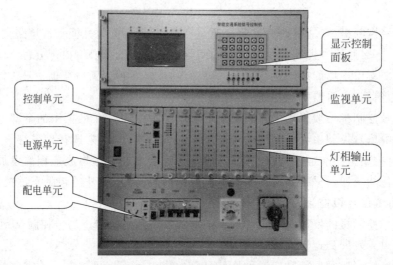

图 13-1　交通信号控制机正面图

1. 控制单元

控制单元是信号控制机的核心部分，主要由中央处理单元(微处理器、存储卡等，如图 13-2 所示)、显示控制面板单元(键盘和显示器，如图 13-3 所示)、监视单元(故障管理单元，或称作冲突监视器，如图 13-4 所示)、电源单元(如图 13-5 所示)四部分组成。

控制单元的主要功能包括：根据不同交通需求时段，选择配时方案；接收行人及车辆优先控制信号；接收中心计算机下传的优化配时方案；执行灯色变换并监视灯色冲突，监视电源电压，监视灯泡以及灯相输出模块等。

故障管理单元可以检测冲突信号指示以及其他功能，包括检测是否脱离正常状态、清场时间是否漏掉或缩短、操作电压是否超出范围等。如果故障被检测到，故障管理模块自动把所有信号都变成闪烁或红灯，覆盖控制机的输出指令。现代的交通信号控制机可以实现这个功能并将故障报告给主控单元或者远程的计算机。

---

① 本章图 13-1～图 13-2 来源于天津易华录信息技术有限公司 MTC-1032 智能交通信号控制机。

图 13-2　中央处理单元

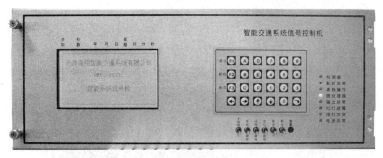

图 13-3　显示控制面板

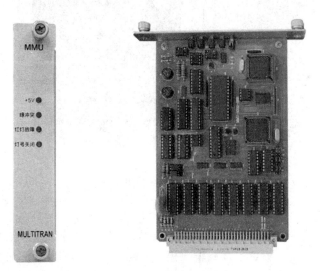

图 13-4　监视单元

2. 灯相输出单元

灯相输出单元可以控制灯泡亮灭,包括若干组红、黄、绿可控组件。每个灯相输出单元都可以提供机动车红、黄、绿和行人与非机动车红、绿可控组件,以控制灯泡亮灭。图 13-6 所示为信号机的灯相输出单元,该信号机有 6 个灯相输出单元,每一个灯相输出单元有 2 组机动车红、黄、绿可控组件和 1 组行人与非机动车红、绿可控组件。

 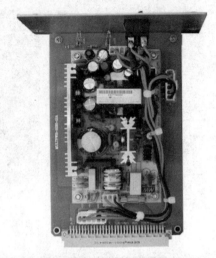

图 13-5　电源单元

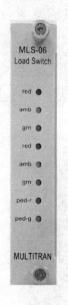 

图 13-6　灯相输出单元

3. 闪烁单元

闪烁单元可以提供故障(包括微处理器模块故障或绿-绿冲突故障等)警示,发生故障时信号灯闪烁。闪烁单元一般位于灯相输出模块左侧,有两个可控组件,分别为闪烁灯以及电源指示灯。不仅可以实现软件闪烁控制,还可以实现发生重要故障时的硬件强制闪烁。如图 13-7 所示,闪烁单元可以控制信号机的硬件闪烁。该单元为闪烁单元和信号灯控单元在同一块电路板上,有些厂商闪烁单元为一个独立的设备或单元。

4. 输入/输出接口

信号控制机的输入/输出接口提供交通信号控制信息的内外传输以及控制电源的连接,包括倒计时器及外围设备接口、车辆检测器接口、各进口电力输出连接器接口(输出电路驱

 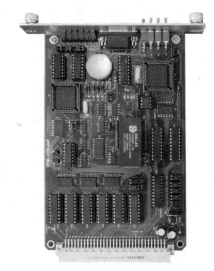

图 13-7　闪烁单元

动,即电压切换驱动信号显示)、外部通信连接件(串行端口、FSK 调制解调器、USB 接口、光纤收发器、无线收发器、以太网交换机等,一台信号控制机不一定包括全部通信类型)等。

图 13-8 为信号控制机母板的输入/输出接口示意图,上面部分为倒计时器及外围设备接口、车辆检测器接口等;下面为灯相输出,通过信号机接线板与外部信号灯连接。

图 13-8　信号控制机母板接线图

中央处理单元带有 2 个 LAN 口,LAN1 用于信号机与中心计算机连接,LAN2 用于现场调试计算机与信号机相连。现代交通信号控制机基本上全都使用网口直接与中心计算机进行连接,使用串口与中心计算机进行通信的情况下,每台信号机还需配备一台串口服务器,用于将串口信号转换为以太网信号,然后,通过以太网与中心计算机进行通信。串行端口主要用于现场的调试或者用于机柜内部的设备相连,如遥控器设备、手持终端设备、检测器信号、板卡之间的连接等。目前以太网的应用逐渐增多并开始取代串行端口。而对于便携式控制终端,则越来越多采用无线通信。

5. 电源配置

电源配置为信号控制机提供电力,将外部输入 220V 转换为内部使用的直流 24V、12V、

5V。我国的国家标准 GB 25280—2016《道路交通信号控制机》规定的信号机主要电源额定电压为 AC 220(1±20%)V,50Hz±2Hz,信号机电源输入端应安装电源滤波器。图 13-9 为信号机的配电单元,包括电源插座、信号机电源开关,还包括电源滤波器和防雷装置等。

图 13-9　配电单元

6. 独立黄闪器

图 13-10 为独立黄闪器。

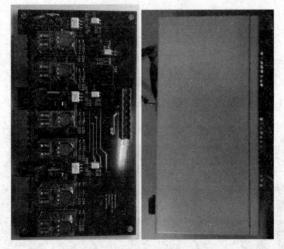

图 13-10　独立黄闪器

信号机具有独立于灯具驱动输出电路的黄闪控制装置,信号机无法正常工作时,能通过独立的黄闪控制装置将信号输出切换为黄闪状态,保证路口通行安全。

7. 机柜

信号控制机机柜能够保护信号机内部结构,根据我国的国家标准 GB 25280—2016《道路交通信号控制机》的规定,信号机机柜内部空间应当足够大,应有利于信号机的散热、安装、使用和维修,应能够防雨并且尽可能降低灰尘及有害物质的侵入,机柜和安装机箱的设计还要防止顶面积水等。

信号控制机外箱机柜主要由主箱体、侧边执勤手动小门、外围控制缆线与信号机接线板三大部分组成。图 13-11 为信号机外箱机柜正视图。图 13-12 为侧面执勤小门示意图,侧面执勤手动小门可以提供手动变换信号灯信号、手动闪烁、四面全红和信号灯开闭等操作。

在机柜内部,与控制机相连的基本辅助元件还包括车辆和行人检测器(传感器单元、电路隔离器等),检测器只用于感应控制或自适应控制。检测器板卡识别外场检测器的检测信号并将相应信息发送给控制单元。

图 13-11　信号机外箱机柜正视图

图 13-12　执勤小门

13.1.2　交通信号控制机的基本功能

交通信号控制机一般具有如下功能：

(1) 控制各类交叉口，包括单个交叉口、距离较近的多个交叉口、行人过街横道；

(2) 根据预先设定的配时方案或感应控制方案实现信号灯色的变换，包括红、黄、绿及其他(黄闪、绿闪等)；

(3) 接收检测器采集的各类交通流信息，并根据这些信息选择或生成信号控制方案实现信号灯色的变换；

(4) 完成配时功能，分配各相位绿灯、黄灯及红灯时间；

(5) 完成特殊控制功能；

(6) 具有通信功能，可接收从主控制机或主控计算机发来的指令，并根据指令实现信号灯色的转换。

具体的交通信号控制机的基本功能、故障监控功能、控制功能等可以参考国家标准 GB 25280—2016《道路交通信号控制机》。

13.2　信号机类型

13.2.1　基本类型

1. 按功能分类

信号机按功能可分为 A、B、C 3 类[1]：

A 类信号机应能实现如下功能：

(1) 具备黄闪(机动车信号)、多时段控制功能;
(2) 提供至少 4 个独立的信号组输出,其中至少 2 个信号组可以作为行人灯信号;
(3) 能设置至少 10 个时段,10 种以上控制方案;
(4) 能根据不同周日类型对方案进行调整,机内应存有日历;
(5) 具有响应行人过街请求功能的,至少提供 2 个行人按钮检测器接口,行人请求方式、响应时间、放行时间可设定;
(6) 信号机出现故障应能按如下顺序降级:行人请求→定时控制→黄闪。

B 类信号机应能实现如下功能:
(1) 应具备 A 类信号机的全部功能,能够实现感应控制、单点优化控制、无电缆协调控制功能;
(2) 具备车辆感应功能,能提供至少 8 个车辆检测器开关量信号接口,可扩展至 16 个;
(3) 最大绿灯时间和最小绿灯时间应可根据交叉路口的实际情况进行设置;
(4) 能够设置调节相位差参数,能够实现无线自动校时,实现无电缆协调控制功能;
(5) 信号机出现故障应能按如下顺序降级:无电缆协调控制→感应控制→定时控制→黄闪。

C 类信号机应能实现如下功能:
(1) 具备 B 类信号机的全部功能;
(2) 带有通信接口,可与上位机或其他信号机连接,构成线协调或区域协调控制系统;
(3) 实现至少 8 个相位控制,可扩展至 16 个相位控制;
(4) 提供至少 8 个独立信号组输出,可扩展至 16 个独立信号组输出;
(5) 具有优先控制功能,能够实现公交车辆、轨道交通列车及其他特种车辆或车队优先通行;
(6) 信号机出现故障应能按如下顺序降级:上位机控制→无电缆协调控制→感应控制→定时控制→黄闪。

2. 按安装环境分类

信号机按安装环境可分为室内机和室外机[1]。

室内机安放在室内、室外机箱等非露天环境中工作,室外机直接安装在室外露天环境工作。

13.2.2 国外信号机类型

目前在美国和加拿大市场上主要有如下 4 类交通信号控制机[2]。

1. 机电式信号控制机

这是最老的一批信号控制机,也是当前在美国应用最基本的一种信号控制机,这类信号控制机使用了 60 多年而今天依然还在使用,机电式信号控制机使用电磁线圈来控制螺线管,该螺线管能够转动凸轮和接触来机械式地改变信号。这类信号控制机基本不具有任何主动式的公交信号优先功能,但是这些信号控制机可以与相邻信号控制机相连来进行协调或者提供"被动式"的公交信号优先策略。

2. NEMA 信号控制机

目前有两种信号控制机遵循的 NEMA 标准:TS-1 和 TS-2。这两种 NEMA 标准允许多个生成厂商生产信号控制机,并且允许不同厂商之间设备互换。作为信号控制机的一部分,NEMA 的信号控制机同时提供厂商支持的软件包。

NEMA TS-1 信号控制机标准于 1976 年被采用,代表了第一代信号控制设备的标准,之后被修改过多次,最新的版本是 1989 年发布的。

NEMA TS-2 信号控制机标准于 1992 年被采用,主要是为了提高 TS-1 标准所无法涵盖的运行特性。例如,NEMA TS-1 标准没有说明信号控制系统的通信、强制优先及信号优先控制。1992 年的 NEMA TS-2 标准对由不同厂商生产的设备实施即插式兼容性。

为扩展 NEMA TS-2 信号控制机的交通特性,共开发了两类 NEMA TS-2 信号控制机:类型 1 和类型 2。类型 1 代表一个全新的性能导向的标准,通过一个总线接口使用串行通信;类型 2 使用一些与 NEMA TS-1 设备通常使用的一样的连接器,以保持与 TS-1 信号控制机的后向兼容性。

目前在美国生产 NEMA 信号控制机的公司主要包括 Eagle(Siemens)、Econolite、Naztec、Peek、U. S. Traffic 和 Vector。

拓展阅读 1

NEMA 标准

3. 170 型信号控制机

几乎在采用 NEMA TS-1 的同时,加州交通部、洛杉矶市和纽约州交通部以及 FHWA 联合为信号控制开发了一个开放式架构、多功能的微型计算机,作为 NEMA 信号控制机的替代品。

NEMA 标准中指定软件需要作为信号控制机的固件来提供,与此不同的是,170 型信号控制机只包括硬件,软件可以从一个独立的软件开发商购买。

如果需要,使用者可以编写自己的软件。信号控制机开放的体系架构设计确保了 170 型信号控制机的一个优点就是修改软件不影响它的硬件兼容性。

目前在美国提供 170 型信号控制机的厂商主要包括 Safetran、McCain、U. S. Traffic 和 Vector。

拓展阅读 2

Model 170 型信号控制机

4. 先进的交通信号控制机

尽管目前市场上已经有一些专有的先进的交通信号控制机(advanced transportation controllers,ATCs),最普遍的、标准的 ATC 是 Caltrans 的 2070 型信号控制机。2070 型标准最初由 Caltrans 开发,后来由 ATC 的联合委员会开发维护这个标准。与个人计算机类似,2070 型信号控制机除了更强大的处理器,还具有通过串口下载来升级控制机软件的能力。

由于其更好的处理能力,相对于 NEMA 和 170 型信号控制机,先进的交通信号控制机能够提供更多先进的信号控制和信号优先功能。与 170 型信号控制机类似,对于 2070 型信号控制机而言,也需要购买和安装独立的软件包(在 2070 型硬件平台中软件是可以互换的)。目前有一些可用的 2070 型信号控制机版本,包括 2070 型(标准)、2070L 型("Lite"版)、2070N 型(与 NEMA 信号控制机机柜兼容)。

目前在美国主要有如下一些厂商提供 2070 型信号控制机：Eagle、Econolite、Naztec、Safetran、U. S. Traffic 和 Vector。

除美国之外,其他国家也有各自的交通信号控制机,比较有代表性的有德国 Siemens(西门子)、西班牙 Telvent(泰尔文特)、英国 Peek、澳大利亚 Tyco 等。与美国不同,这些信号机没有统一标准,而是由各个公司按照其交通控制系统的要求自己研制,开放性不够[3]。

德国 Siemens 公司最新的信号机产品为 ST800,符合英国交通部的 TR2210 规范和欧洲 prEN12675 和 prHD50278 标准。ST800 采用模块化设计,19 英寸 6U 标准机架安装,可实现最多 32 个相位配置,具有完整的信号灯状态检测和多种控制模式。ST800 能够最大限度地满足十字交叉口和行人过街的信号控制需求[3]。

英国 Peek 公司作为英国最大的交通信号控制设备供应商,其信号机产品主要有 TRX 控制机、EC1 控制机和 TSP 控制机。TRX 控制机为主流产品,可以实现 8、16 个或 24 个相位配置,工作模式包括定时、车辆感应、行人过街、无电缆协调、中心控制、公交优先和手动控制。EC1 控制机通过了 NEN3384 和 VDE0832 检测,并与 IVERA 标准兼容。TSP 控制机则是专门用于行人过街的信号机[3]。

13.2.3 ATC 标准

ATC 标准族由一个包含 NEMA、ITE 和 AASHTO 的联盟维护,目前有两个标准在实施：①ATC Model 2070 标准；②用于 ATC 的 ITS 机箱。

1. ATC Model 2070 标准

ATC 的 Model 2070 标准基于 Caltrans 的 Model 2070 型信号控制机规范,目前是 AASHTO、ITE 和 NEMA 的联合标准。与 NEMA TS-2 标准不同,ATC 的 Model 2070 标准对控制机硬件和内部的子单元进行了详尽的规范,但是没有规范任何应用软件功能。它需要 OS-9 操作系统、最小 4MB 的动态 RAM、512KB 的静态 RAM 和 4MB 闪存。

ATC 标准规定了下面这些模块的形式和功能,以及一个标准的底架和插件箱,以便任何厂商的卡片模块都能够插入。

(1) 电源供给模块；
(2) 中央处理器单元模块；
(3) 现场输入/输出接口模块；
(4) FSK 调制解调器模块；
(5) RS232 串行端口模块；
(6) 光纤收发器模块；
(7) 前面板(用户界面)。

除了标准模块,一些制造商还提供专用的通信模块,例如能够插入信号机标准插件箱的以太网交换机和 VME 卡载体等。没有 VME 插件箱的控制机经常被称为 2070 Lite,它的中央处理器位于主 2070 插件箱里的一个模块中。

任何人都可以为 ATC 控制机开发软件,可用于任何目的(例如交通信号控制、现场主控制机单元、匝道控制、计数站、可变信息板控制、可变车道控制等)。大多数用于信号控制的ATC控制机软件都与NEMA TS-2所规范的功能一致,功能上也与NEMA控制机类似。

ATC Model 2070标准包括输入/输出接口选项,从而使得它能够用在如下4种标准交通信号机箱中的任何一种:TS-1机箱、TS-2串口、ITS机箱和Caltrans 33x型机箱。TS-1机箱的输入/输出接口模块包括一个标准的第四连接器,称为D连接器。

Model 2070继承了170的开放式设计理念,硬件和软件接口都对公众开放,并由相应的代理商管理。这种开放式结构表现为许多方面,首先,2070的所有硬件模块都是标准化和可互换的,这样某一厂家生产的硬件模块,例如电源,就可以在其他厂家生产的2070上使用,而无须做任何改动;其次,2070的开放结构使其能方便地安装在不同的标准机柜内,例如NEMA机柜和170型机柜;最后,ATC Model 2070标准只定义了操作系统,但未包含交通控制软件,这样可以根据不同的交通特点和应用采用不同的控制软件。

Model 2070的硬件由以下几个部分组成:机箱、CPU、VME总线、现场I/O模块、串行通信和Modern模块、电源模块、前面板以及NEMA接口模块[4]。各模块的编号和主要功能如表13-1所示。

表13-1 Model 2070信号机组成模块

模块	模块编号	主要特点和功能
机箱	无	7英寸(约17.78cm)高,插接各硬件模块
CPU	2070-1A	带VME总线,包括处理器板和转线板;Motorola 68360处理器,4M动态RAM,512K高速SRAM,4M FLASH,7个通信口;Microware OS-9操作系统
	2070-1B	不带VME总线;其他同2070-1A
现场I/O	2070-2A	适用于170型机柜,通过C1S连接器连接机柜背板
	2070-2B	与2070-8 NEMA接口模块一起使用,适用于NEMA TS-1型机柜,通过C12S连接器与NEMA模块连接
前面板	2070-3A	数字键盘,C-50异步串口,软件控制键盘,AUX开关,4×40液晶显示屏
	2070-3B	8×40液晶显示屏,其他同2070-3A
	2070-3C	没有液晶屏和键盘,只有一个C-60串口
电源	2070-4A	额定电流10A,用于带有VME总线的机箱
	2070-4B	额定电流3.5A,用于不带VME总线的机箱
VME总线	2070-5	符合IEEE VME标准,内存共享、资源共享和总线仲裁;实现多处理器应用
Modem	2070-6A	1200波特率FSK调制解调器
	2070-6B	9600波特率FSK调制解调器
串行通信	2070-7	2个标准异步串行通信口
NEMA接口	2070-8	提供与NEMA机柜的接口,与2070-2B配合使用,兼容NEMA TS-1和TS-2机柜

根据实际需要,可以由以上模块构成不同型号的2070信号控制机,例如低成本的2070L型由机架、2070-1B、2070-2A、2070-3A(或3B)和2070-4B 3.5A电源模块和通信模块组成,高成本的2070则由机架、2070-1A、2070-2A、2070-3A(或3B)、2070-4A10A、2070-5和通信模块,而适用于NEMA机柜的2070N型由机架、2070-1A、2070-2A、2070-3A(或3B)、2070-4A、2070-5、通信模块、2070-8及2070-9(可选)构成,低成本的2070LN则包含机架、2070-1B、2070-2B、2070-3A(或3B)、2070-4B、通信模块、2070-8及2070-9(可选)。

图 13-13 和图 13-14 分别显示了从信号机的前面的视角和后面的视角看,典型的 2070 型信号机的配置。

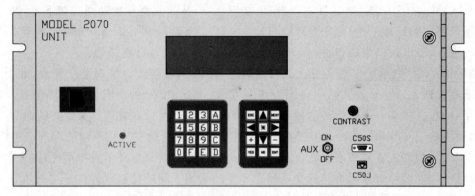

图 13-13　具有 2070-3B 前面板的 Model2070 型信号控制机的前视图[4]

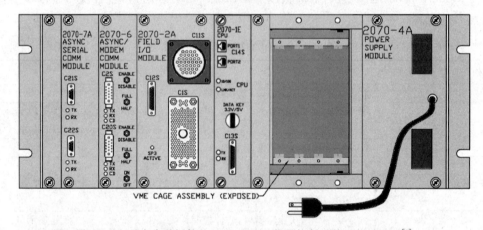

图 13-14　具有多种插件的 Model 2070 信号控制机单元的后视图[4]

图 13-15 表示了安装在 Model 322 机箱系统中(左)和 NEMA TS2 类型 1 机箱系统中(右)的 Model 2070 型信号机。

2. 用于 ATC 的 ITS 机箱

ITS 机箱标准整合了 Caltrans 33x 型机箱和 NEMA TS2 串口机箱的最好的特性,同时提供附加的输入输出、更加分散和灵活的错误监视并减少了机箱内的线缆。它是一个机架式机箱,具有可选的尺寸,前后都有门。除了控制机、检测器板卡和负载开关之外,该标准包括了对所有机箱单元的规范。它能够与 ATC2070 控制机和 TS-2 检测器板卡及负载开关一起使用。

不同于使用一个单一的故障管理单元(MMU),ITS 机箱标准使用了一个冲突监视单元和多个辅助监视单元,每个输入或输出机架都有。不同于使用一个总线接口单元,ITS 机箱标准使用了一个串行接口单元来将串行接口整合进输入或输出连接器,并且使用一个与总线接口单元中不同的协议。这个协议与 ATC 2070 内部使用的一致。

ATC 2070 控制机软件需要做一些修改才能在 ITS 机箱内运行。ATC 标准工作组正在开发附加的控制机标准并将为控制机软硬件提供更多的灵活性。ATC 控制机的新版本

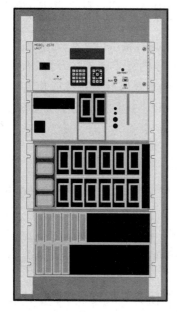
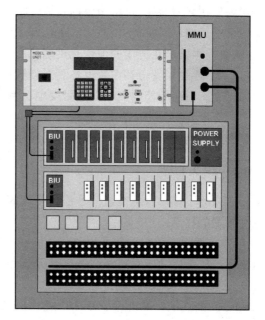

图 13-15　安装在不同信号机箱中的 Model 2070 型信号控制机[4]

将允许使用不同的物理形式、不同的中央处理器单元,甚至可能不同的操作系统,同时也在计划附加的通信端口和存储。应用程序接口(application programming interface,API)标准将提高软件应用程序在使用不同处理器和操作系统的信号控制机之间的可移植性,也能够允许同时运行在同一控制机上的不同应用(来自不同的提供者)之间进行系统资源的共享。

13.3　我国的交通信号控制机发展及现状

13.3.1　发展历程

从 20 世纪 70 年代末期开始,我国开始自主研发交通信号控制机,当时自主研发的信号机类型主要是多时段定时式和感应式信号控制机。到 20 世纪末,随着智能交通系统的发展以及国外众多信号控制机在国内的应用,国内企业也开始自主研发具有联网功能的协调控制式信号机,鉴于当时国家相关标准的缺乏,部分公司的产品参考美国的 NTCIP 标准进行研究应用。

1978 年 10 月,上海市研制成功我国第一台自动控制信号机,控制方式为定周期式。1979 年 4 月,公安部在广州召开全国城市交通管理工作会议之后,各城市开始研制自动控制信号机,主要有多时段定时式和感应式信号机[5]。

1985 年上海市公安局引进了澳大利亚的 SCATS 系统,在中心商业区安装了 28 台 AWA 公司的集中协调式信号机。北京市公安局引进了英国的 SCOOT 系统。

1987 年深圳市引进了日本(株式会社)京三制作所的 KATNET 系统,在罗湖、福田两个中心区安装了 52 台 A01 型集中协调式信号机。

1987 年公安部组织研发"七五"国家重点科技攻关项目《城市交通控制系统》。由公安部交通管理科学研究所、同济大学、电子部 28 研究所、南京市交警支队共同研发。系统以南京市中心区为依托共安装41台集中协调式信号机,该系统是我国自行研制开发的第一个实时自适应城市交通控制系统,系统整体水平达到了国际20世纪80年代先进水平。

之后,随着我国城市化速度的加快及机动化的迅速发展,城市道路系统对交通信号控制的需求迅速扩大,近几年新增和旧有设备更新换代的信号机每年已超过万台,因此,众多企业亦开始加入到交通信号控制机的自主研发中。例如青岛海信网络科技股份有限公司、连云港杰瑞电子有限公司、南京莱斯信息技术股份有限公司等企业都推出了各自各具特色的交通信号控制机,并且在全国众多城市进行了应用。

13.3.2 相关标准

我国近年来为了推动我国交通信号控制领域的有序发展,亦陆续出台了众多相关的交通信号控制相关的标准。

1993年公安部制定了我国信号机的行业标准GA/T 47—93《交通信号机技术要求与测试方法》,该标准按基本功能对道路交叉口进行信号控制的交通信号机作了分类,规定了交通信号机的技术要求和测试方法。

2002年公安部对该标准进行了修订,并改为强制性标准GA 47—2002《道路交通信号控制机》,该标准根据目前我国道路交通信号机产品的技术水平和质量水平,对道路交通信号机的物理结构性能、电源及电气性能要求、基本功能要求及试验方法、气候环境试验要求及试验方法、机械环境试验要求及试验方法、电磁抗扰度性能要求及试验方法都重新做出了规定。新标准对集中协调式道路交通信号机的物理通信接口、基本通信内容进行了规定,具体通信协议、格式等内容未包含在标准中。

2011年11月10日,标准再次修订,上升为国家标准GB 25280—2010《道路交通信号控制机》,该标准于2011年5月1日正式实施。该标准规定了在道路上使用的交通信号控制机的分类、要求、试验方法、检验规则、标志、标签和包装等。2016年12月31日正式发布实施GB 25280—2016《道路交通信号控制机》。

2004年10月1日,行业标准GA/T 509—2004《城市交通信号控制系统术语》开始实施。标准规定了城市交通信号控制系统中的专用术语,适用于城市交通信号控制系统的设计、管理、教学、科研及其他相关领域。标准按基本概念、交通控制原理、控制方式、交通信号控制机、中心系统等五部分对术语进行了分类,给出各部分主要专业术语的中文定义及中英文索引。

2008年1月1日,国家标准GB/T 20999—2007《交通信号控制机与上位机间的数据通信协议》正式实施。该标准规定了信号机与上位机间的数据通信协议的结构及物理层、数据链路层、网络层和应用层的要求,适用于交通信号控制系统信号机与上位机间的通信。标准的发布解决了各生产厂家之间上位机与信号机之间无法进行通信的问题,从规范层面避免了某地区市场一家厂商建设交通信号控制系统后,其他设备厂家无法继续拓展建设的情况。该标准的制定参考了美国NTCIP通信协议标准。由于NTCIP是针对整个智能运输系统领域的,其实用性与要求还有一定距离,因此标准只采用了物理层、数据链路层和网络层协议,而应用层协议改动较大。2018年7月1日实施了GB/T 20999—2017《交通信号控制机与上位机间的数据通信协议》。

2011年3月1日,行业标准GA/T 920—2011《道路交通信号控制机与车辆检测器间的通信协议》正式实施。标准适用于道路交通信号控制机及车辆检测器,规定了道路交通信号控制机与车辆检测器间的串行接口和以太网接口的数据交换规程。

2013年5月1日,行业标准GA/T 1049.2—2013《公安交通集成指挥平台通信协议 第2部分:交通信号控制系统》开始执行,该标准规定了公安交通集成指挥平台与交通信号控制系统的信息层之间的通信协议。适用于公安交通集成指挥平台、交通信号控制系统软件的设计和开发。

2013年7月1日,国家标准GB/T 29098—2012《道路交通管理数据字典 交通信号控制》正式实施。标准规定了道路交通管理中直接和交通信号控制相关的数据元的分类原则和方法、内部标识符编码原则与编码结构、数据元属性描述和数据元表。标准适用于道路交通管理领域和信号控制系统相关的信息处理和信息交换。

如上所述,近年来我国在交通信号控制机方面的行业标准及国家标准日渐完善,为我国交通信号控制机的发展提供了良好的支撑环境。目前我国的交通信号控制机也在向着标准化、开发性的方向发展,但是还有较长的路要走。

13.3.3 现状

从我国当前使用的信号机来看,近年来的信号控制系统的建设中,协调控制式信号机的应用越来越多,已经开始成为近年来信号控制机的主流。从市场应用情况来看,国外典型系统如SCOOT系统、SCATS系统、ITACA系统等都在我国部分城市获得了应用。由于国内近几年智能交通系统建设需求迅速增加,而交通信号控制系统是城市智能交通管理系统的核心系统,因此也吸引了更多的国内企业开始加大信号控制的研发投入,国内企业技术和市场能力快速增长,目前占据了国内信号控制机市场的大部分比例。

虽然近年来我国交通信号控制系统发展迅速,但总体来看,尚存在如下一些问题:

(1) 虽然我国交通信号控制机的生产厂商已不下100家,但绝大多数生产企业规模普遍较小,研究开发和创新能力不强,质量水平不高。例如存在着信号机故障监测功能缺失、电磁抗扰度性能不达标、基本功能不达标、可行性差、机箱密封性差等问题。

(2) 信号机标准尚需进一步完善。当前阶段我国存在着众多的交通信号控制机的生产厂商,从普通的基于微处理器的交通信号控制机到符合ITS机柜标准的高性能交通信号控制机都能够生产,各自的电气标准和内存、输入输出数据地址等各不相同。因此我国国产的不同类型信号机之间存在着无法兼容的问题。同时,目前国内的大部分控制机产品都具有即插即用的模块化设计,但是这些模块化硬件单元只能和本公司的其他硬件单元协同工作,不同公司的硬件单元难以相互通信。目前在我国单个城市的交通信号机有时都不止一种类型,因此有时出于平台集成控制信号控制机的需求,不同信号机厂商之间会开放一定的通信协议,但仅限于基础的控制参数、灯态等层面,无法实现全面的兼容,造成了一个城市中多家信号机难以集成化的问题。虽然有相关标准的出台,但由于各地需求差异化较为严重,标准中的通信协议元素不能满足其需求,因此厂商仍采用添加私有控制元素的方式进行弥补,使得标准的强制力降低,也限制了信号控制设备的通用性。同时,国外系统使用国内标准的可能性极小。虽然众多企业提供了对外的数据接口,但是在控制策略、参数等方面还是采用专有协议的多,故目前尚无法实现在一个控制平台之上控制多家企业的不同类型信号机。

因此,应当尝试从硬件单元要求、CPU单元要求和电源以及微处理器操作系统、信号输入/输出要求等方面进行我国交通信号控制机开放式技术的研究。所谓的开放式技术就是通过信号控制系统控制机硬件单元功能接口的研究,使控制机能够适应不同生产厂家的硬件单元,从而达到硬件接口的标准化。

而在交通信号机的软件方面,目前不同厂商生产的信号控制软件各不相同,且所采取的信号控制机的功能、性能亦有所差异,因此,信号控制软件平台的功能差异较为明显,与外界交换信息的接口协议也各有不同,因此要想通过这些生产厂商提供的软件来进行二次开发,国内的交通信号控制机软件同样需要进行接口(如 API 库)的研究,需要经历一个软件的标准化接口的发展过程。

思考题

1. 简述信号机的分类。
2. 简述信号机的构成。
3. 简述信号机的基本功能。

参考文献

[1] 中华人民共和国国家质量监督检验检疫总局,中国国家标准化管理委员会. GB 25280—2010 道路交通信号控制机[S]. 北京:中国标准出版社,2010.
[2] HALKIAS J A,MALEK S. Advanced transportation management technologies[R]. Washington,D. C.:Federal Highway Administration. Office of Technology Applications,1997.
[3] 姚庆明. 道路交通信号控制器的发展及其在智能交通系统中的应用. 2007 第三届中国智能交通年会论文集[C]. 南京:东南大学出版社,2007.
[4] AASHTO, ITE, NEMA. ATC 5202 v03.04:Model 2070 Controller Standard Version 03. 2012[S]. Washington,D.C.:AASHTO,2012.
[5] 马庆,章秋平. 我国交通信号控制产品市场及技术的现状和发展[J]. 智能交通,2009(4):24-28.

第14章

交通信号控制的实施及应用

交通信号控制交叉口的运行效率在很大程度上取决于适宜交叉口特性的交通信号控制方式及控制系统的实施,因此,要想实现交通信号控制交叉口的安全及效率目标,科学合理的交通信号控制策略的实施是关键。本章在此主要介绍与交通信号控制实施相关的内容。

14.1 影响因素

交叉口交通信号控制配时的优劣对信号控制交叉口的运行效率有着显著的影响,信号控制交叉口的信号配时的确定及优化主要受到如下因素的影响。

14.1.1 地点位置

影响信号配时最基本的因素之一就是交叉口所在的地理位置。目前交通信号控制主要用于城市中心区、城市郊区及城市间的公路上。城市中心区的道路特点主要是车辆行驶的速度较低以及高峰期的常发性拥堵,同时中心区的道路网络中还有大量的行人、自行车和公交车辆,而在信号配时中,这些因素有时还需要优先考虑。因此,城市中心区的交通信号控制策略必须考虑城市中心区的交通流特点,例如考虑自行车的速度进行协调控制、给予公交车辆优先信号等。而城市郊区道路的特点是在非高峰期车辆速度较快而在高峰期通行能力受到一定限制,这就需要仔细平衡安全和交叉口控制效率两个方面。城郊道路的控制目标经常是实现主干道的顺畅通行(最小化停车次数),这往往可以通过实现干道方向协调控制来实现。同时,信号控制目标可能根据一天中不同的时段与交通流特点而有所不同。与城市道路不同,城市间的道路则是高速度、低流量,即使存在行人、自行车和公交车,其量也很少。因此,城市间道路上的信号配时主要考虑的是对具有较高速度的交叉口进口道进行安全管理,通行能力很少作为信号控制的约束条件。

反映地点位置差异的除了位于城市的不同位置外,还有一类因素是道路等级,道路等级不同,其对于可达性和快速性的要求不尽相同,同时还要注意其他一些影响因素,如货车行驶路线、铁路道口、BRT及轻轨线等。

14.1.2 路网特点

路网结构对信号配时也具有重要影响,其中一个因素是信号控制交叉口之间的距离,将影响到如何进行信号配时优化。

对于那些距离足够远的信号控制交叉口可以孤立考虑,通常不需要考虑其他交叉口的信号配时,这些孤立信号控制交叉口可以独自运行而不需要协调控制,或者即使协调也不会有额外的益处(主要取决于拥挤程度)。对于这些孤立交叉口可以灵活地设置周期时长以实现对该交叉口的最优化控制。

对于信号控制交叉口间距在 153.4m(500ft) 到 804.6m(0.5mile) 之间的大多数干道,如果直行交通量较大,则通过改善交叉口间交通流的连续性,协调控制经常可以带来一定的效益。在速度较高的干道上,协调 1.6km 以上的交叉口也能够带来好处[①]。而对于间距非常近的交叉口,例如距离小于 153.4m,则经常需要考虑控制交叉口停车线后的排队长度,而不是把连续绿波作为主要目标,在这种情况下,用一个信号控制机来同时控制两个很近的交叉口可能会很有效。

信号控制的交叉口经常位于方格路网中。在这种情况下,整个路网经常需要同时进行配时以确保交叉口之间的一致性。方格路网,尤其是具有小街区的城市中心,经常使用定时控制而不设置检测器。

对于相距非常近的交叉口(如 150m 以内或 7~10s 的行程内),在进行信号配时优化时要考虑排队管理(通常采取短周期的方式)。在一些很小且路口间距非常近的路网内,例如单向道路构成的一个方格上的 4 个路口、3 个交叉口形成的三角形地块或交错的两个 T 形交叉口,可以考虑采用一个信号控制机进行控制。

14.1.3 交叉口几何特征

交叉口几何特征决定了它能否有效安全地满足使用者的需求。交叉口每个进口方向的车道数量对交叉口的通行能力有显著影响,从而也影响到信号配时能否有效满足交通需求。例如,服务于同一交通流向的两条车道比单条车道有更高的通行能力,所以只需要较少的绿灯时间。然而,增加交叉口一个进口方向的车道数会增加行人横过道路的最小时间,这样会增加清场时间,从而抵消增加的部分通行能力。

交叉口几何特征的细节同样对信号控制有显著影响。交叉口的大小及几何形状,以及到达交叉口的车辆行驶速度、行人步行速度,都将影响车辆和行人的清场时间,从而影响到交叉口的信号控制效率。例如,交叉口的夹角(十字交叉口两条道路的夹角)直接影响人行横道的长度,从而影响行人的清场时间。假设一个直角相交的十字交叉口,其人行横道长度为 18.5m,如果夹角变为 60°,其长度会增加到 21m。如果一个行人以 1.2m/s 的速度通过人行横道,在上面的夹角变化下,行人的通行时间会从 16s 变为 19s。同样如果行人的速度变为 1m/s,行人的通行时间会从 18s 变为 21s。反之,减小拐角转弯半径或增大路缘面积,则能缩短人行横道长度,从而减少行人通行时间,但是这样将导致较窄的车道,从而使得共用车道中的直行车辆有时难以超过让行行人的右转车辆或等待对向直行空隙的左转车辆。同样,缺乏左转专用车道或者左转车道长度不足等都会给信号控制带来一定的影响。

14.1.4 出行需求特点

出行需求特点将明显影响信号配时的效果,因此,在交通信号控制早期的规划设计分析

---

① 美国的实践结果,我国由于交通流混合等因素,交叉口协调的距离往往无法这么长。

中就应当充分考虑出行者的特点。

（1）混合交通流。交叉口不同的出行者构成对信号配时有显著影响，例如行动缓慢的行人，使用轮椅的残疾人，有视觉障碍的行人，他们都需要更多的时间去通过人行横道，因此行人通过时间和清场时间都需要相应地调整。如果自行车的流量较大，则设置专用的自行车检测器和相应的自行车最小绿灯时间将是有益的。

（2）交通需求和检测流量。交通需求是指要到达交叉口的车辆，而检测流量是在交叉口停车线检测到的驶离交叉口的交通流量。如果某交通流向到达的交通流超过了通行能力，该流向就被认为是处于过饱和状态。然而除非分析人员通过在排队队尾的观察，或者通过检测上游未饱和交叉口的驶离交通流来得到交叉口的交通需求，否则交叉口的真实交通需求是无法知道的。由此会给交叉口的信号配时带来一定的问题，例如为了给某流向潜在的交通需求提供通行能力，需要为其增加绿灯时间。

14.2 信号控制类型的选择

不同的交通信号控制方式（如定时控制、感应控制、自适应控制等）有各自的优势和特点，在整个城市交通信号控制系统的建设过程中，需要根据各个交叉口的特点综合考虑，选择适宜的控制模式。

14.2.1 国内经验

文献[1]对不同信号控制方法的适用情形做了简单的分析。内容如下：

（1）随着信号控制交叉口饱和度的逐渐增大，交叉口交通流量随时间的变化幅度总体趋势在逐渐缩小，即信号控制交叉口在相同时间内到达的交通流量趋于稳定。因此，在信号控制交叉口交通流量趋向饱和的过程时，定时控制的有效性逐渐增强。尤其是当信号控制交叉口处于拥堵状态时，由于每个进口的车流在数个周期内都不能完全放行，此时可以假定认为各个进口道到达的车流是较为恒定的，这符合定时控制的基本假设，适合采用定时控制方式。

（2）在饱和度较小（<0.6）时，信号控制交叉口的交通流量较小且波动较为剧烈。因此当饱和度较小时，信号控制交叉口交通流到达的随机性较强，此时采用感应控制方式更为适宜。

（3）在饱和度介于 0.6~0.9 时，信号控制交叉口的流量波动幅度都较小，每个关键车道组流量的波动系数随时间变化具有一定的规律性。针对这种交通状况，交通流预测精度能得到保证，适合采用自适应控制方式。

我国在行业标准 GA/T 527.1—2015《道路交通信号控制方式第 1 部分：通用技术条件》中规定了不同信号控制方式的适用原则[2]。包括单点定时控制、单点感应控制、单点自适应控制、干线定时协调控制、干线感应协调控制、干线自适应协调控制、子区定时协调控制、区域自适应协调控制、人工干预控制。

拓展阅读 1
道路交通信号控制方式

14.2.2 国外经验

有研究[3]给出了如图 14-1 所示的信号控制策略选择流程，根据应用的控制设备类型、高峰期交通流的潮汐性、交通流变化模式是否已知、相交道路饱和情况等因素选择不同的信号控制策略。

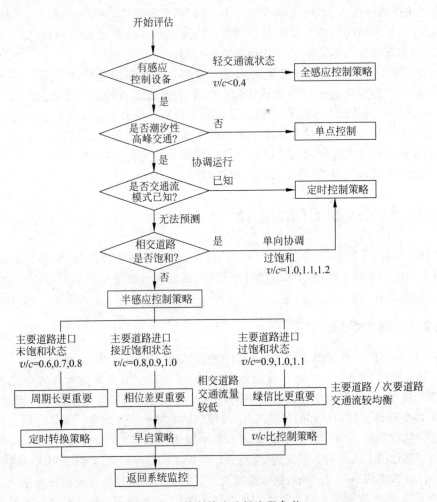

图 14-1 控制策略选择流程参考

协调控制系统中主要干道沿线交叉口的建议信号控制方式如表 14-1 所示[4]。

表 14-1 协调控制系统中干道沿线交叉口的建议信号控制方式

相交道路交通流 v/c	转弯交通流占干道直行交通流的比例	干道交通流量/相交道路交通流量	
		≤1.3	>1.3
低到中 v/c≤0.8	≤20%	感应控制[a]	感应控制[b]
	>20%	感应控制[b]	感应控制
高 v/c>0.8	≤20%	定时控制	定时控制
	>20%	定时控制	定时控制

注：a. 当交叉口具有均衡的流量且来自无左转专用车道的相交道路的转弯流量较大时采用定时控制。
　　b. 当绿灯早启导致在下游信号控制交叉口产生额外的停车和延误时采用定时控制。而且，如果位于协调子区边界的交叉口对于干线的时空图非常重要且定义了绿波带的前边界，则应当采用定时控制。

在协调控制系统中,对于网格式路网中交叉口的建议控制方式如表14-2所示[4]。

表14-2 协调控制系统中对于网格式路网中交叉口的建议控制方式

网络结构	交叉口 v/c	相位数		
		2	4	8
干道相交	≤0.8	定时控制	感应控制[a]	感应控制[a]
	>0.8	定时控制	定时控制[b]	定时控制[b]
密集网格	≤0.8	全感应控制[c]	感应控制	全感应控制
	>0.8	定时控制	感应控制	全感应控制

注:a. 如果相交的每条主要干道流量近似相等或者实施半感应控制将导致下游信号控制交叉口的额外停车,则直行相位可以是定时控制。
　　b. 关键交叉口的左转相位可以是感应控制。任何感应相位的空闲绿灯时间都可以用于直行相位。
　　c. 可用于需要比共用周期长更小周期长的交叉口,这些交叉口位于路网边缘且对协调控制的连续性没有影响。

14.2.3 信号控制系统的选择

如前面章节介绍,目前存在着多种成熟的先进的交通信号控制系统,而各个系统的特点及适用性均有所不同。因此,在当前城市交通信号控制系统建设的过程中,除了在交叉口层面要对不同交叉口、干线考虑适宜的交通信号控制策略外,在系统层面亦需要根据各城市的特点、区域的特点、交通流特点等选择适当的交通信号控制系统。

交通信号控制系统的实施将涉及道路交通组织优化、交叉口渠化等多个方面,其效果也将受到众多因素的影响,因此,在进行信号控制系统选择的时候,必须充分借鉴系统工程的思维,综合考虑多种因素,实现对交通信号控制系统的选择和实施。

图14-2[5]显示了系统工程生命周期,对交通信号控制系统的选择包括图中的前三步骤。目前各个城市所安装的大多数交通信号控制系统很大程度上依赖于供应商现有的软件系统。类似地,信号控制机亦依赖于已有的设备和软件。因此有些项目的实施需要在已有设备、系统的基础上做一些调整,以整合新的特殊的功能需求、新的接口及数据传输方式等。

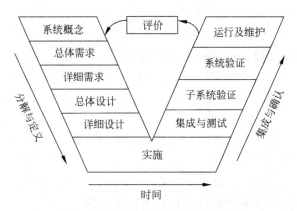

图14-2 系统工程生命周期示意图

在系统概念阶段要形成一个文件,该文件要定义系统运行的环境,该文件通常包括的内容为:项目范围、参考文献、当前的系统或状态、对改善的判断、所提出系统的概念、运行的情景、影响分析、对所提出系统的分析。通过该文件为系统需求分析奠定基础。

而信号控制系统的需求分析主要包括两大类需求,一是对终端产品的需求,包括功能需求、性能需求、接口需求;二是如何与当前机制和环境兼容的需求,包括开发阶段的需求、实施阶段的需求、测试阶段的需求以及培训的需求等。

根据系统的需求分析,可以进行系统的选择。

14.3 自适应交通信号控制系统的实施

自适应交通信号控制系统的成功不仅仅依赖于信号控制系统的软硬件,随着信号控制系统的不断发展,信号控制系统工作的重点已经发生了转变,从系统软硬件的维护变为了系统的优化运行。

目前阶段对于一个城市或地区而言,成功的自适应交通信号控制系统的运行需要有专业知识的支撑。尽管很多城市通过实施自适应交通信号控制系统减轻了管理人员维护信号配时方案的劳动(没有自适应信号控制系统的时候,分时段定时控制等控制模式需要由工程师来确定不同的配时方案),但是调查发现,自适应交通信号控制系统只是一个管理工具,它们效益的良好发挥还需要有经验的工程师的监督与管理。

通常自适应信号控制系统的运行被认为并不困难,但是现在来看,很少有自适应交通信号控制系统的使用者能够了解如何充分利用他们的系统。目前来看,大多数的城市或交通管理部门没有足够的经费来进行全面充分的培训,同时用于支撑自适应交通信号控制系统运行的人员队伍也往往是不足的。

需要注意的一点是,自适应交通信号控制系统的效果在过饱和的交通状态下并不容易观察到,虽然自适应交通信号控制系统的使用者发现该系统能够推迟过饱和交通状态开始的时间和降低过饱和状态持续的时间,但是当前的自适应交通信号控制系统在应对过饱和交通状态问题时还有所不足。

因为需要大量的检测设备及通信设备,自适应交通信号控制系统的投资往往较大,因此,在决定是否进行自适应交通信号控制系统的建设过程中,需要在建设之前明确如下事宜[6]。

1. 确保供应商能够提供优质的本地化服务

(1) 要求供应商提供专门的现场技术支持队伍,坚持要有供应商在本地的支持和服务。

(2) 在前期有足够的时间与供应商的工程师进行交流以确认他们具有必需的专业知识。

(3) 在系统建设过程中要持续密切地关注承包商的各项工作,在此过程中应借助于专业的监理单位的参与与支持。

(4) 要实施厂商支撑的一个成熟完整系统,而不是一个测试应用程序。

2. 制订良好的计划以避免运行和机制方面的问题

(1) 确定安装自适应交通信号控制系统的区域,经验表明初始阶段将系统的控制区域做得比较大效果会比较好。

(2) 应当在建设过程中安排较多的时间进行系统调试和试运行,以排除各类故障和应对一些意料中的技术困难。

(3) 在建设过程中,不仅要依靠指导委员会和项目管理人员(包括监理人员),还要让将来运行使用信号控制系统的人员参与到决策过程中。

(4) 要让本单位的工作人员尽早和尽量多地参与到系统的运行和维护中,由此使用部门可以更好地获得专业知识,并且能够更早地实现完全独立。

(5) 必须意识到应用部门将需要更多的工程师和较少的技术人员,因为劳动需求将从维护密集型转向运行密集型(维护指原有利用定时控制或感应控制的传统交通信号控制系统需要技术人员不断地更新使用的配时方案;运行是指使用自适应交通信号控制系统需要工程师更好地发挥系统自适应的作用)。

(6) 要培训足够数量的工作人员来管理建设好的自适应交通信号控制系统。

3. 要为自适应交通信号控制系统的实施提供良好的基础设施(例如检测设备、通信链路等)

(1) 制订如何利用已有设备的计划——对有些城市而言改造现有设备是比较好的方案,而对另外一些城市而言建设新的设备可能更好。

(2) 调研相应的检测技术,这些检测技术要具有良好的可靠性与准确性,能够为所要实施的自适应交通信号控制系统提供检测数据支持。

(3) 确保本地控制设备(如果是新的)在自适应交通信号控制系统之下能够正常运行,并确保本部门的技术人员乐意使用它。

(4) 检查和规划可靠且负担得起的通信系统。

(5) 考虑安装一些其他的智能交通系统来协助工作人员监控自适应交通信号控制系统的效果(例如在交叉口安装视频监控设备等)。

(6) 确保自适应交通信号控制系统的算法和控制逻辑适应本地需求。例如,如果主要问题是监控排队和过饱和交通状态,则不能安装无法提供这些参数的交通信号控制系统,也不能选择控制逻辑无助于缓解此类问题的系统。

(7) 如果需要更多的检测设备,则需要制定合理的规划并进行费用效益分析,以确定到底需要多少检测设备,以及如何优化利用新的检测系统。

4. 在决定实施自适应交通信号控制系统之前要进行详尽的评价以估计系统建设所能够带来的效益

(1) 收集尽可能多的事前-事后数据;确保本地区(城市)真正需要一个自适应交通信号控制系统——有时一个设计良好的协调感应控制也能够发挥和自适应交通信号控制系统一样的效能。

(2) 如果交叉口的交通状态有规则的重复,则可能并不需要一个自适应交通信号控制系统(自适应交通信号控制系统主要是在应对交通流状态随机变化的时候更有优势)。

(3) 如果可能,在实施自适应交通信号控制之前,先实施感应的协调控制。

(4) 如果实施自适应交通信号控制系统需要在交叉口基础设施方面(如几何线形的调整、信号灯及检测器的重新安置等)进行大量的资金投入——则在未来的几年内自适应交通信号控制系统相对传统的交通控制方法也将保持更好的状态。

拓展阅读 2
交通信号控制审查

14.4 交通信号配时优化的实施

由于影响交通信号配时的众多因素经常发生变化,故需要对交叉口的信号配时方案定期或不定期进行优化,以确保交通信号控制交叉口的高效运行。

14.4.1 信号配时优化的宏观思路

图 14-3[7] 表示了信号控制配时优化的宏观思路,信号配时策略受整个区域(城市或某个城区)交通政策的影响。在进行具体的信号配时优化前必须充分考虑本地的特性。而信号控制运行的效果则会得到使用者的反馈,继而影响到区域交通政策的制定。

1. 区域交通政策

区域交通政策及信号配时策略在系统层面上决定了如何运行信号控制交叉口设备、信号控制装置及优先信号控制的策略等。区域交通政策有助于用来确定信号配时策略,为信号配时方案实施阶段实现特殊的目标

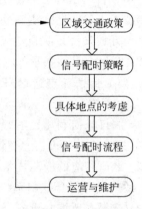

图 14-3 信号配时优化的宏观思路

提供指南。本地的信号控制配时策略应当在充分考虑区域交通政策的基础上来决定是否有些区域性的目标会影响到信号配时的思路。区域交通政策往往是综合交通规划类的规划。

2. 信号配时策略

信号配时策略用于指导建立信号配时优化的目标和性能指标。信号配时策略能够用来调整信号配时过程中的工作范围,信号配时策略应当能够回答如下问题:

(1) 哪些方面应当进行改善;

(2) 优化目标应当是什么及用户的各种需求;

(3) 使用什么性能指标进行评价;

(4) 遵守什么标准;

(5) 采集什么数据来支撑信号配时优化;

(6) 实施后应如何进行评价。

在实际的信号控制实施中,影响信号配时的政策可能包括如下方面:

(1) 在信号交叉口是否所有的交通参与者(包括公交、货运车辆、应急车辆、行人、社会车辆、自行车等)需要被均等的考虑还是有部分参与者应当被优先考虑;

(2) 应当多长时间进行一次交叉口信号配时的优化与更新;

(3) 如何处理通行能力不足的交叉口;

(4) 是否需要优先处理协调相位之外的特定交通流;

(5) 使用什么样的性能指标来评价信号配时方案是有效的(车辆平均停车次数、路网平均延误、主要干道行驶速度、估计的人均延误、估计的燃油消耗、公交运行速度等),以及这些性能指标的数据该如何采集。

一些信号配时策略、环境与交通政策如表 14-3 所示[7]。

表 14-3 信号配时策略、环境与交通政策[7]

交通政策	环境	信号配时策略
行人/自行车为中心	市中心区、学校、大学、密集综合利用开发区、公园或者其他行人/自行车流量大的区域	通过缩短周期时长减少等待时间; 延长行人过街信号时间; 行人/自行车检测; 单独的行人过街相位
公共交通为中心	公共交通廊道、公交沿线、接近公交车站或人行横道	对重要公交方式的信号优先(例如轨道交通); 对战略性公交方式和线路的信号优先; 基于公交车辆行驶速度的信号协调控制; 延长行人过街相位时间; 单独的行人过街相位
紧急车辆为中心	进出医院、消防、公安等单位的重要路段和线路	对重要车辆的信号优先
汽车/货车为中心	汽车或货车/卡车流量大的区域、有地区重要性的设施、货运交通廊道、港口、运输枢纽站	避免信号失效(例如单个绿灯时间内排队车辆无法通过交叉口); 尽可能保持协调控制系统内交通畅通以避免不必要的停车和延误; 利用合适的信号周期时长:通常较短的信号周期时长会减少延误但增加损失时间,而较长的周期时长会增加延误、减少损失时间,同时根据交通需求情况可增加通行能力; 确保合适的行人过街信号配时以保证路网中各种交通方式的安全通行
低流量区域或时段	低交通流量区域或非高峰时段	确保有效的信号配时运行(避免不必要的停车和延误); 若条件允许,考虑信号灯持续闪烁(黄-红或红-红); 当无交通需求时采用合理的信号状态(例如保持红灯、保持主干道车道和人行道绿灯); 允许跳过不必要的相位(例如跳过左转相位)但是确保不会产生"黄灯陷阱"①; 使用协调控制系统中其他交叉口信号周期的1/2、1/3 或 1/4; 在行人和车辆流量较低情况下,允许行人感应控制造成的临时性信号周期延长,或将一个交叉口从协调控制中移除

---

① 许可型左转相位控制时如果相对两个方向的直行绿灯信号未同时结束,先结束方向的左转车辆可能会以为对向直行绿灯信号也结束了,从而起动转向而与对向直行车辆产生冲突。

3. 具体地点的考虑

在信号配时优化中,需要对交叉口本地的特点进行充分考虑,以用来确定一条特定的干道或一个区域是否有特殊的需求。例如,某城市可能期望主要干道能够有较高的运行速度,但是这个目标难以应用于城市中心区,因为在这些区域往往更看重的是可达性。

4. 信号配时流程

基于区域交通政策及信号配时策略,结合对本地交叉口的考虑,可以形成信号配时的具体流程,需要注意的是信号配时的流程可以用于多种情形,既可以用于一个最基本的、独立的交叉口配时,也可以用于一个大规模的区域或干道范围的信号配时。

5. 运营与维护

信号配时维护和数据管理是信号配时整个过程中最后的步骤,信号配时的维护有主动维护和被动维护两种情况,主动维护是定期或不定期对信号配时及信号控制系统进行更新以保持信号控制交叉口的良好运行,被动维护是指只有当使用者对信号配时的问题提出意见时才去进行更新优化。事实上,主动维护可以为可靠有效的信号配时及系统运行提供良好的支撑,尤其对于那些通行能力受限的干道或区域,管理者应当重视对交通信号控制系统的主动维护、监测和更新。

14.4.2 信号配时优化的工作流程

对于一个交叉口或一条交通干线的信号配时优化的工作流程如图14-4所示[7]。

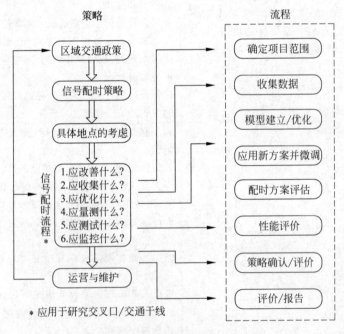

图14-4 信号配时优化的工作流程

图14-4中,左侧为前面介绍的宏观思路,右侧为信号配时优化的工作流程,该流程适用于单个交叉口或者交通干线,具体工作中涉及的事项如表14-4所示[7]。

表 14-4 信号配时流程举例

步骤	信号配时流程步骤	单个交叉口现场调整	干线信号配时优化
1	确定项目范围	进行定期维护	确定详细的项目范围并且每半年到1年[①]进行一次信号配时更新
2	数据收集	电话投诉可能是唯一有必要的步骤,但是可以纳入其他类型的数据	转向车辆统计、现有配时方案记录、优化前行程时间统计、信号配时策略等
3	模型建立	现场观测	建立信号配时模型,可使用 Synchro 或 TRANSYT 等软件
4	应用新的配时方案	改变信号配时并进行观测	将新的配时方案输入信号控制机并在现场应用
5	微调/改善	观测并要求投诉者进行意见反馈	在现场观测并调整/优化配时方案
6	评估/性能评价	使用者满意度、是否有更多投诉	现场进行优化后的行程时间统计和(或)延误统计,在信号配时软件(例如 Synchro)中进行性能指标对比
7	策略确认/评价	实地观测	将现场的信号配时和交通运行情况与规定的策略比较
8	评价/报告	在室内进行配时调整	将信号配时的调整和运行结果存档记录

14.4.3 信号配时优化流程实例

在此以一条干线信号控制配时优化为例对具体流程所涉及的工作内容进行说明。

1. 第一步:确定项目范围

确定项目范围是优化信号配时方案的关键组成部分,包括确定优化目标、标准和流程、研究范围、性能指标及配时方案的数量等。确定项目范围的流程如图 14-5 所示[7]。

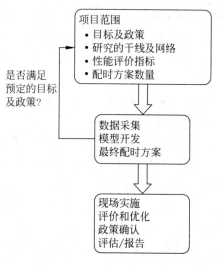

图 14-5 信号配时优化项目范围确定流程

---

① 对于发展尚未成熟的城市区域,这个时间可能还要短,因为随着城市的不断建设成熟,交通流变化较为迅速;对于发展较为成熟的城区,由于交通在相当长时间内较为稳定,则该时间间隔可以更长一些。

1）基于信号配时策略确定优化目标

确定信号配时的优化目标是区域信号配时优化的重要基础。一般的目标包括减少停车次数、减少延误等。在确定项目范围的阶段，还应当注意识别现有的问题，这些问题可能来自交通参与者的抱怨、工作人员的现场观察等。问题识别与配时方案目标的确定可能是一个不断迭代的过程。

2）明确标准和流程

主要是确定信号配时优化过程中所采用的各种标准，通过这些标准可以确定一些参数的取值等。

3）将系统划分为子区

在系统协调控制中，子区是一个很重要的概念。一般而言，子区中的每个交叉口的配时会在每天的同一时段进行更新，而且子区中的各个交叉口可能会运行在同一种信号控制模式下（是手工、分时段定时或感应控制等）。例如，如果发生一起交通事故，管理人员将手工选择事故情况下的配时方案，该配时方案会被下发到受到影响的子区中的每个交叉口去实施。

将系统进行子区的划分不仅是信号控制运行上的考虑，而且在使用信号配时优化软件进行配时优化时，配时软件中使用的优化算法在较小的交叉口网络范围内更为有效。相对于包括数十个交叉口的整个控制系统而言，包含较少交叉口的小区更容易进行处理，包括数据的管理、交通流数据的采集、现场新的配时方案的实施、对配时方案的调整等。

子区一般具有如下一些特征：

（1）一个子区包括的交叉口数最好是在 2～20 个之间，随着交叉口数量的增加，要形成连续的绿波带宽的可能性越来越小；

（2）一个独立的交叉口也可以作为一个子区出现，例如那些空间距离上相对独立的交叉口；

（3）如果没有一些逻辑上的中断点，一个子区包括的交叉口数量也可以超过 20 个，例如在一个较大的中心商务区内，路网是规则的网格式且交叉口间距基本相等；

（4）如果可能，一个子区的交叉口数无论如何不宜超过 50 个，否则其数据管理等工作会非常麻烦；

（5）对于两个相距不超过 1.5km 的交叉口，如果之间的双向路段上每个方向的交通流每小时都超过 500 辆，则应当考虑作为一个子区[①]；

（6）一个子区内的交叉口最好不需要与子区外的交叉口进行协调控制，在这种情况下，一个子区的信号配时的调整不需要考虑其调整对子区外交叉口的影响。

目前有一些关于子区认识上的误区，例如：

（1）认为子区中的所有交叉口必须运行在统一的信号周期时长之下。对于子区而言，有时并不需要一个共用周期长；

（2）子区之间无法进行协调控制。实际上，如果多个子区中的信号交叉口可以采用共用周期长或者整数倍周期长，则可以实现跨子区的协调控制；

（3）不能在一天的不同时段内将同一交叉口分配给不同的子区。实际上一些系统允许

---

① 此规则为美国目前部分地区采用的规则，对我国而言 1.5km 的距离偏长。

子区交叉口的重新划分,这意味着不同时段的子区所包括的交叉口可以不同。

在子区划分中,需要考虑合适的子区边界,工程师在实际工作中需要考虑将如下一些情形作为子区边界,例如交叉口间距较大、一些自然分隔(如铁路、桥梁等)、土地利用性质的改变或者其他一些能够改变交通流特性的影响因素。

4) 选择性能评价指标

一般情况下会选择延误和停车次数作为信号配时优化的评价指标。这两个指标容易观察且能够被交通参与者感受到,同样类似的还有行程时间和平均速度。

对于非饱和交通流状况的信号控制,一般选择延误和停车次数作为性能评价指标。而对于过饱和状况而言,因为其控制目标是最小化过饱和状况持续的时间以及管理交叉口之间的排队回溢现象,因此其性能评价指标还包括排队长度、周期失效(即处于过饱和状态)的次数和交叉口拥堵时间的比例。

经过评价,如果结果显示只有很少交通流向是过饱和的,则以延误最小化为目标的配时方案可能就可以作为很好的初始方案,然后再进行不断的微调来消除过饱和的流向或者至少控制其排队不会产生溢流或回溢。这种方案可能需要考虑为每天的不同时段设置不同的方案,因为不同时段出现过饱和的流向不同。

经过评价,如果结果显示有多个交通流向是过饱和的,则需要考虑采用一个以排队管理为目标的配时方案,从而使得溢流或回溢产生的影响最小。

一旦确定性能评价指标,就需要选择测量这些性能评价指标的地点和路线。信号配时优化前后都应当进行相应的性能评价指标的检测,前后对比才能够看到信号配时优化的效果。

5) 确定配时方案的数量

由于配时方案是针对特定的交通流状态而设计的,因此如何划分每天的时段非常重要。同样重要的是要确定需要不同配时方案的时段数。例如,旅游城市的交通流量在旅游高峰期与非高峰期会有很大的波动,因此,比较好的做法是为旅游高峰期和非高峰期分别开发相应的配时方案。

需要注意的是如下要素会限制所能够设计的信号配时方案的数量。

(1) 可用资源。采集数据、开发信号配时方案、将信号配时方案写入信号机并进行调整优化是一项耗时耗力的工作,将受到可用的人力资源和财力资源的限制。

(2) 信号控制机的限制。由于优化后的信号配时方案必须由交叉口的信号控制机来进行实施,因此在进行信号配时方案开发的过程中,交通工程师和技术人员必须清楚了解要实施所设计的信号配时方案的已有信号控制机的详细信息,包括所能够存储的信号配时方案数量、能够存储的相位数量等,以便能够开发出信号控制机能够实施的控制方案。

(3) 可以获得的数据。例如为暴雪、事故和大型促销活动等开发信号配时方案会遇到一个问题:即难以获得这些特殊情况下的交通流数据,由此会限制为这些特殊情况开发有针对性的配时方案。有时可能只是通过对现有方案的改变来适应这些特殊情况,例如将正常情况下的配时方案的周期时长延长并降低协调控制的车速来适应暴雪情况下的交通运行需求。

信号配时方案数量和时段划分数量的确定还需要考虑以下一些因素,包括24h交通流量情况、交叉口转弯交通流情况以及交通工程师的判断等。理想情况下,可以按照以下步骤

来确定:

(1) 对于系统中的每个子区,抽样选择多个有代表性的交叉口。这些交叉口可能是子区中最重要的交叉口,也可能是其交通状态在整个子区中非常具有代表性。无论什么情形,这些代表性的交叉口都需要是相邻的,注意该过程需要有以小时(h)为单位甚至以 5min 为单位的交通流量。

(2) 将 2~3 个交叉口的交通流量按照时间顺序画图。通过利用该流量变化图,识别出早高峰、晚高峰及平峰时段。该过程也可以用来进行时段的划分。

除了需要给每天不同时段设计配时方案外,还需要为周末、节假日等特殊日期设计相应的配时方案。

在确定信号控制项目的范围后,其后续步骤的流程如图 14-6 所示[5]:

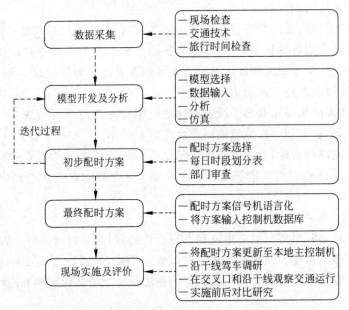

图 14-6 确定项目范围后的配时流程图

2. 第二步:数据采集

为信号配时方案优化所进行的数据采集工作是非常耗时耗力的。典型数据采集类型包括现场踏勘数据、交通流特性数据、交通控制设备数据、交叉口几何尺寸以及事故记录等。如表 14-5 所示[8]。

表 14-5 数据采集

数据采集类别	潜在的可采集数据
现场数据	交叉口的照片或视频; 从不同类型用户的角度进行观察; 上下游的瓶颈; 从一个静止的位置观察运行状况; 配时改变的潜在影响

续表

数据采集类别		潜在的可采集数据
交通流量	24h 的周交通量	关键位置的交通流量观测； 车辆分类
	各流向流量	人行横道的行人流量； 不同进口道及流向的自行车流量； 不同进口道及流向的轻型汽车流量； 不同进口道及流向的重型卡车流量； 不同进口道及流向的公交车流量
其他交通流特性		车辆速度； 行程时间； 排队长度； 各转向的车辆延误
交叉口几何形状及交通控制设施		车道、展宽段、人行横道、交叉口宽度、禁止转向、单向街道、进口道坡度、视线限制、路上停车、装载区、公交车站、纵坡、交叉口夹角、邻近土地使用性质、附近的接入点、现有的车辆及行人信号灯、控制设施、现有的检测器及检测通道
已有的信号配时		相序、交叉口几何形状对相序的限制、是否有搭接相位、黄灯时间、红灯清场时间、最小绿灯时间、最大绿灯时间、行人绿灯时间、行人绿闪时间、单位绿灯延长时间、检测器设置、有条件的服务、日时方案、协调相位、周期长度、绿信比、相位差、相位差参考点
事故历史数据		事故类型、事故严重性、环境冲突、事故

1）现场踏勘

在需要进行信号配时的时段内对研究对象区域或交叉口进行现场踏勘可以为信号配时优化提供有益的帮助。在进行现场踏勘时，配时优化的工程师应当注意：

（1）对交叉口目前的运行进行拍照或录像；

（2）观察交叉口不同的交通参与者的角色；

（3）在某个固定的位置连续多个周期观察交叉口的关键车流、车队的协调以及各类用户的特点和相互影响；

（4）考虑上下游可能影响交通需求的瓶颈；

（5）预先考虑信号配时改变可能的影响。

尤其对于接近饱和的交叉口，信号配时的较小改动就可能带来较大的影响（正面的或负面的）。如果可能，应当进行多日的现场踏勘。现场踏勘是交通工程师或技术人员对现场情况进行了解的最佳时机。同时也能够发现仅靠检测数据所无法发现的东西，例如排队回溢现象等。同样，现场踏勘还可能发现干线上有些交叉口运行良好，并不需要进行配时或渠化方面的优化，由此可以减少信号配时优化工作的范围而将注意力集中到其他有运行缺陷的方面。

2）交通流量

交通流量的采集要同时考虑机动车、非机动车及行人流量。对于可能涉及公交信号优先控制的交叉口，还要单独记录各类公交系统的流量，如普通公交车的流量、有轨电车等。

（1）24h 的周交通流量：对于协调控制干道上的关键交叉口应当采集覆盖工作日和周

末的 24h 的周交通流量,周交通流量用来识别和确定如下要素:
① 工作日和周末所使用的配时方案数;
② 何时从一个配时方案转换到下一个配时方案;
③ 转弯交通流的流量调整系数;
④ 沿干道不同方向的流量分配。

周交通流量可以使用道路气压管采集,也可以采用一些 ITS 设备如自动检测设备采集,后者可以大大降低采集的成本。

(2) 转弯交通流量:一般而言,在所有需要进行信号配时优化调整的交叉口都需要采集转弯交通流量。根据干线上的交通流量和交通模式的差异,转弯流量只需要考虑在高峰期间采集,例如工作日早高峰、午高峰和晚高峰。对于其他时段,则可以考虑采用日交通流量特性和高峰期的转弯流量来估计流量调整系数。当然,某些交叉口的周末流量可能比工作日还要高,在此情况下则需要调查工作日和周末的各个高峰时段。

一般情况下交通流量调查具体到转向和交通方式即可,但是如果大车比例较高,则需要考虑大车流量。同时,如果交叉口有特殊交通参与者(如老年人、学龄儿童或紧急车辆),则也需要单独考虑。表 14-6 显示了调查的数据[8]。

表 14-6　交通流数据

典型的交通流数据采集	其他可能采集的交通流数据
人行横道的行人流量; 各流向的非机动车流量; 各流向的轻型汽车流量; 各流向的重型车辆流量	第一个计数阶段开始时的排队及每个计数阶段结束时的排队; 每个车道的车流量(例如;车道利用率); 公交流量(例如巴士、轻轨等); 行人流量; 强制优先次数; 公交信号优先请求及服务次数; 处于排队前方的慢加速车辆数量; 饱和流率或跟车行为特性(定性或定量)

在交通流量调查中,如果有可能,可以在调查开始时记录下排队的车辆数,在调查时段末期(通常是 15min 的时段)再记录一下排队的车辆数。同时,当交叉口出现过饱和状态时,要注意通过交叉口停车线的交通流量与实际的交通需求之间的差异。

(3) 车速:采集车速主要是用来识别进口道的车速,这对于确定信号相位和检测器的位置等非常重要。

(4) 行程时间:行程时间可以用来标定现有的分析模型以及用来进行信号配时优化前后的性能比对。目前可以利用一些交通流采集系统进行行程时间的采集,如带卡口功能的电警系统、RFID 检测系统、基于卫星定位技术的浮动车技术等。

3) 交叉口几何形状

交叉口几何形状将直接影响相序和配时参数。交叉口几何形状通常包括如下信息:车道数、限速、车道宽度、车道划分(如左转车道、直行车道、直行左转共用车道等)、是否有展宽的专用转弯车道、展宽的专用转弯车道长度、人行过街横道长度、交叉口各方向宽度、禁止的转向、单向交通、进口道坡度、视线限制、85% 位车速(如果其不同于限速)、是否有路内停车、是否有路内卸货区域、是否有公交车站以及交叉口夹角、是否有左转弯待行区、附近的土地利用形态、交叉口附近的出入口等。对于要考虑协调控制的交叉口,还需要交叉口间距、交叉口之间的人行过街横道情况等。

所有的交叉口控制设备也需要在该阶段进行调查,包括限速标志、禁止停车标志、禁止转弯标志、单向道路标志等,以及现有机动车及行人信号灯的数量、样式、配时设置和现有的检测器类型、数量及位置等。

4) 现有的信号配时

现有的信号配时方案也是需要采集的重要信息,可以用来开发现状分析模型。现有信号配时方案的关键要素包括相序、交叉口几何形状对相序的限制、搭接相位、黄灯和全红时段、行人绿灯和绿闪时间、最小绿灯时间和最大绿灯时间、检测器的设置、日时方案、交叉口配时的特殊点。如果交叉口运行在协调控制模式,则协调相位、周期时长、绿信比、相位差及相位差参考点也需要进行采集。现有的配时方案有助于用户理解当前的运行状态并提供与改善后状态进行比对的基准状态。

5) 事故记录

信号配时也是影响交叉口交通事故的因素之一,因此在配时优化过程中技术人员需要注意配时的改变可能对事故的影响。应当获取交叉口的3~5年的事故记录,分析事故的类型、严重性、环境状态并进行空间分布及趋势分析。事故数据分析后如果可能还要进行现场踏勘以确定潜在的事故风险,例如现场踏勘可能会发现有些流向的驾驶人比较激进或者有些流向的车辆习惯于闯红灯。而这些可能对配时参数有一定影响,例如相位间隔时间、周期长等。

6) 交叉口分析

(1) 评估信号相位:在这一步,采集的数据用来确定一套合理的信号相位方案,尤其需要注意的是在该步骤中需要确定是否需要左转或右转、行人相位以及该如何设置。

(2) 识别交通信号控制模式:例如需要确定是否需要协调控制。另外要确定是定时控制还是半感应控制或者是全感应控制等。

(3) 进行检测器布设:交叉口检测器的布设取决于交叉口信号控制运行的模式以及每个进口道的车速。定时控制的交叉口不需要考虑检测器。反之,半感应控制或者全感应控制需要为每个感应交通流向考虑检测器的布设。

(4) 设计基本的信号配时参数。

3. 第三步:模型开发

目前有一些可以用来进行优化和评价信号配时方案的计算机软件,但需要注意的是这些软件很多都是面向非饱和交通流状态,因此,在使用时需要注意这些软件的适用性。

评价现有信号配时方案和开发新的信号配时方案的过程是一个不断迭代的过程。需要考虑的因素众多,包括:

(1) 建立一个"标准"的文件(例如:文件名、地图设置、基本数据参数、分析设置等),为用户在整个配时优化过程中提供一致的信息;

(2) 检查配时方案的开发过程以确保其效率;

(3) 与相关部门协调;

(4) 要有质量保障和质量控制措施。

信号配时模型开发中有一点需要注意的是针对过饱和状态下的信号配时模型的开发。

因为非饱和状况下的交通流运行相对静态,每个周期的变化情况不大。而在过饱和情况下,交通拥堵将是动态的不断增加,从而会导致排队回溢等现象,因此需要单独考虑针对过饱和交通状况的配时过程及方案。

过饱和状况下数据采集往往面临的一个问题是,所采集到的转弯车流量不再是实际的需求,而只是采集到了通过交叉口的转弯车流量,因为还有一部分需求并没有通过交叉口而是在交叉口排队,因此,需要注意过饱和交通状况下的配时优化问题。

1) 数据输入

数据输入工作量的大小与研究对象范围的大小直接相关,如果研究的是一条只有 15 个交叉口的干线,则数据输入工作量相对较小,而如果研究的是一个包含有 100 个交叉口的城市中心区域,则数据输入的工作量将会变得较大。交通信号配时优化模型中的典型输入数据包括车道几何尺寸、路段车速和距离、相位编号、左转及右转相位、现有信号配时方案(例如:黄灯和全红时间、行人绿灯和绿闪时间、最小绿灯时间和检测器设置等)、控制器类型、基准协调相位等。数据可以大体分为两类:

(1) 道路网络参数——这些数据在整个交通分析过程中通常是不变的,例如车道几何尺寸、路段车速及距离、相位编号、左转及右转相位等。

(2) 信号配时参数——通常是单点信号配时参数,这些参数在配时再优化过程中会被检查和修改。这些参数被修改意味着将产生新的配时方案。

上述道路网络参数和信号配时参数被输入到一些交通信号配时优化模型中(如 Synchro、PASSER、TRANSYT 等)来建立基础网络。另外一些参数,如交通流量和现有的信号配时参数可以通过一些接口程序自动导入。

应当将模型的输出与现场观察的结果进行比对。如果有必要,应当将每个时段的基础网络使用行程时间、延误和排队数据进行校准。交通信号配时优化模型中可以用来进行校准的参数通常包括饱和流率、车道利用率和其他一些参数。在进一步进行配时再优化之前必须对建立的模型进行校准。

2) 分析

分析过程中的步骤如图 14-7 所示[7]。

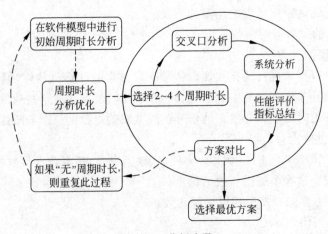

图 14-7 分析步骤

可以利用前面步骤建立起来的基础网络来进行周期时长的选择,然后评价交叉口及系统的运行状况,最后基于研究的目标选择最优的信号配时方案。

(1) 周期时长选择

周期时长的选择是一个较为复杂的过程,需要考虑到本地的控制策略。一般情况下周期时长的选择是基于对控制性能指标的评价。通过使用仿真软件或者交通信号配时优化软件,对一定周期时长范围内的多个周期时长进行性能指标的评价,一般选择的周期时长范围为从最小周期时长(由 Webster 公式计算或类似的方法得到)到最大周期时长(由信号配时策略和信号机的能力决定)。一般在该范围内每 2s 评价一次。

通过初步分析,可选择 2~4 个周期时长作为备选周期时长。随后使用这些周期时长进行交叉口的分析和系统的分析。一般而言,整理对比一些不同周期时长的性能评价指标有助于进行周期时长的选择。

(2) 周期时长的改进——交叉口分析

一旦选择了某个周期时长,饱和度、相位绿灯时间、最小绿灯时间、车辆排队等都可以进行估计。这个分析允许用户评估周期时长是否满足特定的目标。例如,如果其中一个目标是每个相位中的行人绿灯时间都得到满足,则评估结果应当能够保证每个相位的绿灯时间满足行人绿灯时间需求。交叉口分析的关键内容包括:

① 检查各流向的 v/c 比:如果可能,应当将 v/c 比控制在 0.9 以内;
② 检查各流向的绿灯时间:应当能够适应交通需求;
③ 检查各流向的最小绿灯时间:是否满足行人过街需求?
④ 检查车辆排队:是否有多余的排队?

信号配时再优化是一个不断迭代的过程,因此,需要一定的时间来达到最合适的解决方案。在交叉口分析阶段的后期,分析人员应当能够识别出一两个比较好的配时方案。

(3) 干线改进——系统分析

交叉口分析结束后,应当对当前的干线或网络进行系统分析:

① 车辆沿干线的连续通行(例如:是否有可接受的绿波带宽?);
② 交叉口间的相互影响(例如:是否存在着排队回溢现象?);
③ 左转运行(例如:后置左转相位是否有利?)。

工程师应当通过如下步骤来确定对干线或网络实施详尽的分析:

① 检查时距图和交通流量图;
② 识别连续通行带宽中断的地点或者车队头车遇到黄灯的地点;
③ 识别主要干道直行流向停止的地点;
④ 识别出现额外排队的地点;
⑤ 评估后置左转相位的效果;
⑥ 评估"绿灯早启"对协调控制的效果。

在系统分析中,可能需要修改一些配时参数来改善交通流的运行、降低车辆排队以及满足配时工作的目标。这些调整的配时参数可能包括相位差的改变、某相位绿灯时间的增加、相序的改变等。

系统分析完成后,需要针对系统分析和交叉口分析的结果对不同的周期时长进行总结以及比较,从而来确保选择恰当的周期时长和配时方案。

(4) 交通仿真

在选择了恰当的信号配时方案之后，可以考虑采用仿真的手段进行配时方案效果的评估。基于研究工作的经费预算、研究对象干线的复杂度、道路的饱和程度等，可以利用仿真工具提供对配时方案详尽的分析。仿真结果可以用来确定所选择的配时方案是否满足信号配时再优化工作的目标。

3) 初步配时方案

进行完周期时长分析、交叉口分析和系统分析后，就可选择一个首选的配时方案，即初步的配时方案。

除了初步的配时方案，还会开发一个日分时段计划表以确定哪些时段实施初步的配时方案。干线上的各个交叉口的日分时段计划表可能不同，主要取决于交叉口周边的土地利用性质。例如，商业干道早高峰的交通流量较低，早上较晚的时候才开始进入高峰并且一直持续到晚高峰。而主题公园周边的交叉口则会有两个明显的早晚高峰。因此，非常重要的一点是要充分理解交叉口周边的土地利用性质以及其对信号配时优化的影响。

一般情况下，在此阶段应当提供一个性能指标对比表，对比初步的配时方案在不同的时段情况下的效果。

4) 最终配时方案

一旦对初步配时方案进行了检查并且将一些意见反映进了初步方案中，就基本成为了最终配时方案，可以考虑准备用来进行实地实施。在实地实施之前要有一些工作要做：

(1) 对于每个配时方案为每个交叉口明确单点控制和协调控制的配时参数。一些典型的配时参数如下：

基本信号配时参数：最小绿灯时间、黄灯及全红时间、行人绿灯及绿闪时间；

协调控制信号配时参数：周期时长、相位绿灯时间、相位差、协调相位、相序等。

(2) 为每个信号配时方案明确日分时段计划表。

4. 第四步：现场实施和改进

现场实施是信号配时再优化过程中最为关键的一步。对配时方案的现场实施的观测务必要有耐心，要连续观测较长时间段的运行而不能只是看两三个周期没有问题就认为是良好的配时方案。

以一个干线协调控制为例，将最终配时方案在信号控制机内实施后，工程师或技术人员应当驾车在该干线上行驶，以便观察各个交叉口的运行状况。对各个交叉口运行状况的观测至少包括支路延误、主路左转延误、车辆排队等。如果新的配时方案考虑了行人需求，还需检查所有的交叉口的行人信号配时是否满足行人过街需求。

对每个交叉口检查完毕后，还需要对干线上的协调控制效果进行检查，从而决定是否调整相位差或者左转相位的顺序。基于干线控制的历史和所提出的配时方案的数量，对于再优化后的配时方案的现场实施和观测一般最少进行3天（工作日2天和周末1天）。如果需要，还可持续更长的时间。

任何现场所做的改变都需要记录下来。一旦系统运行正常，则需要识别是否需要进一步的改进。这可以通过对关键交叉口的延误和停车次数的判断来进行。最后还可使用浮动车技术来进行配时方案的评价。

在现场观测的同时，在指挥中心可利用视频监控设备同时监控交叉口的运行，从而发现尚存在的问题。

5. 第五步：配时方案评价

一旦配时方案在现场进行了应用，就需要对其性能进行评价，一些评价技术包括：

(1) 沿干线观察交通流的运行状况以及各个交叉口的车辆排队情况；

(2) 对所研究的网络优化的绿灯时间和(或)延误进行分析；

(3) 听取交通参与者意见；

(4) 确认新的交通运行状况适应当地政策要求及工作目标；

(5) 利用分析模型和数据采集来分析对比方案实施前后的性能指标。

整个信号配时再优化的报告可包括的内容：①摘要；②项目介绍；③数据采集；④配时方案设计；⑤配时方案总结；⑥现场实施；⑦前后对比研究；⑧结论。

14.5 交通信号控制的维护

交通信号控制系统的良好运行离不开对交通信号控制系统及时有效的维护。表14-7所列为交通信号控制系统的维护通常包括的活动[7]。

表14-7 交通信号控制的维护内容

维护的类型	内容
面向系统的维护	人事管理 交通管理中心 设备清单及培训 更新软件清单及培训 维护清单及管理 交通信号控制系统设计及运行培训 更新和维护通信设计与清单 发展和维护部门间协作
交叉口本地的维护	维护交通信号运行及检查 使用和维护ITS设备运行及检查 更新信号配时方案 为施工项目修改交通信号设计 维护检测器的运行 交通信号灯的开关
其他一些工作	公众关系、教育及延伸 交通数据采集和清单 使用网络和信息发布装置

14.5.1 交通信号运行维护

交通信号控制需要根据交通流量的变化、周边用地的变化、机动化水平的变化等进行不断的更新和调整，美国国家运输联盟(National Transportation Operations Coalition，NTOC)曾经做过研究，其结论是将目前美国全国的交通信号控制水平由D级改善为A级，则可以获得如下效益[6]：

(1) 降低延误 15%～40%；降低行程时间 25%；降低停车次数 10%～40%；例如，如果一天 2h 在路上，则优化信号控制后，1 年可以节省 50h。

(2) 降低燃油消耗最多达到 10%。

(3) 降低空气污染物排放达到 22%。

同时也能够改善公交、行人、自行车及货运车辆的运行状态。

1. 信号配时维护工作

信号管理员要做不少的维护工作以确保交通信号控制系统能够正常的运行。他们的维护工作主要包括：

(1) 由于各种因素导致的信号配时再优化：土地利用变化、人口增长、交通流变化（流量变化或车流构成变化）、事故管理、特殊事件、施工区或临时交通信号、交通信号设备变化、定期的交通信号再优化、事故频繁发生；

(2) 每个信号交叉口的信号配时方案清单；

(3) 维护信号配时的数据库，包括信号设计、信号配时和信号更新的历史记录；

(4) 对使用软硬件的工作人员的培训；

(5) 对公众意见进行响应；

(6) 通过交通管理中心或现场观察观测交通状况；

(7) 设计人员、操作人员和技术人员之间的协作。

2. 信号配时维护的原因

当考虑为一个交叉口进行信号配时调整时，往往不可能对整个交叉口群组的信号配时全部进行重新调整，即使所需要调整的交叉口是协调控制系统中的一个部分。因此在进行信号配时调整时，所面临的挑战是如何能够不给周边交叉口带来负面影响。也就是说，信号配时调整应当能够给调整的交叉口带来益处并且改善整个系统的运行性能。

有时信号配时调整只是重新配时。重新配时可能只是修改相位或者运行的模式来适应偶尔的拥堵，或者是调整各相位绿信比来反映各流向交通流需求的变化，或者是改变相位差或绿灯时间来适应发生的交通事故。在有些情况下，可能需要调整相位差来反映邻近交叉口出行行为的变化。

对交通信号进行重新配时的需求可能来自于工程师的专业判断，或者是来自一起事故、一个新的信号灯或是交通参与者的意见。在所有的情况下，交通信号的重新配时都应当被认真考虑。

(1) 信号配时。检查和调整某个交叉口的信号配时的需求可能来自如下多种情形中的一个：

① 该交叉口在上次配时优化之后交通流需求有较大变化。变化可能发生在相交支路，或者是转向流量，或者形成了排队回溢现象，或者是主要干道交通需求发生变化，或者是交通流构成发生了变化。例如：交叉口交通流量增加或者转弯交通流发生变化（变化量在 5%～10% 之间；如果交叉口运行在接近饱和状态或饱和状态，则该变化量阈值相应变小）或者交通流量减少（通常是减少 10%～15%）；或者车流混合比例发生变化（例如大车比例明显增加）。

② 信号交叉口运行方式的改变会导致需要进行重新配时，例如增加一条进口车道或者移除一个公交车站等，或者交叉口所在道路或平行道路进行了道路改建。

③ 由于周边土地利用性质的改变而导致行人交通流特性发生变化（例如老人或残疾人

的出现)或机动车交通流发生变化。

④ 本地管理政策或者国家标准的改变。

⑤ 由于道路施工导致道路运行方式的临时改变。

⑥ 交通信号控制系统的一些调整(如实施协调控制、增加本地感应控制、提高系统自适应控制能力、引入公交信号优先功能等);

⑦ 其他一些可能导致需要重新配时的情形,例如需要响应平行道路上的交通事故、相邻交叉口的过饱和导致的回溢排队影响了本交叉口的运行、相邻的路网内新增了信号控制交叉口等。

(2) 交通信号清单:与信号配时维护相关的一个重要内容就是要维护一个交通信号清单。该数据库应当包括与交通信号相关的信息,如地理位置、信号灯布置、信号配时、协调或非协调信号控制、通信、运行单位、信号更新的历史记录等。该清单能够为交通信号维护单位提供基本的数据以便观察哪些信号控制交叉口需要近期或远期进行维护。

(3) 人员培训:对于很多单位而言,其所使用的软件和硬件系统能否发挥良好的作用,主要取决于使用信号控制系统的人员的水平和技能。因此,信号控制系统维护的一个重要的内容就是要确保使用系统的人员得到了充分的培训。美国FHWA为交通管理系统所提供的指南中包括:

① 供应商培训:采购合同应当包括对用户单位人员的现场培训。

② 承包商培训:采购合同应当包括对用户单位人员的现场培训,内容应包括软件、硬件及设备使用培训等。

③ 培训资料室:信号控制系统运行单位应当拥有一个有关系统文档或多媒体培训材料的资料室。

④ 减少员工流失:这在高科技环境中是非常困难的事情,但是也有一些努力可以减少员工的流失,例如提供额外的训练,允许参加一些技术性会议、研讨会等。

(4) 事故管理:交通运行状况在一些特殊情况下是与常态不同的,例如道路施工、恶劣天气、交通事故等。因此,对于交通信号控制系统的运行单位而言,需要开发和利用针对这些特殊事件的交通信号控制系统。特殊事件情况下的交通控制目标可能会包括:提高主要干道的通行能力、改善公共安全、为应急响应人员提供优先通道、为出行者提供信息服务等。

(5) 公众意见:公众意见应当成为对交叉口交通信号控制进行更新的重要支撑。因此,对于交通信号控制系统运行单位而言,需要有正常的渠道来处理公众对交通信号控制有关的意见、建议等,并且能够及时地给予响应。

3. 信号配时再优化的频率

对于较为成熟的城市建成区,交通流比较稳定,周边土地利用性质不经常发生变化,道路交通网络结构较为成熟,则该区域内的交通信号配时可以每1~3年检查一次。但是如果有交通流量的突变或路网结构的变化,则需要随时检查信号配时是否满足实际需求。

前文分析了需要考虑对信号配时进行更新的多种情形,这些情形可能是由于路网的基础设施建设所造成,例如新修道路、现有道路的线型改建、新建或移除公交车站等。当然也可能是周边土地利用性质的变化所造成。上述变化在1~3年内可能发生多次,尤其在我国,城市及道路基础设施建设正处于快速发展时期,定期或不定期的检查道路交通信号控制是否合理并进行相应的调整,对于提高道路网络的运行效率具有重要意义。

因此,对于我国道路交通信号控制主管部门而言,需要建立一定的规则化程序来更新信号控制配时方案,例如规划较为规则的计划表,每年对所有的交叉口进行1次或2次的排查或更新。或者基于对道路交通流运行状况的监测而实时识别哪些信号控制的配时方案已经无法满足当前的交通运行状况,从而对这些交叉口进行信号配时的更新。

当然,在交通流较为稳定的地区,可能1年也不需要更新信号配时,即使如此,也建议信号控制主管部门能够根据开发的工作分析流程定期对交通信号控制交叉口的运行效率进行评价。

14.5.2 日常维护

1. 信号重新配时

1) 参考流程

进行交叉口信号的重新配时有很多种原因,因此,定义一种统一的适用于各种情形的信号重新配时的流程是非常困难的。然而,在大多数情况下,可以参考如下过程:

(1) 根据问题出现的时间,对现场观测的时间和日期做好规划。

(2) 采集要进行现场观测的交叉口的配时信息和交叉口的几何信息,如果该交叉口包括在一个信号控制系统中,则配时信息应当包括主控制机时钟、相位差以及日时段表等信息。也需要包括信号机配时信息,如果可能,还需要有交通流信息。

(3) 如果该交叉口包括在一个控制系统中,还需要与系统管理员协商来确保在现场观测期间能够通过某种通信方式联系到系统管理员以便支持现场的观测活动。

(4) 到达现场后,观察的街道硬件的物理状况应包括灯柱、灯杆、灯头位置、灯头的运行方式、行人信号灯运行方式、通信线缆、电力线缆状况等。

(5) 通过现场观测或者相应的测试检查来检查所有的线缆是否良好。

(6) 对比控制器内的配时方案与配时文件中的配时方案。

(7) 利用交通流数据定量对比交叉口的交通状态。将当前的交通流需求与设计当前运行的信号配时所采集交通流需求进行对比,如果出现较大的变化,则需要进一步确定这个变化是临时的还是永久性的。

(8) 如果当前的信号配时运行方案主要是在较高的交通流量情况下效率较低,下一步就是要确定是进行非饱和状况下的信号调整还是过饱和状况下的信号调整。

(9) 在所有的情况下,如果进行了信号配时的调整,则需要对信号配时调整可能带来的影响进行现场观测评价。

(10) 最后一步是对所有的行动进行日志记录。

2) 为非饱和状况进行配时调整

大多数需要对信号配时进行调整的状况都是针对常态交通流状况。常态交通流状况影响大多数的出行者,需要有较高质量的信号配时。面对红灯的驾驶人如果发现当前绿灯相位没有交通需求,则会变得烦躁。同样,如果由于较差的相位差的设置使得驾驶人不得不在连续通行过程中停车等待,则驾驶人也会变得烦躁。当然有些情况下,驾驶人的抱怨也未必都合理,因为他们可能并不了解当前信号配时面临的约束,例如行人清场时间、考虑对向车辆的运行连续性等问题。然而,在某些情况下,驾驶人的抱怨往往也是对的,应当得到信号控制系统运行单位相关技术人员的考虑。

当对自由流(非饱和流)状况下的信号交叉口进行重新配时时,需要考虑如下步骤:
(1) 对交叉口的运行性能进行定量评价以确定是否有可能有些明显的可改进的地方;
(2) 调整信号绿信比来反映冲突方向上的需求;
(3) 调整相位差来反映车队达到的时间;
(4) 检查周期时长来发现是否有可能进行改善的地方。

3) 为拥堵状况进行信号重新配时

首先需要注意的是拥堵状况下的交通网络的信号配时策略与常态交通状况下的策略有所不同。控制策略将会从重视可动性及连续运行转变为排队管理。判断是否拥堵的主要特征是信号交叉口存在绿灯末期无法消散的排队。

如果对一个过饱和交叉口进行重新配时,则需要对绿信比和周期时长进行检查及调整。当一个交叉口处于过饱和状态时,则可能需要考虑调整相位差。应用如下步骤:
(1) 对交叉口运行进行一个定量评价:调整下游交叉口的相位差以允许左转车流提前放行,从而最小化左转车流阻塞直行车流的可能性;根据需要改变信号相位来避免专用左转车道左转车辆排队的回溢;修改行人相位以最小化行人与车辆之间的冲突;
(2) 根据需要检查和调整绿信比;
(3) 根据需要检查和调整周期时长。

如果有些进口道是无效的,则需要考虑如下一些其他的措施:
(1) 交叉口附近的主干道进出口可以考虑封闭;
(2) 取消路内停车;
(3) 将交叉口附近的公交车站移至远端,当有较大的右转流量时这个措施效果明显;
(4) 降低相位数量,例如禁左后降低相位数量来提高直行通行能力;
(5) 改变相位顺序和配置以避免左转车辆阻滞直行车辆;
(6) 增加专用转弯车道的长度;
(7) 其他一些几何改进方案,如增加一条车道等。

如果所有的这些方案都无效,则需要考虑控制进入该区域的车辆的总量。例如通过减少相应的绿灯时间控制进入主要干道的某个区域内的机动车总量。

2. 信号配时清单

区域范围或干线范围的信号重新配时需要很多信息,例如交通流数据、交叉口几何尺寸、信号相位、信号配时、控制类型、限速等,因此,一项重要的工作就是要在数据库中对这些信息进行恰当的管理以便为将来的信号配时工作提供支持。下面显示了在信号重新配时项目中通常需要收集的信息:
(1) 每个交叉口的信号控制类型;
(2) 交叉口信号相位;
(3) 信号配时方案;
(4) 性能评价指标(估计的和实际评价的);
(5) 交通网络的交通流量和速度;
(6) 交通网络的几何尺寸描述;
(7) 用于仿真软件和信号配时优化软件的输入数据文件;
(8) 包括路网和交通信号配时的软件文件。

如果一个交叉口的信号配时的相关数据都能够很好地被管理起来并且每次进行配时调整的时候都可被较为容易地使用，则会简化信号配时的流程和降低信号配时的费用。每次交叉口信号配时在调整之后都需要对数据库进行相应的更新，否则数据的使用价值会逐渐降低。

下面的这些信息可以添加到数据库中以建立更为综合的数据库来为信号控制系统服务：

(1) 信号设备的失效和更新记录；
(2) 公众评价；
(3) 信号配时改变的历史记录；
(4) 交叉口附近的事故数据；
(5) 交叉口附近的土地利用的变化。

通过在数据库中记录上述信息，相关单位可以改进其管理信号控制系统的效率。

3. 人员需求

目前国内外尚无标准的对信号控制系统维护人员数量的需求，美国的 ITE 和 FHWA 在这方面进行了一些研究，在此结合美国的研究给出一些建议[9-10]。

为了维护信号控制系统的良好运行，一个单位可能需要多个不同的岗位。根据信号控制系统规模的大小不同，如果信号控制规模较小且预算有限，则可以考虑将一些岗位进行合并。一些典型的岗位包括：

交通信号工程师：这个岗位负责交通信号控制的日常运行。责任包括响应公众评价、批准新增信号控制点、辅助交通管理中心工作、评估信号配时方案、管理信号系统运行人员、与信号设计及维护主管进行协调沟通。

交通信号技术员/分析师：辅助交通信号工程师进行日常运行，主要包括信号配时、新增信号控制点以及辅助交通管理中心工作。

ITS 工程师：为 ITS 项目的实施负责，责任包括响应公众评价、评估新产品、辅助交通管理中心工作、管理 ITS 承包商和供货商、与信号控制设计及维护主管协调。

交通信号维护技术员：通常负责交通信号控制设备的故障响应和维护。

电子专家：负责信号控制系统中心部分的复杂的电子设备的维护响应，包括闭路电视系统的修复、光纤传输系统的测试及修复、通信系统的维护及修复、交通管理中心系统的维护及修复、交通信号控制机电气测试修复、其他 ITS 设备的修复。

交通管理中心运行人员：观察交通状况、响应交通事故等。

公共关系协调人员：对公众在交通信号控制方面的电话（或邮件等）进行响应，在响应过程中与交通信号工程师和技术员进行协调。根据部门规模的大小，这个岗位可以是全职的，也可以是由交通信号工程师或技术员兼顾。

表 14-8 提供了大概的各岗位人员数量的需求[7]。

表 14-8　信号控制各岗位所需人员数量

岗位	信号灯数量/个				
	1~50	50~100	101~200	201~500	501~1000
交通信号工程师	0~1	1	1~2	2~5	5~10
交通信号技术员/分析师	0~1	0~1	1	1~3	3~5

续表

岗位	信号灯数量/个				
	1~50	50~100	101~200	201~500	501~1000
ITS工程师	—	—	0~1	1	1~3
交通信号维护技术员	1~2	2~4	4~7	7~17	17~33
电子专家	1	1	1~2	2~4	4~9
交通管理中心运行人员	—	—	2	2~4	4~9
公共关系协调人员	0~1	0~1	1	1	2

表14-8 仅为参考，因为在信号控制领域由于基础设施的差异、各个技术人员技能水平的差别以及设备运行环境的差异（如南北方差异等），会使得对于不同岗位的人员的需求数量有所区别。例如一个有经验的技术人员确认设备故障和进行修复所需要的时间要比一个新手快得多。

具体与信号控制系统各个设备相关的维护工作可以参考文献[11]。

思考题

1. 简述信号控制实施的影响因素。
2. 简述不同信号控制方式选择的原则。
3. 阐述信号配时优化的思路及流程。

参考文献

[1] 蒋贤才.道路交通控制理论与方法[M].北京：中国建筑工业出版社，2016.
[2] 中华人民共和国公安部.GA/T 527.1—2015 道路交通信号控制方式第1部分：通用技术条件[S].北京：中华人民共和国公安部，2015.
[3] CHANG E C P. Guidelines for actuated controllers in coordinated systems [J]. Transportation Research Record, 1995, 1554: 61-73.
[4] SKABARDONIS A, BERTINI R L, GALLAGHER B R. Development and application of control strategies for signalized intersections in coordinated systems [J]. Transportation Research record, 1998, 1634: 110-117.
[5] GORDON R L. TIGHE W. Traffic control systems handbook [M]. New York: Dunn Engineering Associates, 2005.
[6] TRB. Adaptive Traffic Control Systems: Domestic and foreign state of practice [R]. Washington, D.C.: Transportation Research Board, 2010.
[7] KOONCE P, RODEGERDTS L, LEE K. et al. Traffic signal timing manual [M]. Portland: Kittelson & Associates, Inc, 2008.
[8] URBANIK T, TANAKA A, LOZNER B. et al. Signal timing manual[M]. 2nd ed. Washington, D.C.: Transportation Research Board, 2015.

[9] GIBLIN J M,KRAFT W H. Traffic control system operations:installation,management,and maintenance [R]. Washington D. C.:Institute of Transportation Engineers,2000.
[10] GORDON R,BRAUD C. Traffic signal operations and maintenance staffing guidelines [R]. Washington,D. C.:Department of Transportation Federal Highway Administration,2009.
[11] 周蔚吾. 道路交通信号灯控制设置技术手册[M]. 北京:知识产权出版社,2009.